有效执行

成功领导战略实施与变革

第2版

MAKING STRATEGY
WORK
Leading
Effective Execution
and Change,
2nd Edition

[美] 劳伦斯·赫比尼亚克 (Lawrence G. Hrebiniak) 著
范海滨 译

中国人民大学出版社
·北京·

第 2 版序言

本书继续关注的一个关键和必要的重点，就是各种机构的战略实施和执行问题。自从《有效执行》一书的第 1 版于 2005 年面世以来，越来越多的经理业已认识到，战略执行对于企业取得良好的业绩和竞争优势的重要性。这些经理们支持并确认了本书所给出的基本事实和研究成果，而更重要的是，他们所提供的宝贵的反馈意见，强化了本书新版的内容。

本书的第 1 版之所以能脱颖而出，是因为包含以下几点突出之处：

● 它以经验为基础，既包含了那些面对战略执行困难任务的经理们的真知灼见和实践经验，也包含了我本人在该领域内的研究和咨询成果。书里没有不着边际的沉思冥想，反映的是那些身处一线的经理们的观点，以及他们在面对挑战性管理任务时的实际经验。

● 它以行动和决策为导向，始终关注的是实际达到的结果或成绩。它所建议的方法，是为了获得高级战略计划所希望达成的成果。

● 它体现的是战略执行工作的一体化方法。它解释了许多关键要素是如何相互关联的，以及它们如何协调一致以帮助取得经理们所期望的战略和经营成果。

● 它以一种卓有成效的方式，将理论和现实世界融合到一起。战略实施所做出的决策，都是一些必须加以克服的实际管理工作难题，而《有效执行》就是为满足这些重要的需求而写的。

《有效执行》第2版延续了第1版的传统和轨迹。它既增加了许多最新的例证，也保留了第1版里主要的理论论述和实用方法。第1版的精华依然保留，同时又增补了有关战略实施工作的新颖有用的知识。

这些新颖有用的知识体现在第2篇"应用"部分。该篇将战略实施的基本模式和方法运用到一些具体问题上，这些问题都是经理们建议需要增加的内容。改版后的第2篇包含有四章，而其中的后三章是新添加的。这四章是：第10章"并购战略的成功之路"、第11章"全球战略的成功之路"、第12章"服务机构的战略实施问题"、第13章"项目管理和战略实施"。

与《有效执行》第1版相比，新版书增加了许多内容。它对以上给出的新课题的战略实施问题，提供了新的思考和真知灼见，这也是第2版给出的令人兴奋的新贡献。在增加了全新和宝贵信息的同时，它还不遗余力地保留了第1版的精华。有效执行战略和取得优异的业绩成果，是一条充满挑战的道路，可谓"雄关漫道真如铁"，需要克服种种困难和障碍。本书意在帮助各行各业——无论是营利性的还是非营利性的、是提供产品的还是提供服务的公司——的经理们，找出并应对这些挑战，以便他们能在有效实施战略的过程中应付裕如。

致谢

一如往常，在完成本书的过程中，有许多人提供了宝贵的帮助，我愿意特此一一感谢他们所做出的贡献。沃顿商学院管理系的塞西莉亚·阿托（Ceceilia Atoo）为本书做出了卓越的贡献。她再次勤恳耐心地为本书承担了众多烦琐的工作：打字、创建表格和插图，并且尽力满足我本人和出版社编辑们提出的种种苛求。珍妮·莱文（Jeanne Levine）是一位知识丰富的编辑，他对版面的优雅、清晰提供了许多很好的建议。洛丽·里昂斯（Lori Lyons）和培生出版社的其他编辑为本书的出版出力甚多，我向他们致以深深的谢意。我需要特别感谢的是劳拉·玛默（Laura Marmar），她凭借自己的艺术才华和惊人的才能给我提出了许多建设性的意见。我始终把她既看作我的缪斯女神，也看作我的得力助手。最后，与往常一样，需要提到我的儿子贾斯廷（Justin），他不仅是我的家庭成员，而且也是我的好朋友，每当我需要一些鼓励，或需要找一个知心好友交谈时，他始终都在我身边。

第1版序言

本书关注的是至关重要的管理课题：有效的执行，或者说如何有效地贯彻实施战略。

关于如何制定良好的计划和战略的理论和建议已有大量的管理文献。这些年来，经理们面前也涌现出了数不清的制定计划的模式和技巧，而绝大多数经理也都能理解这些模式和技巧，并且知道如何有效地使用它们。

改善不良业绩的方法通常不在于如何制定计划，而在于如何具体去做，也就是说，战略常常不能被成功地贯彻实施。有效地执行战略比制定战略困难得多，由于缺乏如何贯彻实施战略的知识，可靠的计划常常举步维艰或中途夭折。本书的重点就放在如何贯彻实施战略上，也就是放在有效地执行战略所需要的过程、决策和行动等问题上。

除了关注至关重要的管理问题外，本书与其他的同类书还有什么区别呢？基于以下六个理由，我为本书提出的贯彻实施方法感到兴奋不已。

从经验中学习

本书建立在数据的基础之上，并参考了几百名实际从事过战略贯彻实施的经理人的经验。这些来自多方面的数据确保本书全面地覆盖了与战略贯彻实施有关的所有问题。本书绝非依赖于少数人坐在扶手椅上对一些毫不相干的奇闻逸事的苦思冥想,它立足于现实世界里贯彻实施战略过程中所总结的经验、问题和解决办法,其中包括我自己20多年的工作经验。

你需要领导什么

本书的重点在于阐述领导贯彻实施战略工作所需的知识、技能和能力,它的内容是针对行动和结果的。

许多单位招聘、培训并尽力留住那些好经理,它们都拥有优秀的员工,甚至一些英才。大多数经理是积极肯干和富有资质的人,他们都想好好地表现自己。

然而,即使优秀的人才,也会因为不良的激励措施、控制、组织结构以及公司政策或者经营方式而遭受挫折,无法施展才华。如果管理人员不能为成功地贯彻实施战略营造必要的条件,即使位居高层,也终将失败。经理们必须理解那些有效地执行战略的因素。考虑到这项任务的复杂性,仅靠直觉和个性是根本不够的。本书的重点就放在那些为了成功地贯彻实施战略而要求领导人必须具备的知识和能力上。

大视野

在本书中,我制定了一个统一的、综合性的战略实施方法。我关注的是全方位的战略实施过程和方法及其本质。我清楚地阐述了战略实施的逻辑方法,以及主要的实施决策之间的相互关系。

本书不仅仅找出了这些实施方法和它们之间的相互关系,而且详细地讨论了成功地实施战略所需要的各个要素。它提出了一个重要的和综合性的实施方法,并且对这些关键的因素、行动和决策—

一加以剖析。因此，本书既对战略实施的过程给出了总的描述，也对这个过程的主要方面提供了深入的参考资料。

有效的变革管理

领导成功的战略实施工作通常需要对变革加以妥善的处理，而本书就把许多重要的变革管理问题融合到了战略实施工作中。

本书讨论了权力、影响以及变革的阻力等问题。它将重点放在与变革相关的各个真实的和实际的问题上，例如究竟是雷厉风行、大刀阔斧地进行与战略实施有关的变革，还是深思熟虑、循序渐进地推行变革。在本书中，我将告诉你为什么欲速则不达，并且解释大规模的复杂变革措施是如何严重损害战略实施的成果的。我的讨论重点是文化变革问题和机构的权力结构，以及如何使用它们来有效地执行战略。

学以致用

这是一本学以致用的书，最后一章将向你演示如何将前面几章所学到的逻辑、真知灼见和实用建议，应用到一个真实的、重大的和普遍存在的问题上，这个问题就是如何让并购发挥作用。

并购战略经常举步维艰或半途而废。本书的最后一章说明了为什么会这样，以及如何通过应用本书所介绍的战略实施方法来提高并购的成功率。在这一章中，我还强调了本书所给出的一些建议和指南，来帮助你获得成功的并购。我认为，这是唯一恰当和正确地结束本书的方法，通过表明如何将实用的战略实施方法应用于一个重要的和普遍存在的现实世界中的难题，以及它将如何为经理们节约大量的时间、精力和金钱，给本书留下了一个积极的和有用的注解。

关键之处

最后一个原因在于：以上五个原因结合在一起，使得本书有别于其他最近出版的书，如博西迪（Bossidy）和查兰（Charan）的《执行》（*Execution*）一书。本书包括了更多与成功实施战略有关的因素和决策。就如何使战略有效执行这个问题而言，本书提供了以经验为基础的、综合性的和完整的方法，并且，与其他研究战略实施课题的文献相比，更加突出了"处理好变革"这个问题。

关键之处在于，本书从逻辑上大大充实了博西迪和查兰的《执行》一书的内容。对那些渴望有效地贯彻实施战略和变革的经理们来说，这是对他们工具包的重要的和必要的扩充。

结束语

领导好战略实施和变革工作，以便使战略有效地执行，是一项困难而又重大的任务。基于上面列出的六个理由，我相信，通过本书提出的方法和真知灼见，这个任务是能够以更加合乎逻辑的、更加易于管理的以及更加成功的方式来完成的。

致谢

由于这个课题的复杂性，完成本书的写作是一项困难的挑战。本书的内容、对数据和事实的解释以及相关的结论，均由我个人承担责任。尽管由我承担最终的责任，但是，有许多人协助我完成了这本书的写作任务，我想对他们所做的贡献表达我的谢意。加特纳研究集团（Gartner Research Group）的布利安·斯密斯（Brian Smith）在开展网上调研方面给予了我巨大的帮助，并且承担了重要的技术支持方面的工作。沃顿商学院管理系的塞西莉亚·阿托是一个勤恳能干的人，她帮我打印了手稿，绘制了图表，并且竭力满足我和版式设计人员的各种要求。我还要感谢我的编辑蒂姆·莫里（Tim Moore）、露西·霍尔（Russ Holl）、克里斯蒂·哈克德（Christy Hackerd）以及其他许多培生教育集团（Pearson Prentice Hall）的人，是他们帮助我将手稿加工成了现在的样子。为了改进我的手稿，一些匿名的审稿人提供了许多宝贵的意见和建议，我也向他们的工作深表谢意。最后，我还要特别感谢我的儿子贾斯廷和我的缪斯女神劳拉·玛默，他们的鼓励、情谊和支持，始终是推动我前进的动力源泉。

目 录 CONTENTS >>>

第1篇 战略实施的关键要素

第1章 战略实施是关键 //004
战略的贯彻实施问题是成功的关键 //006
成功实施战略的其他挑战和障碍 //022
小结 //038

第2章 概貌和模式：让战略有效执行 //041
通用的和独特的实施方案 //042
需要行动 //044
战略实施的模式 //045
战略实施模式的另一种表示 //070
战略实施工作决策的背景 //072
小结 //078

第3章 战略实施工作的成功之路：首先要有好战略 //081
战略的重要性是否被高估了 //082

问题1：需要有扎实的计划制定过程和清楚而有的放矢的战略 //084

服务业 //098

问题2：整合公司战略和业务战略的重要性 //100

问题3：考虑短期工作——需要对战略的操作要素加以明确和沟通 //109

问题4：理解战略和成功实施工作的"要求" //114

小结 //123

第4章 组织结构和战略实施工作 //126

选择组织结构时的挑战 //127

组织结构的关键问题 //131

小结 //166

第5章 处理一体化问题：有效的协作和信息分享 //171

组织结构一体化的重要性 //172

相互依赖和协调方法 //177

促进信息分享、知识传播和相互沟通 //190

分清责任和职权 //207

责任图和角色会商 //209

小结 //213

第6章 激励和控制：支持和强化战略实施工作 //217

激励和控制的作用 //217

激励和战略实施工作 //218

控制：反馈、学习和调适 //227

战略审查：将制定计划、实施战略与控制工作结合起来 //244

小结 //255

第 7 章　处理变革问题 //260
处理变革问题：一项持续不断的挑战 //260
处理好变革的步骤 //264
变革和实施变革的模式 //266
小结 //292

第 8 章　处理文化和文化变革问题 //296
什么是文化 //297
文化和文化变革的模式 //305
小结 //324

第 9 章　权力、影响力和战略实施工作 //328
权力和影响力概论 //330
权力和战略实施工作 //341
小结 //360

第 2 篇　应　用

第 10 章　并购战略的成功之路 //366
并购战略的成功之路 //366
使用本书的实施模式和方法 //377
处理好变革问题 //403
处理好文化和文化变革问题 //407
领导的关键作用 //411
小结 //412

第 11 章　全球战略的成功之路 //416
全球增长和实施决策的类型 //418
小结 //434

第 12 章　服务机构的战略实施问题 //436
相似之处：服务行业的战略执行问题 //437
服务机构：可能影响战略实施的差异之处 //448
服务机构的种类或类型 //453
以人为基础的专业性服务机构中的战略实施问题 //462
小结 //473

第 13 章　项目管理和战略实施 //478
项目管理方法一些可能存在的好处 //478
一个例子：项目管理和使得战略成功之路 //481
项目管理可能面对的陷阱 //487
小结 //492

附　录 //495
译后记 //499

第1篇

战略实施的关键要素

创建一体化的战略执行方法

制定战略计划或"战略规划"是十分困难的。它需要时间，并且必须关注行业发展趋势、竞争对手的行动，以及自身的组织能力和投资，等等。制定计划包含确定自身的地位和要采取的措施，力图彰显出本单位的独特之处，然后是守住自己的位置，严防来自别人的竞争挑战和外在的风险。战略的形成绝非一项轻松愉快的任务。

与制定战略规划非常困难一样，成功地实施一项战略更为繁难和更具挑战性。在战略实施和执行的过程中，有着数不清的障碍。其中一些障碍和难点则来自实施过程的条件和要求，包括以下方面：

（1）与制定计划相比，战略实施工作需要更多人参与其中。

（2）战略实施的过程费时甚长，而竞争对手和外部情况都会随时改变。

（3）存在诸多能够影响实施结果成败的因素或变量，而为了实现所希望的结果，则必须对其加以有效处理。

与这些有关的挑战在于，战略实施中的各项决策和行动是高度彼此纠结在一起的。改变一个因素往往会导致其他因素或变量出现变化。这个情况清楚地表明，为了有效执行战略，必须有一个一体化的过程或方法。

本书的第1篇提出的就是战略实施或执行过程中的关键问题。

它讨论的是实施工作中的关键决策和行动，这包括：来自本单位的需求战略，与此战略相关的组织结构和协调机制的作用，在执行各项决策时的责任制和问责制，有效的激励和控制以及管理各种变革（包括文化变革）的重要性，以此来获得成功的实施结果。

在有效执行方面，本方法的主要特点在于，它开发并使用一种将各种决策和行动结合在一起的一体化模式。仅仅提出战略实施过程中的各个关键因素和变量是不够的，更为重要的是，必须关注这些因素是如何紧密联系在一起的，以及它们的这种相关性又是如何影响到最终的实施结果的。有效地执行战略是一项复杂的任务，只有一体化的模式和方法才能有效地应对这种复杂性。

本书的第1篇就给出了有效实施战略的一体化模式和方法。它阐明了关键决策和行动的流程，以及它们之间的相互作用。它包含了战略实施过程中的本质要素和其存在的理由。它的目的就是要提高对以下诸问题的理解，例如：这一过程及其所含关键变量可能遇到的障碍，关键因素是如何相互作用而影响到最终实施结果的，以及如何对变革加以管理来成功实施战略。现在，让我们投身到这个趣味横生而富有挑战性的任务中去吧！

第1章 战略实施是关键

2013年,也就是在《有效执行》第1版出版1年之后,各种组织所面临的战略实施问题依然与2005年时经理们所报告的问题惊人地相似。有效实施战略方面所遇到的障碍仍然是现实存在并令人生畏的。尽管制定战略计划或战略规划如同以往一样困难并富有挑战,但显而易见的是,经理们比过往愈加感到,与精雕细刻地制定一份战略计划相比,成功地实施一项战略遇到的问题更多,后者对企业的业绩表现也更加重要。总之,与制定战略计划相比,有效地实施战略的难度更大且更加富于挑战性。

确实,如果说在2013年有一个显著的变化,那就是,与十多年前相比,战略实施问题更能引起大家的注意了。经理们比以往更加深刻地认识到:战略要成功,实施是关键;并且实施障碍是现实存在并需要耗费大量时间和精力来加以处理的。尽管有了这种看法,但通往成功实施的路上依然关隘重重、陷阱密布。这说明,经理们依然没有充分理解,究竟该如何做才能使得战略成功。我们关心的是,2005年时的那些挑战都是哪些,为什么它们依然是本书第2版的主题,以及着重指出为了使战略成功,当前我们需要做些什么。无论是回顾以往,还是细察当今,我们都清楚地看到,战略实施的挑战过去是,如今也依然是现实存在的、突出的和值得注意的。

二十多年前,我在美国电话电报公司(AT&T)的消费品部门下属的组织效能小组工作,这个消费品部门是在法院判决AT&T公司进行分解和重组后成立的。我回想起了特殊的一天,因为那一天给我留下的印象令我多年难忘。

那一天,我和这个部门的领导兰迪·托拜厄斯(Randy Tobias)谈话,我以前在伊利诺伊州的贝尔公司(Bell)工作的时候就曾经遇到过他。当时,我们谈论的是该部门的战略问题和所面临的挑战。兰迪后来被调往AT&T的董事会主席办公室工作,然后成为礼来公司(Eli Lilly)一名成功的CEO。但是,多年前那一天他提出的一些看法对我的影响极大。[1]

一家新企业突然闯入了我们的经营领域,当时,对于AT&T公司来说,竞争是个新事物。当时,消费品部门还没有一项竞争战略,因此,兰迪受命制定一个初步计划。他把重点放在产品、竞争对手、行业势力,以及这个新的部门如何在市场中定位等问题上。在为这个部门制定计划,并且设法在AT&T公司的"大盘子"中对这个部门加以定位的时候,他不得不应对来自公司总部的种种期望和要求。最终,他制定出了一项前所未有的战略计划,这项艰巨的任务完成得很漂亮。

我记得那一天我问兰迪,他这个部门面临的最大战略挑战是什么。我原以为他的回答会是如何处理制定战略方面的问题,或者该部门所面临的一些竞争威胁等,但是,他的回答令我大吃一惊。

他说,尽管制定战略极富挑战性,也十分困难,但这并不是他最关心的事情,他不为制定计划担心,相反,使他犯愁的是一些更大的和更加难办的问题。

他最关心的问题是如何贯彻实施战略。使计划发挥作用是一个比制定计划更大的挑战。贯彻实施战略是竞争成功的关键，但这需要做许多事情。

我请他做了进一步的说明和解释。我无法记住他回答的所有要点，但是，下面就是他在那一天指出的一些实施战略方面所面临的挑战。他提到了以下几个方面：

● 机构的文化，以及它与所面临的挑战如何不相适应。

● 激励机制，以及员工们是如何根据在职年限或"资格"，而不是根据业绩或竞争成果来得到奖励的。

● 需要解决那些由于机构的组织结构带来的传统部门体制所造成的问题。

● 当一个部门适应新的竞争环境时，在处理变革问题方面所固有的挑战。

这是我第一次听到与贯彻实施战略有关的问题的详细描述，而这些看法在我脑海里保存了许多年。这种早期的经历在许多其他的机构中一直在无数次地反复出现。当我在不同的机构里处理诸多与战略实施或战略执行有关的问题时，许多重要的观点也一直陪伴着我。那一天以及此后的许多年，我清楚地认识到实施是成功的要害所在。

战略的贯彻实施问题是成功的关键

尽管战略的贯彻实施问题是成功的关键，但这可不是一个轻松愉快的任务。AT&T公司是一家具有根深蒂固的文化和结构以及一套固定行事方法的公司。对于这样一家要适应新的竞争环境的公司来说，进行重大的变革在所难免，而执行这些变革绝不像举办舞蹈娱乐比赛那么简单。显然，制定一项竞争战略不容易，但是，公司面临的大量变革工作使我很早就清楚地认识到：有效地执行战略要比制定战略困难得多。

有效地执行战略要比制定战略困难得多

实施工作意味着一个有章可循的过程，或者一整套合乎逻辑的、相互联系的活动，从而使得机构接受这项战略，并且使这个战略发挥作用。没有一系列经过仔细斟酌的、有计划的实施方法，战略目标就无法实现。然而，制定这样一个合理的方法，对管理层而言，则是一项巨大而艰难的挑战。

即使在部门一级制定出了经过仔细斟酌的实施计划，我们仍然无法确保实施工作取得成功。兰迪为消费品部门制定的战略和实施计划是经过深思熟虑构思出来的，但是，许多麻烦困扰着这个部门的进步。为什么？问题出在整个AT&T公司上。这个公司即将经历一场巨大的蜕变，它根本就没有做好准备来处理和搞好这项工作，而这些部门一级的实施计划如果得不到公司的支持，注定会碰钉子或失败。当时，AT&T公司是一个行动迟缓的庞然大物，其内部的变革遭到了激烈的抵抗。消费品部门那些精心制定的合理计划由于公司的不良文化而变得寸步难行。由于公司的惰性和无能，兰迪的那些真知灼见和实施计划都无法贯彻执行。许多因素，包括耍弄权术、惰性、对变革的抵制等，都理所当然地成为成功实施战略的绊脚石。

自从第一次遭遇战略实施或贯彻问题以来，已过去多年，这些年来，我一直在与许多经理合作共事，他们在不同的行业和组织工作。我也一直与形形色色的公司和机构——大型的和小型的、服务性机构和非营利组织,以及各种政府部门——并肩合作,但情况始终极为一致和清楚,那就是,尽管战略实施对于公司或机构的业绩表现至关重要,但成功地贯彻和落实战略依然是一项巨大的挑战和困难重重的任务。

所有这些都表明了一个令人震惊的事实:很明显,许多经理对战略实施问题仍然知之甚少,以至于这个问题直到现在还被看作一个重大的问题和挑战。

许多年来,管理学的文献一直致力于在莘莘学子面前炫耀关于制定计划和创建战略的新思想,却严重地忽略了战略实施问题。当然,制定计划十分重要,但人们在挑战面前清醒了,现在,他们正在认真严肃地对待战略实施问题。

但是,显而易见,人们对战略实施的认识和理解远不如对战略制定和其他管理问题那么清楚。人们对如何制定计划知道的要比如何执行计划多得多,对如何制定战略知道的要比如何实施战略多得多。

一个显而易见的问题冒了出来:战略实施真的要花大力气吗?它真的值得花费大量的时间和精力吗?

最近,有一些综合报告研究了哪些因素造就了公司的成功。[2] 一份报告对 160 家有 5 年历史的公司进行了研究。研究结果表明,除了其他因素之外,公司成功与顺利实施战略的能力呈现非常强的正相关关系。如果以对股东的总回报作为测评成功的标准,文化、组织结构和经营运作这些因素对于成功而言都是至关重要的。该报告发现,重视战略实施绝对是值得的,它使得公司的盈利不断增长。

另一份报告研究的是 CEO 的能力与企业业绩之间的关系,它的发现则更为令人扼腕叹息。[3]这份报告发表于2012年，其作者发现，让人不可思议的是，那些被认为是亲切的倾听者、优秀的团队建设者或热心的沟通者的CEO们，并没有领导企业走向成功。对这些高层经理们来说，更为重要的是必须具备执行和组织方面的技能。那些重视细节，能把长期目标、短期目标与眼下业绩指标相结合，同时具备缜密分析思维的领导人却多半是成功的引领者。与待人热情相比，协调和说服能力也重要得多。由此可以推断，人际或社交技能能够提升高层经理的执行能力，但仅仅这些还不足以保证企业获得成功。

该报告和其他一些研究结果也指出，市场希望高管们是组织家，而不是社交家。[4]理想的领导人应当铁面无私，专注于执行和致力于业绩逐步增长。魅力四射、讨人喜欢固然不错，但是，成功地完成业绩指标，有能力执行计划才算真本事。孜孜不倦地关注执行，同时具有组织设计能力，这样的经理才是具有真才实学的人。总之，能够有效地实施战略是CEO及其团队成功的标志。

最近的一些其他调研工作——尽管它们不那么严谨和完整——也支持了这些报告的结论，即战略实施对于战略的成功至关重要。[5]因此，这些调研从总体上支持了我多年来的看法——重视战略执行方能事半功倍。

重视战略实施方能事半功倍

尽管战略实施问题如此重要，但是许多机构在处理它时却做得不尽如人意。无数案例表明，实施工作达不到标准，致使良好的计划落空。这种现象提出了一些重要的问题。

如果战略实施问题是成功的关键，那么，为什么那么多机构没有为此而制定有章可循的方法？在制定和完善那些能够帮助它们实现重大的战略成果的措施上，为什么许多公司没有花费时间？为什么许多公司没能很好地贯彻实施战略，从而劳有所获？

重复一遍，答案很简单，就是因为战略的贯彻实施极其困难。实施过程中会遇到许多巨大而危险的绊脚石和拦路虎，它们会严重地阻碍战略实施工作。在通往成功实施的道路上，充满了必须消除的陷阱。情况在二十多年前是这样，今天依然如此。

让我们找出这些战略实施方面的难题和绊脚石，然后在本书的以下各章里分别讨论这些障碍和解决这些问题的途径。

经理们被培养成为计划制定者而不是实施者

一个基本的问题就是，经理们对于如何制定计划知道的要比如何执行计划多得多。经理们被培养成为计划制定者，而不是计划实施者。

在我考察过的大多数MBA课程里，学生们学习了大量有关如何制定战略和部门计划的知识，核心课程通常都集中在竞争战略、营销战略、财务战略等方面。在核心大纲中，有多少专门讨论战略贯彻实施问题的课程呢？通常都没有。确实，有一两门课程触及了实施问题，但并不是以一种专门的、详尽的和有意识的方式来讨论这个问题的。很明显，课程的重点放在了概念上，主要是制定计划，而不是如何贯彻执行计划。在沃顿商学院，至少有一门选修课程谈到了战略实施问题，但是，这并不是其他MBA教学课程的典型做法。即使事情正在发生变化，其重点仍然毫无疑问地放在了计划的制定，而不是计划的实施上。

除了缺乏关于战略实施方面的培训，另外一个问题是，在大多数商学院里，战略计划的制定是在各个系或专业的局限领域里讲解的，这对战略实施更加有害。那种认为营销战略、财务战略、人力资源战略等战略是唯一"正确"方法的观点，对于战略实施所需要的综合性视野是非常有害的。

因此很明显，大多数 MBA 教学大纲（在这方面，本科阶段也是一样的）强调的是战略制定，而不是战略实施。那些成绩优秀的毕业生非常熟悉战略制定方法，但对战略实施则几乎一无所知。将该现象推广到现实世界中去，就可以理解为何许多经理具有丰富的概念知识，且经过了大量关于制定战略方面的培训，却并不知晓如何去"做"。如果这一点是对的（也就是经理们被培养成为计划制定者，而不是计划实施者），那么，成功的战略实施就不大可能出现，并且问题丛生。如果战略实施只是在经验中学习，那么，通往成功之路就将充满错误和挫折。

而且从逻辑上讲，与那些不了解战略实施的经理相比，那些对战略实施有所了解的经理多半会具有一定的优越性。

如果一个公司的经理比那些竞争对手公司的经理掌握了更多的战略实施知识，那么根据逻辑推断，在其他情况几乎一样的情况下，即使考虑到这些经理们在知识和能力方面有所差异，难道前者不比后者具有更大的竞争优势吗？看来，这正是前面所引用的调研报告所提供的信息。有效地贯彻实施战略的好处包括获得竞争优势和股东的高回报率，因此，具有这方面的知识显然是值得的，同时机构也会受益匪浅。

让"草民们"去处理实施问题

另外一个问题是，某些高级经理实际上认为，战略贯彻实施问题不归他们处理,而最好由低层员工们去解决。实际上,本小节的标题就是一位高层经理说过的话。

我曾经在通用汽车公司(GM)战略计划部的赞助下,就职于该公司的规划实施部门。在工作期间,我遇到过许多既能干又有献身精神的经理,但是,我也碰到过几位对贯彻实施工作怀有偏见的领导。其中一位这样说道:"高层经理关心计划和战略制定是理所当然的。他们必须花大力气去制定可靠的计划。如果计划制定得很完美,那么经理们就可以将这个计划交给基层的人去做,他们的工作就是确保把事情办得妥当。如果这样,计划制定者的工作就不会白费。"

这是一幅多么美妙的制定计划和实施计划的图景。计划制定者("聪明"的人)制定计划,而那些"草民"(一些不那么"聪明"的人)只不过是遵循计划和执行计划而已。与制定计划相比,执行计划显然不需要多少能力和才智。这种对管理工作的看法明显贬低了计划的实施过程的重要性。

流行的观点是:少数几个经理从事创新性的、有挑战性的工作(制定计划),然后"把球交给"低层的人去踢。如果出了差错,战略计划未能获得成功(在这种情况下,这一现象屡见不鲜),问题自然就出在"踢球人"身上,这些人不知何故没能贯彻这个完美的、可靠的和有生命力的计划。尽管计划制定者精心设计了这场比赛,但是球员却漏掉了球。

当然,每个机构都会对制定计划和执行计划进行区分,但是,当这种区分成为一种消极因素时,也就是计划制定者把自己看作聪明人,而把那些球员看作"草民"时,很明显,将会出现贯彻实施问题。当"英才"们制定计划,并且把贯彻实施问题看作某种低层次的、贬低了他们聪明才智的工作时，毫无疑问，成功的战略实施将岌岌可危。

事实是，对于战略实施而言，所有的经理都是"草民"。从CEO到基层经理，要想使战略得到坚强有力的贯彻，就要求经理们挽起袖子，做出榜样。高层经理和中层经理的工作内容和重点可能会有所不同，但是，无论如何，不管他们处于哪个管理级别，战略实施工作都要求他们对战略结果做出承诺并抱有热情。

换一种说法就是，战略实施要求各个层次的管理人员都要有主人翁精神。从高层经理到基层经理，都要对有效的实施工作的过程和行动做出承诺并参与其中。为了获得成功，以主人翁精神参与实施和变革过程是必不可少的。没有对战略实施工作中的决策和行动的承诺，变革就不可能实现。

战略的实施工作不是管理工作中可有可无的组成部分，它确定了管理工作的本质。战略实施是所有经理人员的关键责任，而不是某件由"其他人"去做或操心的事情。

制定计划和执行计划是相互依赖的

在实际工作中，尽管制定计划和执行计划有所区别，但是，这两者是高度相互依赖的。计划的制定将影响计划的执行，而战略的贯彻反过来又会随时影响战略和计划做出改变。这种制定计划和执行计划之间的关系指明了两个需要牢记的重要问题。

当那些负责贯彻实施的人也参与到制定或构思计划的过程中的时候，最有可能取得成功的战略成果。"行动者"和"计划者"之间的交往越密切，或者这两个过程或任务的相互交叉越频繁，战略实施成功的概率也就越高。

当然，如何让那些"行动者"也参与到制定计划的过程中来，是一项十分实际和困难的任务。那些成百上千的底层员工分布在世界各处，负责制定计划的高管们无法一一与他们谈话并征求意见。那么，制定计划的人如何才能与这些众多的"行动者"合作并且让他们参与进来呢？

可以采用鼓励交往和分享知识等办法，而我们将在本章的后面对此加以详细讨论。这些方法包括会议和直接接触（例如通用汽车公司的"群策群力"方法，战略管理会议将邀请重要业务和职能部门的代表参加）以及调查。通过调查来收集关键经理的意见，因为他们对于战略实施的承诺是绝不可少的。通过电子邮件，可以在全球范围内征求产品经理们的建议和看法，而这些意见对于计划制定者无疑是十分宝贵的，同时还能提高"行动者"在选择行动计划方面的责任感。该任务的实质就是要找到某种方法来接触到广大的"行动者"，让他们参与到战略构思和计划的过程中来。

另一个要点是，战略成功要求"同时"注意计划的制定和执行。经理们即使在构思战略的时候，也必须考虑实施问题。贯彻实施问题不是"以后考虑的事情"。当然，不可能一次就做出所有的实施决策并付诸行动。但是，从关于制定计划和实施计划的"大视野"出发，必须预计实施问题和难点的范围。制定和实施都是一体化的战略管理过程的组成部分。这种"同时性"的观点十分重要，但是也很难做到，它是对有效的战略实施工作的一个挑战。

刚才提到的鼓励交往和分享知识等方法，也有助于形成这种计划的制定和执行的"同时性"。通过调研措施和问卷，收集全球产品经理们的意见，能够发现与竞争战略有关的问题。同时，也能了解到，要使得战略成功，究竟需要哪些资源和能力。编制一份战略

"期望表"是很有用的,同时切实地了解实施工作的要求和需要,并且按照优先程度将其添加到"期望表"中,就可以知道哪些战略举措最有可能获得成功。

兰迪·托拜厄斯就持有这种制定和执行计划的"同时性"观点,当他为AT&T公司的部门构思新的竞争战略的时候,就在预测贯彻实施中可能遇到的挑战。竞争战略的构思不能被看作在真空中制定计划,从而成为与战略实施问题相脱离的过程。对战略成功的关注使得他一开始就想方设法找出并鉴别那些与执行有关的、被认为对战略的成功具有重大影响的因素。对贯彻实施的担心不能推迟到以后再考虑,它本身就是计划工作的一个组成部分。

相反,举步维艰的朗讯科技公司(Lucent Technology)的高管们则从来没有这种制定和执行计划的"同时性"观点。

当它从AT&T公司中分离出来时,这个通信、软件和数据网络行业的巨人似乎肯定能成功。它的旗下有神话般的贝尔实验室(Bell Labs)。它准备大干一场,并且制定出了一项能够取胜的竞争战略。尽管20世纪90年代末繁荣的技术市场帮助朗讯科技公司和其他公司实现了兴旺,但这也无法完全掩盖或消除朗讯科技公司的问题。

最大的问题之一是,当管理层制定战略时,没有预计到一些重要的实施障碍。它的母公司玛·贝尔公司(Ma Bell)已经成为一家官僚主义盛行的、行动迟缓的公司,而当朗讯科技公司从其中分离出来时,它就继承了这种文化。在一个竞争激烈、瞬息变化的电信市场里,这种文化无法很好地服务于该公司,而这是一个经理们未曾预料到的问题。朗讯科技公司早期在致力于战略发展期间,也忽视了其庞大、笨拙的组织结构问题。当它遇到诸如产品开发和新产品投放市场时机这样一些事情时，庞大、笨拙的组织结构很快就成为一种负担。一些更加机敏的竞争对手，在市场上抢在了朗讯科技公司的前面，这显示出朗讯科技公司缺乏努力实现其新产品开发战略的能力。

朗讯科技公司所缺少的一样东西就是高层经理们在制定计划和实施计划方面的那种"同时性"观点。在制定计划阶段，它忽视了那些与贯彻执行计划有关的文化、组织结构和人员等方面的问题。这种忽视的后果极其糟糕，而随着朗讯科技公司分离出来后市场形势的逆转，这种灾难性的后果进一步恶化了。

这种缺乏"同时性"思维的例子有许多。许多公司改变或转换其战略，而我却发现它们缺乏全力实施这些战略的能力。雅芳公司（Avon）由于多年业绩不佳而遭到指摘，就是因为它改变了自己的战略路线，而没有看到如此一来会造成的问题。该公司缓慢地、无可救药地偏离了它原先视为经营核心的直销路线，力图仿效那些所谓的大型美容产品公司，如宝洁公司（P&G）和欧莱雅公司（L'Oreal）。这种做法之所以带来了诸多问题，是因为高管层和董事会不了解，它们的直销模式、它们的能力以及它们的文化都将随着这种变化而变化。正是由于缺乏前瞻性和"同时性"思维，导致了最初没有预见到的种种麻烦。

2012年4月，雅芳公司董事会宣布，任命在J&J公司工作了30年之久的谢林·麦克高（Sherilyn McGoy）为雅芳公司的新CEO。她能改善雅芳公司的业绩吗？她必须关注雅芳的核心业务和能力，她所做出的决策，既要考虑长远战略，又要兼顾短期目标。实际上，她不得不双肩挑，既是CEO，又承担COO的工作，也就是必须既要考虑尽快采取的行动，又要考虑这些行动可能带来的长远影响。还要解决公司文化问题,这种文化要么支持目前的战略调整,要么支持公司重拾已经失去的核心能力。当然,这绝不会是一项轻松的任务。

执行计划比制定计划花费的时间更长

执行计划通常比制定计划花费的时间更长。制定计划可能要花费几个星期或几个月,而贯彻实施计划持续的时间则往往要长得多。对于经理们来说,拖延时日会使他们难以将精力集中到实施问题以及对实施加以控制上,因为在这期间会出现许多未曾预料到的事情,而这些事情会干扰他们的注意力。

最近,我参与了一家中型公司的战略制定和实施工作,该公司的总部靠近费城。该公司实际上是一家大公司的分公司,鉴于它在2011年制定的战略,并且在2011年及那以后展开的实施工作,它享有很大的自主性和灵活性。

该战略的目标是将大部分战略业务单位(SBU)扩展到欧洲去。该战略所涉及的问题包括:要推出哪些产品,何时以及如何推出,到底是采取成本战略还是差异性战略等。战略实施问题则包括:组织结构问题(例如,在国外市场上是采用集中化管理还是分权化管理),各个单位和能力方面的协作问题,以及支持该战略所需的人才问题等。

但问题在于,与实施和执行计划相比,制定计划阶段所花费的时间要短得多,也容易控制得多。公司的高管们与各个战略业务单位经理们一起,仅仅花了几个月就顺利地完成了战略制定任务。但执行这个战略,预计至少要花 2~3 年时间。这么长的实施时间明显会增加实施工作的难度。为什么这么说呢?

那些为实施战略所定下的步骤随着时间的推移逐步展开，但是许多因素，包括一些未曾预料到的事件会层出不穷地发生：利率可能变了；竞争对手可能没有按照我们想象的那样行事（竞争对手可能是臭名昭著的"卑鄙之徒"，因为他总是不按照我们的"规则"行事）；顾客的需要可能发生变化；关键的员工离开了公司；等等。同时，因为有"噪声"或发生一些无法控制的事件，战略及其实施方法的改变的后果也不总是容易确定的。所有这些显然都增加了实施工作的难度。

耗时甚长对经理们处理战略实施工作施加了压力。长期的战略必须转化为短期的经营目标，必须建立既能够提供反馈，又能够让管理层随时掌握外部"震荡"和变化的管理体制。战略的实施过程必须是动态的和适应能力强的，能够对那些出乎意料的事件做出反应和加以补偿。这对管理层是一个真正的挑战，同时也增加了战略实施的难度。

当戴姆勒（Daimler）与克莱斯勒（Chrysler）完成合并时，许多人相信，这桩里程碑式的交易必定会创造出世界上的头号汽车制造工厂。然而，自那时以来，实施过程始终困难重重，合并后的几年间暴露出了许多新问题。公司遇到了一个又一个危机，包括克莱斯勒分部的两次重大的损失，在商用汽车上的一系列亏损，以及为了使得负债累累的三菱汽车公司（Mitsubishi Motors）起死回生而投资失误所造成的巨大困难等。[6]从上到下，那种正规的德国文化和不那么正规的、分权化的美国文化之间也出现了严重的文化冲突。战略实施的时间跨度较长，加上缺乏"同时性"思维，会导致重大的难题甚至灾难发生。那些原先未曾料到并加以讨论的问题和事件，都会突然冒出，成为有效实施战略的障碍。

另一个案例是彭尼公司（J. C. Penney）。在连续多年的经营失败后，这个希望重整旗鼓的公司有了新的 CEO 荣·约翰逊（Ron Johnson），负责将该公司带出困境。2012 年时，他承诺进行重大的变革，为彭尼公司引入他原先在苹果（Apple）公司所做过的事情。

该公司很快就开展了一些变革，例如建立了三级定价制度，对广告促销费用加以限制等。然而，其他一些战略措施的实施不可避免地要花更长的时间。约翰逊所面临的一个问题是要对 1 100 家零售店进行彻底改造，但是其中一些商店的前景并不被看好。这是一家老字号的连锁店，有 110 年的历史了，许多变革只能慢慢来。大刀阔斧地一次性开展诸多的变革，会引起混乱以及对必要变革的阻力。必须小心从事，要认识到，对这家百货零售店进行再投资的某些措施，最好是在仔细斟酌和充分准备之后再进行。但是，还必须认识到的是，战略实施的过程如果拖得太长，这本身就会造成许多新问题。如何设法扭转这个庞然大物的颓势，对于约翰逊来说，的确是一项巨大的挑战。

战略实施总是要花费时间的，还要不断地向经理们施加压力，让他们尽快取得成果。但是，战略实施所需要的漫长历程也增加了出现额外的、未曾预料到的问题的可能性和更多需要应付的挑战，而这些又进一步加大了经理们取得战略实施成果的压力。由于实施的过程很长，因此问题只会一味地扩大，这使得实施过程始终是困难的，有时甚至是矛盾不断的。

实施是一个过程，不可能毕其功于一役

上面所说的这一点非常重要，应当再重复一次：战略实施是一

个过程，它不是单一决策或行动的结果，而是长时期内一系列一体化决策和行动的结果。

这有助于解释为什么坚强有力的实施过程会带来竞争优势。企业总是力图向那些成功的战略实施看齐，然而，如果实施过程包含了内部的坚持与一致、新颖的行动体系或工作程序，那么模仿即使不是不可能的，也是极其困难的。[7]

例如，与大多数大型和经营多年的航空公司相比，美国西南航空公司（Southwest Airline）显得有些特立独行。它不负责行李转运，不提供饮食，不发登机牌，使用同一型号的飞机（以降低培训和维护成本），鼓励在舱门口快速周转，等等。它已经培养出了这种能力，并且创造了许多方法来支持它的低成本战略。其他航空公司如要模仿，须承受很大的压力，因为它们正在做的许多事情恰好是西南航空公司不做的。它们已经承诺要按照不同的规则和方法开展经营。总的来看，模仿西南航空公司的战略实施工作牵涉许多艰难的取舍、困难的任务以及重大的变革等，这些问题使开发和整合新的实施过程和行动变得复杂化。这并不是说竞争对手绝对不能模仿西南航空公司，确实，其他一些低成本的新公司和传统的航空公司正在对西南航空公司施加越来越大的竞争压力，这里所说的只不过是：对于那些正在做西南航空公司和其他低成本运营商不再承担的惯常业务的潜在的模仿者来说，这种模仿是极难做到的而已。

实施是需要集中全部精力去做的事情。实施不是单一的决策或行动。那些寻求快速解决实施问题的经理肯定会在有效执行战略的工作中失败。更快并不总是更好！

实施战略比制定战略涉及更多的人

实施战略除了要花费更长的时间外，还比制定战略涉及更多的人，这就引发了额外的难题。机构内上下之间或跨部门之间的沟通工作成为一项挑战。确保整个机构内有支持战略实施的激励措施成为一件不可或缺的事情，同时，激励措施本身也可能成为一个问题。如何把战略目标与日常的工作目标，以及机构内不同级别、不同地点的员工所关心的问题结合在一起，是一项既合理，又具有挑战性的任务。牵涉的人越多，有效地开展战略实施工作所面临的挑战也就越大。

我曾经参与一家著名银行的战略制定项目，另外一个我没有直接参与的项目原先提出过一个计划，该计划打算吸引更多使用那些能够使银行实现盈利的产品和服务的零售顾客。一旦战略确定下来，一项对关键员工进行培训的实施计划也被制定出来，并且确定了与新战略一致的目标。各个分行的经理和那些与顾客打交道的员工被召到公司来受训，以便为这个新计划激发起广泛的热情。

几个月后，数据表明没有太大的改变。银行的业务一如往常，新计划所设定的目标并没有实现。该银行决定对顾客以及那些与顾客接触的分行员工进行一次小调查，以了解他们对该计划的反应，看看是否有什么地方需要调整。

正如你可能猜到的那样，调查的结果令人大吃一惊：根本就没有多少人知道这个计划。一些出纳和分行的员工提到，他们曾经听说过要有"什么新东西"发布，但是，这没有使他们的日常工作发生什么变化。有几个员工说，新计划或许只不过是一种谣传，因为根本就没有实施什么重大的变革措施。其他员工则指出，小道消息一直在传播，而他们始终无法分辨真假。

显然，新计划的宣传和相关的后续工作做得很不够，但是，该银行确实也面临着十分棘手的任务。这是一家大银行，它的各个分行都有大量的员工。考虑到该银行的规模，对这么多员工进行培训和改变他们的行为习惯是极其困难的。因为银行实行的是分散化的分行经营模式，因此，工作现场会不时地"突然冒出"许多问题，分散员工们的注意力，这对公司将新思想推广到广大员工中去造成了巨大的困难。

在这个例子中，参与新计划实施过程的人员数量对银行的管理层提出了挑战。你很容易想象出，对那些更大、地理上更加分散的公司，例如通用汽车、IBM、通用电气（GE）、埃克森（Exxon）、雀巢（Nestle）、花旗集团（Citigroup）和 ABB 等公司而言，沟通的难度有多大。当你力图有效执行战略时，贯彻实施工作所涉及的员工人数，加上通常为此所需要付出的长期努力，很明显将带来许多难以解决的问题。

成功实施战略的其他挑战和障碍

前面已指出的问题是一些严重的问题，它们可能会妨碍战略实施工作的开展。但是，对于成功的战略贯彻落实而言，还有其他一些挑战和障碍。

为了找出经理们在实施工作中经常遇到的问题，我拟定了两个研究项目以寻找答案。我想从那些实际从事战略实施工作的经理们那里了解情况。我本来可以仅依靠自己从事咨询工作的经验来找出答案，但是，我感到采用更加广泛的方法——对那些直接从事实际工作的经理们进行调查——将会使我们得到有关实施工作的更加确定的结果和有用的真知灼见。

沃顿加特纳的调查和战略执行工作数据的收集

第一项调查是由著名的研究机构加特纳研究集团和我——一位沃顿商学院教授——共同开展的项目。本研究的目的在报告的引言中是这样说的:"清楚地了解经理们在实施公司战略过程中,做出决策和采取行动以获得竞争优势时所面临的挑战。"

研究方法是向加特纳电子小组(E-Panel)数据库中的1 000人发送简短的网上调查表。目标样本由那些参与过战略制定和战略实施工作的经理们构成。样本中有243人给出了完整和有用的回答,回应率超过了该调查所需要的比例。此外,该调查还收集了对几个开放式问题的回答,这些回答提供了额外的资料,包括对本次调查中所含问题的解释说明。本书的附录给出了这次沃顿加特纳调查的副本。

本调查包含了战略实施过程中遇到的12个问题。这些问题的重点放在影响实施的情况上。这些问题最初是由沃顿商学院有关战略实施的"沃顿高管培养计划"拟定的。

利用这张有12个问题的表,我收集了参加该计划的经理们的大量观点,并且得到了由200名经理组成的样本的回答。他们对影响战略实施的障碍进行了排序。我还随时收集与战略实施过程中的问题、难点有关的开放式问题的答案,这些回答提供了额外的宝贵资料。加上沃顿加特纳调查针对这12个问题收集到的数据,我从443位参与过战略实施的经理那里得到了完整的答案,正是这些经理告诉了我,他们在贯彻实施战略的过程中遇到的难题和解决方法。

在收集完数据,以及2005年出版了《有效执行》这本书后,在随后的"沃顿高管培养计划"举办的咨询会上，我得以进一步了解他们对实施工作和有关困难的看法。从2005年到如今，我召开了正式的和非正式的讨论会，同时与许多公司一起进行调研。我问这些经理，这些数据实际上说明了什么，其含义是什么。我还问这些经理，以他们的观点来看，为什么人们要他们对其所作所为承担责任。主要的问题始终是："在战略实施难题或问题方面，这些调查告诉了我们什么？"

这些讨论迫使经理们体会其言外之意，并且深入地思考这些正规的数据。他们还使我能够更加深入地探讨，在克服这些障碍和实现成功的战略实施方面能够做些什么。我不仅收集了战略实施过程中的问题来源，而且收集了解决这些难题的方法。

这项调查及其后的讨论提供了直接来自这些当事人的资料。这些资料不是不顾成败、一意孤行的几个经理或CEO的特殊的数据、观点或看法。提供意见的经理的人数，加上对实际问题和解决方法的强调，强化了就战略实施问题所收集到的观点的真正意义。

这些额外的讨论、座谈和分析表明了哪些见解？关于执行难题，经理们都说了些什么？他们的观点又是如何影响到这本再版书所论述的问题，以进一步找出更加成功地实施战略计划的做法的？

结果：成功实施战略的障碍

表1-1给出了这些要点，这些问题来自最初的调研，以及2005年到如今开展的与经理们的讨论和分析。归纳起来说，这些数据清楚地指明了为什么说战略实施是一项如此困难、因而值得引起高度重视的任务。

表1-1	有效战略实施的障碍

1. 无法有效地处理变革问题或克服内部的变革阻力。
2. 模糊不清的战略。
3. 没有指南或模式来指导战略实施工作。
4. 试图实施一项与当前的权力结构相冲突的战略。
5. 在那些对战略实施承担责任的个人或业务单位之间,信息共享做得不好或不恰当。
6. 有关战略实施的决策或行动方面的责任和/或职权不清。
7. 主要的员工缺乏对战略、实施步骤或计划的主人翁精神。
8. 缺乏对组织结构设计在战略实施过程中作用的理解。

从这些数据中可以一目了然地看出,使得战略得以有效执行而进行变革的能力,其重要性不在话下。

显而易见,无法有效地处理变革问题,被认为是对实施工作有害的。经理们举出了这样一些事实,那就是,执行和实施往往涉及采用新方法和新措施,这包括:新的组织结构、激励方法、协作方法、控制和信息分享方法,等等。而经理们常常抵制这些变革,他们宁愿墨守成规。因此,为了获得良好的实施成果,对变革的抵制是不得不面对并加以克服的问题。

尽管在上表中没有明确地提到文化,但是,经理们在讨论时都把文化看作与许多变革相关的核心问题。对许多被调查者来说,"变革"和"文化变革"是同义词。对其他一些经理来说,文化变革只不过是管理变革的一个分支。但是,一旦要变革,就应对此给予更多的关注。在这里,只提到有效的变革,包括文化变革,是有效实施战略的关键所在就够了,我将在下面专门的一章里讨论这个问题。

经理们提出的另一个与变革有关的问题是,在采用新举措的过程中,如何处理变革的速度问题。经理们是应当以迅雷不及掩耳之势，一揽子推出诸多的变革，还是应当谨慎小心地、逐步推进变革措施？这是一个只在讨论中提出来的问题，因为经理们提出的这个问题来自他们的实际工作经验，但调查问卷却没有提出与此直接相关的问题。

按照被调查的经理们的看法，试图实施一项与当前的权力结构相冲突的战略注定会失败。在大多数情况下，面对那些在机构内的各个层次上都具有影响力，但又不赞成战略实施计划的人，该战略的实施结果必定不理想。必须注意的是，根本问题在于如何使用权力结构或得到权力结构的支持。一个领导如何获得影响力，或如何使用权力结构来促进和推动有效的战略执行？这个问题肯定需要在本书后面详加论述。

信息共享不充分或知识的传播不畅，以及职责和职权不清，也会使得战略实施工作遭受挫折。这两个问题指出，如果职责不清，且对于实施战略所需要的重要信息共享不充分成为一种常态，那么，机构内各个部门之间就无法实现有效的团结协作。之所以这样，是因为复杂的战略常常要求有效的团结协作和信息共享。没有达到所要求的知识传播速度和团结一致的局面，将注定无助于战略的实施。

由此又提出了一个问题，就是为什么经理们缺乏分享知识，以及承担实施决策和行动责任的动力。这是否部分由不良的信息分享模式，以及在究竟由谁来为关键的决策和行动问题负责这件事上沟通不良所造成，这个问题需要在后面的一章里加以考察。

拙劣或模糊不清的战略将注定无法加以成功地实施。与经理们的讨论揭示出一些根本性的问题：第一，在机构打算如何去开展竞争方面，拙劣的战略必将造成不确定性，因此，又怎能去实施这样一个不靠谱或稀里糊涂的计划呢？第二，在公司必须对哪些技能或能力进行投资和开发，以确保战略得到实施方面，拙劣或模糊不清的战略只会使问题雪上加霜。第三，经理们特别指出，不确定性和上面提到的问题会打击他们的信心，使他们怀疑自己没有办法去战胜市场上那些实施计划和方法更加明确和牢靠，从而更能适应广大市场和竞争情况的竞争对手。这些调查结果和与经理们的讨论都表明，缺乏信心，对战略和相关的资源及能力抱怀疑态度，只会使得战略实施受挫。

另一个被反复提出的问题是，需要一个指导战略实施的模式或计划。决策和行动的流程应当是怎样的？可靠的实施方法的内在逻辑是什么？要想使实施工作变得扎实、可控，而不是杂乱无序，那么，我们应该付出怎样的努力？这是值得注意的重要问题。

许多经理，尤其是高级经理，提出的问题是：对于战略实施过程而言，组织结构的作用和影响是什么？尽管许多被调查的经理都承认组织结构的重要性，但他们却居然不知道原因何在。他们希望更多地了解以下问题：如何选择组织结构？不同组织结构的成本和效益是什么？为什么组织结构应当改变或是否应当经常改变？以及组织结构是有助于还是妨碍了战略实施工作？经理缺乏有关组织结构的知识令人惊讶，但这清楚地表明，需要对此问题详加讨论。

有关最佳战略实施方法中的沟通、心悦诚服地接受、激励和控制等工作，也是大家共同提出的问题。例如表1-1中没有直接提到激励问题，但是在最初的调研和数据收集之后的讨论中，经理们不断地提出这个问题。他们的兴趣和评论强烈地表明，激励问题隐含在表1-1的好几个问题中，尽管这些问题没有清楚地提及它。对于有效地执行而言，有关合作、知识分享、承担责任，以及支持变革措施等方面，激励手段都是至关重要的。激励就如同沟通和心悦诚服地接受一样，都是战略实施工作不可或缺的组成部分。

从 2005 年的初次调研直到现在，经理们在讨论中还经常提出另一个重要问题。如同激励问题一样，它也隐含在表 1-1 的其他问题中，而这个问题对于战略实施工作的成败也具有至关重要的影响。

这个问题就是：领导力与必须在机构中创建一种以战略实施工作为导向的文化。

与经理和高管的讨论中，我们反复提及强化领导力，以及它与培养一种能够保证战略成功的文化之间的关系问题。由卡普兰·克里巴诺夫（Kaplan Klebanov）于 2012 年开展的研究，以及索利森（Sorenson）的结论，都充分体现了他们对该问题的关注。成功的领导人，是那些既重视和关注一体化战略的"细节"，也兼顾短期经营目标的人。他们所创建的文化是建立在业绩表现基础上的，同时采用激励手段来表彰那些出类拔萃者。在通往目标的道路上，他们要求大家勇于担责、职权清晰。一些领导人幽默亲切、魅力四射、擅长社交，这些性格特点虽然有助于领导工作的开展，但仅凭此类特长是无法带出一个高业绩机构的。关注战略执行及其成果才是做领导的本分。

因此，有一个能够创建一种有效业绩文化的领导，就成为有效执行战略诸问题中一个核心要素。从某种一般的意义上说，领导可能是重要的，但从更加具体的作用来看，例如，创建建立在清晰业绩标准和责任制、兼顾长期和短期目标等基础上的广泛的执行文化，则是取得胜利的关键所在。

领导的作用,以及它与创建执行文化的关系,都隐含在表1-1的调查结果中。随着我们不断充实有效执行的条件,本书的后面章节将以不同的形式,在不同的地方,反复谈及这个问题。

战略实施的后果

调研结果,加上2005年以来从经理们那里收集到的数据,都强烈地表明了,良好执行和不良执行会带来怎样的后果。首先从积极方面来看,表1-2归纳出了扎实执行工作所带来的最为一致认可的积极成果。有趣之处还在于,经理们还把这些好处与竞争优势联系在一起。也就是说,不仅与本机构自己确定的目标相比,扎实的执行工作带来了更好的业绩表现,而且与同行业或市场上的同行们相比,也产生了更为优秀的经营绩效。

表 1-2　　　扎实执行工作的好处:对竞争优势的可能贡献

- 更低的成本。
- 对顾客和市场需求的反应速度更快。
- 切实可行的组织结构、激励措施和控制方法;更加关注正确的战略和具体操作问题。
- 更加有效和高效率的合作。
- 清楚的责任和职权。
- 有效地管理人力资源。
- 提高了管理变革以及适应外部冲击的能力。

表1-2所显示的各项好处是不言自明的。或许需要对上表中的第三点,也就是组织结构、激励措施和控制方法等问题多说几句。事实上,经理们是在说,关注那种具备恰当的组织结构、得力的激励措施以及控制方法的战略,将使得机构更能把注意力放在——无论是战略层面上还是操作层面上——正确的事情上,而这将促进机构的变革工作并提升其适应性。这个过程或许可以用下面

的图来表示：

战略 ——→ 组织结构 ——→ 激励措施 ——→ 控制方法

组织结构和激励措施支持一项选定的战略，而有效的控制方法将提供业绩表现的反馈情况，这就使机构能灵活地盯紧和适应顾客和市场的变化。持续地进行这个过程，就能使机构在不断进行的每一次业绩评估、学习和适应循环过程中，重视学习提高问题。有关这些因素之间的关系，以及它们如何影响到业绩、适应性和有效地执行战略，我们将在随后的各章里详加论述。

无论是在最初的调研中，还是在调研后举办的讨论中，除了"没有达到所希望达到的实施成果和目的"外，经理们还列出了其他几个实施方法不良所带来的后果，这些问题有：

- 员工们不知道他们怎样才能对重要的实施成果做出贡献。
- 实施过程中的低效率和官僚主义浪费了时间和金钱。
- 做出实施决策的时间过长。
- 公司对于竞争压力的反应过于迟缓或不恰当。

这些都不是小问题。实施问题会使机构付出高昂的代价：时间和金钱会被白白浪费掉，公司会因为未能对市场和顾客的需要进行响应而在竞争中遭受严重的挫折。因此，必须处理好实施问题，但是，到底有哪些问题？又应该按照什么次序来处理这些问题呢？

战略实施工作的挑战

上面给出的表1-1列出了战略实施工作的八种障碍或挑战，或者，从积极的角度看，也可以说是八种机会，因为处理好这些挑战就能确保战略实施工作取得成功。根据与经理们就战略实施问题座谈的结果,我将经理们提出的要点重新加以排列,并提出了有效执行战略的逻辑方法。也就是说,这里强调的是实施步骤或行动的合乎逻辑的流程。

例如,如表1-1所示,无法有效地处理变革问题,被认为是有效实施战略的最大障碍。但是从逻辑上说,首先是必定有某种情况来引发变革的需要。在变革发生之前,公司就已经做出了某些决策和行动,并引入了一些新因素。事实上,在变革发生之前,就必定已经有了一些变革。

牢记这一点,就会按照问题的先后顺序来制定实施计划。再说一遍,这里强调的是,该方法意在指出,对那些对成功实施战略至关重要的决策,应当如何按照逻辑顺序、一步一步地展开。以下是有关成功实施战略的各个方面:

(1) 制定一个模式来指导实施工作的决策或行动。

(2) 理解战略制定是如何影响战略实施的。

(3) 开发一种能够支持战略目标,且能促进信息共享、协调一致和责任明确的组织结构。

(4) 创建和使用激励措施来支持战略实施工作和决策。

(5) 建立有效的控制和反馈机制,使得机构能评估业绩和适应变化中的环境。

(6) 理解机构的权力和影响机制,将它们应用到成功的战略实施工作中去。

(7) 了解如何创建一种能够支持战略实施工作的文化。

(8) 实行那种针对战略实施工作的领导方式。

(9) 有效地处理变革问题,包括文化变革在内。

确定战略实施工作的模式或指导方针

经理们需要有一个合理的模式来指导实施工作。

没有指导方针，战略实施工作就会杂乱无章、毫无头绪。没有指导方针，每个人就会做他自己认为重要的事情，从而导致产生不协调、各行其是，甚至相互冲突的决策和行动。没有合理的方法，战略实施工作就会受损，甚至失败，因为经理们不知道要采取哪些步骤，以及何时采取这些步骤。有了模式或路线图，就会对战略实施过程产生积极的影响。

战略是第一推动力

一切都从战略开始。如果没有某个要去实施的东西，战略实施工作又从何谈起呢？糟糕的战略会招致糟糕的实施和糟糕的后果，因此，首先关注制定可靠的战略是十分重要的。

优秀的员工对于实施工作是非常重要的。关键在于"让合适的人上车，不适合的人下车"。但是，同样重要的是要知道这辆汽车驶向哪里，以及为什么驶向那里。它推动着能力的开发，使得每个坐在车上的人能各在其位，各尽其能。如果一家公司采用更先进的生产技术和方法——考虑到当今竞争高度激烈的市场——那么就更需要强调战略、方向以及关键技能等问题的重要性了。

战略规定了战略实施游戏的比赛场地要素（顾客、市场、技术、产品、后勤等）。没有战略以及与战略相关的短期目标的指引，实施工作就是白费劲。战略和计划的哪些方面对实施工作的成果影响最大，是一个需要回答的关键问题。另外一个关键问题是如何处理公司战略与各个部门的战略之间的关系，以及它们的相互关系将如何影响实施工作的成果。

选定组织结构

组织结构的选择必须支持机构的战略。不同的结构形式具有不同的效益（和成本），而这必须与所选择的战略相匹配。例如，如果战略重点在于成为一个低成本的生产者，那么从逻辑上讲，就需要一种能够带来低成本的组织结构，即该组织结构的各个部门可以通过标准化、重复生产和大批量的服务等方式来降低成本。关键在于要理解该战略的要求或需求是什么，然后方能选择一种最能满足这些必不可少的需要的组织结构。

团结协作和信息分享

了解在一个复杂的、地理上极为分散的机构内如何实现团结协作和信息分享，对于成功地实施战略十分重要。而经理们常常倾向于不去分享信息，或者不去与他们的同事步调一致地去实现战略目标和短期的经营目标。为什么会这样？这个问题的答案对于成功地实施战略具有重大的意义。

清晰的责任和职权

显而易见，这个问题是战略实施成功的最重要的先决条件之一。经理们必须知道，谁要做什么、什么时候做和为什么要这样做，以及谁将为关键的实施步骤负责。没有明确的责任和职权，战略实施计划就会放任自流。对于成功的战略实施来说，知道如何去实现明确的责任制是一个核心问题。

权力结构

那种与本机构的权力和影响力结构相抵触的实施计划是注定要失败的。然而,是什么影响了权力和影响力?权力不仅仅与个人的个性或职位有关,而且反映了战略、组织结构及对能力和稀缺资源的依赖程度。了解权力是什么以及如何创造和使用影响力,能够决定战略实施的成败。

激励、控制、反馈和适应能力

战略实施过程会对机构提升适应能力提供支持。有效的激励措施则位于这种支持的最前沿。激励会告诉人们什么才是重要的。给大家打气鼓劲,指引经理们朝有效实施的正确方向前进。激励既支持战略,也支持短期目标,没有激励,则无论是有效的实施还是变革,都将无法成功。

要想战略取得成功,需要对机构的业绩表现情况提供反馈,以便用这些反馈情况来对战略、目标和实施过程本身加以微调。在机构了解环境的变化和做出适应的过程中,战略和实施工作过程随时都会出现一些紧急情况,而适应能力和应变能力则来自有效的实施方法。

尽管控制和反馈工作如此重要,但是它们常常不起作用,控制工作也经常失效。它们往往无法找出那些隐藏在不良业绩后面的祸根。对于成功的战略实施而言,了解如何处理反馈、战略审核和变化是至关重要的。

正确的文化

机构必须培养出能够支持实施工作的文化。实施工作要求富有进取精神、纪律观和主人翁精神的文化。然而，培养和变革一种文化并非易事。管理团队开展的滚石上山、乘筏漂流、颜料枪战斗等集体活动十分有趣，但是它们很少会产生持久的文化变革作用。对于成功的战略实施而言，了解哪些因素会影响文化变革是十分关键的。

领导

领导人必须重视实施工作，必须推动整个机构向成功地实施战略迈进，必须激发主人翁精神和对战略的成功实施做出承诺。

领导人将对机构如何响应上述的实施工作挑战产生影响。至少在讨论哪些行动和决策对于战略的有效执行是必要的时候，领导人总是要出面的。对于实施步骤和决策的完整分析通常决定了什么样的领导是好领导，以及他将如何直接或间接地影响实施工作的成功。

处理变革问题

战略的实施或贯彻常常包含了变革，变革问题处理不好，就将导致实施工作产生灾难性的后果。

处理好变革问题不仅意味着让员工们感到愉快，以便减少对新思想和新方法的阻力，还意味着要知道实施工作所需要的那些与时俱进的步骤和战术。经理们是一步一步、循序渐进地进行变革，还是毕其功于一役，一举完成变革任务？错误的回答将严重地损害战略实施，甚至使其流产。为了使实施工作取得成功，知道如何随时管理实施过程以及相关的变革是十分重要的。

* * *

这些问题都是影响战略实施工作成败的大问题。与以前提到的问题一样（实施工作时间跨度长，牵涉的人员多，等等），如果不妥善地加以处理，它们就会对战略实施工作构成巨大的障碍。但是，如果了解并且处理好这些问题的话，它们也会成为创造竞争优势的机会。

最后说一句，"处理好"就是成功的关键所在。了解这些障碍和潜在的机会自然十分必要，但是还不够。真正的问题是如何处理它们，使之产生积极的实施效果。本章的要点或重点就在于：大多数机构都没能很好地处理实施工作，本书的后面部分就是要纠正这种令人烦恼的情况。

应用和特定课题

第2版的《有效执行》大大扩展了应用部分。应该将上面指出的、有关成功实施战略的关键事项应用到现实世界的课题和问题上去，如此方能体现出这些方法的价值和用途。尽管在本书中随处可见来自不同机构和行业的例子，但本书新的扩展部分则介绍了几个有效实施战略的更专门的课题。这些课题是：

● 并购战略的成功之路。该章在第1版中也有，但在第2版中加以更新了。

● 服务机构的战略实施问题。这是全新的一章，除了非营利机构外，也包含了对政府服务机构和组织的讨论。这是根据许多经理的要求，在第2版中增加的内容。

● 全球战略的成功之路。这新的一章就如何执行全球战略提供了更加深入的分析。同样，这也是应一些经理的要求而增加的内容，他们希望本书论述一下全球战略的实施问题。

● 项目管理和战略实施。这新的一章概述了一种对战略实施十分有用的管理工具,介绍了如何使用这种众所周知的工具来应对战略实施的挑战。

下一步:为实施工作的决策和行动制定符合逻辑的方法

那么,我们从何处以及如何着手来应对刚刚提出的这些问题呢?经理们应当首先考虑哪些实施障碍或机会?又有哪些决策和行动可以放在之后再处理?为什么?是否能够制定出一种战略实施的方法来指导经理们通过这些障碍和难题所构成的迷魂阵呢?

从下一章开始,我们将着手处理这些问题。它将给出一个总纲——一个概念框架来指导战略实施工作的决策和行动。经理们需要这样一个模式,因为他们每天都面临着令人头昏眼花的大量战略和经营决策问题,包括那些与实施工作有关的问题。他们需要一个指南针、一张路线图来引导他们走上成功的战略实施之路。

此外,还需要确定优先顺序。一次进行太多的战略实施决策和行动肯定会造成问题。"一切都重要就等于一切都不重要",这句话清楚而简洁地说明了这种情况。要想使实施工作取得成功,就必须确定孰先孰后,恰当地规定好实施工作的逻辑次序。

最后,有了一个模式也将有助于产生制定计划和实施计划的"同时性"观点。所有的战略实施行动不可能一蹴而就,从逻辑上讲,某些工作必须在其他工作之前做。但是,一个好的总纲或模式可以提供一种"大视野",以便让经理们能够看到或预测到某些战略实施难题。战略实施工作并不是以后由其他人去操心的事情,在制定计划时就要及早预计到,为了有效地执行战略必须做些什么。

制定一项合理的总纲一直是被实践家、学者和管理咨询师等人士忽略的一步。在一些传闻或案例中,战略实施过程中的难题或问题通常被分解处理，或者以一种专门的方式来处理，这是不够的。由于战略实施工作十分复杂，因此如果没有指导方针和路线图，是无法做好的。

在实施战略的过程中，经理们不能以杂乱无章的方式工作。他们不能今天重视组织结构问题，明天关注文化问题，而后天又强调"老好人"问题，这样做只能表明其战略是模糊且有严重缺陷的。他们需要指导方针，需要一种看待和贯彻战略实施工作及其关键要素的有逻辑顺序的方法，需要有路线图来引导他们通过不良的战略实施决策和行动所形成的"地雷阵"。经理们既需要有"大视野"的开阔眼光，也需要对构成这个大视野的诸多本质问题有所理解。

在下一章里，我们将通过列出关键战略实施决策的顺序和逻辑关系来处理一些关键的战略实施任务。我们将从本章所确定的那些障碍开始，勾画出这些决策和行动的顺序。这些决策和行动同时也确定了本书后面各章所关注的其他问题。为了使战略得到有效执行，具有一个模式是至关重要的，现在就让我们迈出这重要和必要的一步。

小结

● 想要让战略获得成功，战略实施工作是关键。然而，大多数经理对如何制定战略知道的要比如何实施战略多得多。他们对"制定计划"知之甚多，对"执行计划"却知之甚少，这种情况使战略的有效执行产生了大问题。

● 战略实施工作十分困难，应当引起机构内所有层面经理们的关注。所有的经理都对战略实施工作负有责任，战略实施工作不光是基层经理们的事情。

- 战略实施工作的部分困难来自战略实施工作的障碍和阻力。这包括：战略实施工作所需要的时间跨度长，不良或模糊的战略，与机构的权力结构的冲突，不良或不恰当的信息分享，缺乏对组织结构（包括信息分享方法和协作方法）的理解，实施过程中责任不清、职权不明，缺乏处理变革（包括文化变革）的能力等。
- 了解战略实施工作的风险和机会是必要的，但是还不够。为了使战略实施工作取得成功，经理们需要有一种模式或者一套指导方针，来勾画出整个实施过程以及关键决策和行动之间的相互关系。当经理们遇到障碍或利用这些机会时，需要有路线图来帮助他们厘清实施工作的决策和行动的顺序。
- 实施总纲对于实施工作的成功是至关重要的，下一章将讨论它的制定问题，其后的各章将依据这个模式来更具体地探讨这个总纲的各个方面，以争取实现成功的战略实施工作。

参考文献

[1] For those interested in an informative memoir about Randy Tobias' career, his many experiences (especially as CEO of Eli Lilly), and his views on effective leadership, I suggest you read *Put the Moose on the Table* by Randall Tobias with Todd Tobias, Indiana Press, 2003.

[2] William Joyce, Nitin Nohria, and Bruce Roberson, *What (Really) Works*, Harper Business, 2003.

[3] Steven Kaplan, Mark Klebanov, and Morten Sorensen, "Which CEO Characteristics and Abilities Matter," Swedish Institute for Financial Research Conference on the Economics of the Private Equity Market, New Orleans, 2008. A version of this paper was also published in May, 2012, in the *Journal of Finance*.

[4] David Brooks, "In Praise of Dullness," *The New York Times*, May 18, 2008.

[5] See Jim Collins, *Good to Great*, Harper Business, 2001; Larry Bossidy and Ram Charan, *Execution*, Crown Business, 2002; and Amir Hartman, *Ruthless Execution*, Prentice Hall, 2004.

[6] "Daimler CEO Defends Strategy, Reign," *The Wall Street Journal*, May 6, 2004.

[7] For a good discussion of how a series of integrated activities, activity systems, or processes thwarts imitation and leads to competitive advantage, see Michael Porter's "What Is Strategy?" in the *Harvard Business Review*, November-December, 1996.

第 2 章　概貌和模式：让战略有效执行

第 1 章强调说明了战略的贯彻实施是极其困难的工作，同时指出，与知道如何去编制计划和制定战略相比，大多数经理需要更多地了解如何去做或如何让战略得到有效执行。

在贯彻实施工作中存在许多障碍，这些障碍综合到一起，体现出贯彻实施工作是一项十分艰巨和困难的挑战，并且常常导致贯彻实施工作效果不佳。正如上一章所指出的那样，其原因之一就是经理们没有具体的概念框架或模式来指导贯彻实施工作。

缺乏一种据以做出决策和行动的模式、蓝图或模板，常常是有效执行战略的主要障碍之一。经理们需要一张路线图来指导贯彻实施工作，他们常常要求"告诉我们要做什么、什么时候做以及按照什么次序来做"。没有指南或模式，贯彻实施工作根本就无法按部就班地去进行；没有模式也难以制定扎实可靠的实施计划。

在最初的数据收集和调研后，经理们常常告诉我说，他们渴望获得切实管用的贯彻实施蓝图；他们还对我说，逸事趣闻或"战争故事"之类的东西于事无补。这些有关实施工作的故事和逸事总是很有趣；它们对具体的管理工作有时也有启发，然而仅仅凭借这些故事和逸事根本不能解决在第 1 章里阐述的那些影响战略实施工作的复杂问题。有效执行战略不是仅仅在管理方面"烧上几把火"就能奏效的，它需要一个模板，从而能以一种合乎逻辑的、系统的方法来指导我们的思想和行动。

本章的目的是为战略实施过程提供一个概念框架或模式。本章的目标有两个：第一，提供实施工作的指南，一种表明关键的决策和行动是如何以一种合乎逻辑的方式相互依赖的"大视野"。第1章里指出了影响战略实施工作的关键问题或挑战，我们不是要立即着手分别处理这些似乎毫无关联的问题，而是要首先说明这些问题是如何相互依存的，或者说如何相互关联的，以及如何将它们组合在一起而形成一种相互协调的方法来处理战略实施工作。在解决有效执行战略这个复杂难题方面，这是极其重要的第一步。第二，本章要确定下面各章予以详细论述的主要论题或要素，目的是提出实施工作的总论以及下面需要详细讨论的问题。

在提出蓝图之前，有必要强调与使用这个蓝图有关的两个问题。

通用的和独特的实施方案

第一个问题是，下面介绍的实施方案实际上可以全面地运用于所有的机构和行业。它意味着提供了一个有用的实施工作的决策和行动的总蓝图，以帮助所有类型的企业或机构做好战略实施的管理工作。

该方案提出了一个用来确定共同的实施问题的方法，如果忽视这些问题，就会导致实施工作遇到困难。单单这一点就很重要。这种高瞻远瞩的做法提供了重要的综合视角来帮助读者理解整个实施过程的逻辑性，对于不同的机构而言，这种逻辑性是始终一致的。

但是仍有必要指出，该方案中具体决策或行动的重要性是因不同的机构而异的。考虑到公司文化、历史、竞争力、增长模式、能

第2章 概貌和模式：让战略有效执行

力以及以前的成功和失败等因素各不相同，在某种程度上，每个战略及其要求都是独一无二的，因此相应地，不同的机构可能在某个时间点上需要强调该通用实施方案中的不同部分。即使在那些使用同样的实施方案的机构中，实施的难题及其解决方法也会是各有千秋的。

自从本书的第1版面世以来，一个重要问题被反复提及，就是这种通用的战略实施方案也同样能很好地适用于服务机构，甚至政府机构和组织也不例外。在战略实施问题上，服务机构和制造公司是类似的吗？它们之间有什么不同吗？本书第2版里所提出的劝告和建议，对于服务业或政府机构的领导们也管用吗？

在做了某些小小的改动后，我们可以简短地回答"是"。本书介绍的关于战略执行的材料可以供高等院校的校长、健康服务机构的领导以及大大小小公司的CEO所采用。服务业公司在制定好战略后，也必须关注组织结构、合作、激励、管理变革等问题，以使得战略发挥效用。它们必定会面临这些基本的实施问题，对于这些实施工作的挑战，服务机构并不能幸免。

实话实说，在应对实施工作的挑战时，一些服务机构或政府部门可能会遇到一些额外的难题或情况。而正是由于在本书的第1版面世后，许多经理所提出的问题和关切，使我在第2版里用专门一章来论述这些情况、问题或难题。在此处，只能简单地提一下，就是对于服务机构来说，本书所给出的实施方案的有效性业已得到验证。在那一章里，指出了这些差异和额外的挑战，但是实施大纲与这些差异和挑战的相关性是十分紧密的。本书使用了大量有关服务机构的例子，借以强调和证实这一点。

总之，行业与机构的类型千差万别，但是绝不能因此而否认通用的实施方案及其价值。该方案提供了一种结构，一张"菜单"，以确定所有的机构都必然会遇到和处理的关键性实施决策或行动。绝不能用各个机构在任何一个时间点上所采取的某项决策或行动的重要性来贬低这张"菜单"以及总的实施工作的重要性。当经理们面对和解决他们的实施难题时，这张"菜单"列出了他们必须分析的各种选择。

需要行动

战略实施工作是在现实的管理环境中进行的，它不仅关心"为什么"这个问题，而且关心"如何做"这个问题。经理们既要知道"行"，也要知道"知"；既要知道"扔雪球"，也要知道"造雪球"。[1]这就对任何一种战略实施方法施加了"行动"限制。

对于一种面向行动的方法而言，它必须强调那些能够被操控和改变的变量。有效的管理行动是建立在关键变量处于经理们控制之下这个假设上的，没有这一点，还谈什么管理呢？因此重要的是确定这样的实施方法，它尽可能多地将重点放在那些可以被测量和操控的因素上，同时该方法还直接与管理行动和决策有关。

要想面向行动，还必须有规范性的模式，它必须能告诉我们应当做些什么、什么时候做、为什么以及按照怎样的次序去做，等等。如果一个模式能够明确实施工作决策的逻辑顺序，那么该模式就是面向行动的和有用的。

在现实生活里，总是会发现偏离逻辑模式的现象。例如，在第4章里所强调指出的那样，从逻辑上看，战略应当影响组织结构的选择，而组织结构则应当反映一个单位所追求的战略，并且与该战略保持一致。

在现实世界里，组织结构始终在逻辑上与战略一致吗？是否存在某个单位或部门偶尔会变得非常强大，以至于推翻了原模式并且支配了对战略的选择呢？当然，这两个问题的答案分别为"否"和"是"。

但是偏离原模式并不等于否认原模式，或否认原模式的用处。知道我们应当做些什么、什么时候做、为什么以及按照怎样的次序去做仍然是十分重要的。

一个好的模式能够帮助我们了解为什么以及在什么地方发生了偏离情况，这样就可以采取纠偏或改正措施。在前面的例子中，组织结构之所以会影响战略，是因为强势单位的影响所致。也就是说，权力会影响战略实施工作，使其产生或好或坏的结果。因此，在使用该模式时，了解权力以及它的作用是至关重要的。权力的存在并不能否认该模式的正确性或有效性。必须对偏离模式的现象做出解释，但是这些偏离当然不会破坏该模式的逻辑或用途。

现在，本章可以转而讨论战略实施问题了。随着本章制定出一种合理的、面向行动的战略实施方法，它将处理第1章里指出的许多障碍和值得关注的问题。我们将在后面的各章里分别深入地分析这些障碍和问题，我们现在要做的是表明在实施工作过程中它们是如何相互关联的。

战略实施的模式

图2-1给出了这个战略实施过程的模式。[2]它与本书第1版所

给出的模式是一样的。既然经理们的讨论确认了它作为实施工作决策和行动指南的优点和作用,这里不妨再次将它呈现出来。为了充实这个模式使其更为完整,我们提供了更多的例子,下面还会增加其他一些元素,而作为指南性方法,这个模式依然有其优点。此外,它也可以起到抛砖引玉的作用,以激发大家的讨论。在进行详细研究之前,我们先按照顺序大致地说明一下。

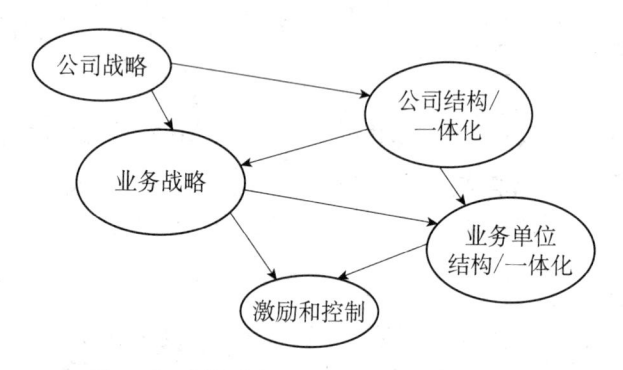

图 2-1 贯彻实施战略:关键的决策和行动

第一,战略很重要。在第 1 章提到的调查以及其后进行的讨论中,经理们将"不良或模糊的战略"列为落实战略的主要障碍之一。对于有效的实施工作来说,一项清楚的、有重点的战略是必不可少的。[3] 不首先致力于制定可靠的战略,就谈不上实施战略。战略的制定和实施是两个可以分开并加以区别的工作,但是它们也是高度相互关联的。良好的战略制定工作将有助于战略实施工作。同样,不良的战略制定工作将招致不良的战略实施工作。

某些经理可能不同意这个观点,并且会争辩说,良好的战略实施工作能够弥补不好的战略或不良的战略制定过程。但是我的经验证明情况并非如此。实施不良战略通常会招致损失。不良的战略制定过程常常会给实施工作带来许多麻烦,使得"导航"工作变得更加困难。因此不奇怪,在图2-1所示的战略实施过程的概貌中包含了公司和业务战略的制定过程。

第二,图2-1表明,实施工作的决策和行动中存在着逻辑性流程。图2-1中的箭头就指出了这种流程的方向。例如,激励工作处于该模式的最后,这是因为必须如此。在对前面关于公司战略、短期经营目标和组织结构等问题做出决策之前,激励工作是无法确定的。从逻辑上看,激励工作必须奖励和强化那些正确的决策,而显然这些决策必须先于激励措施被确定。同样,公司战略具有至高无上的重要性,如果一个业务单位的战略与公司战略不一致(或相冲突),那么,后者必须压倒前者。狗应当摆动它的尾巴,而不是反过来。

因此,这些箭头标明了实施决策的逻辑顺序,指出在贯彻实施战略的过程中,哪些决策应当位于其他决策之前。它们并不意味着单方面的、只能向下进行的流程。正如后面几章所反复强调的那样,战略实施工作包括了机构内部上下的沟通、信息的横向流动和各个经营单位之间的协作。

第三,在这个模式中存在着反馈回路,虽然这些反馈回路并不明显。该模式里的"控制"部分是由反馈和改正组成的。实施工作是一个动态的、逐步适应的、引导机构学习的过程。为了学习并改正,比照业务战略和短期经营目标对业绩进行反馈是十分必要的。这种反馈必须来自所有级别的经理、区域或地区的办公室员工以及那些与顾客打交道的员工,等等。

有效的实施模式既重视行动,也重视反应,它必须是动态的,允许反馈和适应。这个模式绝不是静态的,我希望在一开始就特别强调这一点。

公司战略

图 2-1 所示的模式是从公司战略开始的。通用电气、ABB、花旗集团和贝克顿·迪金森（Becton Dickinson）等公司，以及大多数其他公司都有公司战略，而它们的许多下属业务单位也都制定了自己的战略，以便在它们各自的行业内寻求竞争优势。宾夕法尼亚大学具有制定"公司"战略的功能，而它的分院则制定它们的计划来应对它们自己的竞争环境。

公司战略关心的是整个机构的目标，它的重点放在如投资组合管理、多样化方案以及在构成该公司的各个业务单位或经营单位之间分配资源等大问题上。作为一家公司来说，其战略的层次和相关的任务应当如表 2-1 所示。

表 2-1　　　　　　　　公司战略的层次和相关任务

层次	问题或任务举例
公司战略	● 投资组合管理 ● 多样化，包括纵向一体化 ● 在各个业务单位之间分配资源
业务单位、部门或战略业务单位的战略	● 提供哪些产品或服务 ● 如何开展竞争 ● 在一个行业内实现竞争优势
业务单位内的战略	● 如何在一个给定市场里形成差别 ● 各个职能部门的计划

在银行或类似的服务机构内，有公司一级和一些下属职能部门，如业务单位或针对不同市场或客户的服务地区等。一家大银行通常会划分商业信贷、零售信贷、私人银行/信托等业务。与此类似，宾夕法尼亚大学的"公司一级"管理着不同客户群和专门领域的"业务"

(分院)组合。本书将只使用"公司战略"和"业务战略"这两个术语。前者指的是整个公司的决策，这些决策或行动适用于各个业务单位（部门、战略业务单位）；而后者则代表了各业务单位的战略。

再说一遍，从逻辑上看，目前的这个模式是从公司战略开始的。在这个层次上，决策是根据"各项业务和行业应当为公司的组合提供些什么"而制定的。通过收购而实现的多样化能够为本机构增加组合成分，而抛弃一些业务则能消除多样化。纵向一体化通常不仅能增加母公司中的子公司数量，而且能增加母公司中子公司所参与竞争的行业的数量。显然，母公司如何选择纵向一体化战略将影响它的子公司的数量。

公司战略还必须在考虑各个行业之间不同的竞争条件和增长可能性的前提下，决定如何在各个业务和经营单位之间分配资源。这种资源分配和投资决策十分重要，因为它既会在公司层次上，也会在业务层次上影响战略的贯彻实施。

哪些决策和行动将会影响公司战略的贯彻实施呢？图2-1和前面的讨论指出，有两个关键的领域对于贯彻实施公司战略十分重要：公司结构和业务战略。让我们依次来讨论它们。

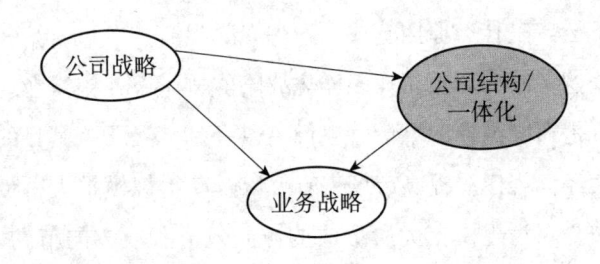

公司战略和公司结构

公司结构是本模式中的第二个要素，它指的是为了响应公司战略的需要而创建的组织单位。公司结构说明了构成整个公司的主要部分和经营单位。图2-1表明创建公司结构对于贯彻实施公司的战略非常重要,那么这里的逻辑关系是什么呢?

为了回答这个问题,让我们考虑把多样化作为公司增长战略的例子。合并和收购都是大买卖,在2003年,投资银行促成的并购项目规模为1.2万亿美元。2003年之后,这种并购规模继续扩展,直到2008年爆发了全球性金融危机为止,但情况表明,并购很快恢复到了危机前的水平。在2010年和2011年,美国的并购活动显著增长,与2010年第一季度相比,2011年第一季度的并购规模增加了将近117.3%。而在同一时期,全球的并购规模则高达8万亿美元。美国大公司手里的现金充裕,加上2008年以来的低利率,公司鼓鼓的钱袋很快就找到了并购这个投资途径。[4]2012年所做的一项调查发现,10个高管中,几乎有7个希望他们的公司进行至少一次并购,这个数字比前一年大大增加了。而另一项调查指出,一些高管们打算在2012年通过并购来进行全球性扩张。[5]

然而遗憾的是,这些公司的合并常常并不成功。大量的公司出现了股票价值下跌的情况。并购战略的实施结果常常伴随的是机构业绩的下滑,是什么原因造成了这种惨况呢?

让我们考察一个银行业多样化战略的例子。在银行业,收购和合并一直是司空见惯的事情。银行A买下了银行B,其目的通常是为了扩大经营规模;提高市场占有率以及获得规模扩大所带来的好处,例如,因为规模扩大所形成的协同效应和成本的节约,等等。有许多银行这么做了,例如PNC-RBC(2012年)、Capital One-ING Direct(2011年)、N&T-Wilmington Trust(2011年)、PNG-National City(2008年)、Well Fargo-Wachovia(2008年)、Bank of America-Merrill Lynch（2008年），等等。可以预计，这些巨大并购的目的包括：降低成本、精简人员、实现与资本增加有关的规模经济以及更好地为顾客服务，等等。

但是，为了实现协同效应和规模经济，这些银行必须融合为一个机构，必须消除职能重复的那些部门。一个比合并前的规模要小的营销部门，能够以高得多的效率做同样的事情。类似地，取消某些银行的分行将使得组织结构更加精干和更省费用，但服务市场的能力并不会因此而降低。最后，一套内部操作系统可以取代合并前两家银行分别拥有的两套系统，以更大的规模来做同样的工作，效率更高。

因此，为了贯彻实施银行有关多样化的战略，组织结构的变革是必不可少的。公司战略的实施部分地取决于是否有恰当的组织结构来支持该战略。银行业和其他行业中的许多并购之所以失败，没有达到预期的结果，就是因为它们的组织结构的变革进行得不好。诚然，在解释业绩不佳的原因时，其他一些因素也要考虑到，如收购价格过高等。然而，考虑到这种并购的本质，组织结构的整合是关键问题，而该问题上的决策失误导致了业绩不佳。组织结构问题确实会影响公司战略的实施。

让我们再考虑一个纵向一体化战略的例子。一家公司购买了另外一家被证实在该竞争行业确实有价值的公司。这种购买可以达到后向一体化（购买一家供应商）或前向一体化（扩展到分销或零售领域来销售产品）的目的。其结果就是一家公司通过控制生产某产品的零部件，或者通过控制其分销渠道，来最终控制终端产品。但实施这种战略往往是一件挑战性很大的任务。

一个现实的案例是迪士尼公司（Disney）收购ABC公司，这次收购在多年后仍然引起广泛的注意。这是一个前向一体化的例子，因为这是一家内容生产商（电影、卡通形象等）购买一家电视台来控制它的产品销售渠道的例子。这次收购似乎是有意义的，因为缺乏销售渠道的内容将一钱不值，反之，如果无法接触到货真价实的内容，那么销售能力也将毫无意义。由此看来，ABC公司被迪士尼公司收购似乎是一次内容和销售渠道的理想联姻。

但是后来又怎么样了？为了实现这种纵向一体化战略，都需要些什么？一项重要的决策就是有关组织结构问题的。总公司可以将那个被收购的公司作为一个独立的部门进行利润结算，或者可以将它划分到总公司现有的其他部门中去。前一种选择让被收购的公司一如既往地经营，成为它所在行业中一个有生力量；而后一种选择将使得它成为一个被捕获的单位，成为已有业务单位中的一部分。

在收购ABC公司后，迪士尼公司面临着棘手的组织结构选择问题。应当让ABC公司紧密地融入到迪士尼公司中去，对它施加控制并增加对ABC公司经营状况的发言权吗？如果这样，ABC公司可能会被看作迪士尼公司的一件工具。这将打乱ABC公司的管理，或许还会赶跑其他的内容制造商。

或者让ABC公司作为一个部门独自经营，这可能意味着ABC公司有权拒绝迪士尼公司所提供的内容，特别是当迪士尼公司力图把那些其他媒体网络或有线电视台不感兴趣的烂电影或节目硬塞给ABC公司时。此外，作为一家独立的公司，ABC公司可能播出一些"前卫"的或成人节目，而这些节目是与迪士尼公司有益健康、为家庭服务的方针背道而驰的，从而可能会损害迪士尼公司的形象。

在这种情况下，迪士尼公司或任何其他这种合并该何去何从？该采用何种组织结构形式？答案将取决于公司战略和该战略所确定的目标。收购者打算通过这种纵向一体化所达到的目标，将决定被收购公司在组织结构中的定位。控制成本和实现协同效应的需要，将产生受到更大控制和更加一体化的组织结构；而希望在不同的竞争市场中表现良好并获得增长的公司，将更愿意采用分权化的独立部门这种结构。

下面，让我们看一个 2012 年关于高技术行业纵向一体化的报告，其中的战略与制造业的战略是完全一样的。[6] 谷歌（Google）收购摩托罗拉移动公司（Motorola），以便生产智能手机和电视机顶盒。甲骨文公司（Oracle）买下太阳微系统公司（Sun Microsystem），以便把硬件和软件整合到一起。微软公司（Microsoft）生产的是软件，但也需要为它的 Xbox 产品制造硬件。索尼公司（Sony）力图将硬件和软件融合到一起，但至今没有取得完全的成功。

还有其他一些例子，问题在于，就高技术行业来说，这种纵向一体化的战略一向是一种难以实施的战略。其中的原因很多，但是，这里只说一点就够了，那就是组织结构问题看来增加了实施这种战略的难度。就像制造业和采购业一样，硬件和软件需要的是不同的专业能力。企图把两个组织结构全然不同的公司融合在一起，是极其困难的。而让另一种业务分离出去独立运行，则会带来相应的控制问题，如同上面所提到的迪士尼公司的例子一样。

这些例子再次提出了一个古老的议题——组织结构的集权化和分权化的问题。随着时间的推移，一个公司将创建或收购那些能够弥补或强化该公司的业务单位。某些公司所收购的实体将变成相对独立的、分权化的、在不同行业中开展竞争的单位，但是在不同的业务单位之间也会有一些工作和部门可以实行集权化管理，因为减少资源的重复浪费和实现规模经济也常常是公司所寻求的战略目标之一。必须给予不同的业务单位以足够的独立性,以便对市场的需求、竞争对手的行动和顾客的需要迅速地做出反应。但是也不能过于独立,以至于产生不必要的资源浪费,或者因此消除了不同业务之间的协同效应和规模经济效应。所以,公司必须在集权化和分权化之间建立适当的平衡来贯彻实施它的战略,从而实现其战略目标。

在现实世界中有无数这种力图实现结构平衡的例子。通用电气、通用汽车、强生(J & J)、微软、花旗集团、默克(Merck)、科宁玻璃(Cotning Glass)、葛兰素史克(GlaxoSmithKline)等公司都是通过在公司一级上分配资源,来确立"公司中心"这种组织结构的。同时,它们也在各个业务单位之间实行分权化,让这些单位根据不同的行业、产品、市场或地理区域开展竞争。在这种分权化结构中,这些业务单位通常都具有很大的自主性和局部的控制权。类似地,一些大学也通过设立分院来实现分权化,但是对人员配备工作(人力资源管理)采用集权化的管理办法,以便为所有的分院服务,以达到避免重复工作和节约成本的目的。

诀窍依然是如何在集权化和分权化之间取得平衡。每种组织结构都有其效益和成本,关于这一点,我们将在第4章里加以说明。大多数机构是两种结构兼而有之,必须避免过度不平衡的情况出现,一旦出现严重失衡,就会只强调其中之一,从而限制了另一种结构所带来的好处。一个公司该如何组织显然取决于公司的战略,或者与该战略相关联。组织结构与战略实施的成功与否休戚相关,我们将在第4章里详细论述这个问题。

一体化

图2-1所示的公司结构的一体化问题,指的是在组成该公司

的各个部门之间实现协调一致的方法。

有关组织结构的决策将针对不同任务或专业的不同部门。为了实现这些部门的统一，并把这些部门的工作整合到一起，就需要认真地关注实现一体化的方法或机制。公司结构一体化这个议题包括两个方面：一是协调公司和各项业务的工作流程，二是协调公司的核心作用和各项业务经营管理之间的关系。

我们再考虑纵向一体化这个例子。为了让纵向一体化这个战略发挥作用，需要有一定的工作流程和方法来协调公司内部的工作，材料的供应部门和使用部门之间应当相互衔接；必须制定出价格转移机制来促进内部的买卖交易；还必须制定出能够促进信息和知识相互交流的方法来增进协调和合作。这些工作流程和方法就是图 2-1 所示的一体化工作的组成部分。

我们再考虑机构全球化的例子。许多全球战略之所以获得成功，其核心就在于实现了有效的一体化和协调。花旗银行必须为它全世界各个国家的顾客协调它的各项计划和服务。这些大型的全球性公司直接面对的一项工作，就是必须在各个国家和地区之间加以协调，而这种全球性的服务又不能违反当地的法律或规定，或者无视当地的经济问题和机会。为了应对这种复杂性并获得强大的竞争地位，这种一体化工作必须在全球范围内进行。

ABB 公司（Asea Brown Boveri）由众多分公司组成，它在全球范围内参与不同种类的业务竞争。它的这种全球化经营方式所面临的关键挑战，就是如何在许多地区或国家之间实现战略的一体化。为了贯彻实施其战略，该公司对其 IT 系统、经理们以及全球范围的矩阵型组织结构进行了大量的投资，目的就是促进它所需要的一体化。为了让 ABB 公司的战略发挥作用，这种跨部门和地理区域的一体化是不可或缺的。

第 5 章讨论的就是有关实现组织一体化和协调的方法,这些都是需要专门说明的重要课题。回忆一下在第 1 章的调查中,经理们曾经将缺乏对组织结构的认识列为阻碍成功地实施战略的障碍之一。事实上,经理们强调指出,扎实可靠的战略实施所需要的那种公司结构一体化是事关成败的大问题,如果处理得不好,就会成为一个巨大而难以跨越的障碍。因此我将在第 4 章和第 5 章里详细论述这些相关的组织结构问题。现在,关于这个战略实施概貌所举例子的核心是要强调指出:

> 公司的战略将影响对组织结构的选择;反之,组织结构对于贯彻实施公司的战略也十分重要。为了有效地贯彻实施战略,经理们就必须对组织结构做出切实可靠的决策,并且制定出实现各个下属单位之间一体化所需要的方法或工作流程。

业务战略和公司战略的贯彻实施

图 2-1 表明,各个业务单位、分支机构和战略业务单位必须为自己制定相应的战略,而这代表了该模式中的下一个要素。在业务层次上,战略的重点是产品、服务以及如何在给定的行业里开展竞争。它强调对行业的分析,以及该业务单位打算根据自己的竞争优势来定位时,该行业从外部对该单位施加的作用。当该业务单位设法创造区别于竞争对手的技能和本领时,它还必须注意自己内部的资源和能力。从本质上看,业务战略处理的是如何在给定市场上开展竞争并获得利润。对这个问题,已经有许多文章探讨过了。

我在这里想强调的是,在我们的战略实施模式中,对于实施公

```
公司战略 ──→ 公司结构/
   │           一体化
   │            │
   ↓            ↓
      业务战略
```

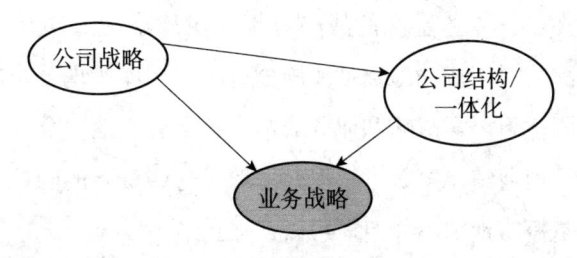

司的总战略而言,业务战略是十分重要的。

业务战略之所以重要,是因为它有助于为本业务单位,同时最终为这个公司赢得竞争优势和利润。尽管业务战略对于实施公司战略非常重要,但许多对实施公司战略有兴趣的人却常常忽视它在这方面的作用。的确,业务战略和公司战略是相互依存的,每一个都影响另外一个,并且受到另外一个的影响。

请考虑由波士顿咨询集团公司(Boston Consulting Group)、通用电气、诺华公司(Novartis)和其他机构所开发的公司组合战略,以及由此所产生的那些人们熟悉的术语:"现金牛""明星""问号"和"瘦狗",等等。这些都是赋予公司组合战略中不同业务的熟悉的名称,它们生动地描述了各项业务在成功地贯彻实施公司战略方面所起的不同作用。

例如,在波士顿咨询集团公司的组合矩阵中,"现金牛"是产生现金的业务。公司"挤干"它们,并且使用它们所产生的现金来喂养和提升其他的业务,例如那些具有增长潜力的"明星"类业务。公司需要"现金牛"来提升其业务组合中那些与公司战略相一致的业务。如果"现金牛"不能满足公司的期望,该怎么办?如果它们没有产生所需要的现金来提供内部增长和收购所需要的资金,又该如何?显然,所需要的资金不得不来自其他地方,换句话说,公司战略可能无法得到成功的贯彻实施。

关键在于，业务层次的战略对于公司战略的成功是生死攸关的。业务战略对于成功地贯彻实施公司的计划和实现公司的目标至关重要。同样，公司战略和业务战略也必须有效地整合在一起来实现预期的公司业绩。第3章扩展和厘清了这些重要的问题。考虑到本章仅仅是概略地加以介绍，可以这样总结：

> 业务战略对于成功地实施公司战略十分关键。公司在制定计划时应当为各个业务单位指定它的作用和目标，而这些业务单位的业绩表现将会影响到公司战略的实施情况。业务单位的业绩不佳将削弱公司实现其战略目标的能力，而良好的业绩表现则将有助于公司的战略发挥作用。

贯彻实施业务战略

到目前为止，本模式的重点一直放在如何通过选择公司结构和业务战略来促进战略的贯彻实施上。我们现在进一步考察业务战略的贯彻实施问题。

如图2-1所示，业务战略要受到公司战略和公司结构的影响和限制。即使那些独立的、自主经营的业务单位，也在某种程度上受到公司战略和公司结构方面先期决策的影响。业务战略的制定虽然主要取决于行业的因素和业务单位的能力，但是也将反映出这种局限性。

首先，业务战略要受到资源分配和公司战略需要的影响和限制。如前面强调过的那样，分配给业务单位的资源是该业务在公司业务组合中所发挥的作用的函数，如果该业务没有满足公司对其业绩表现的期望，那么从逻辑上讲，它所得到的资源就要被打折扣。

这种分配（或因此而缺乏资源）显然将影响该项业务实施其未来战略的能力。即使那些相对独立的业务单位，也会受到公司对利润和对总公司贡献期望的约束。

如图2-1所示，业务战略还要受到公司先前对公司结构所做决策的限制。某些组织职能的集权化（如研究和开发）之所以对业务单位构成限制，是因为它无法控制自己所需要的资源，而必须依赖公司里的其他部门。某项业务依赖于集权化的资源而无法对其控制，这将影响到它的决策。此外，尽管这些业务单位面临着这种限制，但是仍然必须制定和实施那些对整个公司的业绩做出贡献的业务战略。

在公司战略和公司结构对业务战略构成限制方面有大量的事例。过去，AT&T的各个经营单位非常依赖于贝尔实验室的研发成果和工艺方法，它是全公司的研究和开发中心。在通用电气，虽然各个部门和子公司比较独立，但是公司的中心或中央部门的工作仍然对各项业务构成了某些限制。

除了由公司一级所施加的限制之外，还有两个因素也会影响到业务战略的实施：(1) 战略的类型以及该战略对公司的"要求"；(2) 需要将战略转化成为短期的、可以测评的目标。处理好这些问题将推动战略实施工作的成功。

业务战略的"要求"

业务战略会提出一些必须得到满足的"要求"，来确保其战略实施的成功。例如，低成本或低成本战略会向公司提出对于实现该战略至关重要的投资、资源和能力等方面的要求。它要求对技术和制造过程进行资本投资，以便降低所销售货物或所提供服务的可变成本。它对标准化产品和大批量生产产品的要求也必须得到满足，以便能够实现规模经济，无论是制造洗碗机还是销售定期保险都是如此。还必须制定出能够奖励降低成本行为的激励制度，否则人们就不会表现出与低成本战略相一致的行为。

2012年4月30日，德尔塔航空公司（Delta Airline）震动了航运界和华尔街，因为它宣布要收购一家生产航空燃料的炼油厂，该工厂靠近费城，位于宾夕法尼亚州的特莱那。这是件大事情，因为这将使德尔塔成为美国第一家进入炼油业的航空公司。据称，此举能使得德尔塔航空公司每年节省大约3亿美元的燃油成本。[7]

这件由于考虑成本而实行的后向一体化工作面临着如何成功实施的挑战。为了实现成本节约，需要进行高额投资，以便生产所需要的高品质燃料。炼油显然不同于经营一家航空公司，因此问题出来了，这家炼油厂是否需要独立经营？它在公司里发挥何种作用？德尔塔航空公司纵身一跃，进入了一个价格剧烈波动、变化多端、极难把握的市场。市场或许会向德尔塔航空公司提出挑战，看看它是否有能力实现其所追求的低成本战略。为了满足低成本战略的要求，在成功地实施该战略上需要做大量的工作，这包括生产量的要求、标准化以及规模经济等方面。这些要求十分严苛，它们对德尔塔航空公司提出了挑战。

在降低成本方面，让我们考察一下沃尔玛公司（Walmart）多年实行的那些卓有成效的做法。沃尔玛强调的是数量和快速周转，因此很少对存货进行投资，而它对信息技术的投资确保了它能对存货进行一流的监控。这些投资还产生了供货商对最新销售情况和顾客信息的依赖，这反过来又增强了沃尔玛公司对供货商的控制力量。奖励制度的重点放在减少损耗和其他降低成本的行为上。它的销售和广告费用成为该行业内的标杆，其费用始终低于该行业的平均水平。它开发的"枢纽—轮辐"送货体系和对仓库的投资，降低了后勤工作的成本。实际上，沃尔玛公司已将资金和精力投放到能够支持其低成本战略的能力和工作中去了，总的来看，它的竞争对手们很难仿效实施这些方法。

在不吸人眼球的钢铁行业，纽科公司（Nucor）提供了另外一个好例子。纽科公司的投资显然是用来支持其战略的。它对新的炼钢技术进行投资，以求控制成本和质量。它还对人员进行了大量投资，制定了人力资源管理方针和奖励计划，这些工作使得它在这个步履艰难的行业鹤立鸡群，使得那些更大和行动更缓慢的竞争对手们难以效仿。

这里的关键之处就是：成功的战略实施要求投入一定的资金来开发机构的能力或资源，而不同的战略所要求的投资不同，所开发的能力也不同。第3章将详细讨论这些问题，这里只概括为：

> 业务战略会要求机构对技术、员工和能力进行投资。必须进行这些投资，并且获得成功地实施业务战略所需要的恰当的能力。

将战略和短期经营目标结合起来

就贯彻实施业务战略而言，图2-1还指出，必须将战略计划和目标转化为短期经营目标。长期目标必须给出与业务计划有逻辑关联的短期考核指标和业绩测评方法。

复杂机构的大多数经理都要面对和处理局部的和短期的各种问题。因为经理们总是会碰到那些与顾客、竞争对手和员工有关的一般性问题,因此其工作重点在于处理每天、每周、每月或每个季度都要解决的问题。即使是在业务单位的最高一级上,仅仅依靠战略计划也是不可能进行有效管理的。必须将业务战略的关键问题、要素和要求转化为短期的目标和行动计划,而这个转化过程就是战略实施工作中不可或缺和至关重要的一部分。只有将短期的经营思考与长期的战略思考结合在一起,这种短期思考才是恰当的。

对于业务战略来说,将战略转化为短期经营目标特别重要,因此,必须对它加以控制和监管。没有这种监管,那些处于中层或基层的经理和工人可能会将注意力放到一些错误的事情上去。例如,如果将短期的注意力主要放到成本和避免额外的费用上,那么,一个建立在改善顾客服务水平基础上的差异性战略就可能失败。类似地,如果业务战略已经随着时间的推移而做出了改变来适应外部行业环境,但是短期的目标和业绩测评方法没有相应地改变,仍然在强调"我们已经做出的或我们过去所依赖的"决策、行动和措施,那么,新战略必定会遭受挫折。从根本上说,企业的工作就是要确保它每天的目标和业绩考核始终与它的战略目标和计划相一致。

尽管战略必须转化为短期指标这一点非常必要,但是这种转化工作常常是不完善的或错误百出的,因此我们所使用的短期目标或指标常常与业务战略南辕北辙。

在完成了我在沃顿商学院关于战略实施的调查后,作为一个后续的实验,我要求一些高层经理回到他们的公司后,向他们的下属经理询问两个简单的相关问题:"你在日常工作中追求什么样的行动和目标(在你的部门、单位等)?""这些行动和目标支持什么样的业务战略?"回答常常是令人惊奇的,我被告知,公司中的员工们没有意识到每天的目标、行动和业绩指标与业务战略有怎样的联系，甚至出现了日常的行动和工作与业务战略不相吻合的情况，这就使得战略的成功实施处于危险境地。

有许多与目标管理相关的方法或它们的衍生办法，例如企业业绩管理系统平衡计分卡法，这些方法有助于将长期和短期的业务目标结合在一起。[8]第3章将详细讨论如何用这些方法来实现这种一体化，现在我们只概括地强调以下几点：

> 为了成功地实施战略，必须将业务战略转化为短期经营目标和指标。为了实现战略目标，一个机构必须制定出一些短期的、可以度量的目标，这些目标必须在逻辑上与业务战略有关，并且与业务战略以及机构计划如何去开展竞争的做法相一致。

业务单位的结构

图2-1表明，对于业务战略的贯彻实施而言，下一个重要的因素就是业务单位的结构。

在组织结构的设计方面，有许多理论和实际做法致力于优化业务单位结构这个问题，而这个问题也是我们所谈论的方法中的一个组成部分。一直以来，这种设计的重点主要放在业务单位的结构和该业务单位内部各个部门之间工作的相互协调上。这种工作过程向我们提供了宝贵的真知灼见来探讨组织结构设计的方方面面，这里我们就不详尽地讨论了。

图2-1表明了业务单位的结构在战略实施工作中的位置。首先，与公司一级的情况类似，战略决定了对结构的选择。业务层次上的战略和它的逻辑衍生物——短期的经营目标——将影响业务单

位结构的选择。

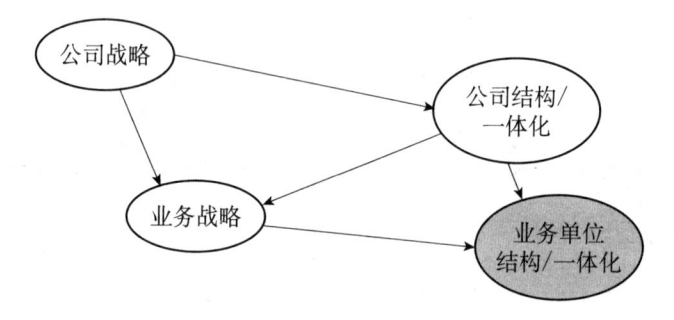

```
公司战略 → 公司结构/一体化
公司战略 → 业务战略
业务战略 → 业务单位结构/一体化
公司结构/一体化 → 业务单位结构/一体化
公司结构/一体化 → 业务战略
```

从某种意义上来说，现在有必要谈一下机构的"设计"或"结构"问题。同一个公司里的不同业务会面对不同的竞争环境，因此有必要具有不同的组织结构。仅仅因为它们属于同一个公司，就让所有的业务单位都具有相同的组织结构，这既不符合逻辑，也不是确定结构的恰当方法。公司应当不惜一切代价来避免这种战略贯彻实施工作上的错误。图2-1确实指出了公司的组织结构对业务单位的结构构成约束。重申前面所使用过的例子，集权化的研究和开发部门造成了公司对该部门的依赖，并且影响各个业务单位和员工之间的协调工作，然而，这和公司让所有的业务单位都具有同样的组织结构完全不是一回事。业务单位的结构应当反映其业务战略的本质，并且主要受到其业务战略本质的制约。

通用电气资本公司（GE Capital）和喷气发动机公司（Jet Engines）是通用电气公司麾下两个子公司，它们都在某种程度上依赖总公司的集权化部门和员工。但是要指出的是，如果因为它们都属于通用电气公司就用同样的方法来对其加以组织，那就大错特错了。这两家公司属于完全不同的行业，它们面临着不同的竞争环境和行业环境，每个公司都有应对自己竞争环境的战略。应当成为它选择组织结构的决定因素的，正是每个公司自己的业务战略以及它所面临的不同行业情况,而不是母公司为了保持一致性所强加的任何指令。

业务单位层面的组织结构问题也包括集权化和分权化问题,因为它必须和公司层面一样,让它的结构适应它的战略。组织结构确实会造成各业务单位业绩表现的不同,它也确实会影响成本和其他成果。因此,有关战略和组织结构之间的关系,以及这种关系的成本和效益,我们将在第4章里深入地讨论。

就如同在公司层面上一样,在业务单位层面上,一体化再次成为一个问题。同样,组织结构将确定负责该项业务的各个职能和经营单位。此外,随着各个业务单位制定出在这些主要经营单位和部门之间开展横向协调的方法和步骤,协调和一体化也就再次成为问题之一。

对于那些地理上极为分散的各项业务,如何实施跨单位之间的管理成为头等重要的事情。协调工作流程,将相关知识从企业的一部分有效地传播到其他部分,以及为了实现企业目标而进行一体化等工作,对于获得优秀的业绩来说都是十分必要的。正如调查数据和与经理们讨论情况令人信服地证明的那样,重视知识的传播、信息的分享以及有效地整合和协作是至关重要的。

考虑一个大型咨询公司的例子,如麦肯锡公司(McKinsey)。显然,它持续有效运营的前提之一,就是在全世界各地的办公室之间加快知识的传播和信息的分享。要想对一个地方和行业内的顾客有所帮助,就需要分享其他地方和行业所开发出来的工作程序和方法。对于实施麦肯锡公司的战略而言,管理好跨越不同领域的专门知识和有效地传播这些知识是绝对必要的。

对于有效的沟通和协作来说,企业的规模和地理上的分散不是唯一的挑战。一个企业内的不同部门和单位常常具有不同的目标、认知和行动时间表，它们也常常具有不同的文化。正如每个从事实际工作的经理所知道的那样，由于这些目标和认识上的差别，不同的部门之间（如营销、生产和研发等部门）经常发生冲突。为了实现最高目标而把这些分散的、千差万别的单位整合到一起，确实是一项具有挑战性的任务，因此，它也就是成功地贯彻实施战略的核心任务。

大型高校，其内部也由诸多的分院或战略单位组成。针对各类社会或经济目标，例如培养少数民族企业、精神健康扩展计划、小企业发展中心、对保健工作从业者的培训等，常常需要在不同的分院或研究中心之间加以整合。不同的分院具有不同的客户、目标和决策程序，然而，共同的或总的目标则需要加以有效的沟通、协作和管理，以求实现全大学范围内的计划并发挥其内在潜力。

对于有效的战略执行，沟通、协作和知识分享是必不可少的。这些问题将在第 5 章里详加讨论，这里仅仅指出以下几点：

> 对于成功的战略实施来说，横向沟通和跨越组织边界的管理十分重要。为了使战略获得成功，企业内部的知识传播和各个经营单位之间的协作至关重要。信息分享和整合方法能提高组织结构的灵活性和机构响应战略实施难题的能力。

激励和控制

鉴于战略、目标、组织结构和协调方法等问题的解决，并不足以确保每个人都能将自己的目标调整到与机构的目标一致。因此，上述战略实施的图景仍然是不完整的，还需要一些能够将个人目标和机构目标统一到一起的方法。由于那些对战略实施负有责任的人之间缺乏沟通,先前的决策和行动可能会被否决掉。而如果人们因为做了错事而得到奖赏,那么实施工作就会遭遇挫折。当个人没有与比赛的胜负荣辱与共时,战略实施工作就会失败。

还需要对有关业绩表现的情况加以反馈,由此,机构就能对战略实施过程中那些"正确"的事情是否确实得到执行做出评估。对于机构与时俱进的变革或适应变化而言,反馈更是绝对必要的。

从本质上看,这里所需要的就是仔细地制定激励和控制措施,这也就是图2-1中的最后一个要素。

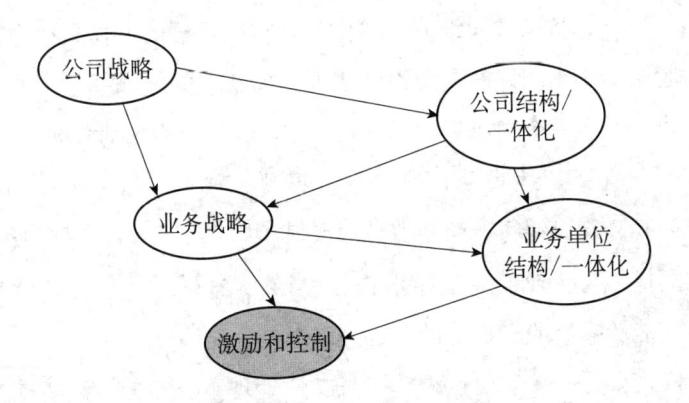

在图2-1中,我们将激励和控制放在一起,这是因为它们代表了有关业绩表现的决策和行动一体化的两个方面。一方面,激励能够鼓励和指导业绩表现;另一方面,控制能够就所希望的业绩表现和成果是否已经实现提供反馈。如果所希望的目标没有达到,那么,控制就能够修正激励措施以及其他与战略实施有关的因素。

激励

激励措施必须能强化战略和短期目标。对个人和小组的奖励措施是战略实施工作的重要一环，因为它们能够对战略目标和短期成果的业绩表现起到控制作用。机构对那些"正确的事情"——包括原先所确定的战略和短期目标——加以奖励确实十分重要。

各个机构似乎总是力图掌握正确的激励措施来促进战略的执行工作。例如，可以看到，越来越多的 CEO 都在敲定将其报酬与业绩相挂钩的合同。杜克能源公司（Duke Energy）的 CEO 詹姆斯·罗杰斯（James Rogers）在 2010 年订立的薪酬合同就让人羡慕，其报酬不仅与公司业绩相挂钩，而且其薪酬的大部分是以公司的股票来支付的。通用电气公司的 CEO 杰弗里·伊梅尔特（Jeffrey Immelt）则是按照"业绩分享单位"来获得报酬的，如果按照现金流和股东价值来测评的业绩得到实现，那么他的报酬就会变成一定的股票份额。一个由海易集团（Hay Group）所做的对华尔街 CEO 薪酬的调查清楚地表明，迪士尼、惠普、波音（Boeing）、雅芳、卡特彼勒、花旗银行、摩托罗拉以及其他一些大公司，都把股票激励这类措施与企业的业绩相挂钩。[9] 当然，这样做的意图，就是鼓励那些能够提高股东价值的长远战略。

许多公司开始质疑这种"一身二任处理事务"的方法，认为它引发了一个公司领导双重身份之间产生冲突的风险：一方面，他是股东的代表；另一方面，从个人的角度出发，他又会设法为自己谋取最大的利益。[10] 这就是"代理人"问题的再次出现，核心在于其报酬应当与正确的要素——包括股东价值以及其他战略的和短期的目标——相挂钩。

除了强化对所希望目标的关心外，图 2-1 还指出，激励措施必须支持业务单位结构。例如，在矩阵型组织里，激励措施必须能支持这种具有两个上级领导的组织结构。如果只由一个老板来掌控员工的奖励,那么该矩阵结构的"网格"或双重管理体制就会受到危害,甚至遭到破坏。同样,那些仅仅对个人业绩表现加以奖励的激励措施,将对以小组或团队为基础、强调集体和协作工作的组织结构的有效性产生有害的影响。

因此,对于任何计划的贯彻实施而言,激励措施都是极其重要的。它将告诉员工哪些事情是重要的,哪些事情是被强调的。桑代克[①]古老的效果法则仍然百试不爽:受到强化的行为将反复出现。[11] 成功的战略实施工作需要的是那些奖励正确事情的激励措施。

控制

控制是图 2-1 所示模式的结束要素。控制代表了一个反馈回路,它将提供目标实现情况的信息,而这些目标来自战略和我们的战略实施模式中其他方面的要求。反馈之所以重要,是因为战略实施工作是一个不断完善的过程。经理们很少能做到事事妥帖无误,对计划、目标和实施方法加以微调是屡见不鲜的事情。

无效的市场和顾客调查,有关机构业绩表现的信息不充分以及公司不能或不愿意根据从市场得到的反馈情况采取行动等,肯定将对战略实施工作造成灾难性的后果。没有良好的控制工作,就不可能有有效的变革和适应性。回忆一下第 1 章给出的数据,这些数据特别强调指出了管理变革的能力是战略实施工作所要求的。然而,如果没有反馈机制,就不会有变革。而对于机构的变革和适应性来

---

① 爱德华·李·桑代克 (Edward Lee Thorndike, 1874—1949),美国教育心理学家,因对动物智力的研究及其测定智力的方法而闻名。——译者注

说，市场调查和公司根据对业绩的测评所得到的信息极为关键。因此，本模式最后的这个要素将在第 6 章里得到深入探讨：

> 激励措施必须能支持战略实施模式中的关键要素。要想使实施工作取得成功，它们就必须强化"正确的"东西。同时，控制必须提供有关公司业绩表现及时的、有效的反馈情况，以使该项变革和调整适应工作成为战略实施工作的一个组成部分。

战略实施模式的另一种表示

在本书第 1 版出版后的这些年里，与我一起工作或参与咨询的经理们，建议对图 2-1 的模式略加增补。图 2-2 就是根据这些经理的意见，对该模式添加一些要素后的结果。这张新图中的流程保留了至今为止讨论过的所有元素，增加的只是图 2-1 中所暗含的内容。这个新加的元素就是"项目管理"。

图 2-1 依然是指导本书后续部分分析和讨论执行工作的主要模式，它给出了使得战略取得成功的关键决策和行动。图 2-2 保留了原图的关键部分，仅仅增加了一个内容。所增加的项目管理部分只不过是用来支持战略执行的一种方法或工具。也就是说，项目管理支持这个基本的模式和过程，而没有更换或改变其中的任何部分。

图 2-2 的起点是公司的战略。它表明，是战略引发了"需要"，要求企业必须具备支持战略实施的各种技能、能力和资源等。它也表明，战略必须转化为各种与战略目标相关的短期目标和考核尺度。

战略要求、短期目标以及战略本身都会影响到组织结构和工作方法的选择。组织结构能够支持使战略得以成功的那些目标和要求。这些目标和要求，也相应地需要得到激励措施的支持，而这些激励措施必须这样设计，就是它们能鼓励大家的行为与成功实施战略所需要的行动、决策和目标始终保持一致。控制则能确保正在做的是正确的事情，并且能够提供反馈，使得机构能适应不断变化的情况，并相应地纠正实施工作。这些内容清楚地概括和综合了图 2-1 的基本要素。

许多经理建议增加项目管理的内容，其道理十分明显。我们一直关注的是支持实施工作所必要的战略、目标、组织结构、工作方法和激励措施等，这些问题极为重要，但是还有一个问题，就是如何实际地做这些事情来推动工作的开展。老话说："魔鬼隐藏在细节中"，而项目管理关注的恰恰就是这些细节。项目管理的作用在于协调，它以行动为导向，使得每件事情都能办成，并且是高效率和高效能地加以完成。

新增加的项目管理部分，无论是其概念还是功能，都只不过是补充和强化了图 2-1 的模式。那些使用过《有效执行》第 1 版里的概念和思路的经理，有力地证明了，项目管理能提高对关键决策和步骤的行动和路线意识。图 2-1 的模式的确包含有这种以实施工作节点为导向的各种行动、细节和持续开展的意思，然而，图 2-2 所增加的项目管理则使得先前这些隐含的内容体现得更加正式也更加明晰。图 2-1 依然是战略实施的工作模式，下面的章节，将逐步地展示其中的各个要素及其对有效执行的作用。图 2-2 只不过是通过增加项目管理这个工具和方法，完善和补充了这个基本模式。

在本书的"应用"篇里，有专门的一章概述了项目管理的核心要素。这个增补十分重要，因为它进一步突出了实施过程中协作和行动的意义。

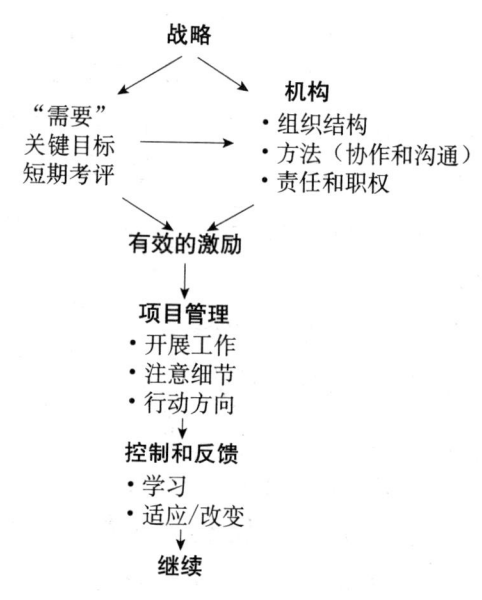

```
            战略
           ↙    ↘
      "需要"      机构
      关键目标 →  ・组织结构
      短期考评    ・方法(协作和沟通)
                 ・责任和职权
           ↘    ↙
          有效的激励
             ↓
          项目管理
          ・开展工作
          ・注意细节
          ・行动方向
             ↓
          控制和反馈
          ・学习
          ・适应/改变
             ↓
            继续
```

图2-2 成功的执行:战略实施工作一览

战略实施工作决策的背景

　　这个战略实施模式仅仅展现了战略实施工作过程中的主要要素和步骤的概貌,它重点指出了这些要素和步骤之间的逻辑联系和顺序,明确了管理层需要注意和决策的几个大的方面。后面章节的内容将对这些关键要素或步骤里所包含的问题和决策做出具体的分析。

　　然而,我们还需要考虑一个问题,才能使得这个概貌更加完整和有用。第1章所指出的经理们对战略实施难题的看法表明,当力图有效地执行战略时,还有其他一些因素要考虑,即战略实施工作决策和行动的背景情况。

战略实施工作的背景

图 2-1 和图 2-2 所示的战略实施工作的决策和行动是发生在一定的组织和环境背景之中的。这些背景很重要，因为它们会对实施过程和成果产生影响。与第 1 章被调查的那些经理们的看法相一致，本模式认为，在成功的实施决策和行动方面有四个背景因素值得注意：(1) 处理变革问题；(2) 机构的文化；(3) 机构的权力结构；(4) 领导氛围 (见图 2-3)。

这四个问题并非各自独立的，而是在许多方面相互依存。显而易见，这四个方面——权力、文化、变革和领导——彼此影响。我们可以有把握地说，当这四个方面同步协调时，实施工作成功的前景就会非常光明。但是，为了方便分析和理解，其中的每一项都值得单独加以阐述。在经理们能够理解它们彼此之间的相互关系和相互作用之前，必须对其中的每一项都很好地加以把握。

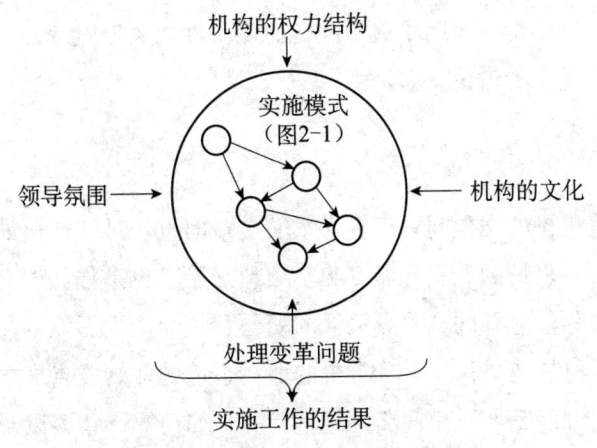

图 2-3 战略实施工作的决策背景

处理变革问题

各个机构一向对变革的管理问题十分重视。自然，战略实施工作常常包含了多方面的变革，它会对岗位责任制、组织结构、协调方法、员工、激励措施或控制工作等提出变革要求。这些变革对于成功地实施战略是至关重要的。

而我们也知道，人们常常会抵制变革，甚至企图破坏变革，从而导致战略实施失败。所以，对变革加以有效管理是有效地执行战略的一项重要工作。

尽管很重要，但是当各个机构着手处理变革问题时，它们的能力却有着巨大的差异。某些单位处理得很好，而某些机构处理变革的结果绝对是一场灾难。其中文化变革最为困难，它常常对战略实施工作提出挑战，或者干脆使得实施工作归于失败。

是否具有很好的处理变革的能力成为实施工作是否能够成功的标志，这一点得到了本书数据的强力支持。第1章里参加调查和座谈的经理们都谈到，如何处理变革这个难题是对成功实施战略的最大威胁。这清楚地表明了这个问题的重要性，关于这一点，我们将在第7章里详加讨论。

机构的文化

有关机构的文化问题已有大量的文章面世，对于文化如何影响机构中哪些事情的顺利开展（和不顺利开展）也是如此。文化会对经理们实际注意到的或重点关注的问题和机会产生影响，文化也有助于确定机构成员认为十分宝贵的那些事情的业绩成果。文化规定了如何去开展工作，哪些奖励是重要的，如何对待错误以及哪些管理方式是恰当的，等等。机构内的或跨业务单位之间的亚文化必定对横向沟通和协作产生影响。图 2-2 表明，文化是影响战略实施工作的一个重要背景因素。

或许，最重要的是：文化反映和影响了每个人对实施工作目标和行动所具有的动力和敬业精神。当经理们对成功的实施工作做出承诺，并且对获得成功的结果具有成就感的时候，这种感觉就会对战略成功起到积极的作用。

诚然，文化是一种"软"变量，它很难测量，也很难直接触摸到。但当我们观察它时，大家都知道它。我曾经在同一个行业内的不同公司工作过，而这些公司的文化给人以天差地别之感。尽管它们同样都看重市场和顾客，但是它们的方法、管理风格、奖励方式和工作过程都截然不同。这些公司对这些管理工作有"不同的感觉"，经理们按照不同的方式在行动。它们的文化千差万别，而这些文化影响着工作如何开展，包括如何去贯彻实施战略。

一个人可以立即辨认出某些公司所"负载"的文化。在我为微软、通用电气、强生和森道科公司（Centocor）工作期间，在短期内就能清楚感觉到文化的存在。你可以很容易看到它们在对任务和同事的内在推动力、注重结果的工作方式、主人翁精神和承诺等方面的表现。你还能看到员工们是如何高瞻远瞩、努力改善业绩表现和实现创新的。

机构的文化将影响战略的贯彻实施。如果文化不能为战略贯彻实施工作提供支持，那就必须对这种不适当的文化加以变革。但正如我们刚才提到的，文化变革是难以实现的。因此，我们将在第 8 章里专门讨论如何管理变革和文化这个重要议题。

机构的权力结构

权力是一种社会影响力，是影响其他人去做某件事情的能力。

权力通常可以用依赖性来加以描述。

如果机构内的一个人或单位解决了机构所面临的难题，或者他/它能控制重要的稀缺资源，那么，对他/它的依赖就形成了权力差异，大家所仰仗的个人或单位就能实施其社会影响力。在高层经理中，实施这种影响力的方式之一就是制定战略。那些大权在握的人找出外部的需要或机会，确定新的市场和顾客，决定公司的方向。权力就这样影响战略计划和目标确定。

权力差异并不仅仅对制定战略有影响，它还影响战略实施工作的决策和成果。那些大权在手的人决定如何将资源分配给每个人和单位，从而影响实施工作的进行。如果当权派抵制或不支持一项计划，那么显然，该计划将陷于困境。

权力是一种社会影响力，而这种影响力可以通过各种方式加以实现。经理们可以根据其级别和地位直接影响他人，也可以通过人们对专门知识的依赖，或者凭借以一定方式活动的逻辑必然性来"说服"其他人以这种间接方式来施加其影响力。无论这种影响力是如何发挥作用的，权力和施加影响力都显然将对战略实施工作产生影响。

因此，如图 2-3 所示，权力是战略实施工作中一个十分重要的背景因素。第 1 章提到，了解权力结构被经理们列为贯彻实施战略的一个重要组成部分。调查和座谈的数据也都强烈指出，大力贯彻实施一项与现存权力结构相冲突的战略是荒唐可笑的。为此，第 9 章将专门考察这个重要的课题。

领导氛围

人是战略实施工作的头等因素。显然，他们的积极性、本领、承诺、创新能力以及遵照行动计划办事的意愿等，都将对战略的成功实施产生影响。

在那些受到极大关注的人的特点或素质中，领导能力是其中一项。最近流行的畅销书突出了战略实施方面的领导能力[12]，这些书都强调了高级领导人的性格——包括他们的个性特征（安静、不喜欢出风头、对人对事要求很高等）——以及挑选和鼓动其下属等方面能力的重要性。

我也承认领导是战略实施工作的核心要素（见图2-3），但是我更看重领导工作的背景，而不是少数几个精英分子的作用。我关注的是领导人在机构的各个层面（而不仅仅是在最高层）上所创造的那种能够影响战略实施工作的氛围。这里的关键是，领导人如何创造这种工作氛围或背景。

关注领导人所创造的氛围十分重要。在第1章的调查中，经理们也着重指出了领导氛围的核心作用。我自己的经验也强化了这种观点，即要十分关注下属们对领导人所创造的这种氛围和背景的反应。毕竟，机构里上上下下的经理们都既是领导，又是下属，他们既创造氛围，也对这种氛围做出反应。

当然，领导是无处不在的，他们影响和反映了许多事情，包括对变革和文化的管理，以及权力或影响力的实施。正因为如此，领导的重要性这个课题本应当加以扩充和强调。尽管本书没有专门设立一章来讨论这个问题，但事实上，领导的重要性将会在全书中充分地展开并被强调。

需要有章可循的方法

我在本章的论点始终是：为了有效执行战略，需要有章可循的方法。仅仅依靠少数听来的只言片语、逸闻趣事或故事是远远不够的。第1章揭示了战略实施工作的复杂性和困难性,以及它会遇到的种种障碍,而只有通过一体化的、有章可循的方法才能化解这种复杂性,成功地实现战略实施工作。

经理们需要有"大视野"观,从总体上把握关键的决策和行动,也就是掌握战略实施工作的模板、模式或指南。他们还必须理解影响这个模式的各种背景力量。有关组织结构、激励措施、协调和控制的决策毕竟不是凭空产生的,这些决策是在那些会影响实施工作成果的具体情况和环境中做出的。

那些负责制定战略的经理们必须将本章所讨论的这种模式牢记在心。心中有了这样的模式,就能以有条不紊的步骤去完成战略实施任务。这种模式给出了实施工作决策和行动的次序和逻辑联系。通过这种方法,你就能了解对于制定可靠实施计划至关重要的各个变量。

本章提出的这个模式确定了那些需要额外注意和分析的决策和行动,其中的每一项对于战略实施工作的成功都极为关键。下面就让我们更加具体和深入地讨论本章所指出的这些课题。

小结

本章给出了战略实施过程的概貌,它强调了以下问题:
● 战略的贯彻实施工作是一项困难的工作,它不能简单地通过道听途说的管理诀窍或少数几个获得成功的经理的气质等来加以解释。
● 为了理解战略实施工作的过程,需要有一种逻辑模式和有章可循的方法，必须将重点放在做什么、什么时候做、为什么做以及按照什么顺序去做等问题上。本章就提出了这种战略实施工作的逻辑路线图。当然，没有一种模式是完美的并可以包揽一切的，但是那些对战略实施工作有兴趣的经理们必须以某个地方作为起点，他们还需要一张用于分析和行动的蓝图。只有借助一个标杆来分析实施工作的决策和行动，才能切实理解战略实施过程成败的原因。

● 决定战略实施工作成败的关键要素包括战略、组织结构、协调、信息分享、激励措施和控制等。这些要素产生于机构的背景环境中，其中包括权力、文化、领导和变革。为了理解如何有效执行战略，就有必要了解这些要素和这些背景因素是如何相互作用的。

● 下面的各章将详细探讨该实施模式的组成要素和机构的各项背景条件。借助本章所提供的蓝图，现在可以将更多的注意力转向这些具体的课题或因素，以及它们是如何影响战略实施工作的。

参考文献

[1] The terms "snowball making" and "snowball throwing" are used in McKinsey and Company to denote conceptual planning and knowledge creation ("snowball making") and the application of the knowledge to solving client problems and generating revenues ("snowball throwing"). I personally don't know if the terms are still in use, but my McKinsey informants assure me that these were actual descriptive terms used for years in the consulting giant.

[2] An earlier version of this model can be found in L. G. Hrebiniak and W. F. Joyce's *Implementing Strategy*, Macmillan, 1984.

[3] See, for example, William Joyce, Nitin Nohria, and Bruce Roberson's *What (Really) Works*, Harper Business, 2003.

[4] See *The Merger & Acquisitions Review*, 5th ed., September, 2011; *Money Morning's Quarterly Outlook*, April 2011.

[5] "KPMG-Wharton Survey Indicates Boost for M&A Activity in 2012," *PR Newswire*, February 28, 2012; "M&A Activity Seen Increasing After Slow Start in 2012," Reuters, March 22, 2012; Bank of America, Merrill Lynch, "M&A Activity, Outlook Asia, 2012."

[6] "Vertical Integration Works, for Apple—But It Won't for Everyone," *Knowledge@Wharton*, March 14, 2012.

[7] "Delta to Buy Refinery in Effort to Lower Jet-Fuel Costs." *The Wall Street Journal*, May 1, 2012; "A Personal Trainer for Delta Air," *WSJ*, May 2, 2012.

[8] See, for example, Robert Kaplan and David Norton's *The Balanced Scorecard*, Harvard Business School Press, 1996.

[9] The Wall Street Journal Survey of CEO Compensation, *WSJ*, October 12, 2009.

[10] "Many Companies Report Transactions with Top Officers," *The Wall Street Journal*, December 29, 2003.

[11] Edward Thorndike, *The Elements of Psychology*, A. G. Seiler, 1905.

[12] Jim Collins, *Good to Great*, Harper Business, 2001; M. Useem, *Leading Up*, Crown Business, 2001; Warren Bennis, *On Becoming a Leader*, Basic Books, 2009; James MacGregor Burns, *Leadership*, Harper Collins, 2010; Peter Drucker, *The Effective Executive*, Collins, 2006.

第3章　战略实施工作的成功之路：首先要有好战略

一切都从战略开始。

除非你有什么东西要贯彻实施，否则就无从谈起贯彻实施工作。第2章所给出的模式的核心就是战略，包括公司一级的战略和业务单位一级的战略。战略是一种推动力量，是贯彻实施工作首要的关键因素。

战略对于贯彻实施工作具有重要性和基础性，对此不必感到惊讶。从逻辑上看，不靠谱的贯彻实施工作必将产生不良的后果，而糟糕的战略制定过程和不良的战略所引发的问题将严重地损害贯彻实施工作的结果。在战略制定过程中尽可能多地解决问题是至关重要的，因为这些问题肯定会在贯彻实施工作过程中出现，来搅乱、考验，甚至毁灭实施工作。

制定计划和实施计划之间相互直接关联的另一个方面是：一项靠谱和成功的战略能够创造条件，从而更加容易获得实施结果。例如，一家公司的战略业已实现了提高市场份额，增加了对供应商的支配权等成果，那么，正是由于市场份额的扩大和拥有了对供应商这种新的控制力，反过来会使得其实施战略的工作更轻松一些。一点不假，战略确实可以创造促进战略实施的条件。

战略的制定和实施之间联系紧密。本章的目的就是理清这个联系，同时说明战略的制定是如何影响到战略的贯彻实施的。

战略的重要性是否被高估了

第1章在指出战略贯彻实施工作的主要障碍时，把不良的或模糊的战略列为重大的实施工作障碍。经理们指出，缺乏扎实可靠的战略常常导致许多困难，他们认为，不良的战略会造成实施工作不佳。当然，即使是好的战略，也会因为不良的实施计划和实施工作过程而遭殃，但是从根本上说，拙劣的或者错误百出的战略必然会产生糟糕的结果，不管你是多么勤恳辛苦地开展实施工作。

对于那些在这项调查中就实施工作提供看法的经理来说，战略问题显然是十分重要的。然而也有一些人争辩说，战略可能并不是取得竞争胜利的第一要素。例如，在一本2013年的畅销书中，吉姆·科林斯（Jim Collins）告诉我们，他经研究认为，战略并不能"将那些一流公司与作为比较对象的其余公司区分开来"[1]。他认定，两类公司都有很好的战略，因此战略不能作为解释公司是否出类拔萃的理由。

而他自己举出的例子似乎与这个观点相矛盾。例如，他认为，与贝斯勒赫姆钢铁公司（Bethlehem Steel）的战略相比，纽科公司的战略没有多少差别。纽科公司是一个先行者，它率先采用了德国SMS公司开发的薄板连铸工艺来生产扁轧钢。纽科公司具有高度发达的技术能力，包括建造新的轧钢机以及高效经营的能力。它具有开拓精神，愿意承担技术和财务上的风险。它的人力资源政策、扁平的组织结构、重视业绩表现的精英领导阶层以及大量的风险奖励机制等都支持了它的战略，这使得它在钢铁行业中遥遥领先。

在科林斯的著作中，作为纽科公司比较对象的贝斯勒赫姆钢铁公司，是否也有切实的和精心制定的战略呢？依照我的看法，几乎没有。多年来,在采用将日本和欧洲钢铁技术综合到一起的新技术方面,它是一家行动迟缓的公司。它的低成本战略根本就没有得到相应的人力资源政策、组织结构或员工—管理层关系的支持。它的战略惰性和回避风险的做法,使得一些像纽科这样身手敏捷的竞争对手胜过了它,从而成为该行业内盈利最多的低成本生产商。显然,正是纽科公司的能力和战略造成了这种高下之分。

类似地,吉列公司(Gillette)采取的是差异性战略,该战略通过对革命性的新技术大力投资来开发创新产品,而它的竞争对手则没有这么做。菲利普·莫里斯公司(Philip Morris)从它失败的多样化战略——包括收购七喜公司(Seven-Up)的惨败——中恢复了过来,并且表现得比其竞争对手要好。它的战略是将重点放在食品〔卡夫公司(Kraft)、通用食品公司(GF)、纳比斯科公司(Nabisco)〕、品牌管理的规模经济以及其他功能领域上,从而取得了竞争优势。皮特尼·保沃斯公司(Pitney Bowes)执行的是多样化方面的有章可循的战略(而它的竞争对手却没有),从而取得了骄人的业绩。

科林斯的这些例子看起来显然支持的是这种观点,即在帮助公司取得辉煌方面,战略确实是重要的,而不是不重要的。再加上第1章里那些被调查的经理们有关不良战略成为战略实施工作主要障碍的看法,战略对机构业绩表现具有关键影响力的观点就进一步得到了加强。绝不能低估合理战略的重要作用。

再回到战略对实施工作的作用这个当前的重点话题上,可以毫不含糊地说:

> 不良的战略将导致不良的战略实施工作。糟糕的战略将肯定得到糟糕的实施工作后果。真正的战略实施工作要从良好的

战略开始。

但是，什么是"好的"战略和"坏的"战略呢？"好的"计划制定过程有些什么特点，又是什么使得它区别于"坏的"计划制定过程呢？正如我们在前面提到过的，大多数经理都对如何制定战略和计划很了解，但是对如何贯彻实施战略知之甚少。因此，这里的目的不是要告诉经理们什么是好的计划制定过程，或者去重复大多数经理已经知道的竞争战略问题。

这里的目的是找出在制定计划和战略时，那些将会引发大多数战略实施问题的因素和方面。从这个角度出发，我们应该强调将会影响其后战略实施工作进行以及影响战略实施工作成败的四个问题。这四个问题是：

（1）在公司一级和业务单位一级，都需要有扎实的计划制定过程和清楚而有的放矢的战略。

（2）将公司战略和业务战略综合到一起，以及实行战略审查是至关重要的。

（3）需要清楚地规定和宣传战略的关键操作要素和对实施工作加以测评的方法。

（4）重要的问题在于了解战略的"需要"，这些"需要"对机构资源和能力开发的作用，以及资源和能力对战略实施工作的影响。

问题1：需要有扎实的计划制定过程和清楚而有的放矢的战略

虽然本书的重点不是如何制定战略，而是如何实施战略和有效执行战略，但无论如何，制定清楚的战略是必要的，因为它将对实施工作的成果产生影响。这一点对公司一级的战略和业务单位一级的战略都是一样重要的,尤其对业务战略更是如此,因为它对培育和保持竞争优势至关重要。

公司一级的计划制定

公司一级的战略计划主要涉及业务组合决策和各项业务之间的资源分配。前者包括业务多样化和公司认为适合开展竞争的领域的选择。表3-1列出了公司战略的这些要素以及一些相关的关键问题和课题。

表3-1 公司一级的战略

关键因素	主要的决策和问题
组合分析	● 各项业务的正确"组合" ● 现金的产生者和现金的使用者 ● 确定公司的发展方向 ● 稳定的收入与敢于冒险以及相应的高收入 ● 清除"枯枝烂叶"①
多样化	● 对行业的盈利性进行分析 ● 投资资本的回报 ● 整合被收购的企业
各项业务之间的资源分配	● 投资资本的内部和外部来源 ● 对不同业务的业绩要求 ● 审核各项业务的业绩,并且进一步分配资源

表3-1的主题是:公司计划人员必须制定出可靠的战略和推动公司发展的财务决策。在对新的业务进行投资之前,必须对公司的业务组合进行彻底的分析,包括对现金产生者和现金使用者的全

---

① 指冗余的人员。——译者注

面分析。有关多样化的决策应当在对目标行业的盈利性和投资的回报进行仔细分析后才做出。资源的分配必须考虑到公司领导人和股东们愿意承担风险的程度。扎实的公司战略制定过程对于整个公司的业绩将是至关重要的。

公司的战略必须是清楚和牢靠的。如果这个制定过程问题丛生或考虑不周，就会对战略实施工作以及公司和业务单位的业绩表现产生多方面的影响，并且有可能导致失败。持续增长所需要的资源将无法获得或者不足。"正确"的业务决策会因为公司的错误而横遭阻挠或破坏，并且将导致无法向那些公司业务组合中有可能成为"明星"的业务提供所需要的资源。现金产生者可能会被公司过分榨取或"挤干"，从而严重损害这些现金产生者进一步创造现金的能力。由于不良的计划会导致多样化计划失败，从而必将对整个公司产生影响。

公司战略：一些好的和坏的例子

2012年4月10日，索尼公司预计，在截至3月31日的这个财务年度中，它将产生大约65亿美元的亏损，这也是它历史上最大的一笔亏损。该公司的核心产品，如数字放映机、电话和游戏机等，都表现良好，但某些产品（如电视机）拖了公司的后腿。公司公开承认战略需要改变，但是，在最好情况下，它给索尼公司带来的也只是"含糊的前景"。[2]

该战略既不清晰，也不牢靠。它不去处理如何剥离那些表现不佳的部门和业务这件事情。它只说不做，不去考虑如何协调一致地去处理公司衰落问题。那些表现不佳的部门依旧在消耗资源，而这些资源本应分配给那些更有发展前途的部门。尽管平井一夫（Kazuo Hirai）这位索尼公司的一把手许诺要裁减一些分公司并进行重大的变革，但他的意图并不明确和令人信服。这种公司战略的含混不清，使该公司是否有能力从历史上最大的亏损中起死回生，产生了重大的不确定性。我们希望，总有一天，索尼会有一项清楚表述的战略。

2012年4月，由于公司业绩不佳，华尔街的分析家们提到了宝洁公司CEO罗伯特·麦克唐纳德（Robert McDonald）的名字。影响公司业绩的因素始终是多方面的，但是，其中所包含的两个因素或许就是公司的战略以及该战略的执行问题。[3]

在产品组合方面，也可能存在战略失误问题。最近以来，宝洁公司逐渐增加了对高端产品的研发，如化妆品。这与其历史上将重点放在那些大路货（如"汰渍"牌洗衣粉）并因此而名满天下的做法，形成了反差。这种新的战略举措或许意味着，公司偏离了原先的经营重点，转而去追求那些高端的、新的，然而可能会给宝洁公司带来诸多问题的产品。这些新举措，加上刚好碰上经济衰退所造成的对奢侈品需求的低迷，使宝洁公司日子不好过。

相应地，这些新的战略举措的实施不当也更使其处境雪上加霜。从全球范围来看，那些新兴的市场需要的是低成本的日常生活产品，而对这些产品，保洁公司却似乎是越来越漫不经心。为了更贴近这些新市场，并满足当地的需要和口味，其组织结构和经营方式本应当进一步实行分权化，而这对宝洁公司来说，恰恰一向是个薄弱环节。最近，它将一些业务安排到海外去了，这似乎表明该公司终于明白贴近市场和满足顾客要求的重要性了。为了及时响应不断变动的市场和顾客要求，并有助于开展相应的战略实施工作，就必须对组织结构加以变革。

在战略实施以及贴近顾客和多样化市场方面，分权化组织结构所能起的重要作用，我们将在第 4 章和第 11 章里详细论述。这里要说的是，公司战略及其对业务组合中产品类型的关注，将极大地影响业务组合的效益。公司关于资源分配的决策，则不仅会影响到业务战略的成败，也会影响到是否能够获得公司所期望达到的目标。

雅芳公司或许也存在与宝洁公司同样的一个问题。该公司的战略问题跨越了两个方面——直销和高端美容产品，而这种跨越通常会带来大麻烦。雅芳的传统核心战略一贯是：把那些百试不爽、不花哨和极为实用的产品直接销售给那些忙碌不休的家庭主妇们。该公司的前 CEO 安德烈·江（Andlea Jung）把公司引入了歧途，他打算把雅芳打造成为一家能够与欧莱雅公司和宝洁公司一争天下的零售大鳄。然而，该公司并不具备支持该战略所必需的资源、能力和文化。[4] 在战略制定和实施要求之间存在着直接的联系。显然，如果真的如此，那么该公司在新的 CEO 谢林·麦克高的领导下，在 2013 年及以后，将面临一项令人生畏的挑战，那就是：从新定位公司的战略，复兴其以往的直销模式。而可能被其他公司并购只会使麦克高的任务变得越发棘手。

尽管最终是否成功还需多年的验证，但是在公司战略及其对实施工作的影响方面，显然也有一些正面的例子。例如，可以看看一些公司纵向一体化的例证。微软公司尽管花费了许多精力和资源，但它从软件市场转而进入硬件和产品市场（如 Xbox 游戏机）的战略始终是成功的。纵向一体化一直是一件费用高昂和困难的事情，但也是一种物有所值的举措。

但是，微软公司于2012年6月进入平板电脑市场这一举措是否有道理和能否成功，尚有待时间来做出判断。这显然是又一个纵向一体化的案例。这家一向致力于软件，而把硬件设计和制造工作外包出去的公司，现在向前迈进了一步，转而生产自己的硬件了。这项战略能成功吗？只有时间知道。如今，微软公司正在与它的合作伙伴，以及那些已经生产或打算自己生产台式计算机的制造商们展开竞争。这样一来，原先的客户变成了自己的竞争对手，它们即将对微软公司的战略提出挑战。更加关键的是，苹果公司也推出了iPad，这无疑使未来的竞争更加火爆。还是那句话，只有时间能告知一切。

与此相似，甲骨文公司购买太阳微系统公司似乎也体现了软件和硬件的很好一体化，因为，按照甲骨文公司CEO拉里·埃里森（Larry Erllison）的说法，这种购买是将顶级的软件公司与"关键任务"（mission-critical）计算系统结合在了一起。但是，甲骨文公司销售太阳微系统公司产品的业绩，却始终不如许多经理和分析家们所预计的那么令人满意。有些人甚至认为这种并购是一个错误。而其他人，包括埃里森本人，则依然辩称，硬件业务拥有光明的增长前景。同样，需要时间来证明该公司的战略是否正确，以便对其最终结果做出判断。

IBM从一家主要生产硬件的公司，转变为一家既重视硬件，又十分注重软件和服务的公司，堪称是一个著名的成功范例。该公司的决策者放弃了PC的生产，大规模地进入了咨询/软件服务领域，有力地表明了有效的纵向一体化是什么样子。IBM在其业务组合中，增加了新的公司，开展了新的战略举措，这为其发展提供了机会，从而使整个公司集体走强。显然，这是一个正面的例子，说明了适应性的提高和关键能力的发展如何促进了战略的执行。

常常是在一家公司内,我们就能发现公司战略好和坏的两种例子。例如,在20世纪90年代,乐高(Lego)公司狂热地进入了与它"相关"的行业——主题公园、电视、钟表、服装等,结果十分可悲。该企业撞到了一堵墙上,而其中没有一块砖是由柔软的塑料制成的。[5]为此,公司决定简化其战略,重新回归其先前熟悉的老本行。到了2013年,依据其核心竞争力和一整套强大的能力,公司看来终于有了一个坚实可靠的经营模式。过度扩张的战略给公司的业绩造成了负面影响,而回归其核心业务则使公司不断地获得积极的成果。

还可以引用其他许多案例,但仅仅上面给出的那些例子就表明了一些关键的要点:

● 公司的战略十分重要。一项不靠谱的、没有基础的或不清晰的战略,将给机构造成大麻烦。

● 公司战略必须清楚和可靠。不良的计划制定过程不仅浪费资源,而且会破坏计划的贯彻实施过程。糟糕的战略将导致糟糕的贯彻实施工作。

以上的案例以及表3-1所指出的决策中,还有一点也很明显,即公司的战略会影响业务经营,公司的资源分配会影响业务战略的贯彻实施。公司员工对工作业绩的看法具有影响公司发展方向的重要控制作用。对于把公司计划和业务计划综合到一起而言,扎实的公司计划制定过程十分关键。无论是在公司层面上,还是在业务层面上,这种整合对于成功的战略实施工作都至关重要。

在下面的部分,我将再次回到公司战略和业务战略的整合问题上来,因为它将影响贯彻实施工作能否成功。首先,让我们考虑业务计划和业务战略制定过程对其后贯彻实施工作的重要性。

业务战略

在业务层面上，好的计划制定过程和可靠的战略也同样是获取成功的关键。业务战略也同样必须是有的放矢和清楚明确的，其目的是制定一项能够让该项业务在本行业内和市场细分类别中获得竞争优势的战略。这种战略的拟订是否能成功取决于该公司是否具有充分了解它所在的行业和竞争对手的能力，以及是否能够获得有利于竞争的资源和能力。

图3-1给出了制定可靠战略和实现竞争优势所需要的外部和内部两方面的分析工作。在业务层次上，管理团队对以下问题进行分析研究是绝对必要的：

- 行业/市场要素。
- 实际的和潜在的竞争对手，包括它们的战略和能力。
- 本公司自己的资源和能力，包括那些体现差异性或核心竞争力的能力和资源。

这些分析将提醒管理层注意在制定战略过程中哪些是可能的，或者哪些是切实可行的。公司并不能凭空制定战略，必须将它的能力与外部的机会相匹配，并且按照利用最大的机会去实现竞争优势的原则为自己定位。

有众多的管理文献一直在介绍和争论图3-1中所列出的问题，其中最著名的是迈克尔·波特（Michael Porter）的著作。[6]这里要强调的重点是：业务计划的制定过程和业务战略，以及那些影响企业的行业定位和竞争优势的条件等，也同样会对战略实施工作的成败产生影响。下面是我多年来观察到的一些案例：

- 具有一定的市场份额将有利于战略实施工作的成功。具有一定的市场份额和规模将产生对供应商和买方的控制力量,因为它们将越来越依赖你的公司。市场份额可以弥补你的公司其他方面的不足,例如系统整合和销售渠道等方面的不足。具有一定的市场份额肯定不是一个包治百病的灵丹妙药,但是有了市场份额和市场力量的支持,战略实施工作一般而言会容易些。

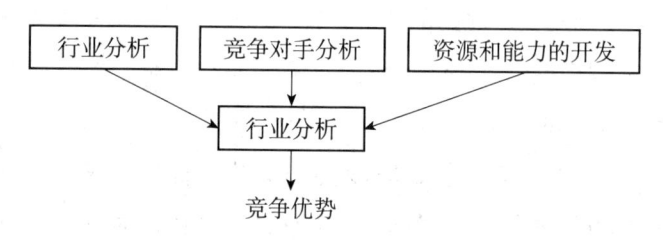

```
┌────────┐   ┌──────────┐   ┌──────────────┐
│ 行业分析 │   │ 竞争对手分析 │   │ 资源和能力的开发 │
└────┬───┘   └─────┬────┘   └──────┬───────┘
     │        ┌────▼─────┐         │
     └───────▶│ 行业分析  │◀────────┘
              └────┬─────┘
                   ▼
                竞争优势
```

	主要问题
行为分析	● 行业的规模/集中程度 ● 本行业内战略集团(市场细分类别)的数目 ● 买方或顾客的力量 ● 本行业中供应商的力量 ● 替代产品的数量 ● 本行业内的竞争态势
竞争对手分析	● 竞争对手的资源和能力 ● 竞争对手的规模和市场力量 ● 竞争对手的战略 ● 竞争对手以前的进攻和防御措施
资源和能力的开发	● 我们自己的资源(有形的和无形的) ● 我们的竞争能力 ● 核心竞争力——我们是否有某种核心竞争力? ● 竞争对手的资源和能力

图 3-1　业务战略的制定

- 沃尔玛公司的成功就是一个例证。多年来,正是对供应商的支配力量使得它能够实施其引以为自豪的低成本战略。或者看一下IBM、戴尔（Dell）、通用汽车和AT&T等公司因为安享类似的市场力量而获得成功的案例。当你手中握有市场力量的时候，执行战略就会比较容易成功。如果供应商对你非常依赖，那么，你就能逼迫他们做出价格让步。而当你缺乏对买方的控制力量时，类似的做法将会是一场灾难。具有一定的市场规模和市场力量显然能支持你的业务战略实施工作。

● 进入壁垒能够支持战略实施工作。市场份额就是一种很大的进入壁垒，但是还有其他一些壁垒，例如对资金的需要、品牌或声誉、分销渠道、技术或工艺专利、服务能力、客户关系，等等。很高的进入壁垒或转移壁垒能够防止其他公司进入你的领域，并用它自己的战略和经营来与你展开竞争。高进入壁垒会有助于受保护的企业实施其战略。当其他人难以仿效你的做法时，你就更容易实施你的计划。与市场份额一样，进入壁垒不能保证战略实施工作的成功，但是，它们能使得战略实施工作免受挑战，从而为其提供支持。

● 如果一个竞争行业的特点是各个竞争对手所提供的商品越来越多，那么，实施一项差异性战略将极其困难。在许多行业内，商品正在日益变得多种多样。其表现有以下各点：

（1）存在众多的替代产品。

（2）竞争日趋激烈，且几乎都是建立在价格竞争基础上的。

（3）关键的行业力量改变了，如顾客的影响力增长了。

（4）当新的、更为有效的技术很容易模仿时，技术就会很快地普及开来，这使得那些业已取得了以机器为基础或技术为主要竞争优势的企业失去这种优势。

在一个"扁平的世界"上开展的全球化竞争，支持和加剧了这种趋势和挑战。这往往导致替代产品数量激增，并将价格作为主要的竞争因素。各种创新会很快地被大家分享，从而使得任何企业从"创造性破坏"和技术突破上所得到的好处大为减少。鉴于产品大多雷同、低价格和替代产品等因素，即使在最好情况下，力图实施一项差异性战略也是难度极大的事情。

PC产品就提供了一个很好的例证。像惠普和戴尔这样一些公司，通过PC建立了良好的声誉并赚得盆满钵满。然而，技术环境的深刻改变引发了新的挑战。许多公司开始生产PC，而且其替代程度相当高。其他一些产品，如智能电话和平板电脑等，日益具有PC的功能。莱奥·阿波希克（Leo Apotheker）在担任惠普公司的CEO时，曾建议剥离PC业务，但是公司不听他的劝告，始终在这个竞争严酷的市场上苦苦挣扎。

让我们看看下一个有趣的正面例子——阳狮集团公司（Publicis），这家公司属于世界上最顶尖的两三家广告巨头之一，其总部位于巴黎，在全球范围内提供广告和媒体服务。2008年，我和沃顿商学院的几个人为该公司工作过，因为它正面临着一个新挑战。

基本问题是，一些客户质疑传统广告究竟还有没有价值。该行业正变得越来越商品化，竞争日益激烈，尤其是以互联网为基础的公司更是新生的强力竞争者。客户们议论纷纷，说广告销售商"几乎都差不多"，而它们的服务也很容易被别人替代，这种情况使得客户把价格视为购买广告的主要因素。

阳狮集团公司的战略是两面出击，一方面，是通过购买和开发互联网技术来应对互联网方面的挑战；另一方面，是在一个日益商品化的市场上，为体现出自己的差异性做出更大的努力。在后一方

第3章 战略实施工作的成功之路:首先要有好战略

面,该公司力图:

(1) 找到并提供更能增值的服务。

(2) 发现或培养能够提供新型服务的人才。

(3) 制定广告有效性或增值措施的考核指标。

(4) 成为某些客户的顾问,了解它们行业的情况和竞争要素,以便更好地为它们量身定制广告服务。

尽管差异性战略已经日暮途穷,但是该公司却似乎取得了一定的成功。超过了一些分析家的预测,在2010年,阳狮集团公司的经营收入增加了8.3%,在2011年又增加了7.3%,而利润则增加了8.8%。面临日益激烈的竞争和商品化的威胁,通过关注客户要求和提供增值服务,阳狮集团公司孜孜以求地体现出了自己的差异性。看来,这项赫拉克勒斯式(Herculean)[①] 的任务终于得到了回报。

在面对商品化的过程中,其他一些公司也取得了类似的成功,例如,纽科公司在钢铁业,保时捷和奥迪在竞争日趋激烈的汽车制造业等。但是,在这种情况下,要想实现和保持差异性产品或服务通常是非常困难的。而实施该战略就更是一件令人生畏的挑战。

● 低估主要竞争对手的技术能力往往会导致基于技术差异性的战略失败。在实施成功的业务战略能力方面,微软、索尼和英特尔等公司敏锐地意识到模仿的作用。模仿越困难,战略实施工作成功的把握就越大。

有一次,英特尔公司的一位经理告诉我,必须认定其他人会模仿你,无论新产品在技术上有多么先进都是如此。该公司的目标就

[①] 赫拉克勒斯,希腊神话中的大力神,系主神宙斯之子,力大无穷,曾完成12项英雄伟业。——译者注

是保持技术上的领先，即使是自相残杀也要比其他公司通过模仿来进入竞争要好。必须尽一切可能来保持差异性方面的优势。

● 容易模仿将伤害或摧毁战略实施工作。在业务层面上，竞争战略的价值将会因为容易模仿而遭到破坏。这一点已经在前面的案例中提到过了，但是值得再次强调。判断任何战略是否具有价值，其中一个判断尺度就是竞争对手是否难以模仿。模仿难度越大，该战略的实施工作就越容易，成功的把握也就更大。

事实上，从某种意义上可以说，容易被模仿是战略实施的一剂致命的毒药。如果一家低成本生产商对技术大力投资，以求降低成本，结果发现其他生产商也在照猫画虎，进行类似的投资，结果就是大家的技术和能力都极其相似，而这将摧毁原先公司的成本优势。新的进入者正在通过仿照西南航空公司的做法和经营理念来挑战该公司。而在前面提到的PC行业，由于所有的生产商都采用现成可得的技术和软件——它们都来自微软公司和英特尔公司，以及其他一些具有垄断色彩的公司——而变得愈加彼此雷同，从而造成了"掐脖子"式的竞争环境。

● 当公司在制定战略时，如果一开始对本公司核心竞争力的认定就是错误的，那将会导致灾难性的战略实施工作。说实话，在为许多公司工作期间，我一直对这些公司认定自己具有超过竞争对手的核心竞争力和优势的自信感到迷惑不解。最近，我询问一家公司的高层管理团队，他们公司是否具备特色的或核心的竞争力，我被告知："我们至少有七八项，或者更多。"实际上，按照有特色的或核心的竞争力标准来判断[7]，该公司连一项这样的竞争力都没有！

如果战略实施工作和它的成功建立在这些并不存在的能力上，那么这些公司肯定将会发现自己处于麻烦不断的竞争中。缺乏明确的核心竞争力将会困扰那些努力实施这种有缺陷的战略的员工们。当这种战略为公司带来很少好处,甚至根本没有带来任何好处的时候,员工们就会感到沮丧并失去信心。

具有竞争对手难以模仿的、有特色的本领对于战略实施工作大有裨益。具有难以模仿的技术优势(如微软和英特尔公司),或者一系列相互联系的活动或商业做法(如沃尔玛和西南航空公司),肯定会占据强势的竞争地位。但是,当这些东西并不存在,却自以为它们存在,那么在实施这种有缺陷的战略时,就只能导致麻烦和失望。

● 如果认定顾客面临着高昂的"转换成本",那么一旦这种假设不成立,就会大难临头。在这种错误的假设下,战略实施工作将肯定失败。

当戴尔公司率先推出它的"直销"方法时,也就是不通过分销商和零售商而直接向那些精明的公司客户销售高端PC时,一些公司的经理告诉我说,戴尔公司的做法不会成功,原因在于其他PC制造商的客户面临着很高的转换成本。但是事情根本就不是这样,那些见多识广的顾客很容易地就转向了戴尔公司。

这种很低的转换成本让戴尔公司攫取了市场份额。IBM、惠普和康柏公司(Compaq)无法做直销,也无法直接模仿戴尔公司的做法,因为它们的经营模式包含了对分销商和零售商的承诺,这种情况有助于戴尔公司去实施它的战略。利益的权衡和销售渠道的冲突削弱了它们模仿戴尔公司做法的能力,从而为戴尔公司战略实施工作的成功铺平了道路。

● 如果竞争对手具有更有利的成本结构,能够更好地承受价格战,那么,企图依靠低成本战略来提高销量也同样会是一场灾难。对竞争对手的情报掌握不足，将导致对竞争对手的能力判断失误，从而导致建立在错误信息基础上的战略无法成功地贯彻实施。确认那种实际上不存在的低成本状况会给实施这种战略的公司带来一场灾难。

当雷恩航空公司（Ryanair）进入有利可图的伦敦-都柏林航线市场时，它是一家在两种战略之间举棋不定的航空公司：到底是采用低成本战略，还是走类似于艾尔·林古斯航空公司（Aer Lingus）和英国航空公司那样的差异性服务提供商的道路。它降低了价格，因为它以为其他的公司不会参与到价格战之中。但雷恩航空公司错了，英国航空公司，甚至是艾尔·林古斯航空公司也降低了它们的价格。雷恩航空公司错误地估计了它的竞争对手的能力和不放弃这条有钱可赚的航线的决心。由于它在两种战略之间犹豫不定，结果没有一种战略得以成功地贯彻实施。可以毫不夸张地说，雷恩航空公司已滑到了破产的边缘。它该怎么办？要想起死回生，那就要制定更加清晰、重点更加突出的战略，把重点放在低成本战略，以及培养能够有效实施该战略的能力上。

在欧洲，雷诺汽车公司（Renault）一直走的是低成本之路。而其盈利能力也使得许多竞争对手深感惊奇。通过重点将低成本汽车投放到新兴市场，该公司很容易地将该战略扩展到了更为发达的市场，这些市场中的顾客们同样要求雷诺汽车公司提供低成本产品。2013年，雷诺汽车公司继续执行其低成本的定位，它多年来一直在不动声色地发展，如今，竞争对手们已开始打算模仿它并赶上来。

服务业

如第 1 章所提到的，本书第 2 版的一个重要补充，就是增加了新的一章，用来阐述有关服务机构的战略实施问题。尽管在本书的后面会深入加以讨论，但是在这里，就目前为止所讨论的战略问题是否也适用于服务业和以产品为基础的企业这个问题，先说明一下是有好处的。我们可以响亮地回答：事实上，对于服务机构而言，那些用来制定可靠的业务战略以及实现竞争优势所需要的内部和外部分析（见图3-1），几乎全都是合适的、有用的和必需的。

上面提到的雷恩航空公司和阳狮集团公司的例子清楚地表明，服务企业的经营方法与以产品为基础的企业极为相似。每家企业都必须对行业和竞争对手进行深入分析；都必须在面对激烈竞争和行业商品化的情况下，培育或获得成功实施战略所必备的技能或能力；都必须制定目标和工作方法来支持其战略选择。尤其是，对于阳狮集团公司来说，必须确定增值服务所需要的措施和评判标准，而在广告行业内，这些措施和标准并不现成，或者在最好情况下，也仅仅是含糊和不明确的。

说实话，并非所有的服务企业都与雷恩航空公司和阳狮集团公司完全一样。某些非营利组织、专业性服务机构或政府部门，多少有些不同，对于这些不同，我们将在后面的第12章里进一步讨论。例如，在许多方面，律师事务所和医师诊所的做法与以产品为基础的企业非常相像，但是，这些行业需要高度的专业性和严格的自律性，对于战略的制定和实施提出了额外的挑战。以人为基础的专业机构提出了许多以产品为基础的企业所没有的问题，这一点还会在以后论述。就此刻而论，无须争论的一点是，为了成功地制定和实施业务战略，服务机构（即使不是全部）也必须做以产品为基础的企业所要做的大部分事情。

还有无数其他的例子，但问题很清楚：作为制定战略的一部分，对图3-1所给出的各个要素都必须仔细加以分析。扎实的业务计划制定要求对所有的相关因素都必须逐一加以考察。否则，正如沃顿商学院调研过程中经理们所强调指出的那样，不加以全面和彻底的分析，会导致"不良或模糊"的战略或不靠谱的战略计划产生，而这将阻碍或使战略执行工作归于无效。借用切斯特·巴纳德（Chester Barnard）的经典名句，如果一个机构所追求的是做"正确的事情"，那么战略实施就会容易些。[8]而假如业务战略模糊不清、缺乏重点、基础不牢、追求的是"错误的事情"，或者对竞争环境认识失误，那么实施工作即使不是不可能的，也会困难得多。

总而言之，要想成功地实施战略，必要的前提条件就是扎实地制定计划和良好的战略。无论是哪种战略——低成本、产品差异、创新服务等，只有当"明确地加以规定，清楚地加以沟通，被员工、客户、合作伙伴和投资人充分理解"时[9]，才能奏效。在IT圈子里，流行着一句话："输入的是垃圾，输出的也是垃圾"。对于战略来说，这句话也基本上是对的。差劲和不靠谱的计划孕育出的只能是不理想的结果。经理们无法去执行一项面目不清、毫无重点和编制过程存在种种不当做法的计划。战略对各项工作的影响和作用十分重大，所以必须仔细地加以制定。

问题2：整合公司战略和业务战略的重要性

公司战略和业务战略必须相互一致和相互支持，它们必须协同工作，而不是相互冲突。实现这种整合或一致性，无论对于公司战略还是业务战略的贯彻实施都具有积极的影响。

前面对扎实的计划制定过程的讨论和第2章所给出的模式都清

楚地指出，公司战略和业务战略之间的一致性和平衡是战略实施工作的必要条件。而我的经验以及本书调查中许多经理的看法也都指出，这种公司战略和业务战略之间的一致性有时会被忘记或难以实现，而不一致和冲突则将造成实施工作的困难。我们只需要考虑前面提到的业务组合分析，来看看它将会对战略实施工作带来怎样的错误和消极的影响。

表3-2列出了战略制定过程中业务组合模式的目的和目标，其中包括了公司将资源分配给各项业务或主要的经营单位。寻求平衡的组合指的是要有恰当的业务组合（现金产生者和现金使用者），这将有助于实现内部筹集资金和长远的增长。像通用电气公司那样的企业或者BCG、麦肯锡那样的咨询公司所使用的组合分析方法，其重点就是探索各项业务组合之间的平衡和良好的配合。

表3-2 公司战略和业务战略之间的一致性：业务组合分析

目的/目标	● 资源分配/内部融资 ● 业务组合平衡 ● 实现增长和未来的盈利 ● 指导业务战略的制定 ● 确定各项业务的业绩目标 ● 制定考核各项业务业绩表现的标准
成功的前提或条件	● 在公司和各个业务单位之间恰当的沟通 ● 明确各项业务在公司组合中的作用 ● 清晰、明确的业务战略 ● 集权化和分权化组织结构之间适当的平衡 ● 建立在业绩表现测评指标上的、恰当的业务单位层面上的激励措施

业务组合分析还被用来指导业务层面上的战略制定。"现金牛"或现金产生者多半会追求低成本的战略，以便充分利用它们在市场份额和市场影响力方面的优势，来增加可以用于内部分配和投资的

资金流。那些被公司认为具有高增长前景的业务多半会通过一些无法仿效的方法，如技术、品牌或产品性能等，来使自己形成差异。然后，可以制定一些与业务战略相一致的业绩测评指标，这样公司就可以使用这些指标来对各项业务的业绩表现加以考核和评价。可以根据"现金牛"所节约的成本对它们加以测评，而对有高增长前景的业务，则可以通过在逻辑上反映其差异性的那些指标，如产品的性能等，来加以测评。

那么，会产生哪些错误呢？表3-2指出了一些潜在的问题。

不清楚各项业务的作用

公司要承担一种角色，而业务单位要承担另外一种角色。公司把某项业务看作"现金牛"，但是该业务却把自己看作一个潜在的"明星"，认为它应当得到资金，而不是被"挤干"。在业务层面的拙劣的计划制定过程将不会为业务战略绘制出清晰的图景，也无法让公司对该项业务在组合中的作用感到信服。

对所承担角色的不同看法和认定会造成冲突。某项业务希望得到资金来发展壮大、增加产品和提升研发水平。但是公司有不同看法，而把它看作一个现金产生者或成本中心，拒绝向该业务提供它认为绝对需要的资源。关系变得紧张了，而公司和业务单位之间看法的不一致更为这种冲突火上浇油，并且对业绩产生了消极影响。无论是在公司层面还是业务层面上，战略实施工作都遭到了严重伤害。

在汽巴·嘉基公司（Ciba Geigy）与山都士公司（Sandoz）合并而形成诺华公司之前，汽巴·嘉基公司的颜料部门就有这样的问题。这个部门被看作"核心"或现金牛，它对公司的许多决策，如投资幅度、所希望的投资回报以及资本投资的回收期等都有影响。

然而，在该部门内部，这些高业绩表现的颜料产品并没有起到核心的、商品化产品的作用，它们更像是一些"问号"或高增长的、能够产生高投资回报的产品。对于自己被看作一个商品部门，那些负责高业绩表现颜料的经理们怒气冲冲。对于自己的业务在汽巴·嘉基公司内的作用，他们的看法与公司的看法不同。这使得计划的制定和贯彻实施变得矛盾重重。公司的经理和业务经理以不同的角度来评价业务组合，这就带来了不一致和许多问题。

在大学和服务机构内，也可以看到现金牛的作用。在大学里，某些分院或分校就是现金牛（如商业学校），而其他分院则会由于不同的原因（包括入学学生少）而亏损。这些现金牛被"挤奶"，以此支持其他的分院或项目，以创建一个完整和有力的大学业务组合。没有这些产生现金的分院，新的和令人激动的（也是很费钱的）其他项目将无法开展。如果这些产生现金的单位不有效地发挥其作用，或者卖力地担任这类角色，那么，总的业务组合就将无法实现。

不恰当的业绩指标

由于对各项业务所起作用的看法不同，公司可能会要求各业务单位达到它所无法实现的业绩水平（如现金流量、资产回报率等）。不良的沟通和拙劣的计划制定过程使得公司和业务单位无法就关键的业绩指标达成一致。公司希望有更高的业绩，而业务单位则认为那是不现实的。这样，产生冲突的可能性就很大，也就更加可能使战略实施产生消极的后果。

一个相关问题是：公司用同样的业绩指标来要求所有的业务单

位，尽管这些业务处于不同的行业内，并且具有不同的竞争环境。

我眼下正在为其工作的一家大型的、著名的高技术产品公司就是一个很好的例子。鉴于该公司坚持要保密，所以我无法给出它的名字。虽然处于不同行业内的各个业务单位的竞争条件不一样，公司却希望每项业务都带来同样的利润增长和资产回报。大多数业务单位由于其产品的可靠性高和性能优越而实现了技术上的差异性，因此完成盈利指标没有问题。相反，在一个生产日用品的业务单位里，主要是开展价格竞争，其处境就困难得多。其他大多数业务由于处于更加有利的竞争环境，这使得它们的利润指标更加实际可行。然而，这个"不一样"的业务单位却承担了与其他单位一样的指标。很容易看出，这将在公司和业务单位之间产生问题，并且对这两个层次上的战略实施都造成影响。目前，该公司正在评估这种做法是否合理，以便消除这种带来冲突的情况。

资源分配之战

在前面提到的案例中，显然在整个公司的业务组合之间将产生资源分配不均的问题。某些业务单位会感到它们在资源分配上被忽视了，认为公司对其他一些业务单位另眼相看，给予了优待。有些业务单位甚至会认为，公司的组织结构是错误的，对稀缺资源实行了过多的集权化控制，在将资源分配给业务单位方面应当实行更多的分权化管理。

在刚才提到的案例中，这个日用品部门始终无法达到它的利润指标，这使对它的资源分配受到了不利影响。它感到自己上了公司的当；它还感到，公司的过分控制削弱了它对市场和竞争环境做出反应的能力。它认为，公司的战略和该项业务的战略以及行业情况是不一致的。这使得该业务的领导人和公司的领导人之间的关系愈发紧张了。目前该公司正在着手处理这些问题。

对业务单位的业绩测评造成了额外的问题

如果一个业务单位认为自己被分派了一项不恰当的战略，或者在公司业务组合中担当了不恰当的角色，那么该业务单位就会认为分配给自己的业绩目标是无效的或不现实的。从公司的角度来看，该业务单位的业绩评分就很低。反过来，该业务单位就会认为自己受到了不公正的对待。如果像工资、奖金和未来的提拔等激励措施是以这些"过分的"或者"无效的"业绩指标为基础的，那么该业务单位的经理就会感到受到了歧视和侵害，而这将更进一步引发关系的紧张。在这种情况下，根据和我座谈的一些经理们的想法，这些业务单位的经理们会感到有必要"虚报数字""玩些花样""改变公司的要求""证明他们是错的"，等等，从而给未来计划的制定蒙上阴影。

这里的关键在于，要在公司战略和业务战略之间建立合理的一致性。后者对于前者的成功实施至关重要。公司对其业务组合中的各项业务有一定水平和类型的业绩要求，而如果业务单位对它们的战略作用和业绩指标有不同的看法，那么，公司战略的贯彻实施就将受到损害。如果业务单位的业绩表现没有达到公司的要求，那么资源的分配就会受到影响，从而损害业务单位贯彻实施公司竞争战略的能力。

可以用下面两句话来总结上述观点：
- 公司战略会对业务单位实施战略和实现竞争优势的能力产生影响。

● 公司业务组合中的各个业务单位的业绩表现会影响公司战略的实施,从而对全公司的业绩产生影响。

公司战略和业务战略是相互作用和相互依存的。给予(或拒给)业务单位资源,将会对它贯彻实施战略和实现竞争优势的能力产生影响,业务单位的业绩表现反过来又会影响公司战略的实现。各项业务单位能否担负起公司所指派的角色,将影响公司计划的实施以及全公司目标的实现。

为了避免产生问题,在公司和业务单位之间进行适当的沟通和交流是绝对必要的。为了成功地实施战略,必须就表3-2中所列出的关键因素达成协议,必须找出公司战略和业务战略与公司业务组合中这些业务所发挥的作用之间的不一致或抵触之处,否则就会导致实施工作扭曲变形,而这肯定会影响业务单位和全公司的业绩表现。那么,如何避免这些问题的发生呢?

战略审查

改善公司和业务单位之间沟通的办法之一就是进行战略审查。虽然我们将在第6章里讨论这个审查的控制过程,但还是应该在这里提一下。

图3-2给出了战略审查的简图。在各种企业里,例如通用电气、皇冠控股公司(Crown Holdings)、联合信号公司(Allied Signal)、波音公司和其他一些著名公司,都一直在成功地运用这个工具。战略审查的主要目的有四项:

(1) 讨论公司战略和业务战略的制定问题。

(2) 通过分清公司和业务单位的作用、责任和目标来整合这两个层次的战略。

(3) 为这种审查和评价各项业务的业绩提供一个论坛。

(4) 通过与时俱进的变革和调整使战略和业绩指标跟上形势并切实可行。

图 3-2 说明了什么问题？第一，它表明公司和业务单位层面之间具有很高程度的沟通关系。要对一项业务在公司业务组合中的状况，包括它在公司工作中的角色和作用加以分析，要对公司层面对该项业务所能提供的支持和增值作用进行讨论，同时，还要就该项业务经营过程中所需要的资源和受到的局限加以沟通。

战略制定 → 后来的某个时间点对业务的实际业绩进行审查

公司
- 组合需要
- 资源的能力和局限性
- 战略
- 目标

业务单位
- 行业要素分析
- 竞争对手分析
- 战略
- 目标

- 对实际的和达成协议的各项业务的业绩测评方法加以比较
- 原因—结果分析/学习

- 分清和沟通关键的作用和责任
- 就各项业务的业绩测评方法达成协议

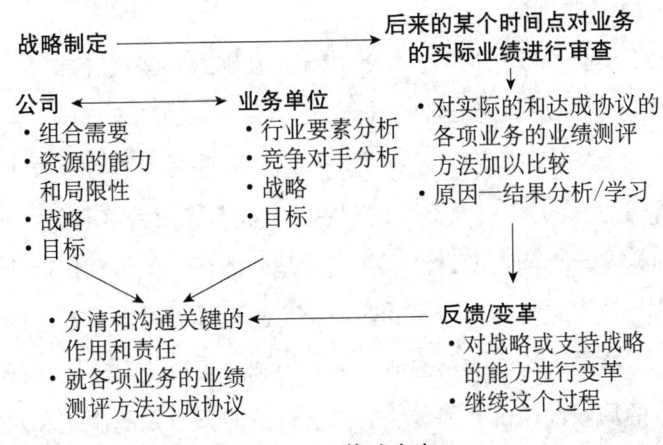

反馈/变革
- 对战略或支持战略的能力进行变革
- 继续这个过程

图 3-2 战略审查

第二，图 3-2 指出，需要就业务战略和经营目标达成协议。该项业务的责任包括对行业环境和竞争对手加以分析，以及对其战略在给定的行业竞争条件下的正确性做出解释。这两项工作必须包括对过去业绩的分析，以及对未来竞争状况、技术和经济趋势的预测。公司领导和业务单位领导之间的讨论，则应当将重点放在行业因素和未来竞争状况的分析上，以便就业务的战略和目标达成协议。

这里的重要问题是，讨论的重点应当是那些影响业务战略的关键的竞争、技术和经济等条件。这时常常发生的情况是，公司与业务单位将讨论的重点放在数字上。数字虽然重要，但是它仅仅是一个方面，真正的问题是数字后面的东西。学习和协议的达成通常来自对推动产生这些数字的条件和因素的讨论和争辩。

我非常喜欢像强生、皇冠控股等公司在它们的公司与业务单位计划讨论会上的做法。在这种计划制定过程中，部分工作就是专门对那些影响定量目标的定性因素加以讨论。有些简单的问题就能深化这种讨论，例如：

● 该项业务目前处于怎样的状况？五年后将变成什么样子？说明该项业务将如何达到这个目标。

● 在该项业务所处的行业中，预期有哪些发展趋势（技术、竞争状况等方面的），以及你如何利用这些趋势来改善该业务？

对这些定性问题的讨论不一定就是万能药，但是它们确实能帮助达成协议。它能帮助公司和业务单位的领导人跳出对数字的讨价还价。这样的讨论能改善沟通，使公司和业务单位双方能更好地了解对方的局限性、机会和看法。这些讨论对于计划的制定和贯彻实施来说，其价值是不可估量的。

第三，图3-2表明，应当就对该项业务实际业绩加以审查的业绩测评方法达成协议。并不奇怪，公司应当承认不同行业之间竞争状况的差异，从而对每项业务确定不同的业绩指标，而这些指标反过来又成为日后对该项业务加以考核的标准。

第四，图3-2指出，计划的制定过程和审查过程不仅是相互作用的过程，还是相互适应的过程。通过对业务战略和公司战略的审查，在考虑到外部环境和内部能力变化的情况下，确定它们今后的相互关系和可行性。战略审查的重点，应当放在公司和各项业务所起的作用，以及这些作用如何随着时间的推移而发生变化上。

战略审查是整合公司战略和业务战略的重要步骤。它有助于强化分析、沟通工作和各级之间的争论，从而确保机构所实施的计划是"好"计划。不澄清公司与业务单位之间的相互关系，战略实施工作就会遭受挫折。在我和那些负责实施工作的经理的交往中，我始终强调战略审查的必要性，以及战略审查工作所要求的沟通和相互交往过程的必要性。

没有机构内各个层面间的有效沟通，战略实施就无法成功。无论是以产品为基础的企业，还是服务性机构，战略审核工作都有助于实现成功的战略实施。

问题3：考虑短期工作——需要对战略的操作要素加以明确和沟通

计划实施工作的第一要素是战略，但是仅仅依靠战略，机构中的大多数人将无法处理日常工作。还需要一些能够指导每天、每月或每个季度工作的东西，因为许多经理必须完成许多短期的目标。我们如何将长期的战略目标与短期的经营计划和目标协调并整合到一起呢？

要想成功地实施一项战略，就必须将战略转化成为一些短期的目标，这些目标应当：(1)与长期需要相关联；(2)能够用来评估战略业绩，并帮助机构实现它的战略目标。图3-3给出了这种转换过程的简图。

长期 ↑

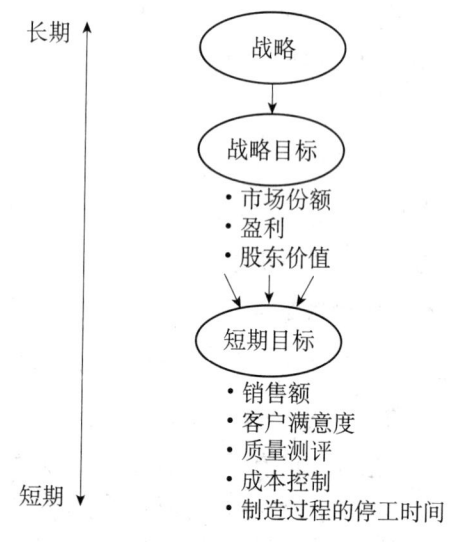

战略
↓
战略目标
- 市场份额
- 盈利
- 股东价值
↓
短期目标
- 销售额
- 客户满意度
- 质量测评
- 成本控制
- 制造过程的停工时间

短期 ↓

图 3-3　将战略转化为短期目标

短期目标是战略碾磨机碾出来的面粉。战略计划被"碾磨"后，就细化为一些比较小的、容易处理的碎片，这些碎片就成为指导机构短期行为的经营指标。这些短期目标之所以具有"战略性"，是因为它们来自机构的长远战略需要并与之相关联。为了实现战略目标，就必须处理好这些短期目标。

上面的最后一句话非常重要，因为它引出了一种主要的误解。许多经理常常认为，短期思维是不好的，强调短期目标将必然损害长远的战略问题。流行的信条是经理们必须成为"战略思想家"，这种做法事实上忽视了对考察短期业绩的考虑。

没有什么比这种做法距离真理更远了。如果短期目标反映了长远的战略目标，并且是与这些战略目标结合在一起的，那么，这些短期目标对于战略成果而言就是至关重要的。如果不把战略目标适当地转化成为一些短期目标，并且传达到机构的基层，战略实施工作就会受到损害。而如果短期目标没有从逻辑上与战略计划相联系，并且与战略计划相一致，那么，短期目标和长远需要之间的这种割裂就会带来诸多问题。

将战略目标和短期目标整合在一起

有关对战略目标和短期目标加以整合的问题，多年来已经有大量的著作问世。早期的作品多注重于目标管理方法（MBO），它们讨论的是将长远要求转化为短期目标的方法及其所需要的沟通工作，但是，这种一体化的做法似乎都没有与战略实施工作联系起来。[10] 目标管理方法常常被看作一种纸面上的、官僚主义的程式，而不是有利于战略实施工作的促进因素。比尔·乔伊斯（Bill Joyce）和我在两篇文章中关注的是"管理近视"问题，着重指出将战略目标和短期目标加以整合的重要性。[11] 尽管在我所工作过的一些公司里，这种整合工作取得了成功，但是据我所知，在许多其他企业里，这项工作做得并不好。

最近一个时期，这些转化和沟通的工作看起来更为成功。如平衡计分卡法，它提供了将战略转化为经营指标的一种框架[12]，能帮助在财务、顾客服务、内部工作过程以及学习和增长等领域制定沟通和短期目标，并且把这些目标与公司的战略目标联系在一起。罗伯特·卡普兰（Robert Kaplan）和戴维·诺顿（David Norton）在报告中说，平衡计分卡法在许多公司中都得到了成功的应用，这明确地证明了该方法对战略实施和有效执行方面的影响。

诚然，平衡计分卡法重申了过去在整合战略目标和短期目标的必要性方面的许多工作，但它绝不是一个管理思想上的全新的概念或发明。实际上，人们可以很容易争辩说，平衡计分卡法只不过是目标管理方法的复活，只不过是进一步强调了将战略划分为其发明人和许多高管所认为的四个主要业绩方面。然而，它的用处在于令人信服地证明了处理好短期目标的重要性。它确实对将战略目标和短期目标整合在一起的必要性提出了一种清晰的看法。这一点可以作为我们正在讨论的问题——如果我们希望战略实施工作获得成功，就必须对战略的操作要素加以明确和沟通——的一个有力的证据。为了实现战略目标，就必须处理好短期目标问题。

需要有可以加以测评的目标

强调指出这最后一点是十分重要的：战略目标和短期目标的可操作性，指的是这些目标必须是可以加以测评的。如果这些测评能提供重要的结果，那么对于战略实施工作来说，这些测评就是有用的。必须将战略转化成一些与战略相一致的、可以加以测评的指标，只有这样，才能对战略实施的结果进行适当的评估。没有这些有用的指标，就不可能对战略实施工作的成果进行有效的评价。

固然，某些经理将会气恼，并且抵制可以测评的指标。特别是那些非营利机构里的职员们会激烈地争辩说，他们所做的工作是无法进行测评的。我曾经听到一些公司的律师坚持说："你无法测评律师的工作。"和我一起工作过的一些IT人士则争辩说，他们的支持性服务工作是无法量化的。我也曾经看到，当一些政府机构（如美国联邦贸易委员会和社会保障局）的领导们打算在制定计划和实施计划的过程中推行零基预算（zero-based budgeting）和使用一些明确的可以测评的目标的时候，引起了员工激烈的抵制。

当遇到来自这些职员或"软性"的、不可度量部门的员工的抵抗时，我们该怎么做？下面一些问题将有助于对这些员工的工作进行测评。这些问题来自我所工作过的一些公司,我把它们看作对价值增值和业绩指标进行富有成果的讨论的结果。

- 如果取消这个单位或部门,将会有什么变化?这样做将会对公司内的其他单位或部门有什么影响?特别是,这种影响将会如何被感觉到并加以测评?
- 假设两个部门就如同两个地雷,如果其中一个是高度有效的,而另外一个是极其无效的,你如何对它们加以区分?如果没有一个人告诉你哪个有效,哪个无效,你又将如何确定和区分这两个部门呢?
- 作为我这个部门的内部顾客,你将如何评价我们的工作?你会使用哪些标准来判断或评估我们的业绩表现?

显然,某些岗位和工作要比其他一些岗位和工作难以测评,这也可能是因为那些人抵制测评和责任。然而,像上面的那些简单问题可以"打破坚冰",帮助员工们了解他们确实在为战略目标和短期目标做出宝贵的和可以测评的贡献,还可以使员工们认识到,只有那些可以测评的工作才能得到提高和改变。没有测评,就无法对某个岗位或部门在实施所选定战略的过程中所做出的贡献和价值予以评价。

那些在服务型公司、非营利机构和政府部门里工作的经理们,常常提出业绩的可测评性这个问题。他们指出,这些机构的战略更难以制定和评估,从而也增加了确定战略目标,以及把战略目标转化为短期目标的难度。图3-3是符合逻辑和有价值的,但是在上述机构和部门里,它的用途有限,其论据在于,这些服务型公司、非营利机构和政府部门是"不一样的",因此在提到战略实施问题时,应当对它们另眼相看。

在本书后面的章节里,将对这些及其他读者关心的问题进行更详细的考察。这里只说一点就够了,所有的机构都必须将其战略目标和短期目标统一到一起,并把战略转化成为一些可以操作的目标。服务性机构里的经理们不能长久地躲在"无法测评"这个托词后面,最终,对稀缺资源的竞争以及问责制,必定会要求这些经理们证明他们的行动和决策的价值。之所以需要有可测评的目标和业绩指标,就是为了毫不含糊地表明他们的贡献到底是什么。关于这一点,我们将在下面进行更多讨论。

问题4:理解战略和成功实施工作的"要求"

要强调的最后一点是:战略将对开发机构的技能、资源和能力等诸多方面提出要求。无视这些要求将注定导致不良的实施工作和不理想的业绩表现。

我长期以来一直坚持这样的看法,即要想让战略获得成功,机构就要开发特定的能力。在一项研究中,查尔斯·斯诺(Charles Snow)和我对4个不同行业里的88个企业进行了调查,考察了战略和有特色的能力以及这种能力对机构业绩的影响之间的关系。[13]基本的假说既简单又直截了当:那些开发出了与所选定的战略相一致的能力或本领的公司,其业绩表现要好于那些没有做到这一点的公司。换句话说,我们考察了两个相互关联的要点:

(1)战略要求对特定的能力和本领进行投资和开发。

(2)那些进行了此类投资的企业的业绩表现,要优于那些没有开发出必需能力的企业。

研究的结果非常有说服力,并且与期望的结果相一致。以上两点显然是成立的。

从资产回报率指标来看,那些创造了与它们的战略相匹配的能力的公司,其业绩要好于它们的竞争对手。当没有开发出能够支持其战略的能力或本领时,战略实施工作就会遭受挫折,业绩表现也会不佳。为了实现成功的战略实施工作,战略要求必须得到满足。

这些要求有哪些方面,以及它们将如何影响战略实施工作?表3-3展示了两种最流行的一般战略——低成本战略和差异性战略——并列出了相关要求。我之所以重视这些要求,首先是因为它们是竞争战略所使用的众所周知的方法。我还通过研究一些在实施这些战略方面获得不同程度成功的公司,获得了对这些影响成功的因素的深入见解。那些实施这两种一般战略的公司,并不总是开发出了表3-3所列出的每一项能力。但是,那种将资源和能力"捆绑"起来,使其与战略相一致的趋势是十分明显的,给我留下了越来越深刻的印象。

表3-3　　　　　　　　　战略要求

低成本战略	差异性战略
● 对设备和技术进行资本投资 ● 需要大批量、标准化和重复生产 ● 重视规模经济和范围经济 ● 制定和使用恰当的会计管理方法 ● 有效的MIS和IT系统及工艺 ● 有利于提高效率的组织结构 ● 支持降低成本的激励和控制措施	● 有效的产品设计 ● 扎实的研发工作(重点是开发) ● 极其强调营销和广告工作 ● 重视质量和质量保证工作 ● 依赖知识资产 ● 有利于效益的组织结构 ● 拉近与顾客的关系 ● 支持产品/服务差异化的激励措施

低成本战略

为了在某个行业和市场细分类别中实现低成本战略,公司通常要对最新的设备和技术进行大量的投资来降低成本。例如通过用计算机化的生产控制和机器人来取代工人，可以降低各种成本，而人工是生产中比较昂贵的成本因素，这一点在汽车工业和其他大规模生产行业中处处可见。在服务行业里也能看到这样的趋势。航空公司使用更大的飞机，而这些飞机具有更少的、燃油消耗更低的发动机，以此来降低单位旅客每英里的经营成本。甚至电影院也投资购买大型的中央爆米花机，以便在它们那种综合性的场所向所有的剧场提供服务。

的确，低成本战略长期以来梦寐以求的就是要实现大批量、标准化和不断重复的工作，因为只有这样，才能实现作为低成本战略基础的规模经济和范围经济。

标准化还会导致其他一些决策，例如更小和更加专门化的产品种类，这有助于规模经济所要求的那种大批量和大规模的生产。某些大型的保险公司专门从事定期人寿保险，避开金融和不动产计划和其他更加复杂的保险业务，以便减少产品类型和达到产品标准化，从而能够一而再，再而三，不断地重复同样的工作。

在公司推行低成本战略的过程中，表3-3还指出了其他一些方面的投资。需要有高效能和高效率的IT或MIS系统，以便提供有关成本、生产、装运和存货等方面的最新信息；还需要制定会计管理方法，以便及时提供有关成本变化的可靠信息。IT系统有利于知识的传播，这样，机构中一个地方的成本降低妙招就能迅速地为机构中其他相距遥远的地方所理解和采用。我们看到，像沃尔玛这样一些成功的公司对IT系统就投入了大量的资金。

其他的变革也必须支持低成本战略。例如，机构的组织结构就必须与战略相一致。组织结构的选择通常注重部门型结构，以使得那些与规模经济和范围经济有关的重复工作达到最大化（见第4章）。激励措施应当与降低成本挂钩，来支持这种战略和"奖励正确的事情"（见第6章）。重复一遍，为了实现低成本战略，那些有关投资、能力和经营的决策都必须支持该战略，并且与该战略相一致。

差异性战略

表3-3给出了支持差异性战略所需要的能力和决策。对于生产性公司而言，我常常发现它们在研发（重点是开发）及工程设计等方面投以重资，来响应顾客的需要或要求，并且对产品和服务进行重新组合。它们的工作重点常常放在质量上，采取多种直接针对质量保证的计划和行动。

那些追求差异性战略的公司里的经理们常常谈论要"接近顾客"，其表现方式有许多种。"接近"可能简单地指不时地与顾客座谈或进行问卷调查，或者指让顾客参与内部的经营活动，如新产品开发或质量保证计划等。类似地，在服务性机构以及以产品为基础的企业中的那些服务单位，也很重视接近顾客这个问题。银行、投资公司、广告代理商、政党以及餐饮业，这些顾客盈门的单位，常常会邀请顾客，请他们和其他的利益相关人参与开发新的服务方法和质量保证计划。

实际上，每一个在市场上追求差异性战略的公司都非常倚重营销工作。这种营销能力通常是在内部开发出来的，但是，即使它们将营销工作外包出去，也要制定内部的控制措施以确保有效地实施全面的营销计划。对目标市场细分类别进行大量的广告工作，通常是一体化的营销工作的一个组成部分。

在实行差异性战略的公司里,组织结构是围绕着效能和业绩,而不是效率设计的。尽管在每个企业中成本问题都会引起重视,但是实行差异性战略的公司的主要关注点是顾客满意度、产品性能、服务、市场份额、毛利润,以及迅速地对顾客和市场的要求做出反应等方面,而不是单纯地关注成本问题。理所当然地,实行差异性战略的公司所制定的激励措施也应当能够支持和强化这些希望得到的结果。

开发正确的能力

对于响应战略要求而言,表3-3仅仅列出了部分需要加以开发的资源和能力,但是有一点是非常清楚的:这些用来支持和贯彻实施战略的资源和能力是因战略的不同而有所差异的。

显然,你对本机构能力的投资和培养方向是随着你如何开展竞争而变化的。低成本战略所需要的技能或能力不同于差异性战略的要求。如表3-3所指出的,两个追求不同战略的企业,因为所需要的资源和能力不同,它们所关注的重点和行为方式也就不同。

为了有效地贯彻实施战略,必须开发出正确的能力。然而,正确的能力是你所追求的战略类型的函数。

这里的讨论还指出,当你改变战略时,要特别小心。想象一家多年来一直实施差异性战略的公司,由于近些年经济和竞争情况的变化(如全球化、商品化和新的大型竞争对手的进入等)而必须提高价格上的竞争力,从而强化了它对低成本战略的需要。

但是这个公司无法简单地或自动地转向低成本战略,因为它的资源和能力无法让它实施低成本战略。多年来,它所投资和培养的技能或本领都是用来支持差异性战略的,而这些本领并非是那些支持低成本的战略所必需的。它也根本不能期望或被强制要求进行战略改变,因为它不具备恰当的技能去做到这一点。

考虑一下太阳微系统公司的案例。多年来,这家位于硅谷的计算机制造商决定实施差异性战略,以使自己和其他竞争对手区分开来。它决定不使用其他计算机制造商所常用的标准芯片和软件,而主要选择使用自己高性能的、定制的元器件,这样一来,它的计算机功能就会比竞争对手们的更加强大,当然价格也更贵。

几年下来,这场赌博极为奏效,太阳微系统公司成为某些市场细分类别的首要提供商,如支持互联网网站的服务器,以及公司所用的功能强大的计算机等。这些顾客付出的费用比较高,但是他们显然对太阳微系统公司这些高效能的产品极为满意。十分明显,差异性和高边际利润的战略大有斩获。

然而,随着时间的推移,市场和其他供应商能力的改变打击了太阳微系统公司的繁荣。由英特尔公司生产的"标准"芯片和微软公司生产的"标准"软件,已经能够与太阳微系统公司那些更加强大和更加昂贵的产品相匹敌。那些敌对的计算机制造商提供的产品具有与太阳微系统公司同样强大的应用功能,而价格却低得多。那些曾经功能强大和显示出差异性的部件和计算机被标准化和商品化了,这事实上削弱了太阳微系统公司的优势。与那些低价格的竞争产品相比,太阳微系统公司实际上已经处于竞争劣势的地位。

由于顾客们纷纷转向竞争对手的产品,太阳微系统公司的销售额急剧下降。到了 2003 年 10 月,太阳微系统公司股票价格已经从 2000 年秋天的将近 65 美元跌落到大约 3.5 美元。[14] 太阳微系统公司的 CEO 斯考特·麦克尼利(Scott McNeely)最终放弃了他一贯坚持的高价格差异战略,认识到太阳微系统公司必须做出改变了。

太阳微系统公司不得不开始关注那些标准化的产品以及低端市场的需要,这对它以往一直坚持的那种建立在高端市场、差异性产品基础上的经营模式显然是一种挑战。

太阳微系统公司所面临的挑战明显充满了不祥之兆。太阳微系统公司能够保持那些使得自己与众不同,而与其一贯采用的市场开发手段相一致的能力吗?它成为一家生产标准产品的低成本生产商后还能赚钱吗?这个新战略还能让它有足够的利润来加强迄今为止使它区别于其他竞争对手的那些研发工作和技术吗?在一个新的低端产品市场里开展竞争,而它又缺乏必需的经验和相应的能力,肯定会遭遇重重困难,并且胜算也比较低。

到了2010年,当甲骨文公司买下太阳微系统公司时,这些难题也就有了答案。它们的重点依然放在新产品开发上,例如甲骨文公司和太阳微系统公司的工程师协同作战,在2011年推出了SPARC Super Clust T4-4,这是一个带有甲骨文公司Solaris、具有创新性能的系统,此外,还推出了Java 7,从而使得公司的业绩提高到了一个新水平。同时,这家联合公司还在某些关键领域内致力于降低成本,例如建立效率更高的数据中心和更好的共用服务设施。然而,尽管在一定程度上注意了成本,但其主要精力似乎依然放在差异性和产品性能上,并没有一股脑地转向低成本战略。转向低成本战略是困难的,因为该公司看来不具备支持这一战略转型的能力。

甲骨文公司与太阳微系统公司的合并是否成功,依然是个问题。新成立的联合公司能够开发和磨炼出产品及服务差异性所需要的技能和本领,同时又实现效率的提升并降低成本吗?时间将告诉我们,在一个竞争惨烈的市场上,该公司是否能勉力实现其战略。

在一家公司需要减少其差异性，而转向低成本战略的问题上，还有最后一点需要指出，就是在那些日益变得商品化的行业里，这种现象时有发生。诚然，一家公司能够满足这个新的对价格极其敏感的市场的要求。它可以获得竞争对手已经精通的那些低成本的技能；它也可以为低端市场增加新的部门或业务单位；它可以在内部创造和开发新的组织结构，而这些新的组织结构将具有低成本或价格竞争所必需的能力；它还可以购买或增加正确的技术。

它不应当做的是：企图凭借旧能力来实施新战略。如果一家公司多年来开发出的是列在表3-3右边的那些技能和能力，那么，它将不具备表3-3左边所列出的竞争技能和能力。为原来的差异性战略所开发出来的许多本领，不能替代并且轻易地应用到低成本的新战略中去。必须注意不要造成"双输"局面，在这种情况下，新战略的失败是因为没能开发出战略成功所必需的本领。不同的战略需要不同的本领，企图凭借老招数来实施新战略只能引发诸多的问题。

那么，在一家公司的不同部门之间是否可以遵循不同的战略，如制造部门实施低成本战略，而营销部门实施差异性战略呢？当然，制造部门事实上一般都遵循低成本的方针，这是对提高效益和降低可变成本的正常要求。但这里的问题不在这儿。

我们这里谈论的是业务战略，以及整个公司如何定位自己的竞争方式问题。制造部门可以追求低成本，但是，如果全公司的意图是要让产品和服务形成差异，那么，为了获得成功的战略实施结果，就必须开发出正确的能力来支持它的差异性战略。如果制造部门的低成本措施破坏了公司满足顾客的质量需求的能力,那么,贯彻实施差异性战略的努力就会遭受挫折,因此就必须予以纠正。如果制造部门因为成本太高(例如停开一条生产线、重置装备、大量的实验等)而抵制产品开发和扩大那些顾客希望的产品种类,那么就必须消除这些对差异性战略的干扰。任何部门的经营和目标都不得与业务战略不一致,或者损害业务战略。差异性战略的要求必须得到满足。

全球战略的要求

让我们考虑另外一个例子——全球战略的要求。这是一种混合型的战略,因为全球战略必定包含我们已经讨论过的低成本战略和差异性战略。但是,全球战略确实对管理团队提出了额外的要求,要求开发出那些在世界市场上开展有效竞争所需要的资源和能力。

这里仅仅简短地考察其中一个问题——协调化的全球战略。与那些简单地在不同国家里分别开展独立经营的公司的国际化做法不同,协调化的全球战略要复杂得多。

协调化的全球战略的竞争优势,大部分来自在各个国家之间分享和充分利用技能和能力。一些国家或地区可能具有劳动力成本或其他要素的比较优势,窍门在于将这种低成本优势融入其他地方的竞争优势中去。或者,一个公司在世界的某个地方具有体现核心竞争力的技术能力,同样,必须将这种核心竞争力在各种产品和国家之间分享和综合。

显然,要想成功地实施协调化的全球战略,在全球范围内协调、分享和整合知识及能力的方法是成功的关键。而跨部门和跨国家之间的沟通和控制则是实施全球战略工作的核心[15]。

这个世界正在变得越来越小、越来越扁平。这对机构制定和实施可靠的战略,包括全球战略,造成了越来越大的压力。鉴于这个问题的重要性,以及本书第1版出版后许多经理的要求,本书特地撰写了专门的一章来详细讨论如何实施全球战略这个课题。

最后一点

对于成功的战略实施工作来说,精心制定的战略的价值无论怎么评价都不会过高。应当仔细地关注公司战略和业务战略的制定以及这些战略的一体化问题,这必将为机构带来巨大的回报。

在我所认识的少数经理中流传着这样一句话:"良好的实施工作可以克服不良的战略。"根据我的经验,这种情况极为罕见。典型的情况是:不良的战略将产生不良的结果。糟糕的战略会引发重大的挫折感,因为经理们夜以继日、辛苦工作只不过是在徒劳地贯彻实施一项无法贯彻实施的战略。毫无效益的艰苦劳作只能令人恼怒烦躁。模糊的和朝令夕改的战略也同样让人沮丧和郁闷。

当那些参与沃顿商学院调查的经理们认为"不良和模糊的战略将引发诸多的实施难题"时,他们是完全正确的。认真对待本章提出的四个与战略实施工作有关的问题,即使不能完全消除,也将大大减少这些难题。

小结

本章指出了与公司成功地贯彻实施战略有关的几个要点:

- 战略是核心要素，它是推动实施工作的动力。扎实的计划制定过程十分重要，无论对公司战略还是业务战略都是如此。

- 将公司战略和业务战略结合在一起至关重要。这指的是在机构的各级之间需要有效的沟通，并且要有一个能够让决策者就战略、目标和业绩指标达成协议的过程。战略审查是实现公司战略和业务战略一体化的方法之一。

- 为了成功地实施战略，必须将长远的战略需要转化为短期的经营目标。对于成功的实施工作来说，短期的目标十分关键，因为经理们通常在日常的工作上要花费大量时间。设定短期目标是十分必要的，因为它能提供用于评估计划实施工作成果的测评方法和指标。

- 最后，战略会对机构的资源和能力提出要求。对于成功地贯彻实施战略来说，开发恰当的技能和本领至关重要。改变战略或同时实施不同的战略时要特别小心，因为这些技能和本领会随着你所追求的战略的改变而改变。

本书的重点是如何使战略得到有效执行。到目前为止，我们考察了第1章里所指出的那些主要的实施障碍。我们已经开始面对这些障碍。在第2章里，我们强调的是指导实施工作决策和行动的模式或模板的重要性。在本章里，我们讨论了该模式首要的关键因素——公司战略和业务战略，指出了战略的特点和扎实的计划制定过程将如何影响实施工作的成果。在第4章里，我们将转向探讨我们的模式或模板的下一个要素：机构的组织结构及其对战略实施工作的影响。

参考文献

[1] Jim Collins, *Good to Great*, Harper Business, 2001, p. 10.

[2] "Back in Japanese Hands," *The Economist*, April 14, 2012.

[3] "Angry Analysts Scorch P&G CEO," *The Wall Street Journal*, April 27, 2012; See also "Has Procter and Gamble Made Some Bad Bets," Knowledge@wharton Today, April 30, 2012.

[4] "Changes Needed at Avon Are More Than Cosmetic," Knowledge@wharton, Strategy Management, April 25, 2012.

[5] "Simplify and Repeat," *The Economist*, April 28, 2012.

[6] Michael Porter, *Competitive Strategy*, Free Press, 1980; "What is Strategy?" *Harvard Business Review*, November-December, 1996.

[7] See, for example, C. K. Prahalad and Gary Hamel, "The Core Competence of the Corporation," *Harvard Business Review*, May-June, 1990.

[8] Chester Barnard, *The Functions of the Executive*, Harvard University Press, 1938.

[9] William Joyce, Nitin Nohria, and Bruce Roberson, *What (Really) Works*, Harper Business, 2003, p. 16.

[10] See, for example, Stephen Carroll and Henry Tosi, *Management by Objectives*, Macmillan, 1973.

[11] L. G. Hrebiniak and W. Joyce, *Implementing Strategy*, Macmillan, 1984; "The Strategic Importance of Managing Myopia," *Sloan Management Review*, Fall, 1984.

[12] Robert Kaplan and David Norton, *The Balanced Scorecard*, Harvard Business School Press, 1996.

[13] Charles Snow and L. G. Hrebiniak, "Strategy, Distinctive Competence, and Organizational Performance," *Administrative Science Quarterly*, June 1980.

[14] "Cloud Over Sun Microsystems: Plummeting Computer Prices," *The Wall Street Journal*, October 16, 2003.

[15] For an additional discussion of the problems and issues involved in executing different types of global strategy, see L. G. Hrebiniak, "Implementing Global Strategies," *European Journal of Management*, December, 1992.

第4章 组织结构和战略实施工作

第2章所勾画出的战略实施模式指出了组织结构所起的核心作用。战略将影响组织结构，或者说，组织结构对于战略实施工作十分重要，无论在公司一级还是业务一级都是如此。

公司/业务战略 → 组织结构/一体化

尽管组织结构处于核心地位，但是它在战略实施过程中有时候却问题重重。那些参加沃顿商学院调查和座谈讨论的经理们都谈到了组织结构在战略实施过程中的问题，他们认为，组织结构常常因为错误的原因而被确定和改变。组织结构的设计或再设计常常处理得很糟糕，经常让人感到很沮丧或者失败。不同组织结构内各个单位之间的一体化和协调也很差或者不完善，而组织结构的改变与战略的联系不明确，或者根本就没有有关这方面的考虑。在沃顿加特纳调查中经理们强调指出，各个单位之间信息分享不充分，以及责任和职权不明确是主要的实施问题。

本章的目的是明确组织结构在战略实施工作中的作用和影响，并不打算对组织设计问题上已经做过的大量工作进行总结，而是考察和澄清那些对战略实施具有最重要影响的几个组织结构问题。

这些问题是什么？当你在贯彻实施一项战略时，那些与组织结构相关的最大难题、挑战或错误是什么？让我们通过几个案例来找出这些问题的答案。

选择组织结构时的挑战

强生公司

让我们再看看强生公司的例子。强生公司一直是一家分权型的公司，它有大量独立的公司或战略业务单位。它长期以来一直认为，分权化能够鼓励开拓精神，促进经理们在他们的小单位里创造好业绩，推动它们拉近与市场和顾客的关系。而在更加集权化的组织结构中，往往难以做到这些。在公司总部工作的职员人数不多，这又一次证明了该公司对分权化和战略业务单位自主经营的偏爱。而强生公司多年来优异的业绩表现似乎也强化了它认为分权化和由中小型公司形成的业务组合好处多多的信念。

但是，强生公司的组织结构面临过、现在仍然面临挑战。其中之一就是需要在这些独立的战略业务单位之间提高协作性。顾客势力的增大［如在医院设备销售方面，大型健康管理组织（HMO）作用的提高］威胁到那些为这些市场提供服务的、在传统上一直自主和独立经营的分权化战略业务单位。然而，那种由许多生产不同产品（如扑热息痛药片、绷带、诊断设备等）的强生下属公司向同一家医院开展销售工作的传统做法不灵了。由多家医院组成的HMO在采购时，拒绝与10~20家强生公司下属的小公司进行交易，它们希望与代表强生公司所有下属公司的一个单位做买卖，希望强生公司能够对以往单个医院所被迫进行的购买活动加以协调。这些大型的、势力更大的买主迫使强生公司采用不同的经营结构。

对于强生公司来说，如何处理这些新的要求是一项真正的挑战。新的任务就是：如何将传统上由那些分别独立经营的企业的业务协调和整合到一起。需要提升集权化程度或公司总部的控制作用，以便协调传统上由各个单位按照自己的方式来销售和提供的那些产品，同时还要小心，不要去对抗和侵害那种建立在分权化、独立性和本地管理基础上的公司文化和经营结构。

通过重新设计和重新组合（如建立了一个全国性的销售组织），强生公司成功地应对了这个挑战，这说明强生公司具有很强的管理能力。但是，这项任务是不轻松的。要说服那些独立自主的战略业务单位的经理相信：需要提高某种形式的集权化，需要对自主经营的单位加强控制，是重要而微妙的任务。在改变组织结构的同时，又要不威胁到分权和自主决策方面的"惯例"，的确是艰巨的挑战和困难的工作。

最近，强生公司遇到了一个麻烦，它的主营业务单位之一——麦克奈尔消费品公司（McNeil Consumer）——的产品，引起了对组织结构另一方面问题的关注。发生了一系列召回麦克奈尔消费品公司产品的事件，其中包括备受尊崇的泰勒诺类产品，由此产生了对该公司在质量控制和处理顾客意见方面的责难。2012年5月22日，食品和药品管理局对强生公司发出了一封警告信，警告该公司未能就2010年6月至2011年12月期间有关K-Y Liquibeads的投诉做出适当处理。而自从2009年9月以来，发生了30起产品召回事件，其中大多数都与麦克奈尔公司有关，涉及泰勒诺类产品、臀部植入管，以及某些处方药。[1]

这些投诉和事件引发了一系列与产品有关的问题，对于这些问题，强生公司必须加以处理和解决。但是，我们此刻所关注的是组织结构,而不是产品可靠与否和效能如何。难道是强生公司那种极度分权化的组织结构造成了这种情况吗?这是一个十分有趣,同时也很重要的问题。

在强生公司的经理们看来,这种分权化的组织结构正是公司成功的核心要素。他们争辩说,分权化带来了自主性,使得各下属单位得以专注其产品和使命,并提升其了解顾客要求和做出回应的能力。但是过度分权化也带来了监管和控制的问题。要了解和控制大约 240 个战略业务单位,是一项令人望而生畏的任务,即使是强生公司管理委员会中那些最好的经理,也无法加以有效地管理。过度分权化和和缺乏控制,会导致这些战略业务单位如脱缰之马,各行其是。如果局部问题开始酝酿和发酵,可以想象,在总公司意识到这些问题及其影响之前,情况只会进一步恶化。分权化组织结构尽管有许多优点,也的确是强生公司出问题的原因之一。这种组织结构显然有其好的一面,但是在一定的条件下,特别是在管理薄弱时,它也会带来问题和挑战。

花旗银行、ABB 公司和其他全球化公司

再考虑一下像花旗银行和 ABB 公司这样全球性的大公司在组织结构方面的需要和问题。集权化和分权化这个问题再次显露出来。实现全球管理需要集权化,这是因为需要对全世界的各项业务加以综合,对地理上分散在各地的单位的信息流动和知识分享加以协调。同时还有对协同效应或实现规模经济和范围经济的相关需要,这些问题也要求集权化和由总公司来对某些资源加以控制。

然而,全球化的公司也少不了分权化。对于一个大型的、地理上分散的公司来说,各项业务必须能对当地的需要和顾客要求做出

反应。需要有局部的自主性来应对经济、法律、规章或文化等方面的差异，因为这些因素会对处在世界不同地方的单位如何开展其业务产生不同的影响。

像花旗银行和ABB公司这样的全球性大公司，不得不处理这些课题以及类似的问题。它们必须创造出那种由总部工作人员和分权化的战略业务单位相结合所产生的组织结构形式，以便同时应对全球需要和当地需要。在这两家公司中，地区性的机构与全球性的产品或服务机构并列共存。全球控制和地方管理之间的紧张关系必须得到妥善处理，解决整个公司的需要和地方性需要之间冲突的机制必须卓有成效。花旗银行和ABB公司一直并且正在处理诸如此类的问题，它们通过采用以产品和地理区划为基础的机构来实行有效的协作，把全球性的需要和地方性的需要结合到一起。

服务型机构和非营利机构

最后，让我们考察一所城市大学，它属于一种服务型或非营利机构。它同样有类似战略业务单位这种组织结构，因为不同的分院面对不同的任务、产品和客户群。但是该所大学也有一些扩大服务的项目，借以帮助市内的居民，或者帮助解决该市的一些问题。这些项目往往需要采取多学科的方法，由各个分院或研究单位共同协作来完成。这就提出了挑战，产生了必须加以克服的障碍。

协作和知识分享始终是困难的，而在一个专业人士处于支配地位，且感到他们的知识和知识产权至高无上的机构里，或许更加困难。各分院和学术单位之间不仅对稀缺资源展开激烈的博弈，而且还争前恐后地力图扩大自己在整个大学里的势力，这些行为必将对各部门之间的协作和一体化产生影响。知识是某些专业人士权力和影响力的源泉，因此他们往往不大愿意与人分享。在这些机构里，明确责任和职权也存在麻烦，特别是考虑到，在一般情况下，其工作成果和考核指标并不总是容易加以测评时，问题就更大了。与那些营利型机构相比，这些组织结构以及与其相关的问题是极为雷同的。

在大型政府机构里，也存在类似的组织结构问题。例如，美国政府内的知识群体，由15～64个单位、部门和组织构成，这取决于由谁来认定。[2]如同前面讲到的战略业务单位一样，每个单位和部门独立开展工作。这些部门彼此之间都为预算而争斗不休，这常常导致竞争而非协作。责任模糊和权限不清（即使存在清晰的情况，也是少数），加大了管理和决策难度。这些"堡垒"或部门为数不少，而它们之间的正式联系渠道却不多。事实上，与它们的私人部门难兄难弟一样，这些政府机构面临着同样的组织结构、协调和合作等问题。

组织结构的关键问题

就组织结构如何影响战略实施工作这一问题，以上案例都告诉了我们哪些事情？这些案例至少指出了五个值得我们特别关注的问题。这些问题是：

（1）测评组织结构的影响。不同的组织结构的成本和效益是什么？如何对这些成本和效益进行测评？

（2）集权化和分权化。什么是正确的平衡，以及哪些因素决定了这种平衡？对于那些既具有集权化单位又具有分权化单位的机构，这个问题涉及公司总部的规模和作用。

（3）战略和组织结构之间的关系。战略的哪些方面或因素决定了组织结构的选择？组织结构又是如何影响战略实施工作的？

（4）在各个机构单位之间实现协作和信息分享。无论是在公司总部的工作人员和各项业务之间，还是在公司里各个地理上分散的单位之间，一体化和信息分享对于战略实施工作都是十分重要的。

（5）明确责任和职权。对于有效的实施工作而言，这些基本的组织结构要求是十分必要的。为了保证实施工作的成功，人们必须知道，谁要对什么、在什么时候以及为什么负责。

我给出的实施工作模式使用了两个术语：机构的组织结构（公司和业务单位）和一体化。前者可由方框和直线加以表现，它对机构进行了解剖，表明它是如何组织起来和使用一些特定的资源（如部门和分部）的。本章的余下部分将考察上面所列出的五个问题中的前三个。它们包括组织结构的基本问题，以及如何根据战略来选择组织结构的问题。

所谓组织结构的一体化，处理的是分清责任和用来使方框和直线发挥作用的机制等问题。各个职能部门之间的协作或者工作流程的一体化就是这些工作机制的一些例子。跨越机构内各个单位的界限而进行知识传播的过程，则是组织结构一体化的另外一个例子。上面所列出的五个问题中的最后两个将在第5章中讨论，而前面所指出的实施工作的其他方面，例如处理变革和文化问题，将留在后面的几章里处理。

现在让我们考虑上面列出的前三个问题。这里的逻辑关系是，要想理解组织结构在战略实施工作中的作用，必须搞清楚以下几点：

（1）首先要理解组织结构的基本因素，包括成本和效益。

（2）应用这些基本因素来更好地对集权化和分权化问题进行决策。

（3）通过考察实施工作过程中战略和组织结构的关系，将所有方面结合在一起。

第三个问题，也就是组织结构和战略的关系问题，对于实施工作来说是最为重要的。为了详细说明和阐述这个问题，对前两个问题加以明确和讨论是绝对必要的，前两个问题是理解第三个问题的必要前提。

那些参加座谈会和沃顿商学院经理人员学习班的经理们都谈到，组织结构的基本因素常常被误解。同时，他们还强调指出，经理们有时候不愿意就这些基本问题求教于他人。因此，我将把讨论前两个问题作为分析第三个问题的预备阶段，以便让读者在需要时可以从这些事实和见解中进行挑选和选择。

组织结构问题1：对组织结构的成本—效益进行测评

组织结构是如何影响实际的成本或可以加以度量的效益的呢？从不同的组织结构中能够合理地期望得到哪些结果？

为了回答这些问题，让我们回到基本的东西上。下图以非常简单的方式给出了一个机构的工作过程。

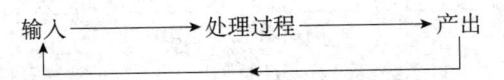

$$\text{输入} \longrightarrow \text{处理过程} \longrightarrow \text{产出}$$

所有的机构都有输入：原材料、职员或工人、患者、财务资源，等等。所有的机构都有处理过程：将输入转化为产出的工作过程或技术。制造型企业具有大规模生产的设备和机器人；医院在治疗患者时采用不同的技能或技术（例如外科手术、实验室检测、食谱制度等）；大学则具有教育学生的"技术"（苏格拉底式的对话、案例教学法等）。最后，所有的机构都有产出（汽车、治愈的病人、MBA毕业生等）。

通过这个简单的图,我们可以看出,首先,一个机构可以围绕它们的处理过程,也就是将输入转化为产出("结果")过程中所使用的加工过程、技术、技能("手段")等来建立它的组织结构。可以用"过程型"这个术语来强调对机构用于产生产出的处理过程或共同过程的关注。[3]

图 4-1 给出了众所周知的过程型——通常的职能部门型——的组织结构。通过处理过程或工作过程,可以将公司分解为一些职能部门(制造、研发、营销等)。如表 4-1 所示,职能部门型组织结构有它的成本和效益。

重视专门知识,加上熟练的工程师、科学家或制造经理们一起密切地工作,是职能部门型组织结构的积极方面。将专家们组织在一起,常常能够形成解决问题或进行创新所需要的"临界质量"。一组科学家在一起密切合作能充分地开展相互交流和讨论,这要比将他们分散在大量相互独立的分部中更有可能发现某些新的东西。

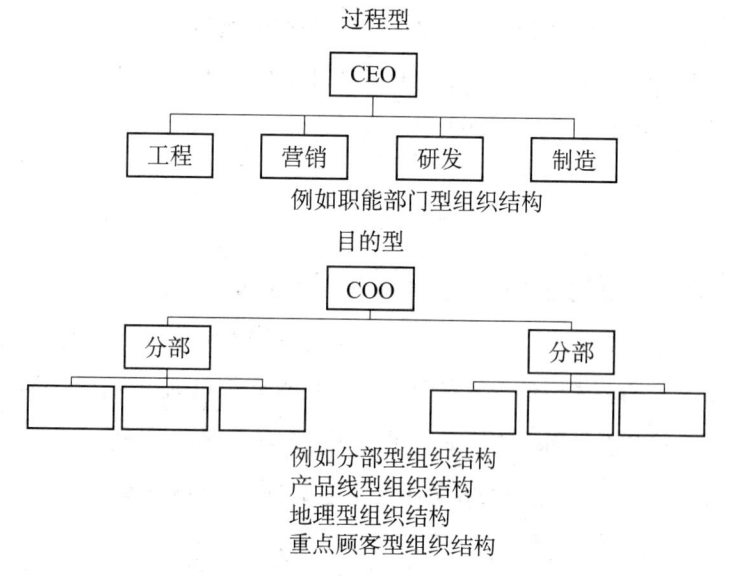

过程型

```
          CEO
  ┌────┬────┴────┬────┐
 工程  营销    研发   制造
```
例如职能部门型组织结构

目的型

```
          COO
     ┌─────┴─────┐
    分部          分部
  ┌─┼─┐        ┌─┼─┐
```
例如分部型组织结构
产品线型组织结构
地理型组织结构
重点顾客型组织结构

图 4-1 组织结构:过程型和目的型

表 4-1　　　　　过程型和目的型组织结构的成本和效益

	过程型/职能部门型	目的型/分部型
效益	● 知识的专门化/"临界质量" ● 规模经济和范围经济/效率 ● 避免稀缺资源的重复浪费 ● "职业发展"的好处	● 重点放在顾客、产品和市场上 ● 效果好 ● 很少产生协作问题 ● 对行业变化能迅速做出反应
成本	● 协调成本 ● 职能性近视眼 ● 与市场中的客户产生"距离" ● 失去"大视野" ● 官僚主义	● 稀缺资源的重复浪费使用 ● 规模经济/效率方面潜在的损失 ● 潜在的控制损失

工作的重复性和标准化（例如医院中的实验室检测、制造过程中的流水线、解决共同问题的工程师）会产生效率、规模经济或范围经济，也能避免资源的重复浪费，因为一个部门里的人能为该公司内部的许多顾客提供服务。

最后，还可能有"职业发展"方面的好处。例如，当工程师们一起工作，并且知道他们的职业发展道路要通过工程设计而发展时就是如此，而在火地岛上一个小分部里向业务经理请示汇报工作的几位工程师可能就看不到那样的职业发展道路。

如表 4-1 所示，职能部门型组织结构也要付出成本，其中最明显的就是协调成本。为了向顾客提供服务或制造产品，就必须协调众多分散部门的工作。那些因为各个部门工作内容的不同而形成的目标和观念的不同常常会加大协调工作的难度，并且导致偏离共同的目标（例如为顾客提供服务或高质量的产品）。对什么重要或者什么需要引起注意，各个部门会有不同的看法，要把它们的工作协调在一起着实十分吃力。比较而言，需要协调的分散部门越多，协调任务就越困难，而出问题的可能性也就越大。

观察这个问题的另外一个角度就是所谓的"职能性近视眼"[4]。

职能部门里的人往往封闭在他们自己的技术和世界观里，以至于失去了"大视野"。研发部门的人陷入研究、新技术和长远的目标之中，使得他们完全忽视了当前或近期对改善产品线的"世俗"要求，而科学则要比产品的修改或顾客的要求更加令人兴奋和有吸引力。显然，职能性近视眼会加剧协调和团结合作的难度。

最后，我还常常听到人们对"官僚主义"的抱怨，在处理各个职能部门对新思想或加快工作节奏等问题上的抵制时，这些人常常会遇到麻烦。每个职能部门都有自己的规章，并且遵循这些规章办事，即使整个机构的工作停顿下来，它们也全然不顾。

表4-1还给出了"目的型"组织结构的成本和效益。简单地说，与关注手段、处理过程或工作内容的共同性质不同，目的型组织结构是围绕"结果"或产出而组织起来的。对于我们的讨论来说，请考虑机构中的"分部"（见图4-1）。战略业务单位或产品线结构也是这种组织结构类型的例子。但是，为了有助于讨论，让我们重点考察分部型组织结构。这种组织结构通常将重点放在顾客（顾客产品分部）、产品线（大型计算机分部）或者地理区域（亚洲或北美分部）上。

从表4-1可以看出，总的来说，与过程型组织结构的成本和效益相比，目的型或分部型组织结构的成本和效益正好相反。分部型组织结构通常关注的是顾客、产品或地理区域，以此来提高经营效果。专门化的组织结构能够对顾客的要求和行业的变化做出更迅速的反应，而其中很少有需要协调的问题。即使分部型组织结构也按照职能部门来加以组织，但是由于它关注的是一类顾客（政府产品分部）、一种产品（大型计算机分部）或一个地理区域（亚洲分部），因此也有利于围绕着一个共同的目标、顾客群体或产出而加以协作。

分部型组织结构的成本包括稀缺资源的重复浪费现象。每个分部的领导都会争取对他的资源、人员或职能部门的控制权，从而有可能导致大量资源的重复浪费。类似地，虽然职能部门型组织结构能够增强效率和规模经济，但是比较小的分部可能就无法实现或持续保有同样的效率。

最后，分部型组织结构或类似结构（如战略业务单位）可能会变得过于自主，以至于总部失去了对它们的控制。而过于强调一个市场、某个客户群或某种技术，则可能导致其决策和行为与总公司的目标和需要不一致。对于这样的机构，分权化显然好处很多，然而，过度的分权和独立自主，则会产生严重的控制和监管问题。

显然，目的型/分部型组织结构有利于效果或"做正确的事情"（生产正确的产品或服务、更快地满足顾客的需要），但是它有时候可能要在效率或"正确地做事情"（低成本、规模经济）方面做出牺牲。[5]过程型/职能部门型组织结构则对"正确地做事情"大有好处，但是因为它具有表4-1所指出的那些问题，却要以无法"做正确的事情"为代价。

那些用来对组织结构加以测评的实际标准，可以按照效率和效果两个方面来进行归纳总结：

这两种组织结构形式和测评标准都是很基本的东西。请将这些基本概念以及它们的成本和效益记在心里，当你遇到例如集权化与分权化，或者组织结构形式与战略之间的关系这些难以抉择的问题时，这些基本的东西会对你大有帮助。让我们将这些基本概念应用到本章下面的内容中，考虑如何在集权化和分权化组织结构之间进行选择。

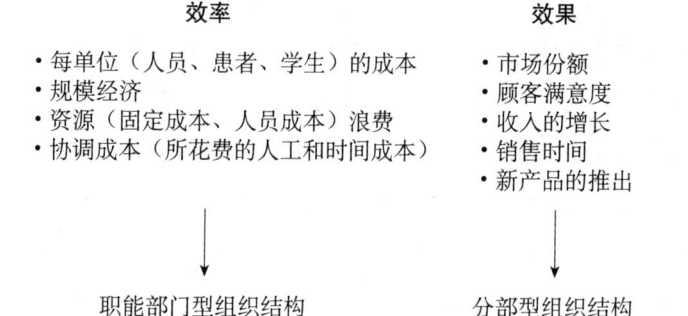

效率	效果
・每单位（人员、患者、学生）的成本 ・规模经济 ・资源（固定成本、人员成本）浪费 ・协调成本（所花费的人工和时间成本）	・市场份额 ・顾客满意度 ・收入的增长 ・销售时间 ・新产品的推出
↓	↓
职能部门型组织结构 （"正确地做事情"）	分部型组织结构 （"做正确的事情"）

组织结构问题2：集权化与分权化

"你做也不是，不做也不是。"一个请我帮助他进行组织结构重组的公司的CEO悲叹道，"如果我问公司总部的人，应当把资源放在何处，他们会回答说：'当然是这里。'如果问我的业务单位的管理层同样的问题，那答案自然就会截然不同。他们希望将所有的资源都放到业务单位或分部部门中，而不是放在公司手里。作为盈利中心，他们希望对所有的部门员工进行全面的控制。他们把公司总部看作障碍而不是帮助。"

这段话反映了许多机构的共同问题：应当将稀缺资源或资产置于何处，以及如何组织起来，以使得这些资源被最有效地利用。应当把研发工作或者制造工作集中起来为所有的分部或业务服务，还是应当把它们分权化，将它们置于那些最直接需要它们和使用它们的经理们手中？这段话也表明，即使在目前，对这个问题的回答也显然是各执一词的。

上述有关组织结构成本和效益的讨论，对我们决定将稀缺资源放在何处是很有帮助的。高层管理团队应当选择职能部门型组织结构的效率，而不顾它在协调和其他方面的成本吗？或者，它应当选择围绕顾客、产品或地理区域而设立分权化的组织结构，以更加有成效地服务于市场吗？

简单的回答是：组织结构的选择取决于管理团队从战略或经营角度认为表4-1中的哪个方面更为重要。应当根据竞争环境、行业要素和公司的战略情况（见本章后面的组织结构问题3），在表4-1所列出的不同组织结构之间进行选择。

偶尔，受到行业或竞争因素的制约，组织结构的选择是一件简单明了的事情。看看法国家乐福公司（Carrefour）的例子。在2000—2012年，它的股票价格狂跌了70%，它失去了业务，特别是流失给了勒克莱尔公司（Leclerc），以至于一些分析家认为，该公司将要破产和倒闭。对这样一家著名的公司来说，为什么会落到如此凄惨的境地？

一个重要原因，就是家乐福多年来实行了过度集权化的做法，事无巨细都由巴黎的最高总部决定。该公司在每一家商店都销售同样的产品，而产品的种类和组合都由巴黎，而不是各个商店的经理来决定。勒克莱尔公司的商店则大力采用分权化的管理办法，商店经理有权并有能力来响应当地市场的变化，迅速地满足顾客的偏好和需求。在挑选产品和服务方面，这些经理更为敏捷、自主权也更大。鉴于他们更能贴近市场，更有权做出决策，而无须得到公司总部的批准，也无须与总部的职能部门和专家争吵不休，因此勒克莱尔公司轻而易举地就"偷走"了家乐福公司的顾客。

对于家乐福公司来说，答案很清楚：要想起死回生，走出失去业务和市场份额的逆境，只有走分权之路。新上任的CEO乔基斯·普拉萨特（Georges Plassat）采取了决定性的行动，将权力下放给商店经理，使得他们能迎合当地顾客的需要。2013年初，这种分权化工作大力推行开来，而且看来已初有成效。对许多人来说，这一举措显然是必要的，对于家乐福公司重现昔日辉煌也是至关重要的。在这个案例中，考虑到公司所面临的竞争环境和它糟糕的经营业绩，选择分权化做法是必然的。

这个问题的复杂性在于：大多数公司既需要和使用集权化组织结构，也需要和使用分权化组织结构。问题在于如何对其加以全面的考虑和如何创造一种恰当的组合。

顺序决策过程

为了明了在组织结构选择问题上效率和效果之间的相互作用，以及更好地了解集权化和分权化的恰当组合，让我们看看图4-2给出的决策过程。在公司一级，在总公司工作的管理者要向CEO和COO请示、汇报工作。这些管理者体现了为整个公司服务的功能，例如为所有业务单位服务的法律、人力资源和IT等部门。关注的重点是专门知识、效率和避免重复配置关键的专业人员。因此，总公司的管理者体现的是过程型组织结构，以及集权化的、全公司范围内的业务支持。

向COO请示汇报工作的有两个集团，它们代表了例如"大汽车"和"小汽车"两个分部群体。这样做的动因是效果，因为认定每个集团都有各自必须满足的特殊的战略或经营需要。每个集团可能有不同的顾客人口统计特点、战略（如差异性战略或低成本战略）以及营销方法，而分别实行不同的组织结构就是对这些重要的不同之处的承认。分开成立不同的集团也可能是因为规模问题。成立不同的集团体现了将公司分解成为一些更小的、更加容易管理的分部的做法，这样就更加有利于管理层进行重点管理和决策。

两个集团又进一步分解为强调效果的分部。每个分部（如根据汽车品牌划分）都有各自表现出品牌忠诚性的顾客，而这些顾客的特殊要求则必须由该分部的职能部门和员工来予以满足。例如，通用汽车公司的卡迪拉克牌汽车力图将自己塑造成为一个可满足富裕顾客需要的汽车类别，否则这些顾客可能会去选择雷克萨斯（Lexus）或梅赛德斯奔驰（Mercedes Benz）这些品牌的汽车作为替代产品。凯迪拉克分部有自己的总经理来负责这个品牌汽车的独特战略和经营需要，其重点主要是效果以及为它的目标顾客群体服务。

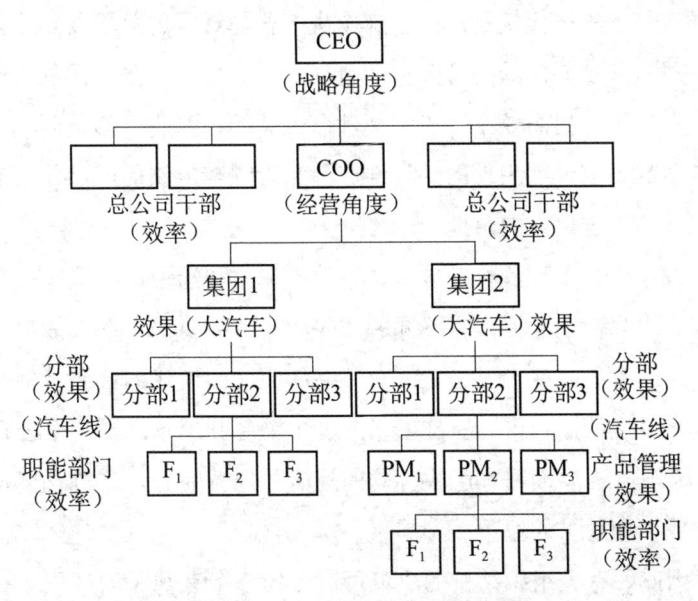

```
                        CEO
                      (战略角度)
         ┌──────────────┼──────────────┐
       ┌─┐            ┌─┐            ┌─┐
       └─┘            COO            └─┘
    总公司干部      (经营角度)       总公司干部
      (效率)                           (效率)
              ┌──────────────┴──────────────┐
            集团1                          集团2
        效果(大汽车)                   (大汽车)效果
   分部    ┌──────┼──────┐       ┌──────┼──────┐    分部
  (效果)  分部1  分部2  分部3    分部1  分部2  分部3  (效果)
 (汽车线)   │     │     │         │     │     │    (汽车线)
  职能部门 F₁    F₂    F₃        PM₁   PM₂   PM₃  产品管理
   (效率)                                            (效果)
                                   ┌────┼────┐
                                  F₁   F₂   F₃     职能部门
                                                    (效率)
```

图 4-2　组织结构选择的顺序法

下一个分析层次表明，在两个集团中的各个分部之间产生了一些不同之处。集团 1 中的分部 2 实行的是职能部门型组织结构，反映出它主要关心的是效率。相反，集团 2 中的分部 2 则实行的是产品管理型组织结构，反映出它继续关注效果。因此，集团 2 中的每一个产品管理单位又由职能部门组成，最终仍然表现出对效率的关切。

为什么会有这样的差别？因为每个分部都有自己的战略和经营需要。威尔豪塞公司（Weyerhaeuser）的一个分部生产用于印制报纸的新闻纸，它需要高效率和低成本地完成工作来维持它的竞争能力，以便在这个行业中生存下去。它的一个兄弟分部专门生产和销售高档次的、高质量的或者高性能的纸张产品，它对效率的重视程度就不如对效果的那么高，它的销售代表与顾客联系紧密，并且根据顾客们的需要而定制产品。那个生产普通纸张的分部要比重点生产高质量和定制产品的分部更加重视效率。普通纸张分部的边际利润很薄，因此提高效率对于它是性命攸关的；而后者的边际利润可能就要高得多，因为它的差异性产品和为顾客定制的产品使得它在成本方面有了更大的余地。

像强生、ABB、科宁玻璃、微软、卡夫和通用汽车这样一些大公司，也都设立了许多有不同的战略和经营需要的分部或战略业务单位，其中，一些主要是根据对效率的关注而组建的，而其他一些则重点关注的是效果、更加密切的客户关系和市场。同一个公司中的各个分部需要面对和解决不同的战略和经营问题，这也就使得它们对效率和效果的注重面不同。

因此，有关组织结构的决策可以看作一个有顺序的过程，一个考察机构中每个低级层次是需要效率还是需要效果的逻辑决策程序。由公司来决定哪些员工应当为所有的业务单位服务（效率/集权化），应当创建哪些分部或集团来反映不同的市场需要（效果/分权化），以及在这些分部和集团中，而不是在公司一级（分权化），应当设立哪些职能支持部门。相应地，由分部和集团的工作人员来决定哪些职能部门应当为所有的产品线服务（集权化），以及对于每个产品线来说，哪些职能部门应当是单独设立的（分权化），等等。有关公司和业务单位之间，以及业务单位内部的集权化/分权化的决策问题，反映了对效率和效果以及前面所列出的测评标准的不同侧重。

金字塔式与扁平型组织结构

顺序决策过程并不是只能用于那种有着处理不同需要和问题的多重组织层次的金字塔式的结构中。图4-2只不过是一个例子，我用它来说明的是：如何通过考察机构中每个相邻的层次间的作用来对组织结构问题做出决策，并不打算建议所有的公司都采用这种金字塔式的组织结构。顺序决策法当然也能用于扁平型结构中，对于许多经理来说，这种组织结构意味着更迅速的决策、更少的官僚主义、与顾客或市场联系得更加紧密，以及组织结构上更大的灵活性。

通用电气资本公司

考虑一下通用电气资本公司的案例。通用电气公司是一家大型而复杂的机构，它有众多的部门（高科技、服务等），而每个部门又有许多项业务。从传统上看，业务经理要直接向CEO请示、汇报工作。通用电气资本公司的领导人多年来向杰克·韦尔奇（Jack Welch）报告工作，并且为这家金融服务单位里所有的业务负责。其最基本的组织结构如下图所示。

所有关于通用电气资本公司业务领域、战略、作用和收入等情况的沟通工作都要通过各个分部或业务单位的领导来进行。CEO只能间接地接触到通用电气资本公司内部的业务单位，这些业务单位包括消费者金融部、保险部、商业金融部和设备管理部。

```
                    CEO
                     |
           通用电气资本公司的领导人
         ┌──────┬────┴───┬──────┐
        [  ]   [  ]    [  ]    [  ]
                    业务领域
```

随着时间的推移，这种组织结构带来了许多问题。通用电气资本公司变得过于庞大，到 2011 年，它的净收入增加了 65 亿美元，拥有大约 6 000 亿美元的资产，5 万多名员工，在全世界有 1.8 亿客户。随着公司的规模日趋庞大，取代杰克·韦尔奇担任通用电气公司 CEO 的杰弗里·伊梅尔特（Jeffrey Immelt）感到，通用电气资本公司的业务过于庞杂，以至于管理层和外部的金融分析家难以理解。一篇文章将通用电气资本公司描写成一个"黑箱"，它的行为就如同一家没有对金融信息加以适当披露的私人银行那样。[6] 伊梅尔特感到他对这个黑箱没有足够的了解，同时也无法对这个黑箱里所发生的事情加以控制，而他希望能够更加直接地、不经过滤地与这些业务单位进行沟通。

因此，他改变了该公司的组织结构，使得它扁平化。通用电气资本公司被分解成为四个业务单位，其后又变为五个：商业贷款和租赁公司、消费者金融公司、能源金融服务公司、通用资本航空服务公司、通用资本不动产公司。这些业务单位现在都直接向伊梅尔特请示、汇报工作，因此，这种扁平化的组织结构的目的就是改善监督，提高透明度，以及在复杂的业务环境中能更加合理和快速地进行决策。管理层级的减少使得这些业务单位的业绩成果比以往更加严密地受到高层管理团队的监督检查。

并非一切事情都因为伊梅尔特的大胆举措而改变了。通用电气资本公司中那些为所有业务提供服务的部门仍然存在，例如风险管理、资本市场以及税务和国库券等部门。对这些职能部门的信赖也体现了对效率、一致性，以及所有业务工作都能探索和利用的专门知识的追求。但是，这种组织结构扁平化的实施，显然是因为CEO认为有必要更加密切地关注各项业务的业绩表现，以及提高透明度、改善沟通和监管。通用电气资本公司的这种新的组织结构既考虑到了业务效率，也关注其效果，但明显地更重视后者。这个消除了中间层次的新的组织结构如下图所示：

CEO

通用电气资本公司的五个业务领域

扁平型组织结构显然能为机构和管理工作带来好处，它通常能消除或减少因为纵向沟通缓慢而带来的问题。它能提供更大程度的分权化和"岗位扩大"，因为那些与市场和顾客接触更加紧密的经理们要承担更多的责任并做出更多的决策。与他们那些处于金字塔式结构中的同伴相比，在更快地对市场变化做出反应的能力方面，他们常常被认为更加具有"灵活性"。他们提高了管理能力，也增加了透明度，增强了责任感。

但是也必须强调指出，扁平型组织结构也可能招致失败，它不是解决组织结构难题的万能药。事实上，要想让扁平型组织结构发挥积极的作用，必须处理好四个相互紧密关联的问题：(1) 惰性；(2) 专业知识不足；(3) 个人不愿意承担决策责任；(4) 横向沟通问题。

惰性

组织结构的扁平化可能吓坏一些经理或打破他们老一套的工作

习惯。以前，他们可以将那些棘手的问题按照官僚体系的惯例推给上级老板，而扁平型组织结构的管理跨度通常更大，因此使得这种"向上推"的行为更加困难，这就迫使人们去采取自主行动或决策。某些人可能不愿意以不同的方式去工作，或者改变得很慢，如果发生了这些情况，就会对问题的解决和决策产生负面影响。

专业知识不足

扁平型组织结构常常要求人们做出更多的决策，因此必须提高他们的专业化知识程度，而管理跨度的增加使得他们更加难以求助于上级领导的知识。这意味着低层级经理们必须学习和开发更多的原来由他们领导掌握的那些专门知识和技能。他们需要增加知识，以便在一种更加分权化的环境中做出决策和解决问题。

如果缺乏培训和管理教育，那么处于扁平型组织结构中的经理们就很难获得必要的专门知识，他们解决问题的能力也就无法提高。扁平型组织结构要求经理们以及那些为越来越多的决策承担责任的人与时俱进地增加知识和提高认识水平。没有这些专门知识，他们在实际工作中就会产生决策瓶颈，造成不良的后果。

个人不愿意承担决策责任

显然，上面刚刚讨论过的惰性和专门知识不足会使人们不愿意为新的更加复杂的决策承担责任。与市场和顾客越来越密切的联系，以及"对速度的需要"和对外部威胁或机会快速地做出反应，都要求扁平型组织结构里较低级的职工承担更多的责任。缺乏必要的措施、担心失败以及感到力不从心等，都会妨碍人们承担新的责任，从而导致机构中产生大量的问题。

横向沟通问题

最后，将组织结构扁平化会带来新的横向沟通的问题。让我们看一个我所熟知的公司的真实案例。用该公司的术语来说，该公司进入了一个"滞缓"的组织结构阶段。在一份书面评论文章中，一位部门经理这样谈论他们新的组织结构[7]：

> 由于实际上取消了整整一个层级，管理的跨度大大增加了。必然地，公司不得不更加分权化了。当管理跨度是 1 对 7 时，得到老板的帮助是可能的；而当管理跨度变成 1 对 49 或者更惊人的数字时，实际上就无法做到这一点了。
>
> 分权化意味着我们这个"49 集团"不得不进行横向沟通，而不是像以前那样通过我们的老板进行沟通。只有到这个时候，我们才认识到，以前的各个单位之间有那么多的不同之处。由于过去在目标、竞争环境和单位历史方面的种种差异，因此在信念、价值观和经营原则等方面存在着根本的不同。一些单位谈论的是边际利润、贡献、实际成本和价值增值措施等话题，而对于其他一些单位的人来说，这些问题与他们根本无关。对利润的认识也不一致，因为不同的单位关注的是以不同的费用来实现不同的净利润指标。一个单位经常提到顾客的需要，而另外一个单位则从来不注意或谈论顾客，因此就谈不上关心顾客。可以毫不夸张地说，没有任何共同的东西能把原先具有不同上级和世界观的人结合到一起。不存在那种能够帮助机构重组的共同观点。
>
> 既然共同之处少得可怜，沟通起来就极其困难。我知道，作为处于同一家公司的人，这听起来让人难以置信，但是事实就是如此。我们彼此是话不投机半句多，根本无法交谈！

这明显是一个非常极端的例子，是一个牢骚满腹、一吐为快的经理的过激之言。管理跨度问题,绝对无法解释该经理在其充满沮丧之情的文章中所涉及的所有问题。不过,他所指出的问题也确实存在。这个例子有助于说明这一点:如果经理们能够妥善地处理好对惰性、专门知识不足、个人不愿意承担决策责任以及横向沟通的新要求,那么,扁平型组织结构确实能带来丰富的成效。扁平型组织结构不会自动地成为一种万灵药,它有效,但是需要使用者恰当地重视它所带来的管理问题。

公司总部

集权化和分权化的混合构成引发了另外一个当前引起广泛注意的组织结构问题:公司总部的规模和作用。

到目前为止,被讨论过的公司总部职工的功能包括以下几个方面:效率或规模经济和范围经济;对所有业务单位或经营部门提供集中统一的服务;避免资源的重复使用和浪费等。因此,法律和人力资源管理人员都被看作是为所有的业务单位提供统一服务的,无论这些业务单位属于什么行业,具有什么技术或顾客群体。

显然,这些都是一些具有价值增值作用的重要服务功能。这些专家向所有业务单位和部门提供帮助,分享专门知识,从而避免了重复劳动。但是最近,一些经理告诉我说,他们发现公司总部的作用有所扩大。他们发现在帮助公司一级和业务单位一级实施战略工作时,公司总部还能完成其他任务或提供其他服务。公司总部可以在哪些方面扩大其作用呢?

公司总部可以承担许多其他方面的任务,我在这里仅仅指出三点:

(1) 战略管理作用。

(2) 对经理人员的培训作用。

(3) "优异中心"（centers of excellence）的作用。

战略管理的作用

战略管理小组可以在许多方面向 CEO 和业务领导人提供建议，可以对组合战略进行审查，以使战略和财务指标最大化。在战略的制定、信息和信息流动管理以及战略的实施方法等方面，该小组可以帮助确立标杆和开发最好的具体做法。

皇冠控股公司最近的发展证明了这种集权化战略管理小组的作用。公司的战略管理小组不仅关注公司一级的问题，而且在公司战略和业务战略之间发挥整合作用。一个重要的目的就是创建一个互动的计划制定过程，将公司和业务单位的计划综合在一起。这个计划制定过程还涉及跨地理区域的整合以及跨业务单位的整合。此外，这个小组还负责找出和了解那些会影响各个业务单位和地理区域业绩表现的行业未来趋势。显然，这个小组的任务要比仅仅关注效率或集中式的支持服务多得多。作为一个公司总部的小组，它承担起战略、教育和把影响公司业绩的各种因素综合在一起的作用。

该小组另外一个重要的任务是促进我们在第 3 章讨论过的战略审查工作（我们在第 6 章还要讨论这个问题）。在公司—业务单位的互动、公司组合模式的整合以及测评各项业务业绩的指标等方面——所有这些都将影响战略实施工作——这种审查都是十分重要的。

对经理人员的培训作用

该小组主要从事对管理人员的继续培训工作。高层管理团队的知识和能力对于战略的制定和实施，最终对公司实现战略优势的能力而言都是至关重要的。总公司的这个小组的工作重点是在一般领域内对经理和主管进行培养，这些领域包括计划的制定、激励制度、营销学、领导方法、处理变革问题等,以及那些在某个特定行业中取胜的具体问题,例如产品的开发、顾客服务和竞争对手的情报收集等。其目标是创建能够深刻影响战略实施和机构长远业绩的教育资源。

微软公司、UGI、通用电气公司、安万特·贝林公司(Aventis Behring)、阳狮以及其他一些公司,最近的发展趋势显示了这种重要的经理主管人员培训的作用。这些公司的增长、规模以及组织结构变得日益复杂等情况要求有集中化的培训功能。我和这些公司的许多总经理、主管一级的人士一起从事的工作,一直都受到这类对领导人和管理团队进行教育的中心小组的影响和支持。UGI公司的高管们创建了UGI大学,因为他们正确地认识到,实际工作中存在着那种跨越不同业务单位和始终影响业绩表现的领导力和管理能力。在对主管和经理们实施教育培养方面,这个新的公司总部中心小组的任务就是直接针对这样的领导力和管理技能的。

越来越多的公司正在创办从事关键培训任务的内部"大学"和公司总部中心小组。确实,到2011年底,美国已有2 000多所这样的公司"大学",之所以范围很大,是由于不是所有的公司都使用"大学"这个名称(大多数公司使用该名称)。这比那些向大学本科生提供商业学位的普通大学还要多。显然,对于公司总部这个概念而言,对经理和主管进行培训这个任务正在变得越来越重要。

"优异中心"的作用

在我最近为安万特·贝林公司工作的项目中,管理团队常常提到"优异中心"。这个概念强调的是这样一些小组,它们在诸如医疗和规章制度、前期的临床研究、门诊质量控制以及生物统计学和统计服务等方面,负责制定全行业的业绩标准。

安万特·贝林以及其他公司建立这种中心的目的是：建立一些能够创造领先的知识和工作过程的小组，使得这些知识和工作过程能够使企业产生更好的业绩并成为行业里的领头羊。另外一个相关目的是吸引高素质的科学和管理人才，以此来帮助公司进行创新并获得竞争优势。着重开发领先的技术和吸引那些"最聪明和最优秀的"科学和管理人才，是确保机构获得能够支持其战略实施工作所必需的资源的又一个重要方面。

因此，这个"新的"公司中心应当具有集权化组织结构，例如法律、人力资源、IT以及财务等部门中常见的那些典型功能。但是，它也会具有如图4-3所示的那些附加的价值增值服务功能。显然，这种扩大的功能会对战略实施工作产生很大的影响。

```
                    CEO
  ┌──────┬──────┬──────┬──────┬──────┬──────┐
 法律   人力   财务    IT    战略   经理   优异
                            管理   培训   中心
  └──传统的集权化功能──┘  +  └──新公司中心的价值增值功能──┘
```

图4-3 公司中心

最后，这里需要提出一个警告。这些新公司中心的概念确实有吸引力，它能提供重要的价值增值服务来帮助整个企业更有效地实施其战略，但是，在规定这些新中心在战略实施工作中的作用时也必须小心，因为这些中心代表了对公司资源和能力更大程度的集权化。如果成功地实施战略更多地取决于业务的分权化，以及更多地取决于对市场和顾客的需要更快地做出反应的能力，那么，这种公司中心的概念就可能无法对有效的战略实施工作发挥立竿见影的作用，它也无法足够迅速地满足那些面临局部难题的经理们的需要。

需要牢记心头的重要问题是：无论是分权化还是集权化，都有其成本和效益。对于一个打算实现所心仪的战略和经营成果的机构来说，必须在这两种组织结构形式之间寻求平衡。

组织结构问题3：战略—组织结构之间的关系与有效执行

本章前面讨论前两个问题时已经为这个问题奠定了基础。组织结构的基本要素以及组织形式的成本和效益能够表明组织结构问题将如何支持战略的实施。本节将更仔细地论证这个问题，并且就组织结构如何影响机构的业绩以及战略实施工作给出一些更加具体的指导。本节建立在前面所论述的问题1和问题2的基础上，进一步清楚地说明，战略和组织结构是如何密切相关的，而它们之间的一致性又将如何影响到机构的业绩表现。

战略的需要

第3章讨论过战略的"需要"及其对资源和能力的影响。其要旨在于，如果希望战略实施工作取得成功，那么该战略就要求开发出一定的技能、资源或能力。其中的资源就包括组织结构，这种组织结构必须能反映和响应战略的需要，如果组织结构不能反映战略的需要，那么战略实施工作就会遭受挫折。让我们看一些案例。

低成本战略

降低和抑制成本显然是低成本或低成本战略的核心所在。大宗产品或高度竞争行业的特点通常是在"给定"价格或价格不变基础上的竞争。这些行业价格固定不变的性质显示，更高的经营收入不能通过提高价格，而只能通过降低成本来获得。

在这种情况下，企业多半会采用那种有利于效率和规模经济的集权化的、职能部门型的组织结构。这种组织结构适合标准化、大批量和重复性生产,以便从规模经济和范围经济中获得效率。它还能减少不必要的资源浪费,从而进一步降低成本。因此,对于低成本战略来说:

低成本战略 ──────▶ **集权化、职能部门型组织结构**
- 大宗产品
- 价格竞争
- 效率、规模经济和范围经济
- 标准化、大批量和重复工作
- 没有稀缺资源的浪费现象

重点战略

这种战略通常关注的重点是顾客、地理区域或产品种类。相应地,其组织结构要反映它所关注的重点,因此一般多采用分部或类似的分权化组织结构形式。

重点战略 ──────▶ **分权化、分部组织结构**
- 重点放在顾客、地理区域或产品种类上
- 专门的分部
- 关注战略目标(如消费产品和政府产品分部、大型计算机和PC分部、亚洲分部)
- 为了支持分权化经营,只需最少的集权化工作经理

即使在分权化的分部形式占主导地位的组织结构中,也可能会有一些从事集中化工作的经理,以便在各个分权化的单位之间提高效率。然而,其主要强调的当然还是分权化。

差异性战略

这里的关键问题是:如何处理计划形成差异的类型,或者是那些对于形成差异来说很重要的顾客或产品的特点,例如高端产品与低端产品、针对富裕买主的高性能产品等。

以高端产品(更加昂贵、质量更高、性能更好)与低端产品为例,企业可能会选择具有两种业务或两个类别的分部型组织结构。低端产品分部多半会采取低成本战略,而高端产品分部会关心如何

去满足其顾客在性能、质量和形象等方面的需要。每项业务都是相对独立形成体系的,因为追求低成本战略所需要的资源和能力与追求高端产品是不一样的(见第3章)。

差异性战略 ⟶ 分权化、分部型组织结构

- 高端产品与低端产品
- 两个分部(高端与低端)
- 自成体系,具有不同的资源和能力
- 为了支持各项业务,需要最少的集中化经理

同时实施两种战略

上面的最后一个案例代表了一种十分常见的情况:一家公司在一个给定的行业中同时实施两种战略。需要注意的是,必须为每项战略确定恰当的组织结构,以及开发出成功的战略实施工作所需要的资源和能力。在这方面,分部型组织结构是十分理想的,因为这使得每项业务能关注各自的行业或市场需求,以及开发各自的技能和资源。再次使用这个简单的高端产品与低端产品的案例,我们会得到两个独立的分部。

```
            CEO
    ┌────────┼────────┐
  分部1      分部2      采购
 (高端)     (低端)
```

然而,采用两个分开的、不同的分权化分部,并不会自动消除集权化及其所伴随的经济性和相关效益。如上图所表明的那样,尽管这两个分部服务于具有不同顾客口味和产品特点的市场,仍然可以从集中化的采购中获益。虽然这两个分部之间在战略上有着重大的不同,但是仍然能够通过统一的、集中化的采购工作实现其经济

性。在人力资源和法律等领域内,如果在基于顾客或市场的不同而建立的不同的分部之间采取集中化的做法和实施统一的工作,也有同样的效果。

对分权化的强调很少是绝对的,对它的使用也往往是相对的。即使在高度分权化的组织结构中,也会存在一定程度的集权化,这种做法与所实施的战略和所需要的资源是相一致的。

全球战略

那些在全球范围内开展竞争的公司常常必须同时关心两个问题:一个是全球范围内的产品和服务种类,另一个是不同地理区域中的不同市场。它们在全世界推销产品,但是同时也必须调整产品、营销方法和销售渠道,以便满足当地的需要、口味和顾客的人口统计特点。这时,一种共同的做法就是采用矩阵型组织结构,因为它有助于对全球战略进行协调。这种"同时"考虑到全世界的产品和当地地理环境的组织结构就成为一种设计选择。

全球战略 ⟶	矩阵型组织结构
·需要加以协调 ·双重视角:产品和地理区域	·把对产品和地理区域的双重关注结合起来 ·把两个分部或专门"目的"单位整合在一起 ·把效率和效果结合起来

矩阵型组织结构主要关心的是如何将不同的部门或单位加以协调和整合,对此,我们将在第11章里更深入地讨论。

组织结构选择上的战略推动力量

让我们归纳一下上面关于战略对组织结构选择的影响的讨论。表4-2列出了本章讨论过的推动组织结构选择的四种主要战略,并且对每一种战略加以简短的讨论和总结。前两种战略已经在前面加以归纳和说明了。第三和第四种战略,特别是第四种,则有必要进一步深入讨论。

表 4-2   组织结构选择上的战略推动力量

1. 战略类型
   a. 低成本战略 ——————→ 集权化、职能部门型组织结构
   b. 重点/差异性战略 ————→ 分权化、分部型组织结构
   c. 协调化全球战略 ————→ 矩阵型组织结构

2. 对效率/效果的需要
   d. 效率 ——————————→ 集权化
   e. 效果 ——————————→ 分权化

3. 市场和技术的关联性
   f. 两者都很高 ——————→ 提高集权化程度
   g. 两者都很低 ——————→ 提高分权化程度
   h. 一个很低,一个很高 ——→ 集权化和分权化相混合

4. 机构的增长、规模和势在必行的全球化
   i. 增长/规模 ——————→ 提高分权化程度,将大型机构分解为一些比较小的、更加容易管理的单位
   j. 势在必行的全球化 ———→ 适应全球化需要

1. **战略类型**。组织结构是随着战略的不同而变化的。低成本战略通常在一定程度上要依靠职能部门型组织结构(过程类型),因为这种组织结构能够降低成本和实现各种经济性。这种组织结构强调标准化、重复和大批量生产,这正好与支持低成本战略的效率、规模经济和范围经济的要求相一致。

相反,重点或差异性战略通常要求采用目的型的组织结构(依据产品类型、地理区域或顾客的分部或战略业务单位、产品或项目管理组织),来关注不同的顾客、地理区域或产品类型。

协调化全球战略则通常要求同时关注全球业务或者产品类型,以及不同的地理区域或文化。于是,在实施战略时,一般会产生同

时照顾两个方面（业务和地理）的矩阵型组织结构。

这些案例的关键之处在于，组织结构必须响应战略的要求。第3章曾经列出了低成本战略、差异性战略的一些要求。为了实施这些战略，就必须满足这些要求。而这些要求之一，就是选择适当的组织结构来支持所选定的总战略。例如，集权化组织结构支持低成本战略，因为它能降低成本。这是简单而一目了然的。组织结构（连同它的成本和效益）响应和支持战略，从而引导产生成功的战略实施工作。总之，战略的类型推动着组织结构的选择并获得其所希望的好处。

2. 对效率/效果的需要。对效率或效果的追求，与前面所讨论的战略类型密切相关。尽管这两者高度相关，但是，鉴于效率/效果问题既广为人知，又十分重要，所以值得分别加以说明。

在设法获得竞争优势时，战略可能将重点放在效率或效果上。对效率的需要越大，通常就会越依赖于集权化组织结构及其与生俱来的成本控制。对效果的需要越大，企业就越有可能选择分权化的组织结构。

低成本战略显然需要并依赖于成本效率，这再次说明了为什么集权化的组织结构对于战略实施工作和企业获得成功是至关重要的。当战略重点放在以各种产品和服务来满足各不相同的顾客和地理区域需要上时，其重点将合乎逻辑地转向建立在顾客、地理区域或产品类型基础上的分部型的分权化组织结构。

最近，在力图降低成本而采用分权化做法方面，惠普公司提供了一个好例子。在短暂地担任惠普公司 CEO 期间，莱奥·阿波希克曾经打算将 PC 业务从公司中剥离出去。当他被解雇，并由麦格·惠特曼（Meg Whitman）取而代之为新的 CEO 时，他剥离 PC

业务的战略建议没有得到执行。反之，惠特曼打算采取措施来提高效率。

2011年3月，惠特曼说，惠普公司将把它两个最大的业务单位，也就是PC生产部门和打印机生产部门加以合并，并将裁减大约3万名员工。显然，这是为了削减其大宗商品的成本。惠普公司还宣布，它将对某些职能部门（如营销和公共关系部门）实行集权化管理。这些措施明显都是为了提高效率。与阿波希克设法将重点放在某些新服务，例如云计算服务上相反，惠特曼一上来选择的是在现有的业务领域内削减成本。她要做的是：继续做大惠普公司已有的大业务——惠普的PC在世界上是首屈一指的，只不过是要把它做得更好。

根据表4-2，惠普公司的举措显然关注的是组织结构选择中的前两个战略推动力。强化现有业务的低成本战略，是通过削减员工，以及对一些关键职能部门加以集权化来提高效率等做法来加以实施的。这将是一个凶险的战略，而实行起来也会十分艰难，但看来惠普公司是打算赌上一把了。

在改变公司的组织结构以求提高公司战略和经营效果方面，也有很多例子。让我们看看最近的几个例子。网飞公司（Netflix）于2011年9月宣布，它打算分离出两个业务单位——DVD和流媒体（Streaming），理由是这两个业务的管理侧重有所不同。

2011年10月，雅培公司（Abbott Laboratories，主要经营制药，财富500强公司之一）宣布，它将分立为两个公司——药品公司和医用产品公司，因为它们服务于不同的市场，具有不同的行业特点和情况。

2011年9月，美国泰科（Tyco，全球最大的连接器生产厂商）

分立为三家公司——ADT 公司、流量控制公司和商用消防公司。这是因为不同的产品需要关注各自不同的经营需要。

其他最近的例子还有：卡夫剥离出食品杂货和全球快餐两大方向；康菲石油公司（Conoco Philips）剥离出开发和生产，以及精炼/营销；摩托罗拉则分立为摩托罗拉移动公司和摩托罗拉解决方案公司，等等。这些例子都反映出一个共同的事情，就是这些公司之所以力图剥离出不同的业务，正是由于这些业务各不相同，需要各种不同的特定战略和经营重点。

按照表 4-2，在设法提高业绩和机构的效果时，为了剥离出或分权化某些业务，显然还有其他一些办法。可以采用差异性或重点型战略。这些战略都采用分权化组织结构，这种组织结构是实施计划的重要组成部分，因为这样做可以更加贴近多样化的市场，并给予这些市场应有的管理侧重。在这些案例中，实行分权化后的企业是不同的，它们具有不同的成本结构，要对特定和变化的客户群采用不同的营销方法，因而在做出实施战略的决策时，要考虑这些因素。

某些组织结构的重组，可能也反映了公司规模的增长与变化，以及进军全球市场的需要。关于这些问题，后面还会讲到。

3. 市场和技术的关联性。关联程度是决定组织结构的重要因素。在前面的讨论里仅仅有过暗示，因此有必要花些时间来讲清楚它在组织结构选择上的重要作用。

一个公司可能会服务于各种关联的或非关联的市场。多样化战略可能会使公司致力于进入关联的或非关联的行业。高度关联的市场指那些具有相同的或类似的顾客群、分销渠道、价位和需求弹性的市场；非关联的市场则指以上这些方面存在差异的市场。技术的关联性和非关联性指的是使用相同的还是不同的技术、制造工艺，或者将输入转化为产出的"处理过程"。

关联性之所以重要，是因为与战略有关的市场和/或技术的关联程度越高，企业就越有可能采用集权型组织结构；关联程度越低，那么企业就越有可能采用分权型组织结构。

如果一家公司使用同样的制造工艺和设备生产不同的产品，那么它的制造部门将最有可能是集权化的部门，以便能为所有的产品提供服务。如果各个市场对产品的要求不同，就必须根据顾客、文化或地理区域在产品使用或口味上的不同而对产品加以改变。这时，营销和分销部门，甚至制造部门都将被分权化，以便满足不同市场对定做或修改产品的需要。在选择恰当的组织结构之前，你对关联程度进行判断的时候，要特别小心。错误或粗心大意的判断，会导致你选择那种将给战略实施工作带来麻烦的组织结构。

几年前，我第一次理解了这种教训。一位名叫霍华德·黑德（Howard Head）的企业家创办了一家滑雪板公司，并且取得了惊人的成功。它的产品是金属滑雪板，这是一种高档、高价格、手工制造的产品，它被称作"骗子"，因为使用它能让普通人成为滑雪好手。一天，有人向黑德建议利用它的品牌来扩大产品种类，以打入低端产品市场。毕竟都是滑雪板，因此他不妨去占领整个市场。

黑德婉言谢绝了进入低端市场的建议。在他解释自己的决定时，表现出他对我们现在讨论的市场和技术的关联性问题的考虑。他指出，金属滑雪板与便宜的塑料滑雪板不同。技术上也不同，前者是手工制作的，而后者是通过注模制造的，而且黑德对注模制造技术一窍不通。

即使假设黑德有能力和营销方法，两类市场也不一样，并且是不相关联的。它们之间是高端、高价的产品与低端、低价的产品之间的不同；需求弹性和边际利润的不同；分销渠道的不同（一种在滑雪板专卖店销售，另一种在大型零售折扣店里大量销售）；服务能力的不同（一种由滑雪能手提供服务，另一种由那些除了销售滑雪设备之外还销售渔具和保龄球的折扣店售货员提供服务）。

还有一些其他的不同。然而问题很清楚，尽管它们都是同一个行业的组成部分，但是高端滑雪板和低端滑雪板在顾客和技术等方面有着巨大的差异。进入一个不相关联的市场需要具有不同技能和能力的不一样的组织结构。即使在同一个行业内，不相关的多样化战略也要求有不同的技术以及极其不一样的销售、营销和分销系统。当然，黑德可以购买一个从事低端滑雪板业务的公司，这样他就可以立即获得所需要的能力和恰当的组织结构，但是他没有这么做。他的回答很有道理："只管做自己的事情"，并且继续去做他最了解和最擅长的事情要更好一些。

在成立奥驰亚集团（Altria）前，当菲利普·莫里斯公司购买了七喜公司时，就已进入了一个在某些方面与烟草和啤酒有些类似的行业，而它当时就经营着这些产品。但是在其他许多方面，新进入的行业与从前从事的行业则大为不同。有些销售渠道是一样的，一个富有经验的营销小组可以为所有的行业提供服务，因此这家公司认为，或许可以获得范围经济的好处。

但是这些行业也有许多极不一样的地方。烟草和啤酒主要是针对男人的，而软饮料则具有更加宽广和更加多样化的市场。行业的集中程度也不相同，可口可乐和百事可乐利用它们的品牌和系列产品主导着软饮料市场，像七喜这样的小公司常常只能依靠可口可乐和百事可乐的灌瓶机来生产，这使得它不仅要依赖于这两个巨头，而且在这两个巨头面前显得很脆弱。与烟草和啤酒相比，软饮料行业基本上是一个不同的行业。

但是，菲利普·莫里斯公司的行为表明，它似乎比别人看到了更多的有关多样化的因素。它实际上是把软饮料行业看作和烟草与啤酒行业一样的行业。它在软饮料行业里实现规模经济和范围经济并不那么容易。在一个具有不同竞争要素、集中化程度和顾客人口统计特点的行业中，它并没有采取有效的行动。

这项投资失败了，菲利普·莫里斯公司亏本卖掉了七喜公司。这个问题的产生，部分体现了对市场关联性的错误判断，从而导致了在战略和组织结构上的错误决策。的确，对于战略和组织结构的选择以及战略实施工作来说，了解市场和技术的关联性是十分重要的。

咨询机构属于那种在制定和实施战略时，必须关注技术和市场关联性问题的服务机构。一方面，数据收集和分析技术、知识分享方法，以及管理程序和技术体现了它的核心技能，而这些技能对于许多客户和行业都是有用和有效的。这些通用的处理技术可以采取集中化管理，因为对于无论什么客户和行业，它们都是类似的或相同的。另一方面，行业和客户在其特点和需要方面也有不同之处，对于不同行业客户的特定要求必须加以区分和特殊对待。这就说明了咨询企业多半采用分权化组织结构的原因，其中的每个小单位都针对不同的行业和客户，如保健、能源、制造、专业机构、教育、政府等。市场和技术的相关程度影响到了它们的组织结构的选择，并合乎逻辑地产生了集权化和分权化两种组织结构，并以此来满足客户的需要。

在大型医院里也是如此。在这些医院里，有些技术和服务（如X射线、饮食、实验室工作等）是为所有的患者和病人提供的，不管他们得的是什么病或受到的是什么伤害。这些部门和职能应当采用集权化管理，以便为所有的客户提供同样的服务。相反，某些患者或疾病则需要特别的关注、服务或治疗，这种专业和医疗重点的不同就体现了服务于不同市场和客户的分权化管理（如儿科和老年病科、普通医院和肿瘤中心等）。在很大程度上，正是这种医疗方法或技术与患者类型之间的类似性或关联性，决定了组织结构的特点。

总之，产品和服务之间的市场和技术关联程度越高，采用集权化或者共享一些部门的工作或能力的可能性就越大；非关联程度越高，则采用分权化的组织结构的可能性就越大。如下所示：

(1) 高市场关联度　　　和　　高技术关联度　　　= 集权化组织结构
- 同样的顾客
- 同样的分销渠道
- 同样的价位
- 同样的需求弹性

- 同样的制造方法
- 同样的加工工艺和技术
- 使用同样的能力或技能

(2) 低市场关联度　　　和　　低技术关联度　　　= 分权化组织结构

如果市场和技术这两个因素中，有一个关联程度很高，而另外一个很低，那么，组织结构将会是集权化和分权化组织结构的混合形式。可以将上面的案例扩展一下，一个既生产高端产品，也生产低端产品的公司，可以让集权化部门（共同的职能部门）和分权化的机构（两个不同的分部）共存。后者将反映不同的顾客群体、价位和分销渠道，而前者将反映对效率的需要，以及对一个职能部门（如采购和制造）同时服务高端产品和低端产品的统一工作的要求。市场和技术关联度的这种混杂情况将对组织结构（分开的分部与共同的职能部门）和它们的集权化与分权化程度的决策产生影响。

(3) 市场和技术关联度不一致（高和低） = 将集权化和分权化组织结构结合起来

4. 机构的增长、规模和势在必行的全球化。如果一个公司的增长战略大有成效，那么机构规模的扩大将使协调各个单位的工作变得更加复杂和困难。通常的办法是把大型的机构分解成一些易于管理的、比较小的单位，其结果就是形成了更加分权化的组织结构。

无论如何，由于规模是对组织结构产生独立影响的一个因素，因此有必要单独提到它。规模的扩大常常需要将一个大问题分解成一些容易处理的小问题，并且由一些比较小的单位来处理，因此就造成了分权化。例如，这会导致一家公司在美国各地建立一些办事处，尽管在整个国家内都是完全一样的产品和技术。

按照这个规律，增长型战略，如多样化战略和全球战略，通常就会随着时间的推移而造成越来越分权化的趋势。随着多样化和全球化的展开，日益增多的非关联市场将带来机构规模的扩大，而这种机构规模的增大将伴随着市场和/或技术的关联程度的变化。全球化一般需要对产品和服务进行调整，以便满足不同顾客和地理区域的需要和口味，同时采用适合当地能力或技术的方法。

谈到全球战略，近来出现的一种全球化扩张，与一般采用的用分权化来回应非关联市场和技术有所不同。如表4-2所示，最近的全球增长反映了一种新的"势在必行"的全球化。让我们考察几个例子。

2011年春天，宝洁公司宣布，它要将其负责全球护肤、美容和化妆品业务的总部，从辛辛那提转移到新加坡去，这一举动，凸显出亚洲美容产品市场增长的重要性。[8]这绝非是一种通常的做法，针对这种情况，常用的办法是，设立一个战略业务单位或分部去应对当地的需要，而公司总部则岿然不动，待在它原来所在的地方。这一举措显然是"打破宝洁公司集权化组织结构"及其决策中心不再位于辛辛那提的信号。[9]

这显然不是对组织结构进行了小小的改动，而是从集权化走向对高层管理人才、权威性和决策权实行全面分权化的真正突破。加上宝洁公司近年来将许多业务单位转移到世界各地去，其含义极为明显：全球增长对于公司而言极为重要，而为了更加贴近那些正在增长的市场，以及同时实施那种反映了重点和差异化两种要素的战略，对组织结构进行大刀阔斧的变革是完全必要的。把总部迁移到关键的增长地区，反映的是要将组织结构与发展变化的全球战略需要一致起来。当然，其中也考虑了另外一些因素，如全球分权化所带来的税收优惠，但显而易见的是，这种组织结构的变革，其重点在于提高机构的经营效果。

在这种意义深远的组织结构分权化势头中，宝洁公司并非独此一家。仅仅在2011—2012年，就有许多著名的公司也开展了这种放弃集权化，走向更加分权化的活动，这反映了快速增长的全球市场的重要性。几个著名的例子包括：通用电气公司将其X射线总部从威斯康星转移到了北京；哈利伯顿公司（Halliburton）离开了休斯敦，将总部设在了迪拜；而罗尔斯罗伊斯公司（Rolls Royce）则把它的全球海运总部从伦敦搬到了新加坡。[10]

所有这些重大的举措都表明了一个问题：必须积极回应全球情况的变化，并且重视新兴的全球市场。表4-2表明，响应这种势在必行的全球化是机构应对全球增长的一项重要责任，从而应对组织结构的分权化加以大量的投资。的确，从逻辑上说，组织结构必须符合战略和战略选择的需要。

因此，表4-2所列出的四种情况或变量都是组织结构选择上的战略推动因素。这些因素是管理团队必须仔细考虑和分析的，因为它们将影响组织结构的选择或改变。对这些因素不全面的分析会产生许多大问题。如果希望战略实施工作取得成功，组织结构就必须响应战略的要求，并且与其相一致。

小结

除了组织结构对于战略实施工作十分重要这个基本观点外，本章给出了四个主要结论或要旨：

1. 组织结构会对机构的成本和效益产生影响，而不同的组织方法将对结果产生影响。例如，过程型或职能部门型组织结构将会通过标准化、重复性的工作、大批量生产和随之而来的经济性，对效率产生积极的影响。这种组织结构还能避免资源和工作的重复使用，从而进一步降低成本。

相反，目的型组织结构（分部、战略业务单位）围绕顾客、产品或市场来组织，它关注的是效果。因此，过程型组织结构能让机构"正确地做事情"，而目的型组织结构则有助于机构去"做正确的事情"。过程型组织结构可能会偶尔不利于效果，而目的型组织结构可能会增加成本，这主要是因为资源的重复使用造成了浪费。

2. 从第一个结论按照逻辑推导出来的第二个重要结论是：为了使效率和效果都达到最佳，必须将分权化和集权化组织结构正确地结合在一起。集权化能产生效率，能创造专门知识、全机构的资产、资源和能力，而分权化则能更加贴近顾客和市场。分权化单位必须依靠或利用集中化的专门知识或资源，而这些集中化的知识或资源可能会减慢对顾客或市场的反应速度。但是，过度的分权化可能会伤害整个公司的效率，并且导致处于中心地位的核心竞争力的损失。因此必须再次强调指出，必须在集权化和分权化之间寻求平衡。

与集权化讨论有关的一个问题是公司总部的作用正在进一步发展。公司总部不再仅仅是实现效率的机构，公司总部的新概念着重于为机构提供新的价值。通过关注经理主管们的培训、战略管理和世界范围内的优异中心，公司总部的工作和贡献已经远远超过了效率和成本控制这些基本领域。

3. 本章还强调指出了一些决定组织结构选择的战略驱动力。这包括：(1) 战略的类型（全球战略、低成本战略等）；(2) 对效率和效果的需要；(3) 市场和技术的关联性；(4) 机构的规模/增长。这些问题来自对公司和业务两个层次上的战略和战略分析的结果，它们对组织结构的选择都会产生影响。例如，市场和技术的高关联度通常会提高集权化程度，而低关联度则要求提高分权化程度。本章还给出了其他推动因素的一些案例，对战略与组织结构之间的关系进行阐述。

4. 本章指出，当考察战略与组织结构之间的关系时，顺序分析法是十分有用的。如下图所示。

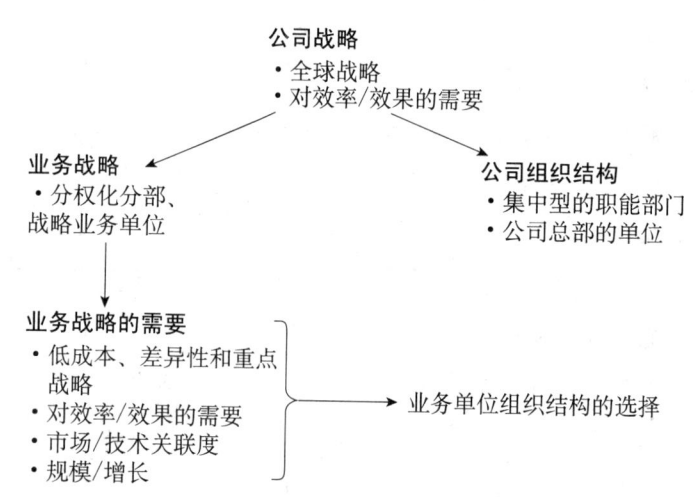

```
                          公司战略
                        • 全球战略
                        • 对效率/效果的需要
              ┌────────────┘         └────────────┐
              ↓                                    ↓
        业务战略                                公司组织结构
     • 分权化分部、                            • 集中型的职能部门
       战略业务单位                            • 公司总部的单位
              │
              ↓
        业务战略的需要
     • 低成本、差异性和重点
       战略
     • 对效率/效果的需要           ⎫
     • 市场/技术关联度              ⎬  业务单位组织结构的选择
     • 规模/增长                    ⎭
```

我们看到，当公司的高层管理团队在考虑全球战略及对效率和效果的相对需要这些因素时，公司战略是主导性要素。公司一级的战略包括业务组合方法，它要对哪些业务需要发展、哪些业务需要退出做出决策。当对集权化（集中型的职能部门、公司总部的单位）和分权化（业务单位以及它们需要有效经营的资源）做出决策时，这些分析有利于对公司一级的组织结构做出选择。相应地，每个业务单位都要制定和细化自己的战略，这些战略将对相应的组织结构提出要求，并且确定了在业务单位一级上推动做出组织结构选择的条件（例如市场和技术的关联度）。

需要铭记在心的是：这个过程反映了一种顺序进行的逻辑过程。大多数机构在每次制定计划的过程中，对所有这些分析和决策很少是从打草稿开始按照顺序进行下去的。但是，举例来说，如果战略需要改变，那么这个模式就为公司一级和业务单位一级组织结构的改变提供了一个按逻辑思考的方法。

本章考察了组织结构问题。现在，我们可以将注意力转向组织结构一体化的问题，以及如何协调机构内各个不同的部门之间工作的问题，这就是下一章的主题。

参考文献

[1] "Johnson & Johnson Gets FDA Warning about K-Y Liquibeads Complaints and Other Issues." *The Washington Post*, May 30, 2012.

[2] See, for example, the Federation of American Scientists (FAS) listing of U. S. Intelligence and Security Agencies (go to www.fas.org/irp/official.html); see, too, an organization chart of the intelligence community, Carroll Publishing, Bethesda, Maryland, 2005 (www.carrollpub.com).

[3] Usage of the terms "process" and "purpose" specialization can first be found in the works of early management and organization theorists. For example, see the following: L. H. Gulick and L. Urwick (eds.), *Papers on the Science of Administration*, New York, 1937; James G. March and Herbert A. Simon, *Organizations*, John Wiley, 1958. Process specialization refers generally to a set of skills or processes (such as clerical, manufacturing) that are specialized, repeatable, and performed in the same or consistent ways. Purpose specialization refers to departmentation or ways to break up work into more focused tasks in smaller subunits of the organization.

[4] H. J. Leavitt, "Small Groups in Large Organizations," *Journal of Business*, 1955; *Managerial Psychology*, Chicago, 1958.

[5] The description of efficiency as "doing things right" and effectiveness as "doing the right things" has been discussed or implied by managers and academics alike. Probably one of the earliest and most interesting discussions is by Chester Barnard in *The Functions of the Executive*, Harvard University Press, 1938.

[6] "GE Capital Is Split into Four Parts," *The Wall Street Journal*, July 29, 2002.

[7] The reorganization really didn't increase span of control to one to forty-nine, the number that would exist if an entire level was elimi-

nated in the company doing the delayering. The manager's use of the large span in his example was meant to show an extreme case and his displeasure with it. The actual new span of control was more in the line of one to twenty, but the manager's concerns and perceived problems outlined in this chapter still were valid even at this smaller span ratio.

[8] "P&G Unit Bids Goodbye to Cincinnati, Hello to Asia," *The Wall Street Journal*, May 11, 2012; "P&G Beauty Chief Virginia Drosos to Step Down," *Fortune*, May 20, 2012.

[9] *Wall Street Journal*, Ibid.

[10] *Wall Street Journal*, Ibid.

第 5 章　处理一体化问题：有效的协作和信息分享

如第 4 章所述，组织结构指的是将一个机构拆开或分解成一些工作单位：分部、职能部门、公司总部的领导小组等。用来描述这种做法的各种名称，如形式、功能、方框和线条等，都体现了这种对机构加以分解的方法，表明了这些被分解出来的部分以及它们的地位、责任和相互关系。

然而，创建一种组织结构仅仅完成了事情的一半。为了使机构能够有效地开展经营、实施战略并且实现它的目的，还需要进行一体化和协调方面的工作。

为了实现所希望的成果并保证团结一致地工作，必须对各个相互独立的组织单位进行协调。组织结构体现了一个机构内的不同部分和它们各自的能力。对于实施一致的、有重点的战略，这些部门或单位的一体化或协调绝对是至关重要的。

换一种说法，组织结构图描绘的是机构相对静态的画面，平面型的组织结构图中那些表达各个单位之间关系的"线"则代表它们之间相互作用和动态的一面。你可以想象，为了使机构能开展工作，需要在各个单位之间开展沟通和互动。

但是，这个画面仍然是不完整的。为了使组织结构发挥作用，以便实现战略目标和短期目标，我们需要让这个静态的画面"运动"起来。为了让组织结构中的方框和线条"活起来"、有生命力和实现某种价值，就需要一体化和信息分享的过程。为了激发这种活力和互动，以及最终能成功地实施战略，协调工作是必不可少的。

对于我们的战略实施模式（见第2章）而言，战略对公司一级和业务单位一级的组织结构都将产生影响。任何一个机构都包含两个因素：组织结构和组织结构间的一体化协作。

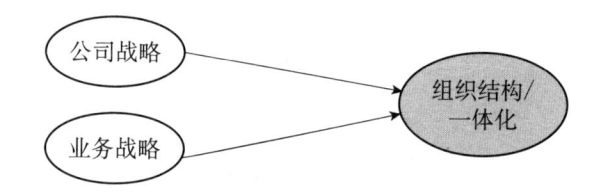

组织结构的一体化提供了组织内各个部分以及各个部分之间信息流动所必需的协调工作。如第4章所强调指出的，恰当的组织结构形式是十分重要的，但是为了保证战略实施工作获得成功，组织结构的一体化也是必不可少的。第1章的调查所指出的实施工作的障碍强调指出，不良的一体化和不恰当的信息分享会给实施工作造成负面的影响。显然，对于成功的战略实施工作来说，有效的信息分享和机构内重要的部门之间的协调工作是至关重要的。

组织结构一体化的重要性

为了说明组织结构一体化对于战略实施工作和机构业绩的重要性，让我们看几个著名公司的案例。

波音公司

几年前，波音公司将它相互独立的宇航和军事业务单位合并到了一起。[1]这个新的业务单位叫作"一体化防御系统"（Intergrated Defence System），这个名字特别强调了它的一体化特点。为什么波音公司要进行这种内部的合并呢？

波音公司相信，把这些分散的单位组织在一起将有助于专门知识的分享。把不同的资产聚集在一起将有利于实现一体化，便于开展需要协调的项目，并且在为新的军事订单进行竞争的时候，会使公司具有竞争优势。其目的就是将不同的机构单位结合在一起，这样一来，顾客就不必与相互分离的单位打交道了。顾客希望一体化，而这项行动正提供了这种一体化。这种有利于战略实施工作的有效一体化是波音公司的经营前提。

惠普公司

惠普公司最近的一项举措也足以支持一体化极为重要这个看法。[2]当麦格·惠特曼于2011年担任惠普公司的CEO后，她发现有必要对公司的产品加以整顿，特别是PC产品。产品那厚重的外观使得十多种PC产品遭殃，导致销售额下滑。惠特曼决定采取措施，在提高产品性能的同时，也使得产品的样子显得更加轻巧和有吸引力。

到了2012年，她的意图和行动变得十分明确了，她对惠普公司的设计团队加以重组，实现更好的一体化，力争所有的PC产品都具有一致的外观。因为她发现，惠普公司生产的PC产品是由具有一定独立性的、不同的团队设计的。所以产品的样子各不相同，那些控制方法、按钮和其他要素也是百花齐放。针对这种混乱情况，惠特曼把设计团队集中起来，由一位主管负责，以此来实现一体化，以便公司的PC产品具有共同的外观和感觉。这种重组就是为了齐心合力，使得产品更加轻薄和有吸引力。显然，这种提升集权化和强化团队工作的目的,就是要提升一体化,以便能更加协调一致地工作。

通用汽车公司

2012年8月,通用汽车公司宣布对其内部机构进行重组,也就是对一些关键的职能部门,如营销、采购和产品开发等部门,实行集中化管理。据其CEO丹·阿克森(Dan Akersun)宣称,其目的就要对那些长期以来顽固的、分权化的地方主义发起进攻,因为这些地方主义业已造成了类似封建"领地"的割据局面,它妨碍了合作,无法使公司变得更加灵敏和高效。[3]道理很简单,通过集权化的全球职能部门来改善那些各自为政的"领地"之间的沟通和协作,而这种有效的一体化正是提高公司业绩的关键因素。

对于它所宣称的计划,通用汽车公司面临着许多难关,其中包括那种强大的、青睐分权化运作的文化,而这种文化极有可能会阻挠提高集权化控制的做法。此外,从逻辑上看很清楚,阿克森做法的言外之意是:有效的一体化对于战略成功极为重要。知识的分享将促进学习、更有效地使用资源和实施战略。要想取得成绩并不容易,但是致力于提升一体化程度总归能劳有所获。

在创建那种所期望的、有利于一体化的组织结构方面,通用汽车公司是否能取得成功,仍然有待于观察。这种集权化控制和一体化,很可能与其长期以来所习惯的分权化做法相冲突。毕竟这种分权化有其优点,因为它能使得当地机构关注并快速响应多样化顾客的要求,而从全球范围来看,这一点尤其不可小视。反之,集权化有时却会导致对地区性需要反应迟缓和不敏感,因此,在集权化控制以实现一体化,与关注地区性需要和灵活性之间,必须十分小心地加以平衡。

皇家荷兰/壳牌公司（Royal Dutch/Shell Group）

2004年3月12日，《华尔街日报》上刊登了一篇有趣而又不寻常的文章，它宣称，壳牌公司的组织结构要为该公司高估它的石油和天然气储量承担部分责任。[4]组织结构是如何为夸大这种极其重要的资产而"添油加醋"的呢？该公司怎么会如此糟糕地错误判断了它所掌握的储量呢？

壳牌公司是建立在众多独立单位基础上的一个"大帝国"，随着时间的推移，它形成了两个不同但又平等的控股公司。两个控股公司分别在海牙和伦敦设立了自己的董事会和总部。这两家公司都享有异乎寻常的自主性，包括对自己石油和天然气储量的估计。它们都有权使用自己的地质勘测方法和财务手段来预测储量，计算生产成本和为公司取得的利润。为了统一对石油和天然气的储量的估算，以及在整个壳牌公司内实施统一的战略，两家控股公司的一体化是绝对必要的。问题在于，这个一体化显然失败了。

有一个对各个公司进行管理的常务理事委员会来负责这项一体化工作，但是它未能履行自己的职责。这两个相互竞争的控股公司对储量和未来利润的古怪预测从来没有受到过质疑和审查，也从未协调一致。这两家独立的、自主经营的公司言过其实的报告很可能导致石油和天然气储量被夸大，而有效的一体化机制的失败则为它们犯这样的错误创造了条件。当它被迫在四个不同的场合公开宣布降低其储量报告时，该公司丢尽了面子。在这个非同一般然而真实的案例中，糟糕的一体化工作和那种奖励虚报储量的激励措施是造成这种失误的罪魁祸首。对于成功地实施战略来说，有效的一体化是必不可少的，但也并不总是容易做到的。

法律事务所和一体化

在 2011 年,有 60 多家美国国内和国际法律事务所进行了并购,这比 2010 年增加了 54%。[5] 这些并购的理由在于,大型事务所能够提高工作效率,同时,由于规模更大和更具有市场影响力,因此无论是在国内还是国际市场上,都更能承受竞争市场的变化。这些并购表明,在强化其品牌知名度和市场战略定位等方面,这些公司有着光明的前景。

但是,尽管并购后的企业规模扩大了,影响力和潜在的效率提升了,却并不能确保其竞争获得成功。对于这些并购后的公司来说,还有一点极为重要,那就是必须重视战略沟通和有效的内部一体化。[6] 在协力分享知识、能力和专业技术等方面,并购战略也对企业提出了更高的要求,因此,采取一体化措施和实施协作步骤对于并购能否成功至关重要。这里仅仅指出一点就够了,那就是,即使对于像大型法律事务所这样的服务性机构而言,对于成功地实施战略来说,机构内部各个单位之间的协作也是必不可少的。

这些案例证明了一体化和协调工作对发挥战略作用的重要性。沃顿商学院的调查也强调了一体化对战略实施工作的作用。相应地,本章的剩余部分将考察实现有效协作和信息分享所必须采取的步骤,目的是考虑对战略实施工作最关键的那些问题。

为了实现有效的一体化,经理们必须面对和处理的关键问题、课题或步骤是什么?为了有助于有效执行战略,前面的案例和沃顿商学院调查中经理们的反馈都告诉我们哪些事情是必须要做的?这里包含四个问题,本章将解决其中的三个问题,下一章将处理最后一个问题。这些问题是:

(1) 为了实现有效的一体化和协作，各项任务的相互依赖性将如何影响对工作方法的选择。

(2) 如何在那些对实施战略负有责任的个人和机构单位之间促进信息的分享、知识的传播以及相互沟通。

(3) 如何分清责任和职权，以确保正确的任务得到完成，并且与战略实施工作有效地结合为一体。

(4) 如何制定激励措施来激发工作单位加入有效一体化工作的动力和灵活性。

第一个问题就是关于相互依赖性的问题，之所以需要对其加以论述，是因为它确定了需要一体化和协调的领域和范围。根据沃顿加特纳的调查和沃顿商学院经理人员学习班的调查，第二个和第三个问题对于有效执行战略特别重要。第四个问题是有关激励措施的问题，我们将在第6章里予以讨论。

相互依赖和协调方法

我在战略实施过程中反复看到的第一个问题，有关相互依赖的定义，以及针对不同依赖形式和不同种类的依赖关系应当采用不同的协调方法。

这是一个重要的问题。尽管经理们所处理的问题的性质不同，但是他们常常使用不恰当或错误的一体化方法。他们常常协调不足或协调过度，而这两者都会对成本和战略实施工作的结果产生不利的影响。

对于一些人来说，这个问题或许有一点小题大做，但是这方面的错误是实际存在的，并且会影响公司的业绩。经理们可能在他们的日常讨论中没有使用"相互依赖性"这个术语，但是，当我使用这个词并且讨论它对协调工作的作用时,他们通常都能会意地做出反应。因此,让我们看看这个问题都包含哪些内容,而它又是如何影响实施工作的。

相互依赖的类型

在大多数机构中,我们可以发现三种重要的相互依赖类型。我将对它们加以探讨,并且用案例来说明它们与机构任务以及战略实施工作的关系。[7]

各自为战型相互依赖

这是一种低水平的相互依赖,但是也需要加以协调。看一下图5-1所示的销售组织结构,它就是各自为战型相互依赖关系。每个地区经理在各自的地理区域内工作,其范围可以是一个州、一个国家或者全球中的一个地区,而每个区域都是相对独立和自成体系的。每个销售经理都对他所在地区的特殊要求做出回应,在各个地区之间很少需要积极和持续的沟通和协作。这种情况就是所谓的"人们在一起单独地工作",其相互依赖的程度很低。

```
              区域销售经理
        ┌────────┼────────┐
      地区销售   地区销售   地区销售
      经理1     经理2     经理3
```

图5-1 各自为战型相互依赖

我们还可以考虑一个覆盖多种行业的联合大企业的案例,也就是说,随着时间的推移,一个公司的业务范围不断地扩大或增加了新的分公司。虽然都是整体(公司实体)的一个部分,但是每个增加的部分都是相对独立的,每个部分都在不同的行业里和市场上做各自的事情。2012年，著名的伯克希尔·哈撒韦公司（Berkshire Hathaway）下属的子公司和控股公司远远超过了100家，这些子公司就属于那类各自为战型相互依赖的企业，它们很少或基本不需要积极地相互协作来开展工作。这是另一个人们或公司在一起单独地工作的案例。

当然，"在一起"这个词本身就意味着某种程度的相互依赖。例如，如果图5-1中的每个经理的奖金是部分地根据全公司的总收入以及区域的业绩表现而确定的，那么，这种相互依赖性就很清楚了。一个经理可能表现突出，但是其他表现不佳的经理显然会沾业绩表现好的经理的光。而在联合大企业的例子中，那些表现欠佳的公司会对现金流量以及其他公司所能获得的资源产生负面的影响。所以，即使是各自为战型相互依赖也表明，在某种程度上，一个机构里的人就像坐在一条船上的人一样。但是，这通常是一条大船，而在这些旅客之间有着很大的空间和距离，不必有太多的接触和协调。

顺序型相互依赖

这是另外一种类型的相互依赖，它要比各自为战型相互依赖复杂得多。看一下图5-2的纵向一体化例子。其中，工作或材料的流动是顺序展开的。工作从供应商开始，流向两个最终用户分部。半成品从最终用户分部1流向最终用户分部2。产品或服务的运动是单方向的。

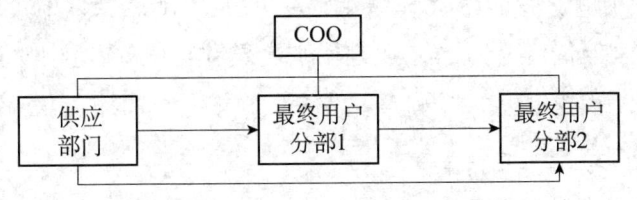

图5-2 纵向一体化：顺序型相互依赖

比较顺序型相互依赖和各自为战型相互依赖，可以看出，前者失败所造成的代价要高。在各自为战型相互依赖中，每个地区的办事处是按照下图行动的：

$$A \quad B \quad C$$
$$\downarrow \quad \downarrow \quad \downarrow$$

每个办事处都各自为战。A出现的问题不会直接、立即对B和C产生影响。A、B和C之间的日常沟通和协作对其日后的经营不是不可或缺的。

而顺序型相互依赖就不同了，这可以用下图表示。A出现的问题不仅要影响A，而且会直接和立即地影响B和C。来自供应部门的劣质材料会对图5-2中的两个最终用户分部产生直接和立即的影响。

$$A \longrightarrow B \longrightarrow C$$

此外，A、B和C之间的横向沟通和协调显然对于保证工作的流畅进行是不可或缺的。在顺序型相互依赖的关系中，所有这三个部门的经理都有一些事情处于危险中。由顺序链条所制约的整个系统的运作对于每个部门都是命运攸关的。因此，横向的沟通和协作既对纵向一体化的整个系统产生影响，也对该系统中的每个部分产生影响。

鉴于顺序型相互依赖的复杂程度更高，因此需要以不同于各自为战型相互依赖的方法加以处理，即需要不同的协调和控制方法。我们将在后面探讨这些差异，这里先考察第三种类型的相互依赖性。

交叉型相互依赖

这是最复杂和最难处理的一种相互依赖类型。看一下图5-3。

在这个案例中,每个部门的人都要和所有部门的人交往。A部门既影响B、C、D和E等部门和顾客,也受到后者的影响。实际上在任何时候,一个部门都可能改变其做法,从而影响其他部门所做的大部分事情。

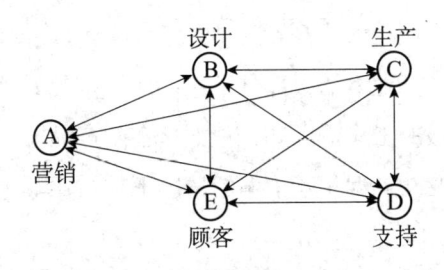

图 5-3 交叉型相互依赖(新产品开发小组)

对于交叉型相互依赖而言,其协调和控制之所以困难,是因为许多事情是同时发生的。制定计划之所以困难,是因为该网络中的各个成员会改变立场,甚至不加通告就否决其他成员的决策。

让我们考察一个新产品开发小组的活动情况(见图5-3),看看新产品的开发过程按照顺序发展会是什么样子。营销部门A的一个人访问了一个顾客E,问他喜欢什么东西。营销部的经理把这个信息告诉了专门对产品进行设计的设计部门B。设计部门的回答是:"对不起,我们根本就设计不出那种东西来。"营销部门的人再次回访了顾客E,问他还喜欢什么。当把这个新的要求提交给设计部门时,这次的回答是:"你在开玩笑!"

这时,营销部门的人只好泄气地摊开双手,最后他这样问设计部门:"你们到底能设计什么?"然而当他把设计部门能够设计出来的东西带给顾客时,他却对此毫无兴趣。问题又一次交给了设计部门。事情就这样来回折腾。

最后,营销、设计和顾客终于就一种有生命力的产品达成了一致。他们最终将产品的参数和要求交给了生产部门 C 或者另外一个支持部门 D。然而使他们异常懊恼的是，生产经理说："对不起，我们无法生产出这种东西。让我大批量和低成本地生产这个产品，不如枪毙我算了。我看下一次再说吧。"

显然，生产经理的表现影响到了营销部门、设计部门和顾客。他实际上否认了其他人的大部分工作。他能推翻其他人花费了大量时间和精力所做的工作。因此，正如这个新产品开发小组的案例所表明的那样，在交叉型相互依赖的情况下，按照顺序法来工作就会产生许多难题。

交叉型相互依赖的协调是十分困难的。在这种相互依赖情形中，所有的人在决策过程中的地位都是平等的，而任何一个人都会影响其他所有的人。对于解决问题来说，每个人都是必要的，但是又没有一个人能够说了算。要想让工作顺利开展，就必须具有高水平的合作和协调。有效的协作对于战略实施工作来说是至关重要的。

协调过程和方法

不同类型的相互依赖性是如何影响协调或一体化所使用的方法或过程的呢？表 5-1 给出了一些方法。首先，这个表显示出，处理各自为战型相互依赖是比较简单的。标准化工作步骤（Standard Operating Procedure，SOP）或规章一视同仁地指导着所有独立人的工作。（图 5-1 中所有的地区经理都要以同样的方法报告其销售额，所有的人都要提交季度工作计划等。）一旦出现了问题或特殊情况，等级制度的作用就变得十分重要了，一般由上级来解决争议，处理意外事件等。人们单独地在一起工作，然而是以相同的或一致的方法在工作。

各自为战型相互依赖并不需要持续和积极的协调工作，用于控制和协调的标准化工作步骤对所有的单位都是一致的。即使需要，也很少需要进行跨单位的协调活动。同样，对等级制度的依赖主要强调了纵向的而不是横向的沟通。

表 5-1　相互依赖性的类型以及实现有效协调或一体化的方法

相互依赖的类型	所需要的协调水平	实现有效协调或一体化的方法
各自为战型	低	规章/SOP/等级制度。
顺序型	高	通过计划来协调；处理好工作和信息的流动；进度安排/即时存货控制；"转移"活动，如转移价位、条件等来促进"交接棒"；设立"联络"或传递经理，以促进工作和信息的流动；采取恰当的激励措施来鼓励工作和信息的高效率流动。
交叉型	非常高	通过"相互调整"来协调；面对面地商谈或"通过一起生活来管理"；消除面对面互动的管理上和地理上的障碍；促进沟通、达成协议的过程，以及相互信任；采取恰当的激励措施来鼓励共同工作和共同决策。

在各自为战型相互依赖的关系中，经理们面临的任务是双重的：(1)确保控制工作所使用的标准化工作步骤、规章或常规是恰当的，对所有的单位都是一致的；(2)保持纵向沟通有一个开放性的渠道，以便意外事件或问题能够传达到领导处，并且得到迅速和有效的处理。这些任务对于所有的机构都是基本的和共同的，但是，经理们必须仔细地对其进行监督，以确保它们按照所设计的样子运转。

如表 5-1 所示，顺序型相互依赖提出了合理管理的成本问题。处理协调工作更加复杂，需要投入更多的时间和资源。标准化工作步骤和等级制度仍然发挥作用，但是，如同纵向一体化的例子所表现出来的那样，当致力于跨越价值链进行协调时，就会出现其他一些更加复杂的问题。对于流畅的和可以预见的工作和材料的流动来说，计划和进度安排极其关键。计划或进度的安排不周详将导致任务的中断和冲突，这些情况显然将损害协作、沟通和工作成果。

对于顺序型相互依赖而言，处理好从一个单位到另一个单位的工作交接和横向联系十分重要。各个单位内部的任务和活动十分重要，但是相邻的工作单位之间的联系也同样不可忽视。例如，在纵向一体化的例子中，价格的传递对于有效的联系就十分关键。价格不合适不仅会影响工作的顺畅性，而且还会影响情绪和合作。

类似地，被传递的产品、服务和信息的质量也会对情绪和协作的有效性产生影响。请看下面一家纵向一体化公司里一位经理的意见：

> 就价格方面来说，我上了供应商的当，这个供应商恰好就是我们公司里的一个兄弟部门。这很好，是吗？可这家伙把好东西卖给外人，而把剩下的乌七八糟的东西给我。为什么要我来处理这些东西？

用来支持一个线性机构或促进决策所需要的信息也存在着同样的质量问题。不良的信息或糟糕的信息分享都会对协调、合作和工作成果产生影响。

当战略需要顺序型相互依赖时，如表5-1所示，管理任务主要是确保价值链的各个部分之间的交易和信息在横向上能顺畅地进行和传递。其重点必须放在联系机制（包括那些起协调作用的人）上，以促进工作和信息从顺序链条中的一个单位流动到下一个单位。还必须制定出恰当的激励措施，以保证一个部门不会把垃圾"卖给"兄弟单位，而将"好东西"卖到外面去。

对于交叉型相互依赖而言，协调工作极其难以处理。在这种相互依赖类型中，还存在其他种类的相互依赖性，因此，前面所提到的许多问题都变得非常重要。但是如表 5-1 所示，这里还有新的障碍，因此需要新的方法来实现协调或一体化。

由于这个网络中的所有部门都影响其他成员，并且受到所有其他成员的影响，所以对协调和信息分享的要求就非常高。所有的成员都有某种程度的危机感。在交叉型相互依赖的机构中，每个人都能否决其他人的工作，甚至是花费了大量时间和精力的工作。

因为每个人都对工作产生影响，因此，协调主要依靠面对面的商讨。协调和控制要通过"相互调整"，或者如一个经理对我说的那样，要"通过一起生活来加以管理"。

在前面给出的新产品开发小组的案例中，找出问题和解决问题的最理想的方法就是将所有的团队成员都集合在一起，甚至包括顾客在内。所有的与会人都应当"捆绑在一起"，在就新产品的重要问题达成协议之前，不允许任何人离开。在这种情况下，显然必须排除那种"人们在一起单独地工作"的做法。

然而，通过生活在一起来管理也并非一件容易办到的事情。关系到战略实施工作的工作小组里的主要成员可能在地理上或者管理层级上极为分散，他们可能分布在整个公司、国家或者全世界，并且处于不同的职能部门或分部里，甚至在不同的等级层次上。将他们召集在一起，确保实现有效的沟通、达成协议，以及相互协作往往十分困难。

此外，交叉型相互依赖需要身处其中的人员持续不断地努力沟通。当然，随着技术的进步，通过电信技术（如电话会议和交互式电视会议），这是可行的。但是经理们告诉我，仅仅依靠这些是不够的，人们必须不时地进行面对面的交流。尽管费用不菲，但是经理们说，为了得到战略实施工作行动计划所需要的承诺，面对面的商谈是绝对必要的。在最近的一次沃顿商学院经理人员学习班上，一位营销和产品开发副总经理这样说道：

> 当我需要设计或生产部门的支持，并且这些支持对于我的计划的成功非常重要时，那么在我请求他们的帮助时，我常常会直视我这些同事的眼睛。我会知道他们是认真的，还是在说谎。我能看出他们所承诺的支持究竟是真实的，还是只不过在敷衍、搪塞我。请相信我，我能看得出来。

需要面对面交流的另外一个案例来自通用电气公司的董事会主席和CEO杰弗里·伊梅尔特，在前任CEO杰克·韦尔奇长期管理后，他正在努力设法贯彻自己独特的领导风格。在他对通用电气公司进行的大刀阔斧的众多变革中，伊梅尔特将大量的时间花在了路上。他与通用电气公司许多经理、顾客和股东会面，他说道："亲自会见是你推动任何变革过程的重要部分。"[8]当你和人们面对面地交谈时，新的战略、经营计划和协调方法就呈现出重要的新意义。

这些人对面对面交流的看法确实很明确，其中也具有一系列不容否认的道理和实用性。我所认识的许多经理都赞同这种看法，这使我感到其中必然具有某种真理的成分。面对面的交流极大地提高了协调和处理变革问题的有效性，特别是当战略的实施取决于交叉型相互依赖时,就更加如此。

最后,激励的作用也是十分重要的。这时的管理任务就是要确保在交叉型相互依赖之下集合起来的个人或单位能积极地参与合作。这里需要以团队为基础的激励措施,以防止个人偏离轨道、各行其是,而对集体的业绩造成损害。对共同决策的需要则要求重点采取那种恰当的、以团队业绩为基础的激励措施(我们将在第6章里讨论激励问题)。

通用电气公司的"群策群力"方法

所有这一切做法都有意义吗?经理们在设计协调机制或一体化机制之前,应当关心相互依赖问题吗?我当然如此认为。但是让我来考察一下通用电气公司,以杰克·韦尔奇著名的"群策群力"方法为例来支持我的观点。"群策群力"方法是建立在一个简单的概念之上的,就如何改进公司的业绩产生一些想法,然后去实施这些想法,但是它具有广泛得多的积极成果。

在通用电气公司的宇航部被卖出去之前,我曾经作为"群策群力"方法的咨询师在该部门工作过很长一段时间。我很喜欢我作为"群策群力"方法的咨询师的工作经历,并且认为在解决问题和推动实现通用电气公司的目标方面,这个方法大有成效。我感到,在从员工们那里获取改进工作的想法,以及贯彻和实施这些想法方面,这个方法很有效果。"群策群力"方法获得了很大的成功。为什么?

挑战和高标准哲学

韦尔奇始终在寻找某种能够挑战员工们的新东西。他憎恶骄傲自满和躺在荣誉簿上睡大觉。他要求他的经理们关注高标准的目标,也就是那些能迫使人们竭尽全力去争取实现的高水平目标。

"群策群力"方法能帮助人们勇敢面对这种挑战,并且为这个做法提供了正确的奖励措施。

学习型文化

这也是韦尔奇哲学的一部分。他喜欢说:"我的经营理念是,如果某个人、某个地方有着更好的主意,通过分享知识,通用电气公司就能获得竞争优势。"而这样做将会带来更好的经营业绩。[9]"群策群力"方法就是这种学习型文化的前提,它建立在全公司都出好主意和分享重要知识的基础上。

组织结构和"群策群力"方法的工作过程

除了韦尔奇哲学的巨大影响外,"群策群力"方法本身的结构和工作过程也十分重要。与我们目前讨论的主题相一致,"群策群力"方法是作为一个交叉型相互依赖的案例被提出来的。

大多数"群策群力"小组都是用来处理复杂问题的。为了找出和解决这些问题,必须将宇航部内不同部门和管理小组的经理和技术人员集合到一起。为了找出和解决问题,所有这些部门和小组都是必不可少的。没有一个部门或小组能单独地解决这些问题,因此必须有合作和协调。

推行"群策群力"小组的过程要求是:必须将所有与找出和解决问题有关的人召集到一起。与面对面讨论和互动一样,"通过生活在一起来管理"是其工作准则。在事情没有解决和仍然存在不一致意见的情况下,任何人不得离开或溜走。他们必须待在一起,脚对脚、面对面地对待这个问题,不管情况多么紧张或变化无常。

"通过生活在一起来管理"还要求,直到就问题的性质和解决办法达成协议之前,任何人不得离开。无论如何,一定要制定出一项行动计划,包括行动计划里各个分项目的目标、时间进度和责任。随后的工作(包括"群策群力"小组的另外的会议)就是要确保各项工作按照计划来执行。人人都要各负其责,禁止推卸该工作计划所规定的责任。

从本质上说,"群策群力"方法是交叉型相互依赖组织中决策的例子。其实现协调和一体化的方法是与这种类型的相互依赖相一致的,它无疑将对最后的成功做出贡献。除了韦尔奇的哲学和通用电气公司的文化外,对于采用"群策群力"方法来找出问题并解决问题,以及有效执行战略而言,这种确定相互依赖类型和必要协调工作的方法和过程也十分重要。

分析过程

总而言之,一体化的一个重要方面就是要确定和考虑相互依赖性。回顾我们在前面三章所讨论过的问题,可以得到下面的分析过程:

战略 → 组织结构 → 相互依赖的类型 → 组织结构一体化
- 实现协调或一体化的方法

该过程表明,战略将对组织结构产生影响,而组织结构将决定相互依赖的类型,以及那些必须在一起工作的单位、部门或人。然后,战略所确定的组织结构和相互依赖性将决定工作顺利开展所必需的协调或一体化方法。实际上,该过程表示的是实施战略所必须做的事情,而这些事情已经在前面的流程图或过程图里给出了。

所有对战略实施和有效执行感兴趣的经理们都能理解这些步骤和分析。在业务单位一级,经理们首先要制定清晰和重点突出的战略(见第3章)。然后,他们应当根据战略的要求来考察组织结构问题（见第 4 章）。最后，他们应当确定战略和组织结构所要求的相互依赖性，并且制定与本章所描述的相互依赖性的类型相一致的协调方法。

这些指南将迫使经理们选择恰当的协调方法。将协调方法与手头的任务相匹配，有助于避免出现"协调不足"的问题。它还有助于避免出现"协调过度"的问题，如设立并不需要的委员会和其他重复设置的领导小组，以及设定一些耗费时间的任务等。遵循前面的分析步骤，将会使战略真正发挥作用。

促进信息分享、知识传播和相互沟通

本章的第二个论题也很重要。请回忆一下，那些参加本书调查的经理们将"那些对战略实施负有责任的个人或单位之间无法实现有效的信息分享"列为战略实施工作最大的障碍之一。从那些从事战略实施工作的经理们那里收集到的数据，以及我自己的经验，都为这个观点增添了证据：信息分享、知识传播和相互沟通对于战略的有效执行是至关重要的。

自然，下面一个问题就是：对于有效的战略实施工作而言，是什么促进或妨碍了信息分享、知识传播和相互沟通？是什么导致了机构内各单位之间或机构单位中信息流动的"黏滞"现象？为了说明这些问题，我们从考察两家公司——麦肯锡公司和花旗银行——开始。

创造、使用和分享知识

麦肯锡公司

每个人都知道麦肯锡公司及其在咨询行业里的声誉，但或许很少有人理解它在创造、传播和使用知识方面所面临的挑战。

这是一家在全世界各地都有办事处、拥有几千名咨询师和员工的大公司。机构的庞大规模使得它的业务极为复杂，也加剧了该公司完成两项主要任务——创造和使用知识——的难度。

作为一家咨询公司，麦肯锡公司必须出类拔萃，必须创造出那些能够使其鹤立鸡群的专门知识。作为一家专业性的服务机构，在它的数据库中占据首要地位的就是知识，而更宝贵的是它的人力资源——专家和咨询师。创造核心竞争力要求培养"T"型咨询师，也就是既具有广博的一般知识，又具有精深的行业专门能力的咨询师，这将有助于该公司开发出在一个竞争日趋激烈的行业中繁荣兴旺所必需的专门技能和专有知识。

但是，创造知识仅仅是这场战斗的一半内容。麦肯锡公司还必须致力于在它的顾客群体中以及覆盖的地理范围内使用这些知识。它必须能分享新的信息，以充分利用它的学习成果，避免代价高昂地重复创造知识。在北美地区处理顾客和行业问题的咨询师需要将他们的知识和真知灼见传播给在南美或欧洲地区的同事们。"造雪球"是重要的，但是"扔雪球"——强调分享和使用信息来为顾客服务和赚钱——更加重要。

麦肯锡公司使用了许多方法、工具和措施来整合和使用知识。它的"黄页"[①] 列出了公司内的专家名字和他们的知识领域，以便咨询师互相之间建立联系。通过一个高效能的 IT 系统，公司员工

[①] 通常指电话号码簿，这里代指公司内部的各行各业专家一览表。——译者注

可以访问一个共用的核心知识数据库。有专门的协调员来帮助员工获取知识,并且在全公司范围内协调专门知识的使用。顾客服务小组则专注于知识的整合,以及将这些知识在顾客身上长期地应用,它的核心任务是创造顾客需要的文化。此外,公司还努力鼓励咨询师相互交流、专家与通才交流,以及那些具有技术技能(如IT)的人与那些利用"艺术"或"手艺"与顾客密切接触的人之间的交流。

在提出一些能够指导所有机构如何分享信息和知识的原则之前,让我们再看一下花旗银行的案例。

花旗银行

与麦肯锡公司一样,花旗银行也是一家全球性的大公司。例如,从体制上说,它和许多大型的多国公司(MNC)有业务往来,并且为它们提供服务。它关心的是跟随在这些跨国家或跨地理区域的多国公司后面,向它们提供综合性的产品和服务。同时,它还极为关注技能和能力在全世界范围内的一体化问题,以及跨越国家边界的信息和知识分享等问题。

当然,该公司还必须同时意识到区域或当地两个方面对其全球战略宗旨的影响和限制。各个国家和地区之间存在着银行法规、文化和标准操作程序的不同,因此必须认识到它们对银行业务的影响。为了在全世界实施其战略,就必须同时具备全球和当地两种视角。要想跟随和服务这些大型多国公司,就需要了解它们在全世界范围内的需要是什么,但是也必须认识到,为满足多国公司的需要,当地或地区条件对所提供的服务和方法方面的限制。

为了实现必要的协调和知识分享,以及对当地或地区的需要给予足够的关注,花旗银行采用了一系列方法和措施。它雇用了各种类型的财务经理来重点关注那些重要的大型多国公司，关心它们在全世界范围内的业务需要。这些客户经理们传播有关多国公司的知识，并且与处于世界不同地方的其他经理相互协作。国家和地区的经理则传播如何在一个国家或地区内就地开展业务的经验和信息。矩阵型的组织结构使得经理们具有了全球和当地两种眼光，驱使他们去处理难题，并将全球的业务需要与当地或地区的需要结合在一起。它还设有全球性的信息系统和数据库，以便每个人都能利用客户或地区的信息。

这些有关麦肯锡公司和花旗银行的描述虽然非常简略，但是对一家力图有效执行战略的公司来说，它们就如何促进机构内部或下属单位之间的信息分享、知识传播和相互沟通等问题，提供了深入的见解。

信息分享的方法、工具或过程

上述案例给出了一些机构用来帮助信息分享和知识传播的正规方法。这些正规的方法已经在许多管理文献中有所论述，因此我只是简单地提一下。还有一些信息分享的非正规方法也十分重要，但是尚未引起足够的重视，我将在下一节里详细说明。

IT 系统/数据库

通过创建数据库和 IT 系统来获取资料无疑有助于信息的分享。麦肯锡公司内部得到 IT 广泛支持的核心知识数据库就是一个例子。多年来，ABB 公司依靠其名为 ABACUS 的数据库，来帮助高层管理团队随时了解各项业务或在世界各地发生的事情。花旗银行针对其最大的多国公司客户设立了 IT 系统和数据库。IBM 公司则专门安排 IT 专家，通过改变业务流程和使得制造工作最佳化而节约成本。众多的其他公司也在群起仿效这些做法。

在进入学术界之前，我曾多年在福特汽车公司的多个部门里工作，包括担任地区经理。我在这个地区跑来跑去，经常与销售商们交谈。我的文件中有一个非常好的小册子——FD 1984。（我喜欢它的象征意义！）在某一页上，刊登了一个销售商总结的宝贵材料，包括与其他销售商相比较的情况。我相信，现在已经有了更好的总结材料或数据库。然而在当时，FD 1984 是一件很有帮助的工具，它促进了重要信息的分享，并且突出了需要改正的潜在问题。

正规的角色和岗位

许多公司雇用和培训专门在各个下属单位之间进行协调和沟通的人才。例如，项目管理机构负责管理和提交项目和产品。对从事其项目工作的职能部门和人员，项目经理可能有，也可能没有领导权。但是，他们通常有责任来协调各个职能小组的工作，以及管理各个工作人员之间的信息流动工作。他们常常作为联络员，在机构内的不同单位之间促进沟通与联系。麦肯锡、花旗银行、波音和微软等公司经常使用产品或项目经理来实现有效的协调。鉴于在处理协调工作和知识传播方面，项目管理是一种非常重要的工具，本书专门增加了一章来讨论该问题（见第13章）。

协调人这个角色也常常被用来促进协调和知识的分享。在一些保险公司里，使用专门的客户服务人员来为客户在各个部门（保险、信贷）之间跑腿，并让客户随时了解其申请的办理情况。最近，华盛顿特区设立了"情报沙皇"这个职位，事实上，眼下在美国政府里有众多不同的单位都在从事情报工作，而这就是一个专门用来负责联系和协调这些单位工作的职位。

在某些公司里，建立了正规的小组或委员会来负责协调、沟通和信息的流动。质量保证小组、六西格玛小组或者顾客服务小组，等等，通常都是具有这种协调作用的机构。例如，顾客服务小组通常就有来自不同职能部门的人参加，这些人将他们的看法和专门知识带到了顾客服务小组中。当描述"这个小组是干什么的"时，典型的说法是它"服从顾客"。为顾客服务是一项要求很高的目标，而该小组的中心工作就是负责协调各个部门的工作来实现该目标。麦肯锡公司的顾客服务小组就是这种正规协调机制的一个好例子。

矩阵型组织结构

我曾经打过交道的许多单位都具有某种形式的矩阵结构。事实上，大多数大型公司，特别是那些全球性的大公司，例如花旗银行、波音、ABB、博思·艾伦咨询公司（Booz Allen）以及其他追求全球协调化战略的公司，都在某些方面依赖这种形式的组织结构来进行信息处理和协作。除了信息分享和一体化之外，关键人力资源（如火箭科学家就很少，而对一些极为复杂的产品，如卫星，他们的专业知识是必不可少的）的稀缺，或者是需要同时具有双重视角（如既需要关注全球业务，又必须重视国内业务）的情况，也是推动采用矩阵型组织结构的原因之一。描述这种协调和信息处理工作的最简单的方法就是如图5-4所示的"矩阵钻石"。[10]例如，在一个全球性的矩阵里，业务经理负责向全世界推销产品，而地区经理则负责对其所在国家或地区什么是最好的产品和如何使用投资资金等问题做出决策。这两个人常常会产生分歧，对于如何经营业务或管理一个国家的市场产生不同的目标和观点，因此必须有一个人来帮助他们达成一致，以便共同实施全球战略。这个人还必须在业务单位和地区之间协调宝贵信息的分享。

```
        "解结者"
       ／      ＼
   业务经理    地区经理
       ＼      ／
       "两个老板"的经理
```

图 5-4　"矩阵钻石"

谁来做这个协调和统一思想的工作？"两个老板"的经理就处在这个动态的，有时是大有压力的位置上，他对有效发挥矩阵型组织结构的作用是至关重要的。这个人必须协调不同的，甚至相互冲突的观点。他必须理解业务经理的问题，同时还必须理解地区或职能部门经理范围内的问题。虽然我曾经将这个"两个老板"的经理戏称为"魔术工作者"，但是更为正规的称呼是"协调员"或"信息处理员"。

如果这个"两个老板"的经理无法减少冲突或解决相互联系和理解方面的问题，那么这个矩阵钻石中的高层经理或"解结者"将介入，以打破僵局，使得工作开展下去。

这种矩阵显然是一种复杂的经营组织结构。它的目的就是通过那位站在双方立场上的"两个老板"的经理来协调业务单位和地区之间，或者业务单位和职能部门之间的观点，以实现横向沟通和协作。它似乎违反了一些古老的管理原则（如统一指挥），但是绝对有效，当在全球范围内展开战略实施工作时尤其如此。有关如何使用该组织结构的问题，我们将在新增加的"全球战略的成功之路"

那一章里加以详述（见第 11 章）。

非正规力量和信息分享

正如前面已讨论过的那样，每个人都对促进沟通和协调的正规方法有所了解。而在我们的调查中，经理们仍然把信息分享不良列为战略实施工作中的重大问题，这是为什么呢？

这是因为有某些事情在影响或削弱正规方法的作用，因为知道这些方法（如矩阵型组织结构）和知道如何让这些方法发挥作用是两码事，还因为经理们可能积极，也可能消极地去进行信息分享和开展战略实施工作。

根据我在战略实施工作方面的经验，我发现经理们熟悉信息分享和协调工作方面的术语，每个人都会使用 IT 系统和正规的数据库，也都知道协调员是做什么的。许多经理还不断地告诉我，他们公司已经在某种程度上实行了"矩阵化"。

但是信息处理和知识分享的问题依然存在。这是因为工作中还有一些非正规的力量在影响工作的成效，让我们一起看看这些力量和问题到底是什么。

非正规接触欠佳

尽管使用了正规的方法，但是，最简单和最普通的信息分享方法或许就是非正规的接触了。人和人通过交谈来寻找信息和解决问题。在纽约或底特律的一位制造经理打电话或发传真给东京、墨西哥城、圣保罗或洛杉矶的同行，就交货日期或进度安排问题进行商讨和解决。一个在德国的咨询师会打电话给巴黎的同事，就一个顾客特殊的麻烦事寻求帮助。一个在宾夕法尼亚大型医药公司从事研究工作的医师会打电话给德国的统计学专家，以求在一项重要研究工作上得到帮助。在经理们之间开展的这种非正规的直接接触，被证明是日常沟通和协作的最普通的形式。但如果没有同样基本的先决条件，这些简单的方法是不能奏效的。

例如，知道要和谁接触是最基本的，也是关键的问题。为了使非正规接触产生效果，必须知道另外一个地方的人、地位和责任，这些是最基本的条件。让我们看一下一个参加沃顿商学院经理人员学习班的经理的故事。

> 我真的很想帮它（一个客户公司）在巴西的业务得到一笔很好的贷款。但是我必须承认，我不认识那个地方负责处理这种贷款的人，所以我将我所得到的材料寄给了圣保罗的"贷款部经理"。我其实根本就不知道是否有人能收到这些材料或帮助这个客户。

显然有一个补救办法：像麦肯锡公司那样，编印一个手册，上面列出不同地理区域的关键人物，并表明他们的责任和专门的知识领域。

直接接触，而不是通过渠道

作为一种沟通和协作的手段，那些能够解决问题的人无须经过他的上司、他的上司的上司等层层领导的批准，而直接与其他办公室或世界上其他地方的人接触，通常会使这种非正规的接触大有成效。这体现了扁平型机构内在的主要理念之一：人们可以直接致力于问题的解决，而不必等待官僚体制的层层批准。反之，人们经过"渠道"或经过无数的检查和批准而导致的延误，常常会妨碍或损害个人之间非正规接触的那种速度和自发性。

创造"共同的语言"

这听起来可能有些奇怪。在就战略实施的一些重要问题进行沟通或信息分享时,同一个机构的人可能话不投机。他们具有不同的观点、技术能力、对术语定义的理解或者文化偏好,而这些问题会影响他们看待和理解不同观点的能力。部门的本位主义或全球差异所产生的偏见会干扰思想的分享和理解。

在实施战略时,具有清晰的、重点突出的以及能够合理地转化为短期目标或测评尺度的战略是绝对必要的(见第3章)。同样至关重要的是,这些目标和测评方法必须相互一致,以避免在战略实施结果方面不同的和相互冲突的观点所带来的问题。

请考虑这样一个案例,其中销售业绩是根据销售收入和表格中位于第一栏的销售数量来测评的,但是制造部门或整个分部的业绩是依据表格中最后一栏的利润,也就是收入减去成本来测算的。使问题更加混乱的是,营销部门的业绩部分地取决于顾客满意度。在这个案例中,不同的测评尺度几乎囊括了战略实施工作的不同方面,并且产生了相互抵触的业绩测评方法。销售部门关注数量,它通常被指责在销售任何东西时都不关心成本和最终利润。生产部门感到,销售部门是在"出卖车间"。营销部门关心顾客的意见,并且感到其他人都没有注意到这一点。各个部门之间的这种冲突是司空见惯的事情,而该分部的经理则把这种冲突看作损害该分部业绩的问题。

有什么解决办法吗?有,那就是制定共同的、相互一致的业绩测评方法。要仔细地规定和运用这些测评方法,确定一些共同的目标,限制那些单方面的、自成体系的业绩指标。让销售部门也对边际利润负责,而不仅仅是销售量。要确定成本或顾客满意度是否也成为战略实施工作决策的要素。要决定各个部门应当在什么时候以及如何协作来实现重要的成果,并且让它们各负其责。在这个案例中,人们不应当在一起单独地工作。

权力结构和文化

信息分享和协调的方法常常既受到机构内文化的影响,又受到机构内权力结构或影响力的影响。这些因素会影响到信息传播;它们会影响到谁在听,或谁不听;它们会影响到协调工作的相对分量,以及哪些"事实"的传播是可信的,哪些则应当抛弃。

权力和文化对于战略实施工作的许多方面都极为重要。因此,在后面的几章里(见第8章和第9章)将专门予以论述。

影响信息分享和知识传播的其他非正规因素

让我们考察其他一些影响信息分享和知识传播的因素。一位沃顿商学院的同事曾经发表过一篇有关这些因素的很有见地的文章。[11]我自己在战略实施工作方面的经验验证了他的观点,在这里和大家分享一下我的意见。

表5-2列出了影响信息分享和知识传播的因素。这些因素反映了信息和机构的某些特点,也反映了个人积极性对信息分享知识传播的作用。这些因素或问题中有些是新的,有些则已经讨论过或暗示过,但是所有这些因素对于信息分享和知识传播都非常重要,从而最终对战略的有效执行也十分关键。

表5-2　　　　　　影响信息分享和知识传播的因素

知识本身的特点
- 是成文知识,还是默示知识
- 其有用性得到证实的记录

知识来源的特点
- 专家意见和来源的可信度
- 来源的可靠性
- 所能认识到的来源的动机

续前表

知识接受者的特点
- 缺乏积极性
- 缺乏吸收能力(指依靠现有的知识积累去寻找、接受和评价新知识的能力)
- 保持能力(指使用、综合所接受的知识的能力)

背景的特点
- 组织结构
- 运作结构(是否有协调和一体化的机制)
- 激励措施
- 文化

知识本身的特点

成文知识要比默示知识更容易传播。就"如何组装自行车"编写一本指导手册非常简单,"取零件 A 插入到零件 B 中,然后将整个部件安装到 D 处的 C 架子上"。这本小册子就是成文的、有条理的知识。

接下来,编写一本关于"如何骑自行车"的指导手册。"首先,骑到自行车上面,接着使劲蹬踏板。如果摔了下来,请重复上面的步骤。"

你还能说什么?这里的知识就是默示知识,它难以描述和沟通。相比告诉人们如何去组装自行车,默示知识显得更加不成条理。默示知识的沟通需要的是"感觉"、观察别人、动手实践,以及从遵从专家的教导中学习。例如,新的咨询师要向富有经验的咨询师学习,他要从"学徒"做起,逐步地汲取知识。他们通过和年长的同事一起工作来学会建立咨询关系的"技巧"。默示知识的传播通常需要手把手的互动式信息分享。

由于默示知识的存在,在某些机构中,战略实施工作和学习成为很难办的事情。研发机构、专业部门或企业(如司法部门和律师行业）、咨询团体、销售和营销单位等，都必须有意识地开发传播默示知识的方法和过程。在实施战略时，必须考虑到这一点。教导咨询技能或如何达成一笔交易需要随时观察和面对面的交流。对于新产品开发而言，要了解如何处理群体间的交流和讨论，通常需要通过实践和观察有经验的经理如何工作来加以学习。

那些需要分享大量默示知识的机构必须愿意对员工进行投资，并且给出时间来让员工进行交流、讨论和效仿，这对于有效地传播知识是十分必要的。研发部门以及专业机构在分享和使用其知识时，不能过于匆忙。

知识来源的特点

知识的来源是可信、可靠的吗？以前我是否从使用这个来源的知识中获益？这个来源的动机是什么？这里面是否隐藏有其他目的？我是否变得过于依靠这个来源，以至于它对我的影响太大了？

当你考虑信息来源的时候，常常还会提出一些问题。这些问题的答案显然会影响信息分享和知识传播。对这些问题的回答通常反映了以前的经验，或者对待不同信息来源的态度。它们也会影响公司的文化。

我知道这样一家公司，这家公司里没有一个人相信营销部说的任何事情，大家认为这个部门始终在夸大自己的问题，即使给其他部门或机构的下属单位带来巨大的成本也毫无歉意。一种不信任的文化在该公司中蔓延，从而影响了信息的流动和采纳。

这种不信任甚至导致了严重的战略实施问题。营销部承担着开发新产品的责任，包括对现有产品加以延伸或予以重大修改的任务。营销部必须将新产品"推销"给生产部，这样生产部门才能开发、试验和修改这些新产品。但是，生产部为了开展新产品工作而产生了巨大的费用，包括不得不关闭一些生产线，改变工作流程等。由于生产活动的中断，效率受到了损害。此外，还必须制造出样品并对其进行试验，从而打乱了正常的生产秩序。

为了得到生产部的配合，营销部感到必须夸大新产品的好处。事实上，在关于新产品的盈利潜力，或者它最终能给生产部带来的效益好处等方面，营销部常常在说谎。为了得到生产部的帮助来完成这个重要的任务，营销部不惜将新产品吹得天花乱坠。

当所有这些诺言最终被证明是一派胡言的时候，生产部看穿了营销部欺骗和夸大其词背后的真实意图。当新产品开发突然终止，使得生产部所做出的工作和牺牲付诸东流时，不信任和冲突就变得更严重了。营销部作为信息和知识的一个来源，进一步丧失了信誉。生产部把营销部看成一个不可信的和不可靠的家伙。最重要的是，开发新产品的战略实施工作遭到了几乎无法弥补的伤害，这是对该公司未来竞争地位的重大打击。

这里谈论的是信息来源被感知到的动机、可信性和可靠度等问题。那么，机构应当如何来处理这些问题呢？那就要通过创建有效的激励措施和加强控制等方法。首先为协作和沟通设定正确的目标，然后对恰当的行为进行奖励，以此确保提供信息的来源为知识的传播做正确的事情。这个案例突出说明了有效激励的重要性，这个问题将在下一章里详细论述。

该公司还应当如前所述，将产品开发看作一种交叉型相互依赖过程。这就会迫使营销部和生产部一起工作，共同制定开发新产品的原则，同时分享和分担新产品开发所带来的成果和成本。

这里的关键在于，营销部作为知识的一个来源而受到了怀疑，因此必须采取措施来避免新产品开发的战略受到持久的危害，以及避免在市场竞争中受到挫折。

知识接受者的特点

接受者的动机是什么？我看到一些经理被指责存在 NIH（not invented here）行为，即因为这些信息"不是这里发明的"而拒绝接受。显然，这些潜在的接受者不信任这些信息的来源，或者他们感到他们自己掌握的办法更好。当然，这种拒绝可能要付出高昂的代价，因为这会导致重复工作，形成浪费，大大降低工作的成效。这里需要的仍然是，鼓励大家为一个共同的目标而合作。如果知识的发送者和接受者具有共同点，或者存在重要的共同利益，那就会消除 NIH 的发生概率。

一个机构的"接受能力"会对知识传播产生很大的影响。[12]接受能力会影响机构认识新知识（如新科学、新技术）、吸收新知识，以及为了实现机构的目标而以某种方式应用新知识的能力。接受能力是学习的结果。认识和使用新知识的能力是随着机构内现有知识的积累程度的不同而变化的。接受能力取决于，在认识和应用新知识来促进和支持战略之前，知识的临界量有多大，或者对以知识为基础的因素（如研发工作、科学家、工程师、IT 系统等）的投资有多少。不对接受能力进行投资，或者不对接受能力加以积累，将导致发现、理解或使用外部新知识的能力的缺乏。

考虑一个没有积累专门知识的企业，再假定另外一个企业开发出了某种新技术，那么第一个企业会引进这个技术来成为使用该技术的"老二"吗？并且通过使用这个技术而获得竞争优势吗？它能为了开发新产品或改进老产品的性能而引入新的概念和技术吗？它能紧跟竞争对手的步伐，模仿新技术来保持它在该行业里的竞争力吗？

没有接受能力，该企业就无法判断这项新技术的价值或使用潜力，因为它没有能够对技术加以有效评价的科学家或工程师。因此，它就不会采取行动。它就会落在那些具有必要的接受能力的企业的后面，从而失去在本行业实施所需要的新战略的能力。这个没有接受能力的企业不仅不能创新或成为带头人，甚至不能成为一个有效的追随者，这必将使它失去曾经拥有的竞争优势。

解决的办法很明确：如果这家企业希望能与技术的发展趋势并驾齐驱、成功地适应形势、进行创新，以及持续不断地有效地执行战略，那么，它就必须对接受能力进行投资。

不同行业里的不同企业将面临不同的培养接受能力的需求（如高科技企业与低科技企业），但是，一些基本原则对所有的企业都是适用的。对知识进行投资以及积累起临界的信息量等措施，对于机构的创新和适应能力都是极其重要的。没有这种知识和能力的积累，一个机构就无法认识、理解和使用新的或具有突破性创新价值的知识，它就不容易适应、改变或实施新的战略。

背景的特点

背景包括机构的组织结构情况，它对知识传播的影响已经在第4章叙述过，并且也在本章详细讨论过。它对于设立 IT 系统以及其他信息分享和知识传播的正规机制有着十分重要的作用。它对使用协调员、小组或矩阵组织结构来实现有效的、横向的，以及跨职能部门和其他经营单位之间的协作和沟通也是十分重要的。

同样重要的是，了解如何让这些组织结构的因素发挥作用。为了协调和信息分享，建立小组或矩阵型组织结构是一码事，而让它们发挥作用则常常是完全不同的另外一码事。这里的问题通常来自两个方面：实施组织结构时的技术问题；与激励、控制和文化有关的问题。

作为技术问题的一个例子，请再次考虑矩阵型组织结构，特别是图5-4所示的矩阵钻石。矩阵型组织结构的第一类共同问题在于不具有在该组织结构中起最高作用的"解结者"，因此，分部和地区经理之间，或者业务单位经理和职能部门经理之间的冲突无法得到及时的处理和解决。当信息缓慢地经过两个机构一级级向上传送时，工作实际上处于停滞状态，信息的分享遭受到巨大的损害。矩阵型组织结构因为所有这些缺点而横遭指责，但是，这实际上是矩阵型组织结构设立不当造成的，是实施不良造成的失败。因此，技术问题会影响机构的业绩表现和知识的传播。

解决的办法是什么呢？那就是当你构建矩阵型组织结构时，要确保设立正规的解结者或解结的机制。当你力图使用和分享战略实施工作所需要的信息时，从技术上这样处理将为你消除许多操作上的问题。

第二类问题——文化、激励和控制欠佳所造成的问题——对于信息分享和知识传播也十分重要。例如，企业文化决定了许多问题：一家公司如何经营；它看重的是什么；当分享知识时，经理们是开放的，还是封闭的；以及对于个人表现而言，什么是重要的，等等。像这样一些因素显然会对知识传播产生影响。建立在共同认可的使命基础上的协作型文化，将会对战略实施工作产生积极的影响，而那种害怕犯错误以及有了问题就指责他人的文化，必将对实施工作造成负面的影响。因为这些有关机构文化或背景的问题对战略的有效执行具有特别重要的意义，所以将在第8章里得到讨论。

类似地，企业所使用的激励和控制措施也将对信息分享和知识传播产生重要的影响。如果原本期望大力协作和合作，奖励措施却鼓励过分的和不恰当的竞争，这样一来只能损害信息分享，并且最终损害战略实施工作。同样，鉴于激励和控制问题的重要性，我将在第6章里对其予以详细论述。

本节重点考察了信息分享和知识传播问题，它支持和强化了前面对相互依赖性和协调方法的讨论。正如那些参加沃顿商学院调查的经理们所强调指出的那样，沟通和信息分享对于战略的有效执行是至关重要的。本节所讨论的各种因素影响着战略实施工作中信息流动的"黏滞"性以及信息的使用。

分清责任和职权

组织结构一体化的第三个方面就是分清责任和职权，它对于战略的有效执行也是不可或缺的。

在前面关于相互依赖性、协调、信息分享和知识传播等问题的讨论中，有一个非常基本的、但也是非常关键的假设，即所有的责任和职权都是非常清晰的。其前提就是每个人都知道他们的作用和岗位是什么。经理们知道他们必须与谁、什么时候以及为什么交流，并且完全明了其他人的任务或职责。

事实上，这种明晰的责任和职权并非始终存在。与岗位有关的责任并非总是十分明确，授权关系也并不总是很清楚。当人们来自不同的职能部门或分部，或者来自机构内不同的层级而一起工作时，责任和职权常常会变得含混不清，在矩阵型组织结构中尤其会如此。在这种组织结构里，横向和层级制度两方面的影响会模糊每个人的责任和职权。

　　这种混乱常常源自一个人承担多项责任或几个经理承担同一项责任。我想起了我在通用汽车公司工作时遇到的一件事。当了解到卡车的传动轴出了一些问题后，我询问谁应当对这个部件的质量负责。我被告知，"在我们这里，所有的人都对质量负责。我们大家都关心质量问题。"进一步的考察确实表明，有几个来自不同机构和不同层级的小组或部门及其员工对质量负责，包括设计部门、质量保证部门、车间经理以及生产监督员等。

　　这里没有什么问题，不是吗？质量问题似乎已经被适当地管理起来了。当这些质量责任被分配给不同的部门，或者对质量的认识和测评方法有不同观点时，又会发生什么事情呢？我发现的结果是，当每个人都对质量负责时，就等于没有一个人对质量负责。当事情变得糟糕时，责任也就变得模糊不清了，正如一个经理对我说的那样，"某某人应当真正负起责任"，而不是他们。成功有许多父亲，而失败常常是个孤儿。

　　这种情况并不少见，事实上是经常出现的，特别是在那些力图适应广泛或迅速的变化的机构中更是如此。由于经理们需要应付这些变化，他们的角色和责任也在迅速地转变。当许多人被召集到一起来解决一个问题时，赋予他们的职权和责任往往随着时间的推移而变得模糊不清，因此每个人的责任以及每个人应当处理的问题也变得不明确了。而当每个人都负责，而又没有一个人承担责任的时候，问题绝不会得到解决。

　　在战略实施计划书上或实施过程中，责任和职权不清将会直接对战略的实施工作或有效执行产生不良影响。那些负责处理日常战略实施工作的经理们把这个问题视为亟须解决的问题之一，因此，这显然不是一件小事。它应当引起机构内所有层级上的管理人员的注意。

责任图和角色会商

对于解决这些问题，我们能做些什么呢？一个真正好的办法就是绘制责任图和进行角色会商。[13]这个过程可以帮助你找出相互依赖性，以及合理分派战略实施工作的任务。这个方法一直被机构中各个层级的经理们成功地运用。它包括以下几个步骤：

1. 第一步是确定与战略或战略实施有关的目标和结果，虽然这对于公司非常重要，但是往往并没有被令人满意地完成。

图5-5是根据几年前我在得克萨斯一家中型公司的工作绘制的，其目标或希望得到的结果是"开发新产品"。在这个案例中，这家公司现有的管道产品已经山穷水尽，走投无路了，但又没有新的产品来补充，因此它正在失去市场份额和竞争优势（多年来它曾经一直是市场上的领先者）。在该公司每年的战略检讨会上，为什么新产品的开发遭到了挫折是讨论的问题之一，而应当做些什么来扭转这种令人担忧的情况则是另外一个讨论话题。对于这种会议来说，这两个问题具有同样的战略重要性。

2. 绘制责任图的第二步，是列出为了实现希望达到的目标或结果所需要的主要任务、行动或决策。同时要注明那些对实现这些目标或结果很重要的人，以及可能要承担主要任务或行动的人。

图5-5给出了一些（不是全部）与该公司开发新产品有关的主要的任务、行动、决策和人（部门）。这里的主要思路应当很清

楚：列出主要的决策者，以及为了开发新产品或对现有的产品加以扩充而必须完成的任务或活动。

实现目标所需要的任务、行动和决策	主要的领导				
	CEO	营销副总裁	设计副总裁	制造副总裁	财务副总裁
1. 进行市场调研		R			
2. 对新产品进行决策					C
3. 制造样品					
4. 试销售					
5. 就大批量生产进行决策					
6. 产品推出					
7.					
8. 其他					

R＝负责决策或行动	I＝决策或行动后必须得到通知
A＝最后拍板/对决策或行动负责	C＝决策或行动前必须与其商量
	？＝不知道

图5－5 责任矩阵

3. 第三步是确定责任的不同类型或责任程度。责任类型必须与所从事的工作有关，但是必须简单和明确，以便于管理。在图5－5中，责任或授权的类型和程度以编码表示如下：R表示某个人要对一项任务、行动或决策负某些责任；A表示这个人要对一项决策、行动或任务拍板并因此而承担最终的责任；C表示在做出一项决策前必须要与之商讨的人；I表示在做出一项决策后必须让他知道的人；？则表示不知道这个人是否要参与这项工作，或者他的参与程度有多大。

4. 第四步是让所有参加这项工作的经理填写这张矩阵图。他们必须在所列出的每个部门（人、职务）下面，按照相应的任务、行动或决策写出他们认为恰当的责任编码。如在图5-5中，营销部或该部门的人被认为应当对新产品开发活动中的市场调研负有某种责任。类似地，财务副总裁被认为是在获取为新产品制造样品所需要的资金之前必须与他商讨的人。

开始时，这张矩阵图应当由每个人（私下里）各自填写，以避免过多的集体商量，或者一开始就争吵不休。同时，还必须注意征求所有参加者的意见，以便为下一步提供丰富和多样化的看法。

5. 第五步是从参加者中挑选人员组成一个小组，负责把所有的答案汇集到一张矩阵图中。我拿来做例子的这个公司是把每个小组里每个人的回答放到一张图中。答案极为分散，这表明，在谁应当对新产品开发过程中的哪项工作负责上存在着极大的分歧。这些分歧明显地反映出存在的问题或障碍。对"谁负责"这个问题的不同看法显然会给该公司在产品开发过程中的沟通和决策工作带来困难。

6. 第六步是将这张唯一的矩阵图提交给所有的参加者来展现存在的分歧，这些分歧不但存在于每个小组中，而且存在于各个小组之间。然后重点讨论为什么会存在这些认识上的分歧，以及这些分歧或冲突与新产品开发（或者任何所希望取得的目标或结果）有什么样的关系。

这里要提醒一件事。对于领导人或主持人来说，重要的是控制好讨论和这一步骤中经常发生的激烈争论。在我所说的这家公司里，CEO的编码是A，也就是说，他要对大多数任务、行动或决策负责。人们（在一阵犹豫后）公开、猛烈地批评他的微观管理。他们拿出例子来证明，他的干预是如何弄糟了新产品开发和公司的其他重要工作的。讨论过程中,还有人会时不时地大发雷霆,这时就需要休会来让大家平静下来。但是正如下一步所证明的那样,一切都会圆满地结束。

7. 第七步是让各个小组分开,要求每个小组提交一张理想的矩阵图。在第六步所进行的讨论、激烈的争论和明显达成的一些一致意见的基础上,每个小组都会确定出单一的矩阵图,指明新产品开发中有关活动的责任和职责的理想分派办法。然后,每个小组依次向所有的参加者提供自己的图,并就各个小组之间的异、同之处进行讨论。

8. 第八步就是根据各个小组所提供的图,绘制一张责任图。这个过程要公开进行,主持人的目标就是要对新产品开发过程中的责任和职权的安排达成一致看法。成功地完成这一步,就会产生一张责任图、一种统一的新产品开发方法。随着这个大家都同意的最终结果的产生,责任划分和角色商谈工作就完成了。

9. 在作为案例的这个公司里,经理们还增加了第九步:发布"新产品开发指南"。这个材料或手册成为一个信息源,它勾画出为了开发新产品,应当做些什么、谁来做、什么时候做,以及在这个过程中,谁应当为每个步骤负责,等等。

随着这个指南的诞生,实际的新产品开发工作大大增强了,从而大大强化了该公司的竞争地位。它的差异性战略再次大放异彩。"要知道布丁的味道,就要亲自尝一尝",或者说,任何工作的成败都要用结果来证明。令人高兴的是,这家公司的工作面貌焕然一新。

总而言之,为了获得所希望的战略成果,分清责任和角色是极其重要的。不对关键的决策、任务或行动的责任加以明确和清楚界定，就不会有成功的战略实施工作。正如经理们清楚表达的那样，舍此便会导致许多问题。

战略实施工作决策或行动方面的责任或职责不清，将使精心制定的战略实施计划化为泡影。那些希望战略发挥作用的经理们根本就不允许这种情况发生。对于战略实施过程中的决策和任务的责任，必须清楚地加以分配和理解。

小结

本章给出了三个主要的结论或关键的要点，其中的每一个都是组织结构一体化的重要方面，对战略实施工作都十分关键。

1. 在选择和使用协调方法之前，必须确定相互依赖关系。有三种相互依赖性：各自为战型、顺序型和交叉型。为了实现战略实施工作所必需的一体化，它们需要不同的方法和过程。

本章有关一体化的讨论，加上前一章关于战略和组织结构关系的讨论，给出了所有经理在设计和协调一体化方法时应当遵循的流程：

战略 → 组织结构 → 相互依赖的类型 → 组织结构一体化
- 实现协调或一体化的方法

该图表明，战略将会对组织结构产生影响，而组织结构将决定相互依赖的类型以及协调和信息流动所需要的方法。遵循这个流程将有助于确定对于战略的有效执行极其重要的协调方法。

2. 对于战略实施工作而言，信息分享、知识传播和有效的沟通是至关重要的。事实上，在沃顿商学院的调查中，不良的或不适当的信息分享被经理们列为战略实施工作的主要障碍之一。本章考察了那些对负责战略实施工作的人之间的沟通和知识传播产生影响的许多正规的和非正规的因素。经理们手上有许多正规的方法可以使用，包括使用数据库、IT系统、正式的专业人员以及矩阵型组织结构等。

但是，只有正规的方法是不够的。一些非正规的方法和过程能帮助或损害那些实现信息分享和知识传播的正规方法。非正式的接触、直接沟通以及"共同的语言"（清晰、共同认可的标准或目标）等都能促进相互沟通。知识发送者和接受者的特点、被传播的信息的类型以及信息分享的背景情况等，都会对战略发挥作用所必需的沟通产生帮助或阻碍。

3. 最后，为了让战略实施工作取得成效，所有关键的决策和行动的责任和职权都必须清晰和明确。所有参与战略实施工作的经理都必须了解这些责任。如果责任和职权不清，就根本谈不上有效的协调和合作。对于战略实施工作的成功而言，清晰的责任和职权是绝对必要的。

解决这个问题的方法之一就是使用责任图和角色会商方法。本章通过考察一家公司新产品开发的战略需要，以及责任图如何帮助该公司满足这些需要的过程，给出了一个具体的案例。本章提供了绘制责任图和角色会商的步骤，也描述了它们内在的逻辑关系和用途。

那些关注本章提出的三个问题的经理，将能够得到用以支持战略实施工作的组织结构和一体化方法。另外一个已经提到，但是并没有在本章详细论述的问题，是对于管理组织结构和战略有效执行十分重要的激励和控制问题。相应地，随着我们继续探讨成功实施战略的方法，这个问题将在下一章被讨论。

参考文献

[1] "Boeing Is Merging Businesses Dealing with Space, Military," *The Wall Street Journal*, July 11, 2002.

Ben Worthen, "H-P Shows Age With Layoffs," *The Wall Street Journal*, May 24, 2012.

[3] Tim Higgins and Jeff Green, "GM Seen Planning Global Reorganization Against Fiefdoms," Bloomberg.com/news/2012.

[4] "At Shell, Strategy and Structure Fueled Troubles," *The Wall Street Journal*, March 12, 2004.

[5] Lana Birbrair, "Law Firm Mergers Bounce Back to Prerecession Rate," Report, Law 360, April 2, 2012.

[6] John Hellerman, "Strategic Communications Plans Key to Law Firm Merger Success," *Thomson Reuters News and Insight*, July 24, 2012.

[7] The forms of interdependence defined in this chapter were originally discussed by James D. Thompson in *Organizations in Action*, McGraw-Hill, 1967. They clearly are still useful for a full understanding of interdependence and the need for appropriate coordination mechanisms or processes.

[8] "GE Chief Is Charting His Own Strategy," *The Wall Street Journal*, September 28, 2003.

[9] For a good discussion of "Work Out" and other programs under Jack Welch at GE, see Amir Hartman, *Ruthless Execution*, Financial Times/Prentice Hall, 2004, pp. 53–69.

[10] For a full discussion of the matrix diamond and matrix structure, see the following: Jay R. Galbraith, *Designing Complex Organizations*, Addison-Wesley, 1972; L. G. Hrebiniak and William Joyce, *Implementing Strategy*, Macmillan, 1984; S. Davis and Paul Lawrence, *Matrix*, Addison-Wesley, 1978.

[11] Gabriel Szulanski, "Exploring Internal Stickiness: Impediments to the Transfer of Best Practice Within the Firm," *Strategic Management Journal*, Vol. 17, 1996.

[12] W. M. Cohen and D. A. Levinthal, "Absorptive Capacity: A New Perspective on Learning and Innovation," *Administrative Science Quarterly*, Vol. 35, 1990.

[13] Previous work defining and discussing responsibility plotting and the process of role negotiation can be found in the following: L. G. Hrebiniak and W. F. Joyce, *Implementing Strategy*, Macmillan, 1984; Jay Galbraith, *Designing Complex Organizations*, Addison-Wesley, 1973.

第 6 章 激励和控制：支持和强化战略实施工作

在第 2 章提出的战略实施工作模式中，最后一个要素是激励和控制，这两者都对战略实施工作有着重要影响。激励能够推动产生那些与所希望的战略实施结果相一致的行为或行动。而控制能提供有关业绩表现的反馈情况，强化实施方法，提供"纠正"机制，以及使得机构去学习和适应情况的变化。

激励和控制

有关学习和适应性的问题尤其重要。在那些竞争日益激烈的行业里，以及在某些反复无常、剧烈变动的情况下，是否能够迅速地从经营效果中，从来自客户以及其他利益相关人的反馈意见中学习，对于企业的成功来说是一件大事。信息反馈不佳将阻碍有效的变革和适应性提高，从而导致事倍功半的结果，甚至会失去竞争优势。本章将重点考察与激励和控制有关的问题和难点所在，以及它们与成功实施战略工作的关系。

激励和控制的作用

激励和控制位于战略实施工作决策和行动逻辑流程的最后，这是因为它们理应如此。创建可靠的战略、组织结构、一体化机制、知识传播的方法以及短期目标等，都是战略实施工作所必需的，但是仅有这些还不够，还需要确保员工们积极参与战略实施工作，并且为此做出承诺。同样，当反馈情况表明战略实施工作的决策、行动或方法出现了问题时，机构就必须能及时变革并适应这些问题。

如果这场游戏对任何一个人都没有切身的利害关系，战略实施工作就将失败。如果人们因为做错了事（也就是那些与所希望的结果不一致，或者那些有害于战略实施工作的事情）而受到奖励，那么战略实施工作就会遭受挫折。问题很简单，激励必须支持战略实施过程的那些主要方面。正因为没有达到关键的战略目标和实施工作成果，越来越多的公司将 CEO 扫地出门，并且改变了它们的激励制度。

控制工作对于成功的战略实施也是至关重要的。它能让经理们对战略实施工作的成果加以评价，并且做出必要的改变。控制系统或方法通过以下工作而遍及整个战略实施过程：（1）提供反馈情况或有关实施工作成果的信息；（2）强化实施方法和和决策；（3）提供纠错机制，以使战略实施工作沿着正确的轨道前进；（4）允许机构通过学习来促进变革和提升机构的适应性。这四个方面概括了控制在使战略发挥作用方面的任务。

本章的重点就是有关激励和控制的方法，以及它们是如何影响战略实施的。让我们从讨论激励开始。

激励和战略实施工作

有关激励和人们的行为动机问题，已经有大量的著作问世。在不同的研究领域，包括心理学和管理学领域，无数有关工作、动机和敬业精神之间相互联系的观点使得我们应接不暇。试图对这些庞大的文献做出概括是一项无法完成的任务，本章也不打算这么做。本章仅仅着重考察几个与激励有关的问题。让我们首先提出一个关于动机与激励的基本观点，这个观点是由那些积极参与战略实施工作的经理们提出的。

一个基本原则：不要挫伤员工们的积极性

在大多数机构中，一个主要的基本事实是：员工们都想好好工作；经理们也积极地设法取得好的工作成果，他们非常希望获得成就，这一点推动他们去设定具有挑战性的目标，并且为此辛勤劳作。[1]当然，总是有例外的情况存在。然而，我所认识的几乎所有经理都有这种取得成功的愿望，都希望获得成就感。各个机构通常也愿意招聘那些积极肯干的人。

因此，当制定和使用激励措施时，基本的原则就是：不要挫伤员工们的这种积极性。不要扼杀、惩罚或挫伤这些下金蛋的鹅——那些高成就实现者。大多数经理都想表现出众，应当帮助他们做到这一点。

激励工作的目的是要鼓励和指导这种基本的动机，但它不能引发或创造这种动机。好的经理希望获得成就，而激励的基本原则就是支持这个基本的动机，并且把它引导到促进战略实施工作的方向上来。

战略实施工作之所以遭受挫折，常常是由于两个相互关联的问题造成的。首先，激励措施没有支持正确的东西。经理们基本的内在动机被推向了与成功的战略实施工作相对立的错误的方向。那些高成就实现者会对激励措施做出响应，因此，激励措施应当支持那些被期待的战略实施行为和结果，这一点至关重要。

其次，激励措施不恰当会挫伤人们的积极性，即使对那些具有高度成就感的人也是如此。上面提到的第一个问题能够增强人们的积极性，却把它引向了错误的方向；而第二个问题则对积极性造成了负面的影响。错误的激励措施会使人们泄气，严重地伤害他们的动机和追求卓越的积极性。

这些都是非常基本和重要的问题。当我们讨论激励和控制问题，以及它们对战略实施工作的影响时，应当时刻牢记心中。

好的激励措施

让我们继续深入探讨这两个基本问题。首先要指出，有许多不同的激励措施，而其中一些要比其他的好。

一般而言，好的激励措施会产生积极的效果，而它们来自两个方面：功利主义的和心理上的好处。前者包括一些外在的价值（工资、奖金、升职等），后者则更加内在或个性化（自主权、喜欢的工作、对岗位及其成就的心理认同等）。当然，许多奖励涵盖了这两个方面，例如，当某个人因为工作出色而被领导在背上拍了一下或者表扬时，这肯定意味着要加薪或将来被提拔。

每个人都知道功利主义奖励的重要性。纽科公司的CEO认为"动机就是钞票"，这句话就无须解释了。强生公司的罗伯特·伍德·约翰逊（Robert Wood Johnson）说过："让你的高层管理人员富起来，他们就会让你也富起来。"这句话的意思再也清楚不过了。同样，一个参加沃顿商学院经理人员学习班的经理在谈到金钱的作用时这样说道："钱是关键因素，无论是就其本身而言，还是利用其作为一种保持先进的工具，都是如此。"

上面的最后一点确实指出了激励的心理学方面的意义。"保持先进"指的是相对于同伴或同事而言的。涨工资和得到提拔等于告诉大家,他们的所作所为究竟如何,以及他们对于本单位的价值在哪里,这也清楚地暗示了对自我价值、影响力和成就的认知。

基于本书的目的,这些经理们指出,良好的激励措施对于战略实施工作是极其重要的。如何来定义"良好"呢?根据调查和我在战略实施工作中的经验,应当注意以下一些问题。

良好的激励措施要与战略目标,或者由战略目标衍生出来的短期目标相挂钩。对于有效的战略实施来说,战略目标必须得到强化和支持,特别是在比较高的管理层次上更是如此。对于所有的层次来说,激励措施必须能支持在逻辑上与长期目标相关联的短期目标(见第3章)。

例如,越来越多的CEO接受(或者被迫接受)了针对公司业绩和股东价值的激励方式。据《华尔街日报》的报道,在2011年,CEO们的薪酬与公司在股票市场上的表现高度相关。股东得到的回报增加,CEO们的收入就升高;而如果股东们的价值降低,那么,CEO们的薪酬也就跟着下降。这种将公司业绩与CEO报酬相关联的做法,在惠而浦公司(Whirlpool)里得到了体现,该公司的CEO杰弗里·费梯格(Jeffrey Fettig)几乎90%的报酬都与公司的最终财务成果相挂钩。而在截至2012年6月30日的财务年度内,西斯科系统公司(Cisco System)的约翰·钱伯斯(Jone Chambers)的报酬减少了32%,原因就是该公司业绩表现欠佳。[2]

如今,当CEO的报酬与企业的业绩明显背离时,投资者就会很快发出不满的呼声。2012年4月,花旗银行的大多数股东反对该银行提出的薪酬方案,他们抗议的是:尽管银行的股票价格下跌了44%,但其CEO维克拉姆·潘迪特(Vikram Pandit)的收入仍然高达 4 300 万美元。在英国，股东也发出了类似的声音，一致声讨在公司业绩下滑的情况下，高管人员仍然拿高薪。例如，巴克莱银行（Barclays PLC）的股东们投票反对该银行的薪酬计划。愤怒的 WPP 公司的股东们"瞄准"的是该公司高管们的优厚待遇。2012 年上半年，在英国公司的年度会议上，有大约 8.5％的股东投票反对公司的薪酬方案，这一比例在最近几年显著增加了。[3] 在每天的商业报刊上，你会发现许多此类关于薪酬与业绩挂钩的案例。

　　平衡计分卡以及其他一些目标管理方法的流行，表明了企业正在设法确保将短期的业绩测评与所希望的战略成果结合在一起。这些方法强调的是，短期目标和激励措施应当和重要的长期战略目标相一致。战略思维包含了将短期目标和长期需要相结合的思想，以及激励措施将在这种结合过程中发挥重要作用的想法。

　　好的目标是可以测评的目标。那些从事战略实施工作的经理们希望知道，他们是否已经实现了某种价值。这种对价值的反馈和感觉是与高度的成就感相一致的。因此，目标必须是可以测评的。如果那些与战略有关的实施工作的目标是无法测评的，经理们就不会有成就感。他们也会对如何说明实际上已经实现的东西产生分歧。显然，对于强化恰当的、与实施工作有关的业绩来说，对业绩的测评尺度有一致的看法是非常关键的。

　　短期目标也是重要的，并且与战略能否取得成功密切相关。我最近与一家小型互联网服务公司的 CEO 一起工作。他说，他在战略实施方面的最大问题就是如何将公司战略转化为一些短期的、可以测评的目标。该公司的战略是致力于在一个竞争激烈的、充满敌意的市场中表现出差异性，而这种差异性则包括技术和为顾客服务两个方面。他的问题在哪里呢？就在于如何制定内部员工和外部顾客都认可的、让双方都高兴的和可以测评的业绩标准。技术人员多半倾向于枯燥乏味的技术业绩指标，而顾客们对此则毫无兴趣。相反，顾客们看重那些非常具体现实的东西，如低成本和对他们的工作有帮助的支持计划等。

必须将这两种观点融合在一起。首先，与前面一节的讨论一致，必须将战略转化为一些短期目标；其次，对于顾客和技术人员两者而言，这些目标必须是可以测评的、相关的和重要的。如果那些使得技术人员感到兴奋和积极的东西赶跑了顾客，那么这显然会对战略实施工作产生不利的影响。经过大量的工作后，这些相关性、重要性和可测评性的问题终于得到了解决，所产生的短期测评方法确实支持战略实施工作。

好的目标能促进责任制的建立。责任制实际上是一个控制问题，本章的后面还要加以讨论。但是有关可测评性的最后一点涉及责任制，因此在这里要提一下。

那些在战略实施工作中遭受挫折或举步维艰的经理们常常抱怨目标责任制薄弱或不存在。他们的建议是什么呢？就是要确保目标能够测评出某种价值，从而使得经理们能够依据这些目标对业绩表现承担相应的责任。

如果不使用业绩指标作为衡量责任和职责的基础，那么战略实施工作将大受其害。如下图所示，可测评性和可追责性是通往战略实施成功的必经之路。

可测评的目标 ——→ 目标责任制 ——→ 战略实施成功

没有责任制，人们就不会与这场游戏休戚与共；没有清楚的责任制，激励措施的积极方面就会受到极大的阻挠或破坏；不重视责任制以及通过它来强化所希望达到的目标，战略实施工作就会遭殃，因为人们不知道应当做什么、什么时候做以及为什么做，从而导致战略实施工作缺乏重点。

好的目标绝不是"全有或全无"、非黑即白，或其他类似的泾渭分明的东西。它们意味着实现目标的程度，同时伴随着需要继续努力的东西。

多年前，我曾经担任过通用汽车公司的地区销售经理。我有清楚的小轿车、轻型和中型卡车的销售目标。每隔十天，我就要看看我是否完成了这些目标。其答案是黑白分明的，或者是"完成"，或者是"没完成"。这里没有"四舍五入"，99%也是没完成，只有100%才算成功。即使完成99%也会受到雪佛兰牌汽车（Chevrolet，重要的竞争对手之一）的冲击，因为我没有"搞定它"，我的战略实施工作失败了。

这种"全有或全无"的方法对于积极性的影响恐怕是显而易见的。为了确保我总是能完成任务，我会在计划制定过程中讨价还价，降低目标，以便很轻易地完成目标。当对业绩完成情况的回答是"是"或"否"的时候，人们为了确保成功，就会瞄准低目标，而不是高目标。当"没有搞定"的后面跟随的是极其严重的后果时，这种低目标的倾向就会更加强烈，这会大大影响实施重要的战略目标和短期目标的积极性和最后成果。

好的目标不是这种非黑即白的两分法。它们反映的是依据某些连续标准而实现业绩的程度。请看下面的简图：

```
0%                        95% 100%         120%
目标                          目标
```

如果某个人完成了目标的95%，他失败了（非黑即白）吗？不一定，还必须考虑其他因素。如果我在福特汽车公司完成了95%的目标，而我的一个来自雪佛兰牌汽车在同一地区的同行仅仅完成了75%，考虑到我所获得的市场份额，我应当背负失败者的骂名吗？当然，与那位完成了120%的目标的同伴相比，我不应当获得一样的奖励，她显然大大超过了我。但是，把所有没有完成100%目标的人都看成失败者，而没有考虑过分简单化的、非黑即白、非好即坏的判断之外的东西，肯定将导致耍花招、压低目标或者在数据上玩花样等行为。以这种过于简单化的方式来使用目标和激励措施，必然会导致与成功的战略实施工作相对立的事情。

奖励正确的事情

那些从事战略实施工作的经理们的观点，以及我自己的经验再次强调了这个问题。如果一项战略计划认定某件事情十分重要，而激励措施奖励的却是其他事情，战略实施工作显然就会遭受挫折。期待某件事情而奖励另外的事情是愚蠢的做法。有效的战略实施工作要求纠正这种愚蠢的做法。激励措施必须支持那些与机构的战略实施计划相一致的决策或行为。

有关沃尔玛公司进行成本控制的故事已经广为传播，成为传奇。经理们出差要共住一间房，以便省钱；要求出席会议的员工们将笔和便笺带回家去；沃尔玛打电话给供应商采购物品时，要供应商付电话费；直接给予员工们减少损耗的奖励，以便有效地鼓励他们不要偷窃，等等。

在这里，这些过去几年里关于沃尔玛公司的故事是真是假并不重要。这些或真或假的故事背后真正的问题在于，沃尔玛公司的员工们相信节俭是应该普遍奉行的事情，同时也是一件好事；成本控制是公司所赞赏的，公司所有的员工都必须为成本操心。该公司的战略强调低成本,而这正是需要激励和强化的正确事情。行动确实要比言辞更加有力,因此,表扬和奖励正确的行为十分重要。

要对大家一致认可的目标进行奖励。这里的关键在于避免引起异议。必须预先制定出与所希望的战略实施后果相关联的目标,并且加以明确,而对业绩考评的重点也必须放在这些大家一致同意的测评方法上。这样,业绩表现和奖励之间的联系就会被持续地、明确地建立起来。

不应当出现事后随意选择业绩测评方法的情况。好的领导人不会鼓励那种朝令夕改的做法。一个以提高销售量和市场份额为己任的销售经理认为自己干得很好,却因为边际利润低而受到责备。一个设计部经理致力于改善产品的质量,以提高顾客满意度,却因为该部门成本的上升而遭到警告,并且被威胁说,如果再不降低成本就要承担严重的后果。

在战略实施过程中,各项竞争指标的相对重要性应当事先就确定好,测评业绩表现的方法也不能在事后任意变更。如果需要销售经理在关注市场份额的同时也重视边际利润,那么,在商谈战略实施目标时就应当事先说好,并且将销售量和边际利润之间的关系明确规定下来。如果成本对提高产品质量和顾客满意度有所限制,那么在该部门贯彻行动计划来实现其部门目标之前,就要事先向设计部经理交代清楚这一点。

这些经理的基本要求是:避免出现节外生枝的事情,不要在事后随意改变业绩测评的标准。没有什么比这种情况更糟糕了:当你根据某些指标来庆祝成功的时候,却被告知要根据其他一些先前没有讲清楚的指标来对业绩进行测评。

最后一点,机构始终会为它们的付出而得到回报,经理们会始终对某些行为或成果抱以希望。但是，如果机构实际上奖励的是那些不同的行为或成果，那么，机构所希望的或所要求的事情就不会实现。战略实施工作的成败与否直接取决于这种情况，即机构将始终获得它实际上所奖励、付出或强化的东西，有时甚至是它所不希望或没有预料到的东西。

所有这些案例都强调了一点：机构必须奖励正确的事情。奖励错误的事情，即使是无意中做出的，也将损害战略实施工作。桑戴克（Thorndike）那个古老的效果定律是一贯正确的：受到强化的行为会重复出现。[4]战略实施计划和实施过程的领导人必须时刻牢记这个事实和本章讨论过的其他要点。

控制：反馈、学习和调适

有关激励措施的讨论反复提到了控制问题，这并不奇怪。激励和控制是相互依存的，恰如一个硬币的两面。在为战略实施工作确定了目标并给出了激励措施后，就要面对如何加以控制的问题。

控制的过程

如图6-1所示，控制过程提供有关业绩的反馈情况，强化战略实施方法，提供"纠正"机制，促进机构的学习和适应性。

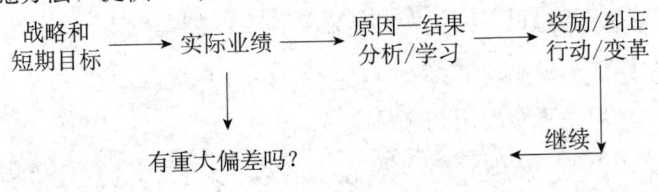

图6-1 控制过程

图 6-1 表明，控制过程总是从比较实际的和想要得到的业绩开始。如果这两者之间有了重大的偏差，就必须进行分析或研究。其目的是分清原因和结果，找出引起偏差的原因。是因为机构采取了错误的方法吗？是竞争对手采取了未曾预料到的行动吗？或者是因为没有具备恰当的能力或激励措施不当吗？经理们努力剖析问题和理解业绩产生重大偏差的内在原因，其重点是学习。在了解了有关情况后，就可以采取步骤来提供反馈或纠正措施，这就产生了变革和机构的调适过程。

这个控制过程是正确的，但是过于简单。问题在于，其中包含一些战略实施过程中的重要陷阱。为了避免这些陷阱或问题的出现，加强领导和管理绝对是必要的。

奥蒂康公司

请考虑奥蒂康公司（Oticon）的案例，这是丹麦的一家助听器生产商。20 世纪 90 年代，该公司的总裁兼 CEO 拉斯·科林德（Lars Kolind）认为，他已经对机构的专门化组织结构感到头疼和厌倦了，他希望能摆脱这种过分官僚化的、据称导致了许多问题的部门型或职能型的组织结构。他为此执行了一个大胆的举措。

他所做的是建立一种新的组织结构——"意大利细面条式组织结构"[5]。传统的组织结构形式被废除了。一种新的、依据人力资源或能力可灵活互换的、流动型的组织结构产生了，允许员工选择自己的岗位和项目。岗位的分派建立在自愿的基础上。基本上没有像以前那样的控制或管理，只有一个管理小组，它负责审查所选择的项目，但是不对费用和人员配备加以控制。

除此之外，其他一些变革也很有趣。新机构的其他方面包括"一千棵桦树"和取消所有的办公用纸。员工们携带着他们自己的树、办公桌和文件从一个项目转到另外一个项目。项目要求员工在办公地点内走动时要相互靠近。这种方式被认为是有益的，因为当他们四处走动和在楼梯上相遇时（只有桌子和文件能使用电梯），会发生非正式的交流和闲谈。

此外，该公司还为这种新的组织结构和工作方法设定了目标。也就是要在三年内将竞争能力提高30%，并把实施"意大利细面条式组织结构"和其他变革举措统称为"330项目"。许多人对这种新的、松散的、不正规的组织结构兴奋不已。

但是其结果远不那么让人感到高兴。一些经理因为失去了职务和权力而感到沮丧，从而抗拒这些变革。一些好经理跳槽走了，因为他们不喜欢这种散漫、没有等级次序和管控的结构。在第4章里，我们曾经指出过的实行扁平型组织结构时会出现的那些问题，这时全都高昂起它们丑恶、狰狞的头颅。员工可以半道留下没有完成的任务，就来去自由地从一个项目转到另一个项目，协调的问题出现了，而工作也大受影响。由于这种流动的、没有秩序的组织结构，人们往往不愿就许多难以决策的问题做出决定，或干脆不理不睬，也不感到对任何一个项目负有责任。项目团队之间还展开了对于资源的争抢，却没有一个制度来解决其中的矛盾、设定优先顺序，并推动工作往前进展。

奥蒂康公司的试验还出现了其他许多问题。但是让我们把重点放在它的逻辑上，也就是关键目标的制定，以及图6-1所指出的控制过程上。科林德对专业化的组织结构感到头疼和厌倦，为什么会这样？原因是奥蒂康公司遇到了业绩方面的问题。那么，专业化和部门型的组织结构在多大程度上造成了这些负面的影响呢？其中的原因——结果关系和它对业绩可能产生的影响从来就没有被搞清楚过,只不过科林德所采取的行动暗示了这一点而已。

关键的目标,也就是控制过程的主要前提,是在三年内将竞争能力提高30%,然而,什么是竞争能力?如何对它加以测评?在一开始比较实际到手的和所期望达到的业绩时,这些糟糕的目标,包括那些模糊、无法测评的目标都将对控制工作提出挑战(见图6-1)。此外,如果没有科林德对过去业绩表现的解释说明,这些新的业绩指标究竟是什么意思也是令人费解的。

随着员工不断地大量流动,对项目的管理大受其害,而学习也很难完成。对项目和工作流程做出正确的修正变得十分困难。甚至,连考核每个员工在某个项目上工作了多长时间,或者对某个项目或产品做出了多少贡献这样一些简单的事情,也成为一种挑战。

从本质上看,就是图6-1所给出的控制系统遭到了破坏。结果,那种对于战略实施、机构业绩和适应性极为必要的各项控制措施都没能有效地发挥作用。

奥蒂康公司正视了这些问题,并且也漂亮地东山再起了。逐渐地,又重新构建了相应的等级和权威制度,强化了协调手段,并重新将月度业绩报告作为一种控制手段。目标也明确了起来,针对这些目标的问责制也建立了起来。"意大利细面条式"扁平组织结构的许多元素保留了下来,不过通过额外的控制措施对其加以更严格的约束。公司也重新重视战略的作用,包括产品及其性能上的差异性,因此特地为研发工作提供资金和其他资源来予以支持。对营销工作的投资创造了新的客户,如年轻人,这消除了助听器仅仅是供老人使用的偏见。对战略问题的重视很好地提醒公司注意,战略实施工作应当从制定可靠的战略,以及培养使战略发挥效用的能力开始。

看看该公司 2011 年的营业收入（10 多亿欧元）、毛利润（9.75 亿欧元），以及它的多样化产品——这些产品包括新颖的助听器、诊断仪器，以及个人通信产品等——的全球市场份额，这些全都表明，最初那些因为组织结构变革所造成的问题都已经被有效地克服了。无疑，重新建立健全的管控措施居功甚伟。

快印行业

对快印和复印行业的一些有趣研究揭示了其他一些关于管理和控制的重要性的证据。[6]而其中一项发现特别能说明问题。

情况看来是这样的：那些曾经参加了快印或复印连锁经营，但后来又离开了总公司而自己投资开店的小业主，其业绩远远比不上那些仍然附属于总公司的店家。这些独立经营者作为总公司的特许经营商时，学到了如何去开展业务和进行经营，但是，当他们成为独立的经营者时，他们似乎忘记或者改变了过去的做法，而这对他们的业绩造成了损害。快印业务或技术并没有什么变化，而这些技术也无法与火箭科学相提并论，那么究竟是怎么回事呢？是什么造成了这种后果呢？

简单的答案就是管理控制问题。当他们作为总公司的特许经营商时，最高领导层为他们制定了重要的规则和纪律，要他们确保遵循总公司的经营方式。目标是清楚的，经营方法也很明确，任何偏离规定的做法都会被最高管理层迅速纠正。所有这些措施确保了产品的质量和顾客的满意度。

因此，正是他们所使用的管理和控制使得事情有了不同；正是高层管理团队所要求的那些纪律、规则和标准经营步骤对那些特许经营商的业绩产生了积极的影响。那些离开特许经营自己开店的小业主拒绝了这些规则和行之有效的方法，而按照自己的方法开展经营,他们的成绩就不如那些仍然坚持特许经营的人好。由此可见,即使在快印这样一个简单的行业里,是否有得当的控制,其造成的业绩差异也是很大的。

证券行业的控制问题

正如最近证券行业所发生的几件事情所表明的那样,并非所有与控制有关的故事都是那么悦耳动听的。2010 年,也就是摩根大通公司(J. P. Morgan Chase)荒唐的巨大损失公之于众之前两年,其高管和经理们就受到了警告,他们被要求注意其伦敦办事处的风险交易情况。警告之旗高高飘扬,但高管层却视若无睹。[7]控制系统在工作,但警报信号却被置若罔闻。

成立于 2012 年的诺姆拉控股公司(Nomura Holdings, Inc.),控制系统存在缺陷,导致内部信息的泄露。反过来,这些信息又助长和怂恿内部交易的发生,结果,这些被泄露的信息被用来在市场上获取不当利益。[8]在这个案例中,控制系统显然没能足够快地向高管层发出警报,警告他们这个系统存在着漏洞。就此项工作而言,正确的数据根本就没有得到可靠的保护,很容易被人获取。

我们可以从前面所举的例子中得出几条基本原则,并且将它们与图 6-1 所指出的控制过程联系起来。把这些案例与第 1 章里那些从事实际管理的经理们的经验结合起来,就能理解"控制"的含义,它包括"做什么"和"不做什么";什么起作用,什么不起作用。让我们看一下好的控制工作的标准是什么。

制定和使用恰当的目标

不好的目标会损害控制工作,并且直接给战略实施工作蒙上阴影。如果目标是不可测评的,那么图 6-1 中作为控制过程开始的那一步——对实际的和所希望的业绩进行比较——就会有问题，变得极其主观或随意。如果目标在逻辑上与战略或需要解决的战略难题无关，那么这些目标就会出现偏差，也不值得为之努力。

好的战略目标和短期目标取决于扎实的计划制定过程。这些目标必须从逻辑上与所规定的战略需要，以及值得注意的短期问题相关联。快印行业经营层面的目标都是与战略和关键的需要紧密挂钩的，但这一点在奥蒂康公司进行组织结构变革的初期却并未实现。

恰当的目标应当强调正确的事情，而不好的目标则常常会强化错误的事情。相对而言，对于不好的目标来说，其业绩指标和激励措施之间的关联显得更加不清楚和不紧密。不良的目标有损控制工作。没有清晰、紧密相关、可以测评的目标，那些取决于对实际业绩和所希望业绩加以比较的控制过程根本无法发挥作用，与目标之间的重大偏差也无从发现，而机构的学习和适应过程也就根本无从谈起。

控制工作需要及时和可靠的信息

图6-1所示的控制过程表明了好信息的重要性。制定计划和设定目标需要对行业和竞争对手加以分析，以及对本机构的能力加以评估。同时，还必须将这些信息分发给大家，并让大家正确地理解。有关实际业绩与期望业绩之间偏差的数据也要加以收集和传播。反馈工作和业绩考核也依赖于可靠的信息。

好的信息必须是及时的和经过验证的。要想使得控制工作发挥效果，有关业绩的最新信息必须是经过查验或准确无误的。战略、目标和激励措施的任何改变都取决于信息反馈，机构的学习和适应性也是如此。诺姆拉控股公司的教训之一，就是它的管理层没能及时收到可靠的信息，而为了避免问题的发生，这些信息是必不可少的。

那些进入全新市场（如中国和日本）的公司，需要有关顾客对其产品或服务的反馈意见；它也需要知道竞争对手对于它进入市场的反应。竞争对手会进行报复吗？如何报复？在哪儿报复？它们是否还在别的地方进行了反击，如欧洲，这是否是因为自己将注意力放在了中国和日本市场，所以导致欧洲市场变得脆弱了？是否因为自己把新的重点放在了远东地区，所以反而忽视了其他市场？

公司的信息还必须是及时的。那些陈旧或过时的信息会使你无法对竞争对手的行动或顾客的抱怨做出及时和有效的回应。因此，一家进入新市场的公司需要有及时和最新的信息来支持其战略执行。

因此，信息必须具有及时性和可靠性。只有这样的信息才能使控制和反馈工作的质量有保障，而以此为基础的未来战略决策也才有可能成功。但是，这里有一个悖论，一个潜在的问题，那就是：信息的及时性和可靠性是负相关的。

要想提高信息的可靠性，就需要从不同的来源收集更多的数据，而这通常耗时更多。所以，要求信息具有可靠性和全面性，实际上会伤害到它的及时性。反之，过分地强调及时性，那就要冒由于过于匆忙而无法保证信息可靠性的风险。总之，及时性和可靠性无法很好地兼容，它们之间是负相关的。

设法使信息的及时性和可靠性获得恰当的平衡，是各级经理所面临的一项重大挑战，也是他们必须解决的问题之一。对此问题处理不当，将会影响到信息和反馈的质量，而只有高质量的信息和反馈，才能确保机构成功地适应变化不定的市场环境，以及有效地开展战略实施工作。这是一个与控制工作有关的、值得管理层注意的任务。

使用信息和依据信息开展工作

依据所收集到的信息开展工作是极为重要的。其重要性在于，只有妥当地利用及时又可靠的信息，才能找出和纠正问题，从而推动机构前进。没有这一点，就不会有学习，并滋生出你所不希望看到的拖沓、懒散作风。

假如有关业绩的反馈信息质量很高，也就是既及时，又可靠，那么下一个问题就是：谁应当得到这些信息？又是谁能依据这些信息来开展工作？实施工作依赖于高质量的信息，但是，如图 6-1 所示，实施工作也要求正确的人得到关键信息，并要求他们能够依据这些信息推行变革措施。没有这些进一步的考虑，高质量信息，以及依据这些信息建立的控制系统，实际上就毫无用处。

请考虑前面所提到的摩根大通公司案例。控制系统在运行，并提供了伦敦办事处风险投资的数据。红色的警告旗在 2010 年就已经升起，但公司在两年内没有采取任何行动。这些信息明明就放在那里，但却没有得到及时和有效的使用。出了什么错？

或许是错误的人——那些无权采取行动的人——收到了这些信息，而这意味着控制过程出现了漏洞。或许是那些看见了这个红色警告旗的经理，根本就不相信这个传递此前从没有人遇到过的严重情况的信息。或者，可能是这些经理根本就不知道该如何处理此新情况。最后，也可能是他们极不愿意去面对这险恶的事实，因为一旦加以处理，就可能会伤害或刺痛其他一些人。

问题在于，可靠的信息是存在的，但却没有被用来作为纠正重大错误的行动依据。在这个案例中,控制系统在工作,但是由于管理层的失误,导致这家著名的公司成了睁眼瞎。

我曾经为华盛顿特区的社会保障局工作过一段时间。除了其他问题,管理人员和我还研究"听证和申诉办事处"的相对成本,以探究其究竟是根据办公地点设立好,还是根据地区设立好。我要求获得一些成本数据,以便检验一个有关机构设立的假说,结果我遇到了以下一系列反应和行动:

(1)我被告知,可能没有我所需要的数据。

(2)如果这些数据确实存在,我可能无法接触到这些数据。

(3)如果我被允许接触这些数据,我可能会发现这些数据的格式是我所不喜欢的。

(4)如果这些数据的格式是我所不喜欢的,我也只好使用它们。毕竟管理方式就是如此,你要么接受它,要么放弃它。

长话短说,我最终得到了这些数据,甚至对其中一些做了更正。实际上,这些数据非常好,非常有帮助,为成本以及成本与组织结构的关系的研究提供了许多宝贵资料。该机构日常所收集的信息给我留下了非常深刻的印象。

同时我也感到震惊,我是多年来第一个复制和使用这些数据的人,之前没有一个人使用过这些宝贵的信息。控制系统依靠反馈、信息来帮助机构实行变革和采取应变措施,但是,如果没有一个人看到或使用这些信息,那么,控制系统显然就不会发挥作用,变革或提高适应性工作也就得不到支持。

之所以会发生这种情况,可能因为这是一个不参与市场竞争的"吃税款"的政府机构,按照政府的会计标准来说,它始终是一家实现了"盈利"的机构。而对于一家处于高度竞争的企业来说,就不是如此了，这些企业能否对顾客的需要和竞争对手的行动做出迅速而敏捷的反应，是关乎其生死存亡的大事。如果这些企业不使用可靠的信息，就会使得战略实施工作成为一场噩梦，并且丧失竞争优势。

诚实地面对残酷的事实

吉姆·科林斯强调指出，在他所调查的样本中，一些"伟大"的公司总是能公开而真诚地面对残酷的事实。[9]在控制问题上，再没有比这一点更让我赞成的了。与科林斯的调查中的经理们一样，在我的调查中，当经理们遇到问题，出现了差错时，也公开而令人信服地谈到"剖析"的必要性。剖析问题是与对重大偏差进行分析，以及需要学习和反馈相一致的，它是图6-1控制模式的一个重要方面。当残酷的事实出现时，摩根大通公司就因为没能诚实地面对它，才为此付出了代价。

我反复多次观察到的通用电气公司的主要优点之一（特别是在"群策群力"学习班上的所见所闻），就是公开面对不良业绩的能力。"群策群力"常常是喧闹的、争吵不休的，然而推动其讨论的内在原则却是相同的，这就是发现产生问题的原因，并且解决它。只有当人们能直面残酷的现实并且对其进行剖析分析时，才会有所谓的学习和理解。

遗憾的是，许多经理就是不想听到真话和面对残酷的事实，即使这正是对他们公司最有帮助的做法。一位行业分析家最近告诉我，他打交道的许多公司绝不接受这样一个残酷的现实——它们的战略实施工作的某些方面已经表现得十分糟糕了。尽管这些弱点可能已经播下了业绩不良的种子，甚至会对该公司造成毁灭性的打击，他们仍然听不进去。这些公司希望分析人员不要去理睬这些坏消息（包括与竞争对手相比业绩表现欠佳），而是只报告好消息，即使这意味着不说实话也在所不惜。这可能是一个将残酷的真实、道德和股票价格或市场价值结合在一起的特殊案例。但是，在控制系统中回避残酷的现实只能导致不良的业绩和战略实施问题。对问题进行剖析确实不是一件有趣的事情，但它显然是战略有效执行过程中必不可少的工作之一。

正如一位经理所恰当地表达的那样，如果剖析问题的主要目的是为了"找到一个为不良业绩背黑锅的白痴来让上帝高兴"的话，那么这种剖析就不会产生学习和让机构变革的效果。战略实施工作要求领导人及其下属将重点放在问题上，以诚实的态度和合理的好奇心来面对问题，同时对学习和纠错做出承诺。重点必须放在承认错误和理解错误上，而不是为了找出某个应当受到责备的人，把他"炒鱿鱼"。

真诚地面对残酷的事实，并且从中吸取教训，是那种有条不紊的、以变革为导向的文化不可或缺的组成要素。像沃尔玛公司、西南航空公司、通用电气公司、皇冠控股公司，以及前面提到的快印或复印行业中的许多企业，都具有这个特点，而我那位行业分析家朋友所考察的那些公司却并非如此。漠视真正的现实只能使战略实施工作遭受挫折。

奖励实干家和做出成就的人

对于战略实施工作来说，绝对关键的事情就是要奖励那些实干家和做出成就的人。

激励措施必须推动工作产生所希望的成果。希望某件事情却奖励其他的事情，就会造成混乱和错误，也就否定了值得肯定的业绩表现。如果实干家没有得到表扬或奖励，那么战略实施工作就会遭受挫折。因此，机构要想获得成功，就必须奖励那些帮助它实现了成功的人。

这个简单的事实本身就能成就或破坏控制工作过程和战略实施工作。对于战略实施工作极其重要的决策和行动，第2章给出的战略实施模式已经讨论了不少。每个人都要对战略的有效执行做出承诺，而激励措施则确保他们与这场游戏休戚与共。

下一个绝对重要的问题是机构如何庆祝它的成功。那些表现出众的员工必须得到表扬，他们的行为和成果必须得到强化。作为图6-1所指出的反馈环节的一部分，对实干家进行奖励是绝对必要的。

经理们反复地向我强调这一点。他们指出，由于这是一个基本问题，因此违反了这一条常常就会导致战略实施工作产生问题。他们的观点强化了这里所提出的基本思想：必须奖励那些完成任务的人，要对那些勇于为战略的实施工作和有效执行承担重担的人给予正面的反馈。

奖励协作

这个问题正在变得越来越重要，这是前面讨论过的奖励实干家之后顺理成章的又一个问题。问题在于，与奖励协作成果相比，各个机构更多的是奖励个人的业绩表现，而这样做常常会对战略实施工作造成伤害。

战略实施工作正在变得越来越复杂，且常常是一项高度相互依赖的任务。为了实现积极的成果，必须将各个部门中每个人的努力集合或协调起来。为了达到最终的、与第5章里所说的交叉型相互依赖相一致的目标,协调工作是必不可少的。当然,个人的努力是重要的,然而对于成功的战略实施工作来说,把这些努力协调一致,以及开展跨部门或单位的协作才是至关重要的。

当激励措施仅仅表扬和奖励个人业绩,而忽视或不顾及任务的相互依赖性和协作时,就会出问题。[10]

激励措施和奖励是在告诉人们什么是重要的,它们鼓励某些行为而非其他行为。如果图6-1所示的控制和反馈仅仅集中于表扬个人,那么,越来越复杂、高度相互依赖的战略实施工作所要求的协作精神就会被轻视。正如所在公司遭遇到战略实施工作失败的两位经理曾经告诉我的那样,他们需要高水平的工作一体化和团队工作精神:

我们这里闪耀的是明星,而不是星座。

实施计划强调的是合作和协调,但是激励措施和业绩测评只承认个人的业绩。这样做会产生什么样的后果是很清楚的。

这个问题的解决办法很清楚,但并不那么简单,那就是需要强化合作行为。如果战略实施工作要求高度相互依赖的工作和一体化的任务,或者不同部门中的人相互合作,那就需要以集体为基础的激励措施。例如,一个承担重要任务的"特战队"(SWAT)小组中所有的人都要对该小组的工作成果负责。当任务完成时,所有的人都应当获得同样的鼓励并受到同样的业绩测评,这是一个重要的控制要素。当相互依赖程度很高,而员工又没有认识到合作和共同努力的必要性时,就会损害战略实施工作及其成果。

分清责任和职权

上面有关个人或集体的业绩、激励措施和反馈等问题的讨论是以一个重要的问题为前提的,这就是清晰的责任和职权。在本章的前面以及第5章里都讨论过这个问题,但是在讨论控制工作时,因该前提的重要性而必须进一步予以说明。

如果责任和职权模糊不清或相互混淆,图6-1所示的控制过程就无法推进。任务目标究竟是交给个人还是偶尔交给小组或单位,没有这种目标和责任的划分,反馈工作就难以进行,奖励就无法明确,而变革也就无法实现。与一个更加有章可循的机构相比,在那种"意大利细面条式组织结构"里存在着更多的责任划分问题,对业绩的影响也更大。

因此,对于战略实施工作的成功来说,分清责任和职权十分重要。对于切实的管理和控制工作而言,这是一个必须考虑的极其重要的因素。相应地,那些负责领导战略实施工作的经理们可以参考第5章里有关角色会商和责任图的讨论。

领导、控制和战略实施工作

实际上,控制过程和方法在定期地考验着经理们的领导能力。在图6-1所示的控制过程中,领导起着核心的作用。当经理们不能完成其领导任务时,就会出现问题。

"按照我说的办,不要按照我做的办"

这是一个经常听到的控制问题。问题就出在经理们要求某件事情,但他们的行动却似乎表明某个其他事情更加重要。

我曾经工作过的一家公司希望加强新产品开发和创新工作,将此作为一项新战略和开辟市场战略的一部分。当然,创新需要发现新思想和解决办法,需要进行测试和试销工作,需要进行各种试验。但是,这个公司的文化是保守主义的和规避风险的,这就形成了有趣的进退两难的窘境。

一方面，经理们到处宣扬创新的价值。另一方面，他们的行动却在反对创新所需要的那些条件。例如，制造副总裁应声虫似地响应高层管理团队对新产品开发的号召，但是他又"抑制"他的下属，不让他们停下来更新生产线以研制和试验新的样品。毕竟，停工的代价是十分昂贵的，这会损害销售工作和规模经济。不用说，这些领导人的行动在下属中引起了困惑，使他们搞不清楚工作重点和战略实施工作的要求到底是什么。

另外一个案例是：一家大型的政府机构已经制定了一个改善委托人满意度的计划。这项战略表面上将委托人置于这个社会服务网络的中心位置上，把他们的需要看作其他行动和支持服务的动力。

然而，随着对委托人提供的服务的增加，专业接待时间和行政支持时间也大大增加了，这使得费用和支持工作大幅度增加。这家政府机构的更高一级领导人很快就注意到成本的上升已经达到了警戒水平。上级关于该机构所有下属单位和计划的业绩表现的反馈意见下来了，其中包含了要对成本费用进行严密控制的新指示。

尽管顾客第一的工作很有成效，但可以预计的是，它将变成排在成本控制之后的第二位的事情。该单位的领导要求将重点放在委托人身上，但行动却完全是另外一回事。这种做法所传达的信息很明确：委托人的满意度固然重要，但是只能在不增加成本的前提下实现。这使得每个人都很苦恼。行动发出的声音确实要比言语更强烈。

因此，经理们必须以身作则，不管他们处于机构中的哪个级别，下属都在仔细地观察他们的行动。领导人的所作所为将成为下属仿效的标杆或榜样，应当以此来对行为或行动产生控制作用。

第6章　激励和控制：支持和强化战略实施工作

修正业绩测评方法

许多传统的业绩测评方法非常糟糕，它们常常打击团队精神，使个人彼此之间产生争斗，并且提拔、重用那些平庸之才。它们常常打击冒险、变革和创新等精神，而鼓励人们贪图安稳和因循守旧。

这些消极的结果绝不是有意得到的，但是，正如我常常提醒注意的那样，它们常常是现实存在的。许多公司不想因为业绩测评而造成麻烦，它们的确十分努力地想让自己的测评方法更加客观，甚至更加科学，然而不良业绩测评方法所带来的问题依然顽固存在，并且影响着战略实施工作。

业绩测评以及它所给予的反馈是图6-1所示控制过程中十分关键的方面。但是正如刚刚提到的那样，其效果常常是负面的。例如，强制性打分评级往往造成不和，强制去除那些"枯木朽枝"会带来破坏和伤害合作的后果。新雇用的人会被仔细地审查，以求录用一个真正优秀的人，而这个人最终将肯定使你自己被划入"枯木朽枝"一类中去，这毕竟不是一个明智的办法。考虑到这种打分评级做法的性质，人们纷纷设法规避冒险，因为这种打分增加了犯错误和业绩不佳，从而导致危险后果的可能性。如果人们担心犯错误和被迫离开单位，创新精神将受到打击。

领导的一个重要作用就是要减少或消除这些不良测评方法所带来的负面后果。即使像强制性打分评级这样有问题的测评方法，好的经理也能克服其缺点，并挖掘出那些能够支持战略实施工作的积极方面。他们能做些什么呢？

（1）他们可以就业绩测评所使用的指标进行商谈。那些有眼光的领导人并不仅仅依靠强制性打分评级方法或简单的制度，他们会与下属商讨业绩测评的指标（全部或部分）。通过使用协商一致的指标来缓和或改善强制性打分评级方法的负面作用。

（2）他们不惜任何代价来避免使用那种"全有或全无"的指标。这样做的原因已经在前面说过了。基本上，好的领导人应该认识到，使用那种"全有或全无"、非黑即白的业绩指标不会带来任何好处。他们知道虚报低指标或说谎，以及消极怠工或压低业绩所造成的代价，因此他们避免采用"全有或全无"的测评方法。

（3）在分析业绩和解释偏离实施计划的原因时，他们要求下属诚实地提供真实的信息。但他们主要强调的是学习，而不是找出因不良业绩而受责备的人或者替罪羊。痛苦的诚实能促进学习并对实施计划加以微调。

（4）他们奖励那些做出成就的人。他们会让每个人都知道什么是有价值的，什么是算数的。他们清楚地规定成功的标准，并表扬那些为战略实施工作的成功做出贡献的人。好的经理会庆祝成功，并且祝贺那些实现了成功的人。

对于图6-1所示的控制过程来说，经理起着重要的作用。重要的是：他们要以身作则；创造守纪律和诚实的气氛；减少那些正规控制机制（如业绩测评方法）所造成的负面影响。这种领导作用对于战略实施工作的成功是至关重要的。

战略审查：将制定计划、实施战略与控制工作结合起来

对控制工作的论述意味着我们结束了对第2章所给出的战略实施模式的讨论，这为回顾和总结至此有关战略实施工作的要点提供了一个极好的机会。我们所使用的总结或综合方法对于成功地实施

战略是十分关键的,因此值得注意。这个方法就是战略审查。

战略审查指对战略、战略实施工作和业绩表现进行集中的分析。它使得企业能检验其业务计划和战略实施方法的好坏,它对公司战略和业绩表现的审查也很有用。它也能用于业务单位中,被经理们用来考察和评价各个部门的战略或产品战略对主要的战略目标和短期目标所做出的贡献。

这种审查并不是一种数字游戏,最后得到一大堆文件和数据,也不是"难为人"大会(在那种会上,一些人抓住了其他人的夸大其词或编造事实的行为而让他们难堪)。它的目的是召开一次积极的、建设性的和互动的会议,其重点在于评价机构真正获得的成果和如何改进本机构的业绩表现。它的意图是促进战略思考,以对获得竞争优势和机构的成功所需要的条件有更好的认识。

好的战略审查是无价之宝,它能为计划的制定和实施提供一个相互结合的框架。它重点关注本章所讨论过的激励和控制问题。它提供了一次相互沟通、分析战略和实施方法,以及检验实际工作中计划或方法的现实性和可行性的机会。它还能找出机构在计划制定和实施方法方面的"漏洞"或问题所在,从而采取变革、提高适应性或纠正措施来改进未来的计划和战略实施工作。

每个机构都必须确定自己的战略审查过程,这是必要的。重要的是:好的审查应当鼓励争论和直面冲突;它能促进学习;它使得领导人有机会来考察员工并培养好的经理;它有利于机构内各个层次之间战略的一体化,并且能支持战略实施工作。

第3章曾经简略地讨论过战略审查问题。图6-2将其略微扩展了一些,并且指出了关键的六个步骤。对这些步骤的描述并不是为了给出某种机械的、固定不变的方法,或者过分正规的战略和实施方法，只不过是为了保证战略审查的一些重要方面得到全面的考虑。各个机构当然应当根据自己的竞争形势，以及它认为最重要和关键的问题来制定自己的审查方法。让我们遵循这些步骤，就如何把计划的制定和战略实施工作结合在一起，并且使得这种结合有效发挥作用做一番考察。

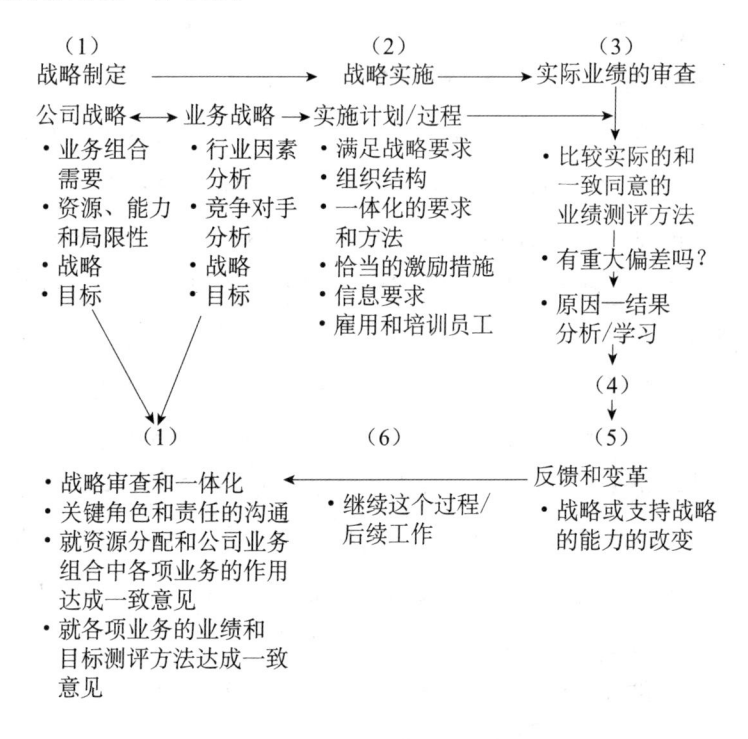

```
     (1)                    (2)                  (3)
   战略制定 ──────────→   战略实施 ─────→  实际业绩的审查
公司战略 ←→ 业务战略 →  实施计划/过程
·业务组合   ·行业因素    ·满足战略要求    ·比较实际的和
  需要       分析        ·组织结构         一致同意的
·资源、能力 ·竞争对手    ·一体化的要求     业绩测评方法
  和局限性   分析          和方法         ·有重大偏差吗？
·战略       ·战略        ·恰当的激励措施  ·原因—结果
  目标       目标        ·信息要求         分析/学习
                        ·雇用和培训员工
                                            (4)
         ↓                                    ↓
        (1)              (6)                 (5)
·战略审查和一体化  ←─── ·继续这个过程/  ─── 反馈和变革
·关键角色和责任的沟通    后续工作        ·战略或支持战略
·就资源分配和公司业务                     的能力的改变
  组合中各项业务的作用
  达成一致意见
·就各项业务的业绩和
  目标测评方法达成一致
  意见
```

图 6-2　战略审查：制定计划、战略实施和控制工作

步骤 1：战略制定

第 3 章指出了公司一级和业务单位一级战略的重要性。因此从逻辑上看，战略审查应当从扎实的战略制定工作开始（步骤 1）。图

6-2中的审查过程着重把公司和业务单位的战略结合起来,但是,上述过程也可以用到业务单位一级上,也就是将业务单位的战略和各个部门、职能单位的计划加以一体化。

公司战略

在公司一级,必须将战略问题作为审查工作的一部分。对于一个从事多项业务的机构来说,它必须建立一个业务组合模式来指导投资以及下属公司的兼并或卖出。可以把对这个组合的说明用作沟通的工具,借以指出这种组合的性质和逻辑关系,以及某项业务在这个组合中的地位。如果公司打算把多样化和扩展业务组合作为公司的战略,那么就需要制定明确的多样化标准。

公司的计划人员还需要就哪些资源和能力最好由公司一级来掌握做出决策,以便成立集中型的部门或单位来实现规模经济或范围经济,或者以此来为不同的业务单位提供重要的支持性服务等。对技术或研究和开发中心的投资,也是公司考虑对稀缺资源或能力实行集权化或分权化管理问题的一个任务。

业务战略

业务单位一级的战略分析必须包括对行业因素的考虑。[11]行业分析的重点是本单位在整个行业内所处的地位,以及如何使自己与其他主要竞争对手形成差异。通过分析,还要确定供应商和顾客的势力大小,以及这种相对势力的大小将如何影响本业务的经营和实施工作的难易程度。业务单位还必须精确地估计能够替代本业务产品或服务的数量,因为这些替代产品或服务的数量与行业内的竞争对手的数量呈正相关关系。还必须对进入壁垒加以分析,包括如何提高这些壁垒以保护自己的竞争优势并促进战略实施工作。行业因素会对该行业的竞争激烈程度产生影响,这反过来又会对战略实施计划的性质和成功与否产生影响。

对于业务战略的制定和实施而言，对竞争对手和竞争情况的分析至关重要。谁是主要的竞争对手？它们的能力和特长是什么？哪些竞争对手对我们的战略活动构成了最大的威胁？它们当前的战略是什么，以及它们将如何开展竞争？如果我们实施一项新战略，它们是否会以及如何进行报复？在有效的竞争对手分析中，有许多这样的问题需要回答。

业务单位还必须对自己的资源和能力加以审查。本单位是否具有满足战略需要的必要能力，是需要考虑的基本问题。例如，对于低成本战略来说，它需要进行资本投资，以便实现标准化生产和规模经济。它或许还要求对信息技术和激励措施进行投资，以支持低成本战略的要求。另外一个关键问题是：在领导层中是否有参加过有关战略实施工作必要培训的干部？能力和人力资源会随着时间的推移而改变，即使是一时"恰当"的人员也会有能力欠缺之处或技能不完善的地方，因此需要采取补救行动来确保他们实现高效益的业绩。

可靠的业务战略会对战略实施产生积极的影响。创造市场进入壁垒，赢得市场份额和影响力，有效地体现自己产品和服务的差异性，培养能够支持战略的关键长处，等等，这些都有助于强化本单位的竞争地位和能力，使得战略实施工作较为容易一些。如第3章所强调指出的那样，所有这些都始于企业的战略。

计划的一体化

公司和业务单位的战略和目标对于它们各自而言固然十分重要，但更重要的是把这些计划结合在一起，这是战略审查步骤1中的一部分。这种一体化已经在第3章里讨论过，需要考虑的关键要素已经列在图6-2中。

一体化工作的第一步是公司对业务单位战略和计划的审查。这需要一个讨论、沟通和理解的论坛，而不仅仅是一大堆干巴巴的数字和统计数据。各个业务单位不是在这里接受审判，而是真诚和公开地研究业务战略的关键要素和假设前提，公司一级则要考虑如何积极地支持这些业务计划。重点应当放在对那些影响战略的关键要素的定性分析，而不是计划文件的多少上。

理想的做法是，这个审查应当深入地发挥创造性，包括对未来竞争情况和采取行动的不同场景的讨论。这个审查不是通过回避关键问题而走过场的应景之作，事实上，这些问题应当是这个审查工作的核心，它体现了业务战略，以及公司计划和业务单位计划之间的"精华"所在。

拉雷·博西迪和拉姆·查兰在他们关于战略实施的著作中，强调了这些要点的重要性。[12]博西迪在杰克·韦尔奇领导下的通用电气公司里的工作经验，清楚而有力地证明了这一点。通用电气公司的战略审查为战略的沟通和一体化提供了一种积极的动力。博西迪在联合信号公司的工作经历也强调了这一点。我自己在通用电气公司宇航部作为"群策群力"咨询师的经历，也支持了这种以结果为导向的战略审查工作的重要性和适用性。在贝克顿-迪肯森（Becton-Dickenson）、皇冠控股以及其他一些公司中，类似的战略审查也展示了好的审查工作在一体化和交流信息等方面的作用。它绝不仅仅是回顾往事或迫不得已而为之的聚会。

公司和业务单位的计划人员必须明确公司业务组合中各项业务的作用和责任，还必须就各项业务之间的资源分配达成一致意见，并且把这看作讨论各项作用和责任的一部分。

例如，那些成为"现金牛"的业务单位对战略实施的资金筹集起着重要的作用，它们是公司用来分配的资金的内部来源。分配标准以及如何根据这些分配标准来把这些资金分配给处于"明星"地位的业务单位、增长型业务单位或问题单位，都必须清楚地给出规定，并且为各个业务单位所了解和接受。

图6-2中步骤1的一个重要成果就是使公司内部对业务目标，以及监督和评价业务单位是否获得成功的考评方法达成一致意见。依据对公司和业务战略的讨论结果，所确定的考评指标必须与公司业务组合中各个业务单位的作用相一致。这些指标应当随着各项业务的作用和责任的不同而有所差异，例如，现金产生者的业绩指标（低成本、成本的降低）就不同于增长型业务或处于"明星"地位的业务单位（市场份额、边际利润）。

步骤2：实施计划

一旦业务战略确定下来，并且与公司战略结合在一起后，如图6-2中的步骤2所示，业务单位的重点工作就是实施这个计划。

战略实施工作应当注意实施决策、行动，以及本书中对这个问题所讨论过的一些要点。如图6-2所示，其中包括对以下问题的考虑：

● 战略的要求。为了成功地实施战略，必须具备恰当的资源和能力。不同的战略要求开发出不同的能力。没有这些能力，就无法获得成功的业绩。

● 机构的组织结构。战略会影响组织结构的选择。例如，低成本战略通常要求集权化或者工作的专门化，以求获得高效率和规模经济或范围经济。复杂的全球战略一般则要求使用矩阵型或"同时型"组织结构，借以强调两个不同的视角（如全球业务与地区需要）。

● 一体化的要求。不考虑各个单位之间的相互依赖性，不考虑协调、知识传播和信息分享的必要方法，战略实施工作是不可能获得成功的。而对于成功的一体化和协同工作来说，清楚地确定各自的责任和职权也是必不可少的。

● 恰当的激励措施。本章的前面部分强调了良好的激励措施以及它对战略实施工作的意义。如果经理们不制定和使用那种支持实施决策和行为的激励措施，战略实施工作常常就会遭到挫折。

● 其他实施问题。一个机构还可能关注所在行业或者竞争环境中其他一些与战略实施有关的问题。这些问题可能包括信息的需要或 IT 能力、为某些战略实施工作雇用恰当的人员、人员培训和开发计划（包括高层管理人员的培养计划），以及采用项目管理计划来把战略目标和短期目标综合起来，等等。同样，这里的目的不是给出无所不包的问题清单，只不过是提出一些在战略审查过程中出现的实施工作方面的问题。

不管战略实施工作需要些什么，机构都必须制定正式的实施计划，并且把它作为业务战略或业务计划的一部分。

经常发生的事情是：实施工作被忽视了。领导人"把球传给了"下属，然后就认为实施工作在按部就班地进行了。这么做是根本行不通的。

图 6-2 的步骤 2 要求对实施工作给予更加正式的关注。"正式"并不意味着厚重的笔记本、大量的文件和数字，以及不必要的官僚等级审批制度。它只是意味着战略实施工作必须被看作业务计划的一个有效组成部分。

必须制定实施计划,从而指出任务、时间进度以及负责完成任务的人。"群策群力"方法之所以能在通用电气公司发挥作用,是因为这个方法强调实施任务、人员和责任,以及确保重要的工作能及时得到完成。每个公司在战略审查工作中,都必须强调这些事情。正如来自经理们的调查数据和第2章所述的战略实施模式所强调的那样,必须密切关注战略实施工作中的各种问题和障碍。要想获得成功的战略实施工作,少了哪一条都不行。

步骤3:启动控制过程

图6-2中的步骤3开始了控制过程。控制过程的第一步是将实际的业绩与原先设定的指标进行比较。这些指标可能来自战略或竞争优势的要求,也可能来自实施计划规定的目标。无论它们来自何处,控制过程都要从比较实际业绩和这些指标开始。

主要任务是确定实际业绩成果是否与原先确定的指标有重大的偏差,这包括好的偏差和坏的偏差两个方面。如果原先确定在世界上某个地方的市场份额要增长5%,但是结果却没有增长,或者只有很少或无足轻重的变化,那么这种偏差就很可能是重大偏差,值得引起注意。然而,如果该公司实现了15%的增长,那么,这也属于重大偏差,同样值得管理层仔细探究原因何在。

那些仅仅关心负面偏差的领导人,极有可能创造出那种规避风险或逃避错误的文化来,从而严重地损害战略实施工作和企业的业绩。文化这个方面非常重要,我将在第8章里详细讨论。

步骤4:原因—结果分析和机构的学习

步骤4对于机构的学习和适应能力极其关键,它体现了战略审查工作的一个主要方面。

如果在步骤3中找出了重大的偏差,那么,进行原因—结果分析就是绝对必要的。如何来解释这种业绩偏差?机构能够从这种偏差中学习到什么?这不是轻而易举的一步。它可能会演变成为"指着鼻子责骂"的会议,它也可能造成那种彻底摧毁好奇心和学习能力的防御和封闭心理。这时,显然需要好的领导人,他们能防止产生这些有害的局面,使得战略审查工作沿着积极的、正确的轨道前进,以便促进机构的学习。

真正搞清楚原因—结果是很困难的,常常需要对数据、行动,以及那些影响业绩表现的因素等方面进行深入、集中的分析。那种导致规避风险和彼此指责的文化以及激励制度下绝不会产生真正的分析工作。这样的气氛只能使得机构丧失学习和适应能力。那些具有偏见或自我辩护观点的人根本就不会考虑那些客观的数据,这对于机构的学习和变革是致命的事情。

再说一遍:领导是关键。领导必须勇于面对残酷的事实,并对不良业绩做出解释。需要对问题加以剖析,但必须抱着学习和追根究底的精神去进行,而不是为了责备或伤害他人。创造一种有助于学习的气氛十分关键。领导必须不顾情面,追问到底;而下属也必须不怕难堪,一一照实回答。营造这样一种文化应当成为经理们的看家本领。同样,我们将在第8章中再对此详加说明。

步骤5:反馈和变革

如果步骤4中的学习过程生效了,经理们也知道了造成业绩重大偏差的原因,那么如图6-2所示,反馈、变革和纠正行动就可以进行了。

反馈可能包括对业绩优秀员工的奖励和表扬。根据前面步骤对数据进行的分析，它也可能要求对战略或实施方法加以改变。业务单位领导人要对本单位的业绩负责，而反馈就能指导他们对改进业绩的方法和措施做出选择。

有必要指出，步骤5强调的是对机构的变革做好准备。必须将步骤4里的学习结果加以贯彻实施；可能需要获得其他方面的能力；激励措施可能需要加以修改；可能需要采用或完善其他的协作和一体化方法；可能需要加紧推行业务战略，以求在给定的市场或世界的某个地方，为某个特定的产品争取更好的成绩，等等。

问题在于，尽管管理变革十分必要，却很难推行。鉴于这个问题既重要又困难，因此下一章将专门探讨图6-2中的步骤5，考虑如何有效地实现管理变革这个重大的任务。

步骤6：跟踪和继续这个过程

战略审查工作并没有在步骤5结束，步骤5实际上是一个全新过程的开端。图6-2表明，对于持续获得成功的实施工作来说，不断地关注主要的因素是至关重要的。

例如，在我为通用电气公司实施"群策群力"工作的经历中，步骤6就始终规定了后续的行动要求。如果正在实施变革，照例就要对与关键人员的讨论以及专门的小组会议做出计划安排。如果经理们要对新的行动和措施负责，就要花费时间和精力来关注所希望的变革是否已经在贯彻执行了。

对于战略审查工作和良好的实施工作来说，跟踪监督是十分关键的。如果放任自流，人们可能会把战略审查丢到一边，把各种要求当作耳旁风，而希望一切都回到原先的常规上去。无动于衷也是一种决策，它的结果常常是回避变革，而回到舒舒服服的老样子上去。

不能允许这种情况发生。图6-2的战略审查过程要求关注反馈情况及其对变革的要求。学习和变革是"加油泵"，它会产生更多的需要、目标或者对战略的微调，从而再次进入战略审查过程。

一家中型公司的营销和计划副总裁最近为他的公司制定了一项战略审查计划，他跟我的谈话清楚地总结了这项工作的价值：

> 审查工作对我们的帮助极大。它迫使我们制定实施计划和方法；它强调了意义重大的业绩指标；它促进我们学习和理解那些影响业绩的因素；最重要的是，它促使人们相互沟通。公司和业务人员之间以及部门之间的沟通大大地得到了改善，对于本公司来说，这实在是令人惊异的事情。

因此，这就是战略审查，这就是它与有效的控制工作对战略实施工作的支持，以及有效执行战略的关键所在。本章还对第2章中基本的战略实施模式或其中提出的那些要素的分析进行了总结。

但是，我们的工作还远不全面。现在必须对那些影响战略实施工作相互关联的重要因素进行深入探讨，这些因素包括处理变革问题、文化问题以及权力和影响力等问题。下一章我们将讨论战略审查所遗留的问题，即如何处理变革问题，这个问题对于战略实施来说极其重要。

小结

本章有许多关键的结论或要点，它们是：

● 激励措施能推动产生与所希望的战略实施成果相一致的行为。控制则提供有关业绩情况的反馈、强化实施方法、提供纠正机制，以及促进机构的学习和变革。对于战略有效执行而言，激励和控制这两个方面都是十分重要的。

● 在战略实施过程中，对于"良好"的激励以及明智地使用激励措施而言，有一些基本的原则：

（1）一个基本原则是：激励措施不应当挫伤员工们的积极性。大多数经理都是积极肯干的，他们非常希望获得成就感。激励工作最不应当做的就是伤害这种期盼，或者使得他们的行为偏离所希望的实施工作要求。

（2）一个相关事实是：激励能够鼓励和指导积极性，但是它不能创造积极性。激励的原则是支持积极性和指导行为向正确的方向发展。

（3）好的激励措施应当与战略目标以及根据战略所衍生出来的短期目标挂钩。只有这样，激励才能推动机构内所有层级的战略实施工作。

（4）好的激励必须奖励正确的事情。希望获得某种战略实施成果，却奖励其他的结果或行为，是愚蠢的做法。

（5）关于激励问题，需要牢记在心的是："机构始终得到它为之付出的东西。"人人都会对激励做出响应，而机构所得到的东西恰恰就是它所鼓励的东西，即使其结果与战略实施要求不一致也是如此。即使无意中奖励了错误的东西，也会对战略实施工作造成损害。

● 正如前面图 6-1 所清楚指出的那样，控制提供有关业绩情况的反馈、强化实施方法、为机构提供纠正机制，以及促进机构的学

习和变革。为了使控制工作有效地开展,并且能支持战略实施工作,必须遵守以下一些原则或指南:

(1) 为了让战略实施工作大有成效,机构要做到奖励实干家和业绩优秀者。只有这样,才能强化和确保得到与实施工作相关的行为。

(2) 当战略实施工作表现不佳时,必须做到的是:公开和真诚地面对残酷的事实。为了让机构获得教益,就必须对问题进行剖析。不对事实进行分析并从中学习,机构的变革和适应能力就会停滞不前。

(3) 如果与战略实施工作有关的责任和职权模糊不清,控制工作就无从谈起。所以,为了使控制工作富有成效,为了使战略实施工作取得成功,分清责任和职权是绝对必要的。

(4) 为了使控制工作富有成效,就需要及时和有效的信息。必须在信息的有效性和及时性之间取得平衡。考虑到好的信息在这两个方面是负相关的,因此,这种平衡是经理们要面对的一个重大问题。

● 在控制过程中,领导人起着核心的作用,并且他的作用是无所不在的。当领导人没有发挥其在控制工作和战略实施工作中的领导作用时,就会出问题。

(1) 在根据与战略实施目标和行为相一致的原则行事方面,领导人以身作则是绝对必要的。"按照我说的办,不要按照我做的办"是一种摧毁控制工作和伤害战略实施结果的败招。确实,行动要比言辞更加有力。

(2) 好的领导还必须了解如何有效地使用业绩测评方法。例如,领导人必须避免使用那种"全有或全无"的指标,他们必须表扬和奖励那些为成功实施战略做出贡献的实干家和业绩优秀者。

- 最后，本章强调了战略审查的重要性。这项审查工作对于计划的制定、控制过程以及战略有效执行等方面，都是十分关键的。战略审查不是一件多余或可有可无的事情。为了能成功地实施战略，每个机构都必须设计好它自己的战略审查工作。好的审查工作能促进讨论，理清公司和业务单位的战略，帮助设定与实施工作有关的目标，促使领导人去考察和了解他的员工，以及促进机构的学习和变革。对于成功的战略实施工作来说，这是不可小觑的。

战略审查讨论的结束也是下一章的开始，即探讨如何处理好变革这个重要任务。现在要把注意力转向有效执行战略的这个重要方面。

参考文献

[1] Discussion of the need for achievement first began with David McClelland, who also talked about the need for power and the need for affiliation. See *The Achievement Motive*, Appleton-Century-Crofts, 1953; also see his *The Achieving Society*, Van Nostrand Reinhold, 1961.

[2] Scott Thurm, "CEO Pay Moves With Corporate Results," *The Wall Street Journal*, May 21, 2010.

[3] See "CEO Pay," Ibid; see also Dana Cimilluca, David Enrich, and Cassell Bryan-Low, "In U.K., Spats on Pay Escalate," *The Wall Street Journal*, May 16, 2012.

[4] Edward Thorndike, *The Elements of Psychology*, A. G. Seiler, 1905.

[5] The changes at Oticon drew worldwide attention. Googling Oticon "organizational structure," "spaghetti organization," and so on revealed hundreds of references to the Oticon experiment. These included academic articles, popular press coverage, and case studies done by the Harvard Business School and other leading universities. The "looseness" of the new organization simply conflicted with the

need for focus, direction, discipline, and control demanded by strategy execution and superordinate goals. Autonomy and discretion are wonderful; too much autonomy and discretion, however, can lead to confusion, anarchy, and a lack of strategic and operating focus.

[6] A. M. Knott, "The Dynamic Value of Hierarchy," *Management Science*, 47(3), 2001.

[7] Dan Fitzpatrick, Gregory Zuckerman, and Joan S. Lublin, "J.P. Morgan Knew of the Risks," *The Wall Street Journal*, June 12, 2012.

[8] Atsuko Fukase, "Nomura Finds Weakness in Controls," *The Wall Street Journal*, June 12, 2012.

[9] Jim Collins, *Good to Great*, Harper Business, 2001. The need to conduct autopsies was also emphasized by Larry Bossidy and Ram Charan in their informative work, *Execution*, Crown Business, 2002.

[10] See L. G. Hrebiniak's *The We-Force in Management*, Lexington Books, 1994. This book focuses on interdependence and the other conditions that affect coordination and cooperation in organizations.

[11] Michael Porter's *Competitive Strategy*, Macmillan, 1980, provides a well-known and complete discussion of industry forces and their relation to competitive advantage and profitability.

[12] Larry Bossidy and Ram Charan, *Execution*, Crown Business, 2002.

第 7 章 处理变革问题

成功的战略实施工作需要有效地处理好变革问题。的确,为了使战略有效执行,常常要采取或修正一些关键的行动和步骤,因此,战略实施工作常常是与变革同步进行的。

对这个问题的分析常常涉及或暗示了变革对战略实施工作的重要性。现在是仔细探讨如何处理好变革问题的重要性的时候了。无法有效地处理好变革问题,就会彻底摧毁或严重伤害,而不是有效地完成战略实施计划。

处理变革问题:一项持续不断的挑战

处理变革这个问题一直受到极大关注,大量的心理学、社会学和管理学文献都在研讨这个问题,流行的报刊也为这个论题添砖加瓦。将事实与虚构的故事结合在一起的隐喻性论述文章也始终在不断发表,并且引发了读者们的想象,如斯潘塞·约翰逊(Spencer Johnson)风靡全球的有关变革管理的著作。[1]

尽管倾注了大量心血,但无法有效地处理好变革仍一直作为战略实施的难题之一而不断地被人提起。

无论是沃顿加特纳的调查,还是沃顿商学院经理人员学习班的调查,都把无法处理好变革列为战略实施的头号难题。在小组讨论会上以及从开放式问卷的回答中所收集到的数据,也进一步支持了管理好变革这个问题在战略实施工作中的核心性和重要性。此外，处理变革这个问题实际上也始终是新闻关注的要点，例如以下几个与变革有关的案例和消息：

- 2010年，当中西宏明（Hiroaki Nakanishi）成为日立公司的总裁时，公司的情况极为惨淡，因为在此前的四年，已经累计亏损超过了125亿美元。到了2013年，由于中西宏明大力推行变革，日立公司得以令人惊奇地起死回生。[2] 在他的领导下，日立公司从一个反应迟缓、暮气沉沉的公司变成了一个朝气蓬勃的公司。那些老的、无法获利的产品，如移动电话、计算机配件和平板电视等，都被放弃，而战略注意力被集中到那些更能实现盈利和畅销的产品上，如发电厂、铁路以及水处理设备等。即使那些在变革初期对此持反对态度的人，现在也承认这是一件大胆而成功的举措。随着中西宏明的战略变革思路变得日益清晰和公司业绩持续改善，那些早期的反对之声也终于烟消云散了。

- 与此相反，索尼公司面临着与日立公司相同或类似的行业问题，但却没有进行重大的变革。它在许多方面墨守成规，也不寻找新的战略方向，结果导致盈利水平大受其害。例如，索尼公司的电视机业务连续多年一直处于亏损状态，但却拒绝采用日立公司那样的退出战略。结果如何？到了2012年5月，索尼公司发布了连续第四年的亏损报告，其净亏损达到创纪录的58亿美元。[3]

这两家公司都处于相同的行业中，但是一家穷则思变，弃旧图新，而另一家则故步自封，陷于泥淖而无法自拔。一家公司看来是励志变革，锐意进取，而另一家却嗜痂成癖，顽固不化，这引发了有关战略及其实施问题的有趣话题。

- 2012年3月，联合大陆控股公司（United Continental Holdings），这家世界上最大的航空公司，忽然心血来潮，计划合并公司的两大部门，从而引发了大量与变革有关的问题。[4]它把联合公司和大陆公司的订票系统、网站和多次飞行计划等予以一次性合并，但结果却不尽如人意。问题很快就堆积如山，涌现出大量投诉的顾客、手足无措的公司员工，以及迷惑不解的行业分析师。CEO杰夫·斯密塞科（Jeff Simisek）不得不为这些与变革有关的问题出面道歉，承认由于同时开展和实施了那么多的变革，而给公司的经营系统增加了压力和复杂性。尽管认识到"啃硬骨头"不容易，以及迅速开展复杂变革的意愿是好的，但是结果却留下诸多的遗憾以及大量需要加以修补的问题。

随着时间的推移，许多企业常常会变得愈加复杂。通过内部的增长或对外收购，产品和市场的多样化会给管理增加许多新元素，企业也因此而面对许多新问题，这些都会对战略实施工作提出挑战。如果变革的步伐太快，或者同时实行大规模的变革，就会使问题更加恶化。

● 前面已经提到过乐高公司的例子。该公司狂热地进入了所有类型的业务市场：主题公园、电视节目、钟表、服装，等等。这种多样化的后果凄凉而可怕。急速的变革和不靠谱的战略选择，导致了制定和实施计划的复杂性。由于这种变革引发了太多的竞争问题和担心，因此产生了大量难以克服的困难。而只有当该公司重新返回老本行时，它才又重新实现盈利。[5]对于乐高公司来说，那种大型和复杂的变革被证明是一个错误，不幸之中的万幸是，它及时改正了错误，重新回归其简单的老本行中去了。

● 雅芳公司一直在进行变革，以挑战那个著名的以"雅芳女士打电话"（Avon lady calling）开展直销的公司。[6]长期担任公司

CEO 的安德烈雅·荣格（Andrea Jong）这位"面子女人"（face woman），曾经是雅芳和其他公司——如通用电气和苹果等——的董事会成员。她对该公司进行了一系列微妙的变革，直到被雅芳董事会撤换为止。荣格曾力图创建一个零售品牌，并采取战略措施，以便公司成长并能与欧莱雅和宝洁那样一些公司展开竞争。渐渐地，雅芳公司离开了它原先那种"用过才信"（tried-and-true）的直销模式。也正是由于这种战略改变和重新定位，使得公司忽视了像中国和巴西这样一些新兴市场。其他一些问题则使这种混乱恶化了，例如，对雅芳公司在中国进行行贿的调查，以及证券监管机构调查其信息泄露等问题，导致其销售额增长缓慢，到了 2011 年，其股票价格甚至下降了一半。

● 在雅虎公司，这种旋转门式的故事也重演了一遍。[7] 玛丽萨·梅耶（Marissa Mayer）成了该公司五年来的第六任 CEO，被认为只是临时代理这一职务。她显然很称职，对消费者网站和由谷歌公司提供的广告很有洞察力。同时，她也是一个公共关系方面的好手，这有助于她与各级经理们相处，以及赢得外界对其有关雅虎公司计划的认可。

然而，不利的一面就是这种旋转门效应，以及公司没完没了的变革。频繁的变化使得公司缺乏稳定性，公司的领导也换来换去，这些问题都给梅耶增加了难题。她的前任罗斯·莱文森（Ross Levinsohn）曾经为雅虎公司制定过一项战略，并提出了一些实施要求，而梅耶对该计划所做的修订在公司内部激起了种种谣言。的确，变革，特别是反复进行的变革，会是一件麻烦多多并具有极大挑战性的事情。

当然，还有许多其他案例。那些流行出版物所提供的案例，加上不断涌现的关于变革问题的讨论,提出了一些有趣的问题。如果对变革这个问题始终有如此频繁和广泛的研究和探讨,那么为什么它仍然是一个大难题?随着时间的推移,对处理好变革这个问题已经积累了许多的教训和真知灼见,为什么它仍然是一个具有潜在破坏性的因素?

我相信,这些问题有两个答案,至少在涉及战略实施工作中的变革时是如此。第一,处理战略变革是尤为复杂和困难的。大量影响战略实施工作与相互依存的因素和障碍,明显地增加了负责变革工作的领导人所面对问题的复杂性。第二,强调了对战略实施计划和过程的重视,却没有对那些直接影响战略实施工作成果的变革给予足够的关注。让我们进一步分析这些问题。

处理好变革的步骤

在处理变革问题时,有六个基本的或一般性的步骤、课题或决策,在前述的例子中,其中的大部分都已经被含蓄地提到了:

(1) 变革的规模和内容。第一步就是对变革的重点做出决策。哪些事情需要变革?机构所面临的问题或威胁有多大?机构应当如何针对这些问题做出回应?

(2) 能够用于进行变革的时间。管理层有多少时间来进行变革?机构有足够的时间从容不迫地进行变革,还是它必须尽快完成变革?

(3) 变革/变革实施过程的战术。变革应当如何开展?它应当是逐步推进式的,还是立即实现的?它应当是缓慢地和有系统地被实施,还是管理层应设法毕其功于一役?

(4) 责任或职权。谁对变革工作中的某个因素或方面负责？参加变革的所有人是否对这些责任和职权都清楚？

(5) 克服变革的阻力。克服对变革或新的工作方法的阻力是极其关键的。除了公开的阻力外，隐蔽的阻力也常常会彻底地扼杀或伤害变革和战略实施工作。

(6) 监督变革。变革的进展如何？如何对变革加以严密或宽松的监督？应当采用哪些监督变革的方法？为了实现所希望的成果，监督变革的成绩和过程以及强化或修正变革工作都是十分重要的。

对于扎实的变革管理来说，所有这六个问题都是十分重要和关键的。克服变革的阻力极其关键，因此将在第8章里予以讨论。分清责任和职权也至关重要，这个问题已经在第5章关于协作和一体化，以及第6章关于有效的控制工作和战略审查工作的部分论述过了。监督和跟踪变革的必要性也是第6章关于控制和战略审查论述的重要组成部分。

因此在这里应当更多地关注前三个问题。战略威胁或机会的大小以及能够用于变革的时间相互作用，并且会对第三个问题——变革/变革实施过程的战术——产生重大的影响。而如何控制变革过程反过来又体现机构的潜在成本和效益。换句话说，我们的看法是：

(1) 变革的规模和内容与 (2) 能够用于进行变革的时间之间的关系，将决定变革如何进行、变革的成本和效益以及成功的把握。

变革和战略实施的这些方面十分重要，需要引起重视。对良好的变革管理和扎实的战略实施工作来说，了解变革的程度和"速度"会如何影响变革的执行，以及不同的变革方法会如何影响成本和效益，是绝对必要的。

变革和实施变革的模式

根据前面的观点,让我们建立一个变革和实施变革的模式,该模式对于那些关心如何使战略发挥作用的经理们是非常有用的。

模式的组成部分

变革的规模

必须仔细地选择变革的内容,并对变革的先后次序加以确定。战略变革举措必须针对少数重要的问题,企图同时多头出击将带来很现实的危险。这一点将在本章的后面予以重点讨论。

变革的内容显然必须反映和针对一个机构所面临的战略威胁或机会的大小。在说明问题的大小时,高层管理团队必须考虑到变革的管理问题。认清问题或机会的大小是分配资源和划分变革工作责任的前提。问题越大,所需要变革的内容就越复杂,有效管理变革的难度也就越大。

这里产生了一个重要问题,那就是为什么有些机构看到了变革的需要,而其他一些机构却反应迟缓,甚至根本就没有意识到战略和经营方面的威胁。一些高管看到了问题并采取了行动,而其他一些高管则视而不见或安于现状,尽管其业绩和其他问题看来已经迫在眉睫,需要立刻着手加以解决。

经理及其机构之所以看不到变革的需要,并制定针对措施来解决问题,可能有四个原因:

(1)他们不相信实际存在的问题,或不认为问题很大。因此一些经理坐视事情自然发展,"一切都将过去"就是他们所选择的行为准则。

（2）无所作为和维持现状，使得情况越发雪上加霜。比较而言，他们对所看到的负面情况感到震惊，但他们也不想因为匆忙地对所感知到的威胁做出反应而犯错误，因为他们觉得这些威胁太过离奇。当然，必要的谨慎是值得赞扬的，但因为不相信数据所显示出的重大问题业已存在，而依然无限期地对变革加以拖延，显然是不可取的。

（3）缺乏对变革的理解和采取行动的能力。例如，要想了解和吸取竞争对手技术创新方面的教训，公司就必须有工程师、科学家和技术能手来分析和理解那些已经呈现出来的、与变革有关的问题。没有这些必要的专门知识，就无法对技术变化，甚至是一些重大和意义深远的技术变化做出反应。

（4）经理们认为，确定和实施重大变革不是他们的问题或责任。对于必要的变革，他们的回答是"不是我的事"，或者是"应当由其他人来处理"，总之，"变革不是我的分内之事"。这种回避态度，常常因为不恰当的激励措施而变本加厉，使得经理们不愿面对风险和不确定性，或者甚至不希望去引人注意或招惹是非。

能够用于进行变革的时间

倘若经理们已经意识到变革的必要，那么接下来的一个大问题就是：他们认为需要多长的时间来实施这些变革。时间因素必须仔细地加以考虑。时间跨度短，必然增加需要同时考虑的变革或变革要素的数量。一般而言，时间跨度越短，变革的过程就越复杂，因为这时必须同时考虑更多的关键因素。

变革的速度

当必须在一个比较短的时期内考虑许多变革问题时，"变革的速度"就会很快。一般而言,速度越快,变革的成本或者与变革有关的问题就越大。尽管高速度的变革偶尔是必要的,也常常是令人激动的,但是它通常是与变革管理工作的低成功率联系在一起的。这一点下面还会重点说明。

将变革与战略实施的难题联系起来

将这些因素结合起来考虑,会产生一个粗略但很有用的变革工作模式(见图7-1)[8],而该模式反过来将有助于确定变革过程中所出现的与实施变革有关的问题。

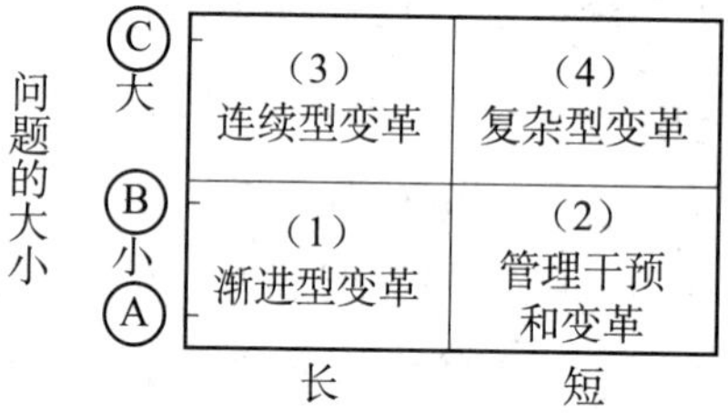

	长	短
C 大	(3) 连续型变革	(4) 复杂型变革
B 小 / A	(1) 渐进型变革	(2) 管理干预和变革

问题的大小

图7-1 变革和实施变革的模式

图7-1中的横轴表示的是时间尺度,即能够用于变革的时间。再说一遍,这个问题对变革的领导人来说极其重要,因为时间决定了变革的速度及其带来的潜在的问题。为了简化讨论,我们把时间变量分为"长"和"短"两种。

图7-1中的纵轴代表机构所面临的威胁或机会的大小,简单地标记为问题的大、小。正如前面提到的那样,与小问题相比,大问题要求更多的资源和更多地关注变革的内容。大问题会使得变革的过程更加复杂,并且影响变革工作及其成果的程度也更大。与时间变量类似,问题用"大"或"小"两个词来表示。[9]

情况 A：许多小变革

让我们首先考察一下在许多机构里每天都能看到的共同情况，也就是种种需要引起管理注意或变革的小问题。这就是图 7-1 中的情况 A。

所有的经理都熟悉这种情况。每个机构都有办事规则和标准工作程序，它们通常能告诉员工们如何去处理每天工作中遇到的小问题或各种情况。上一章所引用的快印行业的案例说明了，管理控制（等级体制）和标准工作程序对日常问题或各种情况的重要性。[10] 管理人员就是通过处理这些问题，以及制定或变革常规做法或标准工作程序，从而有效地应对和解决出现的问题来挣得工资的。信息会传递到机构内所有的办公室或业务单位，以确保全公司都能常规性地使用同样有效的标准工作程序。但是有时候，即使是这些规则和标准工作程序也无法准确地用于某个问题，经理们必须相机处理。当然，这也是需要经理的原因。

所以，整个机构中的经理们所处理的问题中，许多是类似的或完全一样的。作为福特公司的一个地区经理，我遵循标准工作程序，按照常规来处理各个销售商的要求。有时候则"打规则的擦边球"，或者给销售商一些优惠来加快销售或解决问题。通常这都不是什么大问题，因此我会尽力把它们处理好。

然而，总是会不时冒出一些新问题。其他的地区经理们会以他们的方式来处理这些问题。对于他们地区出现的同样的问题，他们会以不同的办法来做出回应。随着用不同的方法来解决问题，肯定会出现一些非最佳解决办法。由于这些问题不大，所以这些非最佳解决方法所造成的成本也很低，而公司的高层领导通常不会在意这些。

但是，有时候一个小问题会变成大问题，它逐渐地变得严重起来，从而引起了高层的关注（图7-1中的情况B）。尽管这个问题仍然不是特别大或是战略性的问题，但它是潜在的大问题，因此需要格外注意。

例如，一个地区的零售商可能感到该地区的经理总是以某种方式给另外一个零售商优惠，或者一个在多个地区拥有销售设施的大零售商，可能认为公司所采用的方法与不同地区的经理们所使用的方法不一致（例如当汽车"堆积如山"、处理贷款买车或决定新车分配时）。这就造成了财务问题或各个零售商的不平等待遇问题。

最后，会有人发出抱怨。一位零售商会跑到地区经理的领导那里去，对该地区的某个人或某个办事处提意见。机构内的一个高层领导介入了这个正在变得严重的问题，他显然不愿意让这个问题变得更加糟糕，或者变得无法控制。

这个领导会按照常规把所有的地区经理以及其他相关人员召集到一起。他会指出这个问题，然后询问所有在场的人："你们一直以来是如何处理这个问题的？"不同的经理会给出不同的回答，这时常常会出现一些非常有意思的事情。当经理们听到处理这个问题的不同方法时，往往会有以下这些说法：

我多年来一直是用这种方法处理的，我们什么时候开始用那种方法来处理这个问题的？

什么时候发生了这种事情？我们什么时候开始用那种方法办事的？难道公司的方针改变了吗？

这些看法让人感到震惊，因为它们表明该机构已经随着时移事异而发生了改变。处理问题的方法已经朝不同的方向演变了，这意味着已经发生了渐进式的变革（图7-1中的1号区域）。这种渐进式的变革不是机构有意为之的，也不是按计划进行的。不同的人会以不同的方式处理同样的问题。那些不是最佳的方法正在涌现，但显得无足轻重。甚至没有一个人注意到这些改变，直到这些常规性的小问题变得比较大、比较突出，以至于必须引起关注。

所有的机构都会发生这些渐进式的变革。人们司空见惯，很少注意，直到这些微不足道的小问题演变成比较大的问题，以至于不采取行动就会成为大事情。渐进式变革的时间跨度比较长，这是因为，只要没有人要求注意这些问题，或者要求采取统一的、相互一致的办法来解决这些问题，那么，对这些问题就会有许多不同的决策或不同的解决办法。只有当有人提出统一解决这些问题的要求时，着手解决该问题的时间才会大大缩短，才会采取相应的行动。这样的行动有哪些呢？

通常，当问题变大并且从图7-1中的A变为B时，解决问题的方法就会跟着发生变化，事情就进入了2号区域。这时，地区经理会成立一个委员会，或者成立一个由现场经理组成的专门小组，告诉他们，不再允许用不同的方法来解决这个问题，并且要求他们提出建议，找出最好的解决办法，以便让所有的经理今后都能按照这个办法行事。

这就是图7-1所指出的管理干预和变革的例子。由某个人明确地提出问题，缩短用于变革或实行变革的时间，要求找出解决这个问题的方法。

所谓变革的责任，通常就是由某个人或小组来负责找出解决问题的方法。当这项任务完成后，一切就恢复了正常，经理们又照常处理那些不同的小问题。这时就会产生一个均衡时期，直到又出现一个新的大问题,需要新的管理干预来加快解决该问题。大多数机构都经常处于这种情况中:问题不断地涌现,并且需要尽快得到解决。

情况C:大规模变革

图7-1中的这种情况就要严重得多。它表明,一个重大的战略问题的解决已经迫在眉睫了,从而需要进行重大的变革。

竞争对手的战略创造了一种崭新的经营模式,它使我们自己的经营方式显得陈旧、落伍,因此需要对自己的战略进行重大的调整。日立公司剥离掉无法实现盈利的产品(如电视机),并且进入了新的产品领域,这构成了对索尼公司的挑战。那么,索尼公司会对日立公司的战略新举措做出回应吗?对战略做出重大调整的确是一个大问题,索尼公司必须仔细斟酌它的选择。

或者,竞争对手的新产品威胁到了我们的主导产品而迫使我们采取行动。赛诺菲公司(Sanofi)当前必须处理的主要问题是,该公司的处方药Plavix面临着直接的挑战,从而可能使得该药失去其独一无二的地位并使公司失去由该药所带来的利润。至于该公司准备收购安万特·贝林公司,那又是另一个战略问题。

最近,由于产品质量欠佳,宝洁公司迈克内尔分部面临着威胁,这对该分部和母公司肯定都是不可轻视的大问题。问题的原因可能是多方面的,包括宝洁公司过于强调分权化和各个分部的经营自主性。这表明,对该问题的解决或许很复杂,它既对公司的组织结构,也对公司的工作方法提出了挑战。

考虑到必须面对的重大战略问题,图7-1表明,能否处理好大规模变革取决于高层管理团队的领悟力或对可以用于变革的时间的判断。能够用于变革的时间跨度决定了变革方法的选择。

连续型变革

如果经理们相信他们可以用于变革的时间比较长，那么如图 7-1 所示，可以采用连续型变革的方法。这里的时间长短部分取决于经济因素、行业因素和竞争条件。对于杜邦（DuPont）、波音和福特汽车公司来说，由于资本和投资的需要，变革时间可能长达 5 年多。相比而言，我曾经审核过一家位于纽约的妇女服装设计和制造商的一项商业计划。根据我的回忆，其时间跨度为 6~9 个月，或者大约是服装市场上的 2 个"卖季"。在谈到时间问题时，正如一位经理所说的那样："如果我们错过了 2 个卖季，我们就要真正地陷入大麻烦了。时装业不容许你出任何大差错。"显然，当你考虑时间跨度时，必须对行业和竞争情况加以考虑。

尽管如此，仍然要由高层管理人员来决定实施变革的时间跨度。如果认定有充足的时间来实施变革，那么，就可以遵循连续变革的方法。连续干预指的是机构将大规模的变革化解为一些小的、更加容易管理的步骤。在进入下一个阶段之前，它将处理好整个变革过程的每一个事情或方面。

在连续型变革情况下，我们看到的是一个由各种活动或步骤组成的链条，是否进入变革的下一个步骤，是由对上一个步骤的分析及其结果决定的，如下面的简图所示：

$$A \begin{array}{c} \nearrow B \searrow \\ \searrow B^1 \nearrow \end{array} C \longrightarrow D \longrightarrow E \longrightarrow \cdots$$

为了解决战略问题和启动变革过程，首先要进行市场分析、行业分析，或者与顾客座谈，以便决定：在一个确定的细分市场类别中，哪些产品或服务，或者哪个战略能有成效（A）。然后，开发出两种产品或服务的样品（B 和 B¹），将它们拿到随机挑选的市场上进行试销，注意观察产品性能和顾客的反应。在对它们做出修改后，生产出新的产品或服务（C），再次进行试销。这时就可以做出决策了，并且开始大批量生产产品（D）。公司最终可以进一步将产品扩大销售到其他的细分市场类别中（E）。

或者可以采用第 2 章的战略实施模式，公司战略的改变可能需要对组织结构加以变革，甚至对公司业务组合中一个单位的业务战略加以改变。而修改后的业务战略会促进业务单位组织结构的变革，或者引发用来实现有效的一体化和统一工作的协调机制的变革。然后，至少必须对激励措施加以考察，看看它们是否能真正起到支持公司新战略以及短期目标的作用。这些就是按照逻辑顺序和方法持续进行变革的案例。大的问题被分解为一系列小的、更加易于处理的步骤，然后在进入下一个阶段之前，重点分析变革过程中的一个因素。

变革过程中的"一个因素"可能包括需要同时考虑的几个小项目或课题。在前面的例子中，就同时考虑了两种产品样品（B 和 B¹）。这两种样品就组成了变革过程中的一个步骤。连续型变革过程中的每个因素可能会包含少数几个需要同时加以考虑的问题，这里的关键是"小"，本章后面还要对此加以阐述。

观察连续型变革的另外一个方法，是把它看作一系列小的"管理干预"（见图 7-1）。也就是说，把大型的变革化解为一系列小的变革，由一些个人或小组来集中解决上面指出的那些连续型变革链条过程中的各个步骤。在许多情况下，图 7-1 中的 3 号区域只不过是来源于 2 号区域中的一系列小变革，它是一个较长时期内各个变革步骤所积累的结果。

美国银行（Bank of America）在完成了对富利特波士顿公司（FleetBoston）的收购后，实施的是一项连续型变革计划。[11]虽然许多变革显然已经蓄势待发（包括大规模裁员），但是美国银行并没有立即实施大规模的重大变革。相反，它仔细地研究一些大问题，并且以连续型变革的方式来处理这些大问题，以避免出现重大失误。相反，联合大陆控股公司在2012年3月一时心血来潮，不愿搞连续型变革，而是企图毕其功于一役，结果造成了大麻烦。这些例子说明，缓慢而深思熟虑地实施连续型变革具有一定的好处。

连续型变革的好处

这种变革方式具有一些明显的好处。它是系统化和逐步推进的。它代表了一种有计划的或者合乎逻辑的变革过程，因为每一步都是在前一步令人满意地被贯彻实施后进行的。

这种逐步变革的方法能让经理们庆祝每一步变革的成功，并且减少变革的阻力。可以向那些总是唱反调的人和怀疑论者展示市场调研的结果，以及顾客对新产品的初步的积极反应。变革过程第一步的成功可以用来争取那些原先反对整个变革工作的怀疑论者。初步的胜利还能向那些怀疑者和抵制者提出一个问题："你原本认为这些新产品绝对做不成或卖不出去，但是初步的反应是积极的和成功的。既然你已经看到了初步的成果，为什么不在董事会上支持新产品开发呢？"

庆祝成功也能支持战略实施的过程。积极的成果能使大家心悦诚服地全盘接受新战略，并且使其产生主人翁精神。通过"拍拍肩膀"，那些取得了暂时成绩的员工会被激发出更大的积极性，从而对计划中的变革做出更大的贡献。

连续型变革还能得到清晰的原因—结果分析。与许多同时进行多项变革的做法相比,连续性的逐步变革的效果更加容易为人所见。因此,在这种受到更多控制的变革管理中,协调和学习也更加容易实现。

连续型变革还能让你逐步地投入资金和精力。不必对每件事情一下子投入大量资金而冒很大的风险。少量投资的风险也比较小,这就降低了机构总的风险和不确定性。你也不必为一个新的商业机会而"拿整个房子打赌"。在连续型变革的情况下,管理层只需要对比较小的部分"打赌",而且是在前一步获得了成功的基础上才来打这个赌。

当然,也必须承认,连续型变革也有其缺点。上面提到的好处并非都是确定无疑的。战略变革的领导人还必须考虑到这种变革潜在的成本问题。

连续型变革的问题

连续型变革要花费时间

变革工作中的许多问题会持续好几个月,甚至好几年。危险之一是员工们会失去对变革最终目的的认识。因为短期问题成为管理工作的主要对象,因此所希望的变革结果就失去了它们的重要性和突出位置。变革的领导人必须不断地强化实施工作,提醒人们注意要实现的最终结果,让大家关注变革进程。对于连续型变革的领导人来说,长时间的变革实施过程会产生另外的问题。简单地说,就是其他因素会对变革形成干扰:外在的因素会发生改变;竞争对手的行动或计划会改变;消费者变得对价格更加敏感;政府的反垄断决定会对公司的战略构想产生影响,等等。而连续型变革则必须适应这些外来的冲击。

当然,外来的冲击同时具有好、坏两种影响。而即使好的事件也会对变革过程造成负担。例如，液压破裂法的神奇出现，及其带来的巨大的天然气增产潜力，对于某些公司确实提出了挑战。正是由于这种正面的外部发展，使得 UGI 成为一家被迫对其战略计划做出变更的公司。因为公司面临新市场增长的挑战，安全和基础设施水平（如管道系统）必须加以改善。管理人员必须对投资、人才需要、培训计划以及其他种种计划措施加以仔细地考量。由于必须面对这些外来因素的干扰并满足增长的需要，原先那种顺序变革的节奏被打乱了。公司的高管们很好地意识到了这些新挑战，从而积极地制定计划并且实施所需要的变革。

机构内部的能力也可能会随着时间的推移而改变。那些关键的员工可能会离开公司，另觅高枝；研发工作或 IT 系统可能不得不根据新的发展情况而对连续型变革计划做出变更；随着外在情况的变化，经理们必须对内部做出相应的改变，来估计它们对长期实施工作所产生的影响，等等。

必须处理好衔接问题

在连续型变革过程中，必须处理好接力棒的交接问题。按照 A→B→C 的顺序办事，似乎是很简单而又符合逻辑的。例如，营销部门在做完了顾客需求调研后，按照常规将结果交给设计部门，后者对产品进行设计。这种从一个小组转交给另外一个小组的事情显然是必要的，并且是通过这两个部门的领导进行的。

就处理好衔接工作而言，我曾经与其密切合作的一家保险公司提供了很好的例子。顾客们打电话给该公司，想了解他们的申请办得如何，而公司的回答总是说："某个业务单位（如保险、信贷）的系统正在处理过程中。"而始终没有明确的办结时间，这使得顾客越来越不满意。有什么解决办法吗？就是设立一个衔接经理来负责处理此事。所有的新申请都交给该经理，由他负责拿着该申请走完所有部门的申办程序。凡是顾客打来的电话，都直接打给该经理，由他来通知顾客其申请目前处于哪个部门，以及办理的情况。该经理职位的设立有助于工作的衔接，以及向顾客提供有价值的信息。

然而，在这里"多加小心"是很必要的。第5章提到过机构内部知识传播和信息分享的重要意义。设计部门的人可能不信任营销部门进行调研的方法。那种"不是这里发明的"之类的综合征可能会导致拒绝或修改传递过来的信息。营销和设计部门的合作，可能会因为这两个部门以前经历过的不愉快的合作而受到影响。

简言之，在连续型变革的过程中，必须对小组、部门和机构之间信息的分享和传递不时地加以仔细和积极的管理。可能需要有专门的衔接经理来负责各个单位之间信息的沟通，并对数据的来源加以解释。一个设计人员可以作为营销部门的联络员，甚至加入营销部门的讨论。这种参加两个部门工作的做法，其目的就是促进信息的流动，使得有关数据能被两个部门都接受。

在连续型变革的情况下，或许还需要其他一些促进衔接的机制。在纵向一体化的做法中，价格转移明显就是这种机制的例子之一。正式的项目管理或产品管理系统是另外一些例子。关键就在于：不能听任衔接工作自然发展。当经理们采用连续型变革方法时，他们必须对这个问题予以积极的关注。

连续型变革可能让人感到厌倦

在我所参与过的变革工作中，这种情况曾经多次出现。经理们可能会认为这种连续型变革不那么激动人心，他们会把系列变革的逻辑关系当成按部就班的日常事务。他们相信有计划或合理变革的好处，但是，这种按照逻辑进行的连续型变革有时候会被更多地看作例行的项目管理做法,而不是如何处理好战略变革问题的令人激动的挑战。

这时领导人的作用显然十分重要,但不容易发挥。为了让那些关键人员的眼睛始终盯住球,采用诸如不定期的反馈或奖励,庆祝阶段性的成功,对目标和业绩进行局部的战略审查以及其他一些措施是非常必要的。由于这种厌倦或疲沓,可能会忽视一些重要的行业变化或竞争态势的变化,因此,连续性干预的领导人必须设法不断地提醒员工们关注那些重要的战略目标。

表7-1列出了以连续型变革的方式来处理重大战略变革的问题和好处。

表7-1　　连续型变革和复杂型变革的问题和好处

	连续型变革	复杂型变革
好处	● 有计划的、合理的变革。 ● 有系统、节奏均匀。 ● 有机会庆祝成功,减少变革阻力。 ● 清晰的原因—结果分析,使机构能有效地加以控制和学习。 ● 可以逐步增加投资。	● 高"速度",会很快触及大问题。 ● 复杂的变革令人兴奋,很少让人感到厌倦。 ● 创造团结精神。
问题	● 连续型变革需要花费时间。 ● 外在的因素和内部的能力会发生变化。 ● 必须处理好衔接问题。 ● 连续型变革可能让人感到厌倦。	● 难以进行协调和控制。 ● 原因—结果不够明晰。 ● 会使学习受到影响。 ● 必须放松某些业绩测评标准,而经理们无法对此承担责任。

复杂型变革

如果大规模战略变革的领导人认为能够用于变革的时间比较

短,那么他可以进行复杂型变革(见图7-1中的4号区域)。

对于复杂型变革来说,机构所面临的战略问题很大。变革的许多因素和方面都需要响应和处理这个大问题。考虑到实施变革的时间很短,就必须同时处理好所有这些因素和方面。因此,这就决定了复杂型变革的特点:在变革干预期间,必须同时推进所有重要问题。时间跨度短要求同时考虑所有关键的变革变量,以打破时间的限制。

也有人论证说,复杂型变革也有某些好处。一些大问题可以得到迅速处理,能够提高变革的反应速度,这也可以算是优点。事情可以很快地得到重视和解决,而不会拖泥带水。

复杂型变革也会让人感到欢欣鼓舞,它肯定很少会令人厌倦。公司里所有级别的经理都会挽起袖子大干一场,力图一下子处理和解决重大的战略难题。这种热血沸腾、踊跃争先的做法会孕育出一种同志式的情感、一种团结精神,因为高层经理会和中层经理一起摸爬滚打,在重大战略威胁来临之前解决机构的薄弱环节。

这种变革似乎能够得到速度和同事情感的双丰收。这听起来很美妙,似乎从正面证实了复杂型变革——同时包含了多项重大问题和许多个人或部门在内的变革——的功效。

如果这听起来好得令人难以置信,那是因为它通常并不是真的。虽然复杂型变革似乎有一些正面的东西,但是这种变革过程充满了问题,它是在制造大灾难,它会产生许多实际上将导致变革失败和得到不良变革后果的问题。我们可以做出以下的断言:

> 应当避免采用复杂型变革的方法。除非在绝对无法避免的情况下,否则,尽量不要有意识地和主动地使用复杂型变革的做法。复杂型变革会招致灾难,更经常发生的情况是,它肯定

会带来不良的战略变革后果。

对于那些说他们喜欢复杂型变革的经理们而言，这些话肯定是逆耳之言。显然，这种强烈的断言需要得到证明。我，或者任何人，凭什么对复杂型变革给出如此强烈的警告？为了回答这个问题，让我们考虑这种方法通常会遇到的一些问题。我们可以用实际变革工作中的一些例子来突出说明这些问题。

复杂型变革的问题

至少有四个大问题导致了复杂型变革的困难。由于这四个问题几乎总是同时存在，因此，更加剧了这种变革过程从头至尾的困难状况。因为这些问题不是单独的、断续的问题，而是始终共同地伴随着变革的过程，因此大大增加了对变革加以管理的难度，并且使得变革的成果陷于危险的境地。

（1）难以进行协调和控制。在复杂型变革的情况下，难以建立有效的协调和控制机制。同时进行的工作太多，不同的人和单位要同时对变革问题做出反应，而这种同时在多个方面和多个地理区域内处理多个问题的做法是很不容易协调的。

不久前，一位来自迈阿密国家飓风中心的高级经理参加了沃顿商学院经理人员学习班。他指出，每当大飓风（一个大问题！）来临之际，他所在的单位就面临着严重的协调和控制问题。在受到大飓风侵害时，各地的人士就会闻风而动，纷纷投入拯救生命（首先）和财产（其次）的抢险工作。不同的机构和资源（红十字会、国民警卫队、州警察、预备役部队、急救医务人员、当地医院等）会争先恐后，蜂拥而至。他们都对风暴做出反应，根据风暴的发生和变化情况采取行动，而且通常都是按照他们单位各自的规则和标准工作程序行事。

对于协调和控制工作来说，这么多的机构都按照各自的方法和领导层次来同时进行如此多的行动，简直就是一场噩梦。一个指挥中心建立起来了，然而，在抗击飓风的过程中所发生的这些分权化行动很少是以能够预计的方式展开的，这使得设立集权化的指挥中心的工作变得极其困难。在那种不利情况下，像国家飓风中心这样的工作机构毕竟是不寻常的。

联合大陆控股公司变革动作过快，同时对业务单元和工作程序实施了过多的变革，例如，将订票系统、网站和多次飞行计划等予以一次性合并。结果不仅给自己，也给顾客带来了一场大混乱。这家公司企图一下子对许多项目和计划同时动大手术，以至于使协调和控制工作成为一件几乎无法完成的任务。

随着不断地发展壮大，一家全球法律事务所被许多问题所困扰。除了各国和地区复杂的法律问题之外，还有财务问题、货币问题、市场问题、预算安排问题、政治变化和政权不稳定问题、不同时区的问题，以及其他各种问题，所有问题都越发使管理工作变得难上加难。如果该事务所打算一举处理所有这些难题和挑战，或者同时推行大规模的变革，那么协调和控制工作即使不是不可能的，也会非常棘手。与法律有关的问题就已经够麻烦的了，而管理问题只会使情况雪上加霜。

多路同时出击，就难免顾此失彼。显然，对于这家大型律师事务所而言，复杂型变革对其操控全球性增长的能力是个威胁。与仅仅十多年前相比，2013年时，这家大型全球性企业的组织结构和决策程序就已大不相同，这对其协调和控制机制提出了挑战。[12] 如何处理这种复杂性是一项主要任务，而在通常的以律师为基础的管理层之上,还必须增加新的管理机构,以适应新的、以岗位为基础的工作需要。关于这一点,我们还将在服务机构那一章里详加论述。

2012年时,奈特资本集团(Knight Capital Group)由于计算机交易系统出现故障而深受影响。这次事件凸显出眼下引起人们越来越多关注的一种风险,这就是在一个日益复杂的市场里,股票交易变得越来越快所导致的风险。交易速度变快,对公司跟随市场能力的要求也更高。一项富有洞察力的分析指出,交易商和其他人一直在问:"速度是否成为杀手?"[13]当前的看法是:速度可以是致命的,或者至少它表明了一个问题,那就是,当一家公司企图过快和过多地开展工作时,会出现不好的情况。

对于那些面临重大战略问题和需要,同时在许多"战场"上进行"战斗"的机构来说,也存在着同样的协调和控制难题。当一个重大的竞争威胁或外部情况出现时(如一项重大的创新或技术革命),你可能需要在战略、定价、分销、激励措施、营销计划和制造进度等许多方面做出应变行动。如果所有这一切都需要在短时间内同时解决,那么你很容易就能想象到这种情况下的协调和控制工作的难度有多大。

(2)即使不是不可能,也难以进行原因—结果分析。假定一家公司正处于复杂型变革的阵痛之中,根据情况,时间极其有限,必须同时开展多项工作。如果一个人把这些问题"打包"并描述这个变革过程,它看起来或许像下面这个样子:

```
    b e j
  a   c f i      ⟶ 目标
    d   g h
```

我们所看到的东西，有些类似装满了许多同时进行的行动、任务或变革计划（a～j）的"黑匣子"。其意图是尽快地解决问题或实现某些目标。

假定接下来变革工作惨痛地失败了：目标没有达到，机构也遭到了无法弥补的重创。显然，这时需要剖析，必须找出并了解造成变革失败的原因。

问题在于难以确定清晰的原因—结果模式。几乎不可能比较肯定和准确地说明到底发生了什么事情，也很难说出是什么地方出了差错。

是否如下图所示，是这个"黑匣子"中某个独立于其他因素的单一因素影响了目标的实现吗？

```
a ——→ d ——→ j ——→
b ——→ e ——→ i ——→
           h ——→      结果
c ——→ f ——→ g ——→
```

是否如上图所示，是通过 j 这个单一的、独立的因素作用于结果？或者是因为一些相互关联的因素？或者如下图所示，是因为这十项任务、行动或计划中的一个子因素或几个不同的子因素彼此相互作用，而对结果造成了负面的影响？

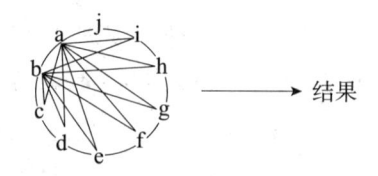

考虑到从 a 到 j 有众多的二元组合，并且有数不清的涉及三个或多个彼此相关因素的组合或排列的可能，因此要想找出导致失败的原因实际上是不可能的。当那么多的事情同时发生时，用什么来

解释结果呢？无法解释，或者至少是不容易清楚地加以解释。原因和结果仍然是不确定的和不清楚的。

(3) 学习受到影响。这种原因和结果不确定的情况很自然地，也无情地导致另外一个问题：无法吸取教训。

重大变革的失败是一个很严重的事件。许多资源用于这种复杂型变革，包括管理人员的时间、精力和承诺。最起码，机构希望从它的错误中吸取教训，防止重蹈覆辙。

而问题在于它无法从中学习到什么。同时开展多项任务和行动的做法所造成的原因—结果不清楚阻碍了这种学习。在上面的例子中，难以确定a~j中的哪个因素独立地或者相互作用地影响到变革的结果，那么，机构今后应当采取什么不同的做法呢？这种复杂型变革中同时实施的诸多任务和行动，应当如何加以修改呢？哪些任务或行动应当被取消或加强呢？

对这些问题无法简单地回答。在复杂型变革所造成的失败情况下，学习不是一件容易做到的事情。对于需要改正哪些事情，高层经理们肯定力图做出某些有教益的猜测，但是这充其量不过是一种判断力练习。

(4) 放松了人们据此承担责任的业绩标准。使得复杂型变革实现成果的唯一方法就是降低其复杂性。这就必须将重点放到一些小的、同时进行的次一级任务、行动或计划上去，不让个人对其他领域的业绩承担责任。换句话说，要确定先后程序，重点盯住关键的业绩成果，而把其他的业绩测评指标放到一边去。

为什么这会成为复杂型变革的一个问题呢？因为机构通常不愿意放松或取消人们据以承担责任的业绩标准，它们一般会始终坚持要求经理们把所有方面的工作都做好。它们不会允许经理们仅仅关注变革工作的某些方面,而把其他方面扔到一边不管。它们通常要求那些实施复杂型变革的经理们加班加点,努力做到"尽力而为"。

要求做到"尽力而为"通常就是死亡之吻。不放松经理们所负责的事务的业绩测评指标,复杂型变革就不会有成效。如果变革失败了,那么参与变革的经理们常常会染上污点,被机构看作是失败者。

从根本上说,要求下属样样都做好是与合理的业绩测评不一致的。艾米尔·哈特曼(Amir Hartman)对成功的企业领导人和"冷酷无情"的变革实施工作的研究发现,这些人通常会这么做[14]:

● 在进行管理,包括管理变革时,重点关注少数几个精选出来的业绩指标。他们非常注意不要用过多的、相互竞争的指标来分散对重点的关注,以免注意力偏离那些关键的目标和变革要求。

● 相信太多的测评指标会延缓变革的贯彻实施,并且会使对变革的管理严重复杂化。

事实上,哈特曼的看法是与这个论点相一致的,即设定和使用太多的目标,将迫使经理们同时注意所有的目标,使经理们无法关注据以进行业绩测评和为之负责的指标,对于那些力图应付复杂型变革的机构来说,这只能是一场噩梦。显然,必须重点关注少数几个关键的变革目标。

让我们考察几个使得上面的论述生动可信的现实案例,看看复杂型变革会有哪些负面的结果。

国家飓风中心

这个机构之所以取得成功,是因为它确定了优先次序,并且放松了对那些不太重要的业绩指标的要求。

面临着飓风和前面提到的复杂的协调问题，这个中心将目标集中到主要的事情——拯救生命——上。抢救财产是排在后面的第二位的工作，并不十分重要。

设想一下：如果不放松其他的业绩指标，负责人可能要为"拯救每一个生命用了多少沙袋"，或者其他一些假设的业绩指标承担责任，那样将会是一种什么情景。设想一下，如果这些负责人和工作人员知道他们将要为如何有效地使用沙子和沙袋做出说明的话，面临大飓风蹂躏的这些负责人和工作人员会焦急和愤怒成什么样子！

这是一个不真实的案例吗？或许不是，如果你看到另一个处理类似问题的真实案例就知道了。

通用汽车公司：改进质量的案例

我曾经观察过通用汽车公司改进传动轴质量的例子。质量问题已经暴露无遗，而公司希望能为此做些什么。

早期分析所揭露出来的一个大问题就是：有许多人和单位在对传动轴的质量负责，但是最终应该由谁负责却说不清楚。这就应了那句老话："当人人都负责时，就等于没有人负责。"最后公司终于明确指定了一些人来负责处理这个质量问题。

一个员工〔我的笔记中没有记录他的身份，但是他的计划由公司战略计划部的詹姆斯·鲍尔（James Power）交给了我〕提出了处理这个问题的新颖的方法。他和他的团队将通过仅仅重点考察几个明确规定的参数来解决这个问题。公司将不得不同意放松或取消其他一些他和他的团队通常认为不那么重要的指标。一个例子是加班费问题。加班费通常是由车间经理或部门领导负责的指标，这个车间的上级领导原本可以不管加班费和其他类似的指标而专注于质量改进。

那些具有"无限智慧"的通用汽车公司的大人物拒绝了这个建议。当然,他们承认既要重视质量改进,又要对一大堆其他业绩指标负起责任是一件很困难的事情。然而,对于这种极为繁难的情况,他们的告诫依然是:"一切都要做好,尽力而为吧。"

但是这位经理和他的下属仍然固执己见,他们拒绝做到面面俱到。他们能解决这个质量问题,但是只能按照他们的行动计划开展工作,这就要求放松或取消许多常规的和例行的业绩指标。这种固执显然有风险,因为这等于是向高层领导提出了最后通牒。但是这位经理不松口,他争辩说,他的建议是处理和解决这个复杂问题的唯一办法。"尽力而为"和同时满足大量的业绩目标将肯定导致失败或令人不愉快的结果。

公司领导最终发了慈悲,他们接受了这个只关注重要质量指标而放松其他次要业绩指标的计划。这个计划生效了,在很短的时间里质量就得到了改进。这要大大归功于那些负责实施这项变革的人。

通用电气公司:"明星"和第二小组

另外一个案例来自我作为"群策群力"咨询师在通用电气公司宇航部工作的经历。

我曾经与一个极其能干和负责任的经理密切合作,共同处理一个非常困难的项目,它显然属于一种复杂型变革。要解决的问题很大,而期限又很短。当第一次请他们来处理这个难题的时候,该经理(我叫他鲍伯)和他的团队——一个跨部门的小组——反应谨慎,而且有些不太愿意接受这个任务。他们知道,成功解决这个问题的机会不大。但是,作为公司的优秀骨干,他们最终同意接受这个任务,并且同意尽其所能来啃下这块"硬骨头"。

这个复杂型变革的过程一波三折,某个方面的问题解决了,另一方面又出现了新的问题和未曾料到的冲突。尽管这个小组工作努力,加班加点,全身心投入,但是所取得的积极成果并不多,而且都很短暂。

有一天,在企图对全面变革中的某个重要技术因素施加影响的努力遭到极大的挫折和失败之后,鲍伯问我是否愿意在下班后和他一起喝一杯。他说,他想和我聊聊这个项目的几件事情。我有一种不祥的预感,怀疑出了什么问题。结果我猜对了。

在喝完一杯酒并说了一些打趣的话之后,鲍伯说他就要离开通用电气公司了。这使我很震惊,因为他在公司里被看作一个具有美好前景的明星。他已经另外接受了一个新的、更高的职位,收入也更加丰厚,因此,这次跳槽是他职业生涯中很好的一步。而这时他又说出了使他感到非常不安的一些事情。

鲍伯提到,他正在做的这个项目令他感到沮丧。繁重的工作让他和他的小组无所适从,同时开展太多的工作使得他们无法处理好这个问题,因此成功的希望十分渺茫。

他还说到,在像通用电气公司这样十分重视结果的公司里,他非常担心失败所产生的后果。事实上,他可以预见他所不喜欢的那种场景。他和他的同事("明星"和"第一小组")被指派解决这个巨大的难题,尽管这个任务困难而又复杂,但是他们仍然被鼓励要"尽力而为"。现在已经显现出他们可能无法成功地完成这个任务了。所以鲍伯认为,他所担心的事情真的就要发生了。

当然,因为鲍伯确实是一个期望获得很高成就的人,因此他害怕失败。他还担心,在许多人的眼里,"第一小组"的名声将受到玷污。他说，他以前在通用电气公司和其他地方都看到过这种情形的发生。第一小组和"明星"遭受了挫折和失败，每个人都会说这个任务从一开始就是无法完成的，所以失败或者至少有一些大麻烦并不是无法预计到的。第一小组的努力得到了承认，但是原先的那些难题仍然存在。

所以公司着手重新明确了这个问题。它降低了这个问题的难度，甚至把它分解为一些比较小的问题来处理。指派了一个"第二小组"来完成新的任务，而他们的工作通常要比那个面临着困难得多和复杂得多的情况的第一小组更加顺利。第二小组就在第一小组失败的地方取得了成功。

鲍伯的担心是基于他对今后形势的看法，也就是他在公司的地位会受到损害。这听起来很荒唐，但是鲍伯说，他所担心的事情会变成事实。如果他和他的第一小组的同事被看成失败者，这就会成为公司内的笑柄或者他人伺机陷害的口实。而这一点，他认为，会对他今后的职业发展产生某种不利影响。

鲍伯是患了妄想症，还是只不过犯了一种错误？或者两者都有，但是这个案例并没有夸大其词。一方面，公司让员工遭受复杂型变革的煎熬；另一方面，业绩却因为上面提到的各种原因而遭受损失。糟糕的业绩，或者可能是多重的困难，会影响到某个人对机构价值的看法吗？在一个强调成果和一贯业绩表现的竞争气氛中，肯定有这种可能，或者很有可能。在像通用电气公司这样的企业里，业绩成果的重要性非常重要。不能取得成绩，即使是因为受到复杂型变革的难度的局限，也很容易被看作管理上的无能。

我们的意图是要强调指出，大量的例子表明，复杂型变革是困难异常的和问题丛生的。它常常因为以下四个原因而归于失败（已经在表7-1中列出）：

- 当许多变革同时展开时，协调和控制极为难以实现。
- 无法进行对使业绩表现产生重大偏移至关重要的原因—结果分析。
- 机构不容易从它的错误中获取相应的教训。
- 机构不愿意降低员工们负责的事务的业绩测评标准，而这肯定会导致业绩表现不佳。

上面的最后一个要求——机构尽可能将重点放在少数几个关键业绩指标或工作成果上——对于复杂型变革获得成效的重要性是毋庸置疑的。那些必须同时实施的任务、活动和计划越多，变革的速度越快，对员工们的压力就越大，而失败或产生重大失误的可能性就越大。

当面临重大战略难题的时候，机构应当依靠连续型变革，尽管它不那么令人心潮澎湃。如果复杂型变革不可避免，那么，就必须向那些喜欢异想天开的人提出警告，指出问题。而管理团队也必须承认复杂型变革所具有的难度，并且尽可能采取有效的方法加以处理。最低限度，高层管理人员必须降低员工们负责的事务的业绩标准，以便给这项变革一个机会和增加成功的把握。

影响变革的其他因素

当然，还有其他一些影响变革成功的因素，而这些因素对于战略的有效执行是必不可少的。本章重点考察的是，根据变革的规模和能够用于变革的时间来界定变革的性质，以及这些性质是如何影响变革的管理和成功的前景的。正如所指出的那样，在众多有关变革的文献中，对这些问题没有给予很好的论述，因此值得引起注意。

然而，我们的任务同样还没有完成。要想处理好变革以及使变革的贯彻实施获得成功，还需要关注其他两个问题：处理好文化和文化变革问题；了解机构中的权力和影响力问题。这两个问题都会影响战略实施工作的成败和战略的有效执行。由于机构随时都处于竞争和挑战之中，因此这两个问题都会影响变革的进程。

下一章将讨论其中一个问题。第 8 章要阐述的是处理文化和文化变革问题，包括如何克服文化变革的阻力；第 9 章将考察权力和影响力对战略实施过程及其成果的作用和效果。

小结

在处理变革工作方面，有一些对于取得变革成功具有重要作用的关键因素，现在归纳如下：

处理好变革对于战略实施来说是极其重要的。战略实施常常隐含着要对一些关键方面加以变革，例如战略、组织结构、协调机制、短期的业绩指标、激励和控制措施等。如何实施变革常常意味着战略实施工作的成败。

正如本调查收集到的数据所强调指出的那样，处理变革问题也是一个重大的战略实施难题。事实上，无论是沃顿加特纳的调查，还是沃顿商学院经理人员学习班的调查，以及随后与经理们的研究和讨论，都把无法处理好变革问题列为有效实施战略的最大障碍。它之所以会成为一个难题，大部分是有效地处理好变革所需要的措施极为复杂所致。这些措施包括：

- 准确地评估战略变革的规模和内容；

- 确定可以用于变革的时间；
- 确定处理变革的步骤和策略；
- 分清变革过程中的责任和职权；
- 确定需要加以克服的变革阻力；
- 设立控制机制来对变革工作加以监督。

本章重点考察了前三个问题，因为有关变革管理的文献中没有对这些问题加以系统论述，特别是以下三个方面相互关系的影响：(1) 需要变革的问题的大小；(2) 可以用于变革的时间；(3) 实施变革的方法。对变革的四种途径——渐进型的、管理上的、连续型的和复杂型的——进行了深入的分析，同时还分析了它们对机构的成本和效益的影响。

这个分析的主要结论是：复杂型变革非常困难和危险，它常常导致对变革的不良管理，造成失败的贯彻实施工作。当机构所面临的战略难题很棘手，而能够用来进行变革的时间又很短的时候，常常会产生复杂型变革，它常常要求同时处理许多项与变革有关的任务或行动。这种同时处理多项困难变革问题的做法会带来四个主要问题：

(1) 当许多与变革有关的任务、行动和计划同时展开时，协调和控制非常难以实现。

(2) 无法进行对使得业绩表现产生重大偏移至关重要的原因—结果分析。

(3) 由于缺乏清晰的原因—结果分析，机构的学习会遭受挫折。

(4) 机构不愿意降低经理们负责的事务的业绩测评标准，在复杂型变革的情况下，这实际上肯定会导致业绩结果不佳。

当机构所面临的战略问题比较突出的时候，最好采用连续型变革。它的逻辑是将大变革分解成为一些比较小的、比较容易管理的部分或因素，从而按照顺序进行变革。只有前一个部分被令人满意地完成后，才将重点转移到下一个部分。连续型变革也有缺点：它花费的时间比较长；随着时间的推移，一些无法预测的因素会对变革进程产生干扰；它也不那么令人热血沸腾和激情洋溢，然而它是合理和系统地处理大型变革的有效方法。

其他一些因素也会影响变革的管理工作能否成功，这包括文化和克服文化变革的阻力问题。在论述如何有效地管理变革和贯彻实施变革之后，第 8 章将探讨这些问题。

参考文献

[1] Spencer Johnson, *Who Moved My Cheese?*, Putnam, 2001.

[2] Daisuke Wakabayashi, "Hitachi President Prods Turnaround," *The Wall Street Journal*, May 11, 2012.

[3] Ibid.

[4] Susan Carey, "United Merger Turbulence Hits Elite Frequent Fliers," *The Wall Street Journal*, May 24, 2012. See, too, Susan Carey, "United's CEO Apologizes for Service Woes," *The Wall Street Journal*, July 27, 2012.

[5] See Schumpeter, "Simplify and Repeat," *The Economist*, April 28, 2012.

[6] "Changes Needed at Avon Are More Than Cosmetic," Knowledge@Wharton, April 25, 2012.

[7] "As Mayer Brings the Pizzazz, Yahoo Waits for the Magic," Knowledge@wharton, July 17, 2012.

[8] An early, "barebones" version of this model and its components without an in-depth discussion of execution-related issues and problems can be found in L. G. Hrebiniak and William Joyce's

Implementing Strategy, Macmillan, 1984.

[9] Use of binary variables for continuous variables such as time and size of change may not represent an ideal way to operationalize these factors. Still, for the purposes of this discussion, use of binary distinctions such as "long" and "short" time frames is useful and valid for describing the effects of variables such as size and speed of change on execution outcomes.

[10] A. M. Knott, "The Dynamic View of Hierarchy," *Management Science*, Vol. 47, No. 3, 2001.

[11] "Shareholders OK Merger for Creating No. 3 Bank," *Philadelphia Inquirer*, March 18, 2004; "Bank of America Vows Slow Post-Merger Change," *Philadelphia Inquirer*, April 2, 2004.

[12] See Jennifer Smith and Ashby Jones, "Practicing Business," *The Wall Street Journal*, May 7, 2012. The management issues in these large global law firms are treated later in Chapter 12. The present discussion is intended only to raise the issues surrounding the difficulties of coordination and control under conditions of complex change.

[13] Tom Lauricella and Scott Patterson, "With Knight Wounded, Traders Ask if Speed Kills," *The Wall Street Journal*, August 3, 2012.

[14] Amur Hartman, *Ruthless Execution*, Prentice-Hall/Pearson Education, 2004.

第8章　处理文化和文化变革问题

处理好文化问题对于战略实施工作是十分重要的。文化和战略实施方法相互一致能促进战略实施工作的成功,而不一致则会产生可怕的问题。

在解释强生公司为何能取得骄人的业绩和卓越的处理危机能力时,强生公司前CEO詹姆斯·布克(James Burke)曾经言简意赅地强调指出:"我们的文化原本就是如此。"即使当他于2012年去世时,强生公司依然恪守该信条,将其作为描述该公司在如何开展竞争以及如何对待客户和员工方面的文化表述。对于强生公司而言,这种文化是鲜活的、公开民主的以及重要的。我们还可以在布克的话上补充一个简单的事实:正是文化造就了战略实施工作的巨大差异。

作为一个对比案例,当三菱扶桑卡车和公共汽车公司(Mitsubishi Fuso Truck and Bus)总裁威尔福里德·波斯(Wilfried Porth)在解释该公司掩饰其产品的缺陷的原因时,责备了该公司的那种"隐瞒文化"。[1]与此类似地,参议院的一个委员会在谈到安然公司(Enron)的文化时,把它称作"傲慢"和"恐吓"文化,当一个大有问题的交易在该公司内进行的时候,这种文化不允许员工们提出警告。[2]显然,文化会影响到人们的行为。

最近的研究支持了对文化作用的论断。一项很深入的研究项目发现,对于金宝汤料公司(Campbell Soup)和家得宝公司(Home

Depot)来说,正是那种力争高标准和强调结果的文化促使这两家公司取得了优异的业绩成果。[3]另外一个著名的研究发现,在环行城公司(Circuit City)、纽科公司、华尔格林公司(Walgreens)和其他公司中,那种纪律严明的文化是造就积极战略实施工作成果的工具。[4]而其他分析文化影响的文献则认定,敢于冒险的文化往往与创新、合作和产品开发等成绩联系在一起。[5]

文化是无处不在和极其重要的,它影响并且反映在战略实施工作的方法中。文化是一个持久作用的因素,并且难以改变。但是,文化的变革有时却是必需的。负责战略实施工作的领导人必须理解什么是文化,以及如何变革文化。如果你的目标是有效执行战略,那就非如此不可。

一个大问题是经理们往往不知道如何去有效地变革文化。他们充分地理解文化对战略实施工作的作用,但是其变革文化的努力常常达不到预期结果。本章的目的就是阐述如何在必要时变革文化,以取得战略实施工作的成功。

什么是文化

文化的表现是多方面的,这使得文化成为一个十分复杂的现象。从社会层面上看,它指的是,通过教育和学习所获得的智力和道德水准的发展;通过美学和知识培训所得到的情感上的启迪和提升;一个群体或一个阶层的人所具有的品位和行为,以及文明的发展阶段,等等。[6]文化的这些方面尽管很有趣,但是对那些负责机构变革和战略实施工作的领导人来说,却没有多大的帮助。

更加令人感兴趣和关注的是机构的文化。这一般包括机构的行为准则和价值观，也包含机构内所有成员共有的愿景。文化通常具有行为学上的要素，它规定了"机构待人处事的方法"，包括如何决策，如何开展竞争，能容忍多大的风险，在交易过程中对道德和公正的重视程度，以及人们如何看待彼此或评价对机构所做出的贡献。有时候，文化也指这些行为的后果，例如，机构的创造性或革新性。

对于我们的目的来说，我们采用下图所示的简单的文化和行为模式。

文化 —————→ 行为
- 共同的价值观和准则
- 共同的愿景/信条
- 共同的目标和动机

- "我们处事的方法"
- 我们如何开展竞争
- 我们如何彼此相处
- 对风险和创新的态度

文化指的是共同具有的价值观、愿景或"信条"，它们确定了机构中每个人按照一定方式处事的习惯。目标和动机则反映和强化了这种行为习惯，而这种文化偏向的结果就反映在实际的行为中。虽然这个模式很简单，但是它指出了影响机构战略实施工作的文化和行为的一些重要特点。

文化对于战略实施工作的重要性

为了理解文化具有重要意义这个观点，有必要简短地谈一下多年来强生公司的"信条"的重要性和贡献。强生公司的管理团队不断地根据其"信条"来检查他们的重大决策和决策后果，以帮助他们对战略决策和实施方法的相对价值做出判断。这个"信条"是强生公司文化中影响其行为的活生生的和无处不在的因素。

在我的经验中，文化对某些公司是如此重要，例如纽科、谷歌和通用电气等公司,以至于某些新人在被雇用前,都必须通过非正式的"文化适应性考察"。一个最近在谷歌公司参加了面试的人告诉我,和他谈话的那些人不是很在意他的教育背景和专业成果,他们更加关心的是他融入他可能要加入的团队的能力。

在实施合并或收购工作之前,越来越多的公司会进行正式的文化适应性考察。西南航空公司在收购莫里斯航空公司(Morris Air)之前,花了整整两个月的时间来分析它们的文化兼容性问题。对比之下,由于原先对文化适应性的分析不够充分,反而增加了戴姆勒公司与克莱斯勒公司解开它们合并所产生的死结的难度。由于文化对战略实施工作的重大影响,对文化适应性的关注正越来越普遍,它越来越受到重视。

文化不是均匀同质的

虽然在整个机构里,机构文化中的某些方面是普遍和均匀同质存在着的,但是其他方面则可能是异质的。

如同一个国家或社会一样,机构也具有亚文化。与那些从事研发工作的科学家相比,制造人员具有不同的目标、价值观、认识或决策时间要求。与经营或设计人员相比,销售人员会以不同的方式来观察这个竞争的世界。虽然文化指的是机构内人们所共同具有的价值观、动机或行为准则,但是亚文化有时却在机构的这些相同的特点中显示出了差异性。为了简化当前的讨论,除给出清楚的亚文化差异性的例子之外,我们这里主要谈的是整个机构的文化。

文化影响业绩

对我们的讨论而言,机构文化的关键问题就是:文化会影响业绩表现。刚才提到的简单模式可以稍加改变而成为下面的样子：

文化 ⎯⎯⎯→ 行业 ⎯⎯⎯→ 机构的业绩

文化会引导和强化机构内一定的行为，反过来，这些行为又以生死攸关的方式对机构的业绩表现产生影响。如果不是如此，那么那些从事战略实施工作的经理们对文化问题就不会有什么兴趣了。正因为事实如此，所以有必要进一步阐述这个问题，以确保更好地理解文化在战略有效执行方面的作用。请看以下几个文化对机构业绩表现施加影响的案例：

● 2012年，有一篇文章谈到微软公司在所谓"失去的十年"内所发生的变化，它指的是，该公司在此期间产生了一种明显与创新和变革相对立的文化。按照这篇文章的看法，这种文化使得公司原先在创新和市场方面的领导权，转变成为某种官僚主义的、"同类相残"的文化，从而导致了业绩的滑坡。[7]例如，该公司采用的那种员工大排名（stack ranking）的绩效考评制度，是一种对员工强行加以分出优劣高下的等级制度，它驱使员工相互竞争，制造出了一种敌视合作的不良氛围。那种偏爱以 Windows 为主的思想大行其道，结果形成，凡是不以 Windows 为基础的新产品（如 e-reader），都遭到反对，这显然对创新不利。有意思的是，先前的成功反而导致了一种固守老产品和陈旧管理方法的文化，从而阻碍了变革。而随着时移势异，公司内部问题丛生、业绩下滑。按照该文章的说法，成功的确会孕育出一种暮气沉沉、不思进取，因而产生不良后果的文化。

● 索尼公司看来是铁定固守其传统的日本文化了，而这种文化使它难以推动其业务、人员和产品进行战略更新，从而改善其业绩表现。它依然在制造和销售电视机之类的产品，尽管在过去十年的大部分时间里，这些产品一直是公司的累赘。这种墨守成规的文化使得战略变革难以开展，明显地影响到了公司的业绩水平。相反，日立公司在2012年放弃业绩表现不佳业务的重大举措则表明，与索尼公司相比，该公司所奉行的是那种更不拘泥于陈规、更愿意承担风险的文化。

- 公司文化的冲突是导致合并失败的主要原因。默瑟管理咨询公司（Mercer Management Consulting Inc.）进行的一项为期10年、对340项重大合并事件的研究强调指出，文化冲突对公司的业绩表现和实施多样化战略产生了负面影响。[8]

- 约瑟夫·阿克曼（Josef Ackemann）对德意志银行的管理体制进行了精简，他引进了盎格鲁-撒克逊式的经营方法而摒弃了老式的德国方法，以求改善银行的业绩表现。他和其他人感到，为了实现该银行全球增长的目标，绝对有必要摆脱其在某些方面老一套的做法和文化所带来的限制。

- 不同类型文化的作用问题是一个很有趣的问题，值得引起注意。当先进微设备公司（AMD）为一种重要的芯片举行发布会的时候，一些大型PC公司的缺席十分引人注目。AMD的CEO赫克特·雷兹（Hector Ruiz）说，这些公司之所以没有出席，是因为英特尔公司的"威胁"，由于害怕遭到报复，所以它们选择了不参加发布会。按照雷兹的说法，由于AMD这家芯片制造商是英特尔公司的竞争对手，而这些PC公司不想因为过于明显地支持AMD的举动，而冒惹怒英特尔公司的风险。[9]他认为英特尔公司的文化偏好报复，这一点可能影响了其他公司的行为。无论真假，在公司文化以及该文化会如何影响他人的行为方面，这个案例都表明了一种很有意思的情况。

- 2012年,通用汽车公司对其组织结构采取了大变革,目的就是要彻底消除那些"独立王国",该公司认为,正是这些大大小小的"领地"导致产生了与公司敌对的文化。[10] 公司称,这些单位分裂了公司,使得公司失去了敏感性和效率,难以就重大问题达成一致意见。那么,这些"领主们"面对日益增强的集权化,将要失去以往的权利和影响力,而面对那种建立在不再有那么大自主权并且更加受到总公司严格控制基础之上的文化,他们将如何应对呢?这是一个有待于继续观察和详述的有趣问题。要对那种长期以来由分权化和重视局部控制所孕育出来的文化加以变革,绝不是一件轻而易举的事情。

- 西南航空公司那种传奇般的文化:强调"家庭"气氛,建立在力争上游基础上的核心价值观,根据业绩表现加以提拔等,不仅鼓舞了员工,也对该公司成功地成为美国盈利能力最强的航空公司之一做出了贡献。文化确实影响了西南航空公司的业绩。注意观察最近出现的一些问题,包括竞争加剧和劳工动荡等问题,是否会影响到它令人羡慕的业绩记录,是一件令人感兴趣的事情。

还可以举出其他许多案例,但是已经很清楚了,文化会对业绩产生影响。文化和文化冲突确实会对战略实施工作产生影响。

机构的业绩会影响文化

在讨论文化问题时,这个重要的问题并不十分明显。更多的注意力放在了文化对业绩的影响上,而业绩对文化的影响则被关注得不够。

业绩会对文化产生影响这个合乎逻辑的论断是浅显和无可争辩的,它建立在前面第 6 章关于反馈和控制,以及第 7 章关于处理变革问题的内容基础上。如果机构的业绩不佳，就会进行原因—结果分析来找出业绩低于计划指标的原因。这种分析通常会产生必须通过变革来提高业绩的决策。然而，为了改善业绩而对关键领域进行的变革，例如激励措施、人员、能力或组织结构等，都会影响机构的文化。这些变革及其所产生的行为上的修正，都会促进"机构待人处事方法"的改变。它们会对机构的核心价值观和准则产生影响，而正是这些核心价值观和准则被看作机构重要的或有意义的文化特点。

行为对文化的反作用，体现在两位 CEO 爱德华·赞德（Esward Zander）和桑焦伊·贾（Sanjay Jha）的类似行动上。他们都力图改变摩托罗拉公司的文化，以便让公司对市场的变化更加敏感。他们两人都为公司缺乏"紧迫感"而感到惋惜。他们的看法是：一种技术文化正在推动对产品的决策，也就是说，公司采取的是一种"由内到外"的市场战略，这种战略建立在那种"提升技术，他们（顾客）就会回来"的论断之上。他们认为，与此相反，公司应当采取"由外到内"的方法，也就是说，公司应当对顾客的需要和愿望做出反应并提供服务。那么，作为一位 CEO，该如何将现在那种弥漫于全公司的以技术为基础的文化，改变为那种以顾客和市场为导向的文化呢？他们设法着手通过改变人，以及改变能力和激励措施来做到这一点，这些措施的目的就是要改变人的行为和考虑问题的优先顺序，反过来，这些新行为也会起到改变文化的作用。雇用那些具有进取精神的新人，并且对那些服务好顾客的人予以奖励，这样一来，就会产生新的竞争方法，而最终会使文化发生改变。

2011 年，摩托罗拉公司一分为二，分别成立了"摩托罗拉移动"和"摩托罗拉解决方案"两家公司，这种做法也具有文化变革的弦外之音。这种新的组织结构能够使得公司清楚区分两个不同的市场,通过提高公司高管层的自主性,来提高其服务于不同顾客要求的能力,并以此来制定有针对性的战略和经营策略。也就是说,组织结构的改变能导致行为的改变,从而影响或改变其竞争和经营方法,而这又会引起文化的改变。尽管在 2012 年 5 月,摩托罗拉移动公司被卖给了谷歌公司,由此而组建了新的高层管理团队,并且由于两家公司一体化方面的需要而引发了新的文化问题,但是,在卖出之前所采取的那些行动,诸如雇用那些具有进取精神的新人、提升新的能力、变革激励措施,以及改变组织结构等做法,其目的都是改变人的行为,而随着日积月累,这些行为就会对文化产生深远的影响。

实际上,前面给出的简单模式可以通过加上反馈回路来稍微改进一下:

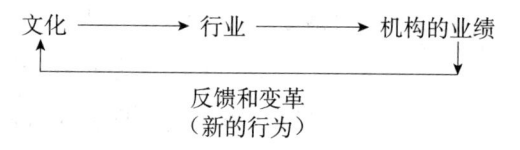

$$\text{文化} \longrightarrow \text{行业} \longrightarrow \text{机构的业绩}$$

反馈和变革
(新的行为)

这个模式的要点既简单又重要:文化既会影响机构的业绩,又受到机构业绩的影响。文化不是一条单行道,它既是一种独立的、表示原因的因素,又是一种确实可以改变的、依赖其他因素的变量,尽管这种改变是缓慢的或不情愿的。

现在让我们把这个观点再推进一步来解释文化变革问题。让我们设法将文化的作用与影响文化和文化变革的因素综合为一个有用的模式。这样,就文化对战略实施工作的作用以及战略实施工作对文化的作用,可以看得更加清楚一些,从而使文化变革的领导人能够更加有效地处理战略实施过程中的问题。

文化和文化变革的模式

图 8-1 给出了一种文化和文化变革的模式。该模式的最上面部分（步骤 1~步骤 4）表示的是文化的作用。更重要的是，下面部分（步骤 5~步骤 8）表示的是如何变革文化，这正是我们目前感兴趣的主要话题。

文化的作用

(1) 文化
- 准则
- 价值观
- "信条"
- 共同的目标/共同的愿景

↓

(2) 行为
- 我们处事的方法
- 我们如何开展竞争
- 我们如何彼此相处
- 创造性和创新性
- 避免与包容错误

↓

(3) 行为的强化
- 控制
- 奖励
- 社会压力
- 领导人的行动

↓（如果好，继续）

(4) 机构的业绩

（如果不好）↓

继续 ↑

变革文化

(8) 变革的影响
- 新的价值观、准则
- 做事的新方法

←

(7) 克服变革阻力
- 介入/参与
- 沟通
- 领导

←

(6) 需要变革文化——如何变革？
通过变革：
- 人员
- 激励和控制
- 机构的组织结构
- 控制范围
- 分权化/自主性

重点放在行为上，而不是放在文化上！

←

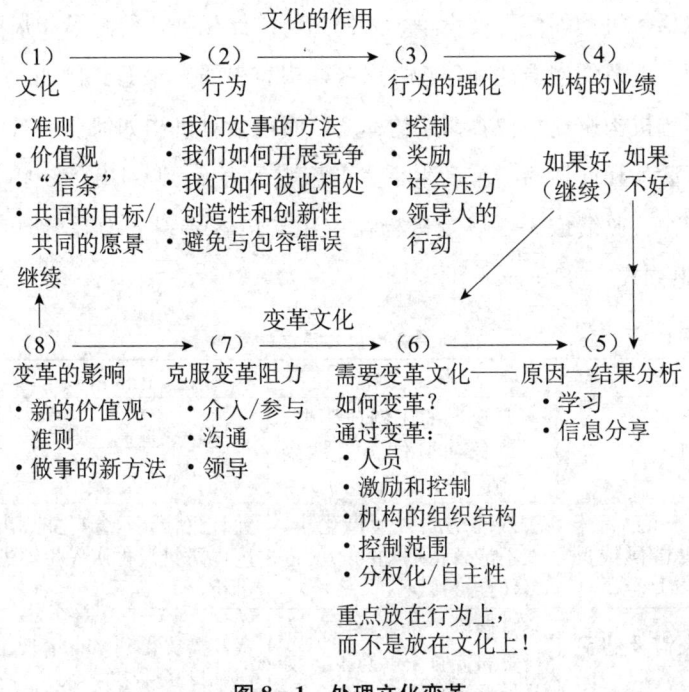

(5) 原因—结果分析
- 学习
- 信息分享

图 8-1 处理文化变革

上线：文化的作用

图 8-1 最上面部分（步骤 1~步骤 4）表示的是文化对行为和

机构业绩的作用。

步骤1：文化

再说一遍，文化是由机构内的主要价值观、准则、信条或信仰体系构成的。它规定和形成了按照一定方法行动的偏向性。在这一步骤中，假定机构中已经存在一种文化。

步骤2：行为

文化会对个人和机构的行为，即待人处事的方法产生影响。行为包括：机构如何开展竞争，人们如何彼此相处，愿意承担风险的程度，以及像创造性和创新性这些期望获得的结果等。例如，文化会影响机构避免与包容错误的程度，而这会对机构如何开展日常的经营活动和计划的实施产生重大的影响。表8-1列出了一些不同的行为、业绩成果，以及机构在避免与包容错误方面在管理上的"思想方式"等例子。[11]

表8-1　　　　　　　　机构避免与包容错误的效果

	避免错误	包容错误
控制	从上到下的压制或限制，强调任何时候都要做到"正确"。	强调自我控制，强调获得事实真相。
当提出而尚未证实错误或问题的时候	否认问题或者大事化小，在不能否认问题时，就将责任推给其他人。	允许犯错误，分析并找出原因以防错误再次发生，进行剖析。
个人需要得到满足	苟且偷生，对来自他人的指责和威胁采取防卫行动是最重要的。	极其需要得到来自增长、学习和接受挑战的满足。
设定目标和业绩标准	从上到下单方面地设立，下属很少参与商谈，采用"全有或全无"的标准。	具有有效的参与、讨论和面对冲突的过程，对目标或指标不采用"全有或全无"或"非黑即白"的做法。

续前表

	避免错误	包容错误
对变革的态度	变革的阻力非常大。	把变革看作不可避免的、必要的和有好处的。
人际交往的倾向	防卫性的，低信任度，相互疏远。	开放式的，高度相互信任，强调协作和共同努力。
创新和革新	很低。	很高。

表8-1的重点是表明文化在许多大的方面影响行为，其中一些会产生消极的影响。在规避风险的极端情况下，这种文化会导致指责、苟且偷生和很低的信任感。这会伤害机构的学习，并且诱发对变革更大的阻力。对于创造性、创新性和机构成功地适应形势来说，害怕犯错误会造成灾难性的后果。

相比之下，那种包容错误的机构文化把承担风险看作是必要的。据我了解，一些高级管理人员始终认为，一个重视创新和新竞争方法的公司，犯错误是不可避免的。一些人甚至公开说，如果大家不愿承担或不愿犯错误，他们也就不会去努力创新。就这么简单。当犯下不可避免的错误时，这些经理们关注的是进行剖析和面对残酷的事实。他们还把变革看作对实现机构目标来说（包括那些与战略实施工作有关的目标）不可避免的和有好处的事情。显然，文化会对机构的行为产生积极和消极的影响，从而对战略实施工作的成果产生潜在的影响。

步骤3：行为的强化

如同第6章所强调的那样，激励和控制措施会指导和强化行为。奖励制度告诉每个人什么是重要的，它能强化与机构的目标和文化相一致的行为。领导人的行动也同样传达出机构看重哪些行为和后果的信息。图8-1步骤3中的所有工作都是用来强化机构所希望的行为和文化要素的,从而对做正确的事情形成一种来自同伴的压力和管理体制上的影响。

步骤4:机构的业绩

文化会对机构的业绩产生影响。如果业绩良好,那么文化、目标、行为和强化方法就会整齐一致,一切都处于和谐状态之中。良好的业绩要归功于图8-1中"文化的作用"这条线的工作结果,文化发挥了积极的作用,一切都恰到好处。但是业绩不佳则会带来问题,它说明某个地方出了毛病。有必要搞清楚问题的内在原因是什么,这就进入了图8-1中的步骤5。

步骤5:原因—结果分析

步骤5为图8-1的上线(文化的作用)和下线(变革文化)提供了一个重要的过渡,因此它在这两个方面都被提到。与第6章关于控制的讨论和第7章关于变革的讨论相一致,业绩上的重大偏差,无论是正向的还是负向的,都必须找出原因。为了便于讨论,这个例子仅仅指的是不良的业绩,也就是说相对于所希望的目标和结果而言业绩产生了极大的负向偏差。这时必须做的就是对原因—结果进行全面的分析,以便找出产生负向偏差的原因。这对机构的变革来说是必要的前提。没有原因—结果分析,机构的学习和变革就根本无从谈起。

假定原因—结果分析指出需要进行重大的变革,那就意味着存在新的竞争或行业因素,技术创新实际上已经使得现有的方法变得陈旧落伍,从而有必要采用新的战略或业务经营方法了。再假定,高层管理团队决定需要实施文化变革来促进和支持对战略和经营方法的大规模变革,那么问题就变为:你将如何变革机构的文化来支持新战略的实施工作?

下线：变革文化

图8-1的下线处理的是文化变革问题。这个变革的过程开始于步骤5，也就是我们刚刚提到的原因—结果分析。这个分析的结果，包括对业绩产生消极影响的主要问题，以及要实施变革的原因等，都必须得到充分的理解和适当的沟通。原因—结果分析告诉我们什么地方和为什么出了差错。但是，除非把这些信息告知那些能够根据这些信息采取行动的人，否则这些知识和教训是毫无用处的。因此，这些信息必须得到有效的传播和沟通。

所以，变革的第一步就是沟通和信息分享。需要变革的原因和理由必须是完整的、清晰的和有说服力的。那些支持和证明变革合理、合法的数据必须传达到有关人员手中。

顺便提一下第7章所讨论的复杂型变革问题。当复杂型变革中的许多因素和力量同时发挥作用，从而使得造成不良业绩的原因无法确定时，就无法获取必要的教训。原因—结果分析很少，或根本无法使业绩不良的原因清楚明白地显示出来。

在这种情况下，有关变革的沟通和信息分享就理所当然地不会发生了。变革的原因和理由就会是不完整的、不清楚的和不能说服人的。原因—结果分析就不会得到清晰的结果，这样，文化变革的第一步就无法实现。有效的沟通和信息分享也将不存在。

这就是步骤5——原因—结果分析——对文化变革如此重要的原因。没有这种原因—结果分析，以及对从这个分析中得到的结果的充分沟通，文化变革就会裹足难行，从一开始就注定会厄运缠身。

为了便于讨论，我们假定原因—结果分析是完整的、清楚的和有说服力的,再假设这个分析的结果和需要变革的理由已经清楚并全面地传达给了所有有关的人员,那么,文化变革的过程就进入到图8-1中的步骤6。

步骤6:文化变革

这是极其关键的一步,它指出,文化变革将重点直接放在文化上是不明智或没有效果的。也就是说,为了变革文化,不能盯在文化本身或构成文化的某些要素上,如价值观、准则和信条等。不要企图改变人们的态度并寄希望于行为的改变,相反,重点应当放在行为上。

这里有两方面原因。首先,呼吁人们改变他们的信仰、价值观或看法实际上是不可能的。例如,要求经理们在决策时更加无偏见,或者更加容忍下属的错误和冒险做法听起来很不错,但是,这些要求通常对经理们内在的信仰、价值观和看法,以及与战略实施工作有关的行为没有任何影响。经理们会答应说他们将按照不同的方法处理问题,但是这样的承诺一般很少有什么实际结果。虽然你要求这么做,但是行为是不容易改变的。

其次,请回忆一个重要的问题,即文化既会对行为和业绩产生影响,同时,行为和业绩也会反过来影响文化。文化和它的作用不是单向的。文化会影响行为,但是行为也会影响和强化文化。因此,建立以下的关系是可能的:

$$行为 \longrightarrow 文化$$

也就是说,改变行为能够对文化准则提出挑战,并且最终改变这些准则。文化是受行为影响的一个变量,同时,它又是影响行为的一个有因果关系的变量。

考虑到这两个方面,你将如何改变行为,并且最终改变文化呢?如图8-1所示,答案是通过更换人员、改变激励和控制措施以及机构的组织结构等方法来实现的。

雇用新人常常能为机构带来新思想、新能力和待人处事的新方法。新的技能和能力能创造出某种需要,或者推动产生运用这些新能力的行动和方法。引进那些具有稀缺或所希望技术能力的人,实际上会造成这样一种情况,那就是人们渴望发挥他们的技能,并且以此来创建新的、激动人心的方案、工作方法和成果。因此,新能力确实能够推动产生新的行为。

把那些在职的人调到其他岗位上去,而用新鲜血液来取代他们,会对变革文化以及改变支持这种文化的准则产生更大的作用。消除骄傲自满最快、最有效的办法就是起用那些有紧迫感的人。单单通过呼吁那些骄傲自满的人改变其做法是没有用的。从机构内、外引入新鲜血液能够更快地使机构旧貌换新颜。

美国中央情报局(CIA)最近一直由于情报工作上的缺点而受到抨击。对这个情报机构的批评包括工作效率越来越低,以及工作上的官僚主义等。[12]

这个情报机构的任务有两项:收集数据或信息;分析这些信息,以便找出内部的联系或预测将要出现的情况。按照这些批评家的看法,情报数据的收集工作做得很好,问题就出在缺乏称职的分析家来从事情报分析工作。对这家机构工作业绩的分析表明,它的分析人员缺乏这样几种能力,即能够对来自多个方面的资料加以分析,找出其潜在的含义,并且有效地将它们串联在一起。由于那些官僚主义者取代了能干的分析家,因此情报的分析工作大受其害。如何纠正这种情况呢?那就是引入新鲜血液。雇用那些通晓如何分辨信息或情报数据的分析家,寻找和招聘那些具有恰当能力的人。

这样做就会使得CIA恢复它曾经拥有的分析工作方面的世界霸主地位。

科林斯（Collins）关于让"恰当的人上公共汽车"的看法也指出了人对于行为、工作实施和文化变革的作用。[13]雇用那些具有某些优秀特点的人——高技能、有进取心、渴求获得成就、意志坚定等——会对战略实施工作和文化产生积极的影响。

变革激励和控制方法也同样会影响文化变革工作。将那种根据资历、正式的头衔或法定的"资格要求"等进行奖励的文化，改变为依据业绩或成功的竞争而加以奖励的文化，需要走很长一段路。激励措施会指导人们的行为走向新的方向，并且提升待人处事新方法的价值。同样，如果控制方法被用来奖赏那些新的、机构所希望的行为和成果，就能强化这些新行为的重要性，并且为行动和竞争的恰当方法创造出新的准则和价值观。

正确的激励和控制措施甚至可以改造那些"错误"的人。经理们可能会在战略实施过程中表现出骄傲的情绪，这只不过是因为机构奖励和强化了它的缘故，尽管可能是在不知不觉中这样做的。变革激励和控制措施至少会使得一部分"错误"的或傲慢自负的经理采取正确的行为和做法。对于变革行为、战略实施方法和文化来说，把新人与新的激励和控制方法结合在一起，显然是一种积极有效的措施。

对机构的组织结构加以变革，也会影响行为的变化，并且引起文化的变革。例如，根据其定义，平面型的组织结构通常会导致更大的控制跨度。反过来，更大的控制跨度意味着，那些处于分权化机构中的人必须更加自主地工作并具有更多的相机决策权。当控制跨度较小时，依赖上级是可能的，而当跨度增大时，依靠上级来解决问题实际上就办不到了。人们必须自己去抓住关键问题并进行决策，因为他们无法轻易地踢皮球，或者将矛盾抛给上级领导了。

你很容易发现，在一个平面型的、分权化的组织结构中，自主式的工作将肯定对文化产生影响。对自主的需要变成了一种核心的文化价值。而自主的和自行相机决策的做法变得十分宝贵，人们会对任何干扰或缩小他们管理自由和自我控制的做法感到愤愤不平。组织结构的变革确实会带来文化的变革。

当变革文化时，将重点放在改变人员、激励和控制措施以及组织结构上，要明智和有效得多。这些变革会对行为产生影响，从而带来文化的变化。

文化变革中流行但却无效的方法

本书一开始给出了 AT&T 公司一个部门早期变革的案例。当时的 CEO 知道，必须向这个部门注入一些新的文化和精神，他将不得不改变一些核心的价值观和准则。为了在一个新的竞争高度激烈的环境中完成一些新的、全然不同的业绩指标，文化变革绝对是不可或缺的。这不是什么轻而易举或多此一举的事情，文化变革是必要的和至关重要的工作。

许多公司最初的打算都是对文化进行变革。把工作重点放在呼吁变革上，告诉主要的经理们，为了取得竞争的胜利，他们必须要换脑筋，呼吁他们改变思维的方式（要有"战略思维"），并且形成新的文化宗旨，即那种针对竞争和新的业绩增值措施的文化。

早期强调的重点还包括发扬团队工作精神和增强高层管理团队的团结来应对新的挑战局面。同样，这种做法是与许多公司采取的以下集体活动相一致的，如静坐冥想、乘筏漂流、拿颜料枪打仗等，这些都是在培养团队精神的名义下进行的。

事实在于,这些早期针对文化变革的措施常常是无用的或无效的。呼吁团队精神和文化变革听起来很不错,增强团队精神的活动亦很有趣,它们也可能具有短期的积极成果。问题是,当所有这些都说过了和做过了,当增强团队精神的活动过去之后,这些经理们又回到原先的单位、原先的组织结构、原先的激励和控制方法,以及老一套的决策过程和权力结构中去了。经过很短的时间后,一切都回归到"正常"的、习以为常的、陈旧的待人处事方法中去了。旧有文化原封不动,一切都依然如故,没有改变。

事实上,某些问题可能反而恶化了。我记得一个例子,一位经理在脱产经历了一段增强团队精神的活动,而一切又都恢复"正常"后,他对这种活动的生动评价如下:

> 我始终觉得我的老板是一个内心封闭和不宽容待人的家伙。在和他以及其他同事一起度过了一个星期后,我们对团队工作和文化变革的主要方面更加敏感了。我现在更加确信了这一点,他绝不会有任何改变,而这真让人泄气。

如果对团队精神的呼吁和对文化变革的告诫都被当成耳旁风,那么你该做些什么来影响文化呢?同样,答案在图8-1中。

高明的领导人会变革激励和控制方法

如果一个新的竞争态势正在朦胧地出现,那么经理们可以变革激励措施,通过奖励那些竞争成功者、提高风险报酬、把奖励和业绩挂钩等措施来加以应对。停止奖励那些"正在变老的人"的做法。

在奖励和业绩之间建立紧密的联系将会改变人们的行为。它也会提高新行为的价值,因为它是实现积极反馈和机构所希望回报的手段。对竞争行为的强化还能导致产生业绩和正确经营方法方面的新的文化、新的价值观或信念。

在2011—2012年，一些文章探讨了CEO业绩与激励薪酬的问题，这些文章发现，股东们越来越要求CEO们的薪酬应当与公司的业绩表现一致，或反映公司业绩的变化。[14]然而，这些要求影响的不仅仅是CEO这个群体。它们提出了更具普遍性的问题：薪酬制度在机构各个层次内的重要性；与业绩挂钩的激励方法对于机构的氛围或文化的最终影响。作为榜样，高层经理们应当以身作则地强化这样一种文化或气氛，就是在这种文化氛围下，没有可以"免费乘车的人"，人们应当依据其成绩而加以奖励。领导人可以通过这种方法来影响文化，即对高层人士适用的方法，也应当在整个机构内得到应用。

其他一些文章和研究也支持领导人行为和公司文化之间存在联系的看法。[15]领导人可以通过他们的行为明确什么是值得重视的，其中包括影响激励薪酬的因素，从而直接或间接地引起文化的变革。

高明的领导人会更换和培养人

有些人根本就不喜欢对激励、控制或组织结构进行变革。他们会全心全意地抵制变革，希望回到那种老的、令人感到惬意的激励和经营方法上去。面对变革，这些经理们可能选择出走，他们或者离开这个单位，或者调到同一家公司中那些奖励和控制不与业绩挂钩的其他岗位上去。

但是令人高兴，同时也十分重要的是，在这种情况下新人走了进来。那些受到奖励与业绩充分挂钩岗位吸引的人进入了这个单位，或者在公司内调换了工作。通常，这些经理都是一些渴望获得高成就感的人，他们是因为受到了成就、积极的反馈和控制这些会影响他们所获奖励程度的诱惑而来的。

在这里，机构的培养或培训措施的重要性再怎么强调也不为过。那些具有新技能或能力的经理不必都从外面聘请而来，他们可以在内部加以培养。机构的领导人必须为此项工作提供资源。通过公司的培养计划来重用现有的员工，这本身就是一个能够影响公司文化的强有力的积极信号。这些培训计划传达出一种强烈的信号，表明公司对现有人力资源的负责精神，以及对在当前员工中培养新的、有用技能的重视，所有这些都将会对业绩表现、机构的工作以及公司的文化产生积极的影响。

对业绩与奖励挂钩的做法抱有积极心态的人会给这种文化碾磨机注入新的谷粒，他们有助于创建新的文化，而引进或培养那些具有所需要的技能和对竞争抱有积极态度的经理人员，则能够引发所需要的文化变革。

概括地说，我所知道的那些精明的经理之所以能变革文化，不是通过呼吁下属改变他们的信念、价值观和看法，而是通过鼓励行为上的改变。那些对新的激励和控制方法做出响应，从而发生的行为上的改变能够引起文化的改变，而引进或培养那些具有新思想和新能力的新人则为文化变革奠定了基础。

组织结构的变革和文化的变革

变革组织结构也能引起文化的变革。我回想起西尔斯公司（Sears）的情况，当时，高层经理们十分关注的是公司对商店一级的决策做出了过多的干预。他们认为公司的干部和地区经理们对那些应当由数量众多、地理上极其分散的当地商店做的决策，如产品种类、销售方法和竞争战略等，有太多的发言权。当务之急是如何将对经营的集权性的干预降到最低限度。由于竞争情况的变化，这些经营决策应当越来越分权化才行。而长期的战略问题则是如何创造一种自主行动的文化，由商店一级自我管理来促进对竞争趋势和顾客需要做出迅速的本地化反应。

为了创建机构所希望获得的商店文化，西尔斯公司原本可以呼吁公司管理层和地区经理们停止对商店经营的干预，保持低调，让商店经理对大量的本地事务做出决策，也可以同时呼吁商店经理们自主经营，并对他们的经营结果负起责任来。但是，当时的高层经理很聪明地认识到，这种劝告是根本不起作用的。老的习惯难以退出舞台，那种多年来建立在集权化管理基础上的文化不会轻易地向仅仅简单地要求以不同的办法行事的号召屈服。

西尔斯公司的做法很有启发性。它取消或合并了许多地区经理的位置。实际上，它扩大了剩余的地区经理的管理跨度，从而使得他们难以插手或严密地控制当地的决策。反过来，商店的经理则被迫相机行事和自主经营，为他们的商店进行经营决策。那种多年来实行的集权化管理的文化受到了直接的挑战，而这些挑战正是来自那些明显不同的管理行为。

在某些商店里，这种通过变革经营方式，进而最终产生那种基于本地主导决策的文化的做法大见成效，而其他一些商店则变化不大。我们知道，仅仅凭借新的组织结构和方法不足以应付零售业最终必须面对的许多变化和挑战。但是，这个案例的价值就在于它表明了，与简单地呼吁人们改变他们的价值观并接受新的经营方法相比，组织结构的变革会如何更加直接和更加有效地影响文化。

在沃尔玛公司也可以看到类似的组织结构变革。该公司确实依赖于某些集权化管理,如每当要创办一家新的店面时,会有一套标准化的办事规则。与已有的商店一样,所有的新商店都有同样的部门和同样的产品种类。新商店的扩张模式、其外观,以及如何为公众服务等方面,都必须集权化和标准化。

然而,鉴于各个商店必须直面当地的竞争对手,以及满足当地顾客的偏好和要求,这种早期实施的集权化做法需要逐渐让位给分权化。集权化控制有其存在的必要,但是,对于沃尔玛的成功来说,当地商店的自主经营变得越来越关键。有必要创建那种重视分权化的文化,重视提高迅速和有效地对当地的竞争态势和顾客口味做出反应的能力,同时还要保留某些集权化做法的好处。

为了实施这个计划,去创造一种能够促进本地管理,以及自主性和分权化的文化,公司将许多决策下放给了商店,商店成为利润中心。大的部门被看作"店中店",它们也是当地经理领导下的利润中心。经理们被赋予大量的自主权,但是他们也必须为其业绩负责。激励措施与业绩指标挂钩,而奖励则根据这些指标的完成情况而定。

就我们此刻的目的而言,与图 8-1 的模式相一致的是,上面的案例指出了在变革机构文化的时候,要注意以下问题:

● 直接针对文化加以变革是不明智的,也是没有效果的。呼吁人们改变深入他们脑海的价值观、准则或者已经约定俗成的处事方法是很难奏效的,即使你强制他们去做也无济于事。

● 企图通过强调团队精神和挑战性的游戏(乘筏漂流、攀岩等)来变革文化,虽然很有趣,但是收效甚微。如果不同时对机构的其他因素或特点加以变革,这些活动绝不会引起文化的改变。

● 为了实现文化变革,必须将重点放在关键的人员和机构因素上，也就是人、激励和控制措施以及组织结构上。目的是改变行为，改变对什么是重要的以及奖励什么的认识。要明白，这些方面的改变会导致机构文化的改变。

● 这种文化变革的方法之所以有效，是因为文化既能影响行为，也受到行为的影响。文化有其自己的作用（文化是一个"独立的"变量），但是也受到人、激励和控制措施以及组织结构的影响（它也是一个"依从的"变量）。文化会随着其他因素的改变而改变。

步骤7：克服变革阻力

即使图8-1中的步骤1～步骤6都顺利地完成了，也仍然会存在问题。一些主要的经理可能会抵制文化变革或抗拒针对文化变革的那些新的战略实施方法，包括激励措施、人员控制和组织结构等方面。因此，设法减少这种阻力是十分必要的，这就是步骤7。

关于变革的阻力问题，已经有许多著作问世。在大多数方法中，其内在的逻辑似乎是：当处理变革问题和力图克服对变革的阻力时，关键在于着眼于变革的正面作用，同时避免其产生的负面影响。

例如，在变革计划的制定和实施阶段，那些关键人员的积极介入和参与就能减少阻力。对强加给他们的变革或新的工作实施计划，大多数人都会产生反感情绪，他们会抵制那种令他们感到"惊奇"的，或他们没有参与制定的新方法，而参加、讨论和介入那些影响文化变革的措施则通常会产生正面的作用。

同样重要的是，要明确打算实施的计划和所建议的变革、文化或其他措施的有利一面。必须大力宣传变革和新的价值观所带来的好处，以及它们对业绩的推动作用。如果所期望的文化变革能给工作带来新的、令人兴奋的因素，那么这方面的效果必须清楚可见。新的与业绩挂钩的激励方法，在新的组织结构中扩大自主性，增加学习、发展和提拔的机会等，都是新的工作方法和文化变革的正面例子，强调指出这些变革的好处就能减少变革的阻力。

另外一个相关问题也很重要，这就是在处理变革时，要宣传保留下来的老文化中那些最好的东西，包括积极上进的气氛、同事之间不拘礼节的交往，以及关心客户的作风等。在变革期间保持这些好的、大家所熟悉的东西，也能减少对新方法或新情况的阻力。

文化或工作方法的变革会产生某些负面的影响。即便如此，也能将这些"负面"的影响转化为"正面"的东西。某些岗位可能要被取消或改变（"负面"的），但是，保证那些下岗的人能首先参加新岗位的培训就具有"正面"的作用。或者，向那些下岗的经理们提供公司内部新职位的介绍服务，以便帮助他们在本部门内或者其他部门找到新岗位（"正面"的）。或者，当需要精简一定数量的管理人员时（"负面"的），可以采取自然减员或计划退休等办法（"正面"的）。

文化变革会带来不确定性，甚至会造成一些担心，例如担心失去工作、担心要承担新的责任、担心不适应不同的工作方法等。因此，强调指出变革的正面影响对于减少变革阻力是十分重要的。

戴姆勒公司与克莱斯勒公司在合并的早期，试图强调合并后的积极方面。新公司宣布，在这种平等的合并中，不会解雇员工。它声称，增长实际上会创造更多新的工作机会，而这体现了这次合并令人兴奋的积极之处。事实上，正是合并后的公司无法兑现自己所做的承诺，才加速了这次并购的失败。加上戴姆勒公司和克莱斯勒公司之间巨大的文化差异，这次合并注定失败就是不言而喻的了。

为了减少文化变革的阻力，切实的沟通和信息分享工作是非常重要的。广泛地宣传变革的积极方面和减少不确定性也要求进行有效的沟通。

我还记得一家中型公司实施新工作方法和文化变革的情况。为了取得成功，该公司 CEO 的首要要求就是"沟通，沟通，再沟通"。高层经理们认为，没有就变革的需要进行有效的沟通，必然会产生消极的气氛。他们优先考虑的问题是进行公开的沟通，以防止误解的产生和散布，因为这些误解会增加变革的阻力，从而破坏变革的进程。事实证明，强调沟通和信息分享是最有用和最有效的方法。

如果人们得不到必要的信息，就会制造信息来填补空白，因为自然规律"憎恶"信息空白。在这片肥沃的土壤上就会滋生出大量的谣传，而其中大多数都是有关变革负面影响的不实之言。主动地、坦率地和有重点地宣传变革的积极方面，以及采取消除负面影响的行动则要好得多。

不确定性是变革进程中一件十分令人头疼的事情。但是，有关减少不确定性的各种谣传和编造出来的种种故事或传说，反而会增加不确定性和加剧变革的负面影响。说谎或编造"事实"的做法也必须禁止。人们最终会看穿这些转移目标和搪塞了事的把戏，其结果将仍然是对变革的抵制，从而对成功的计划实施产生真正的威胁。

成功的文化变革和战略实施工作要求制定沟通计划，该计划应当强调变革的积极作用，把员工的选择和机会诚实地告诉他们。沟通计划要指明那些必须得到有关变革工作方法信息的人员。应当面对面地、逐个地，或者以小组会议的方式，与那些受到新工作方法直接影响的人进行沟通。例如，关于组织结构的变革问题，就应当与那些直接受到新的请示汇报关系影响的人，以及承担了新的工作和责任的人进行公开的沟通和讨论。对那些间接受到影响的人，如那些直接受到组织结构变革影响的一线经理，也应当通过更加有效的方法，例如电子邮件、员工大会、公司小报、电视会议等，加以沟通。

对于减少变革阻力来说，有目的的广泛沟通是十分关键的，不能漫不经心地放任自流。没有一个专门针对那些直接受到新工作方法影响，或者直接受到激励、控制、人员变更和组织结构变革影响的人的目的明确的沟通计划，将会导致灾难。小道消息和窃窃私语将耗费宝贵的时间，使日常的工作大受影响。错误的信息会增加不确定性和烦躁情绪，从而进一步对公司的业绩造成负面影响。

最后，在减少文化变革的阻力问题上，领导也起着核心的作用。事实上，在图8-1的整个下线部分，领导的作用是显而易见的。

在文化变革过程中，高明的领导人是关键的角色。对于找出需要变革的领域而进行的原因—结果分析，领导人起着重要的作用。在变革和处理关键的人员、激励方法和组织结构等方面，这种原因—结果分析是十分有效的工具。在控制问题上，领导人的工作也十分重要，因为他们要向下属提供反馈，帮助他们对个人和机构的业绩表现加以测评。当与战略实施工作有关的变革不起作用时，他们还必须承担开展剖析和面对残酷现实的任务。

或许，在所有这些工作中，领导人最重要的任务是要减少对文化变革或者对那些用以支持新文化的工作方法加以变革等方面的阻力。经理们必须通过实例进行领导。那种"按照我说的办，不要按照我做的办"的态度,实际上为那些支持文化变革所需要的新行为敲响了丧钟。领导人的行为指明了行动方向,具有强烈的标杆意义。他的行为告诉员工们什么是重要的,并且能够提升或大大削弱信条、价值观、道德标准以及机构的公共形象的影响。核心领导人的行为是否被看作支持新的工作方法、沟通计划、激励措施以及不同的经营方法,将决定文化变革的成败,并成为能否减少变革阻力的关键。

步骤8:变革的影响

妥当地处理好图8-1中的步骤5~步骤7会导致文化变革,但是文化变革通常不可能一蹴而就。如果需要变革的理由得到了很好的验证和沟通,如果变革的实施工作重点放在了激励措施、人员、控制和组织结构等方面的行为改变上以及新的经营方法上,那么文化变革就肯定能够进行下去。

在开展文化变革时,行动太快听起来是可取的,但往往是危险的,有时候速度就是一个杀手。新文化不可能用立法规定来强制实施,或者通过命令来推行。人们必须看到和相信变革的必要,看到和相信支持变革的新的工作方法的合理性。新的价值观、准则、处事方法和行动习性是可以培养起来的,但需要时间。

但是,假定一家公司在开展文化变革时认为它需要快速,假定高层领导人希望能尽快地获得成果,那么,图8-1下线中的步骤5~步骤7中的哪些部分可以因为速度问题而取消呢?

简洁的回答是:没有任何部分可以取消。原因—结果分析和变革的理由必须得到清楚的验证和沟通;强调对新的人员、激励措施、控制和组织结构等方面的行为改变也仍然是必需的。速度会带来风险,这一点必须牢记心中。

雇用一批新人，如组建一套全新的高层领导班子，会有助于新的价值观、准则和处事方法的形成，但是，它也会带来忧虑不安和增加变革的阻力。突然大规模地更换领导班子会带来不确定性。这会引发某种抵触情绪，因为中层经理们会玩弄"等着瞧"的把戏，他们将根据到底刮什么风来决定他们的行动。虽然新人能加快文化变革的步伐，但是其他人的反应会减慢变革的进程。

第7章曾经提到过一个相关的问题。如果在人员、激励、控制和组织结构等方面同时迅速地开展多项变革，它就属于复杂型变革。如果变革失败——因为人们的抵制或拒绝新文化——情况会怎么样？原因—结果分析即使不是不可能，也是极其难以对此予以说明的。什么原因导致了失败？是因为新的激励措施吗？是因为新的控制方法吗？是因为新人、新的组织结构，还是这些因素相互作用的结果？到底是哪个原因？一句话，速度过快会使你无法从中获取教训，并且会增加变革的阻力。行动太快会使变革的内在因素变得模糊不清，从而难以解释失败的原因并从错误中吸取教训。

在有些情况下，经理们会认为速度问题非常关键，需要"快速"的文化变革。即使如此，图8-1下线部分的各个步骤也是不能弃之不顾的。必须有效地处理好这些步骤，仔细地对待复杂变革的种种问题。如第7章所示，同时做许多事情是对协调、控制和学习的重大挑战。对于变革成功而言，重视文化变革的关键问题，同时放松人们据以承担责任的其他业绩评价标准是至关重要的。

小结

变革文化是困难的，但也是能够实现的。下面是从图8-1和前面的讨论中归纳出来的一些处理好文化变革的"法则"和步骤。

法则1：变革的理由必须清楚、充分，并且得到关键人员的认可。原因—结果分析和学习对于变革的成功至关重要。在战略实施方法的变革或文化变革的原因被认为是正当的和必要的之前，对以前的不良业绩表现做出解释是变革的先决条件，也是变革的重要组成部分。

法则2：重点是变革行为，而不是直接去变革文化。呼吁人们实行变革很少会有成效，要求人们改变他们的信仰、价值观或处事方法很少会达到所希望的结果。相反，把重点放在改变人们的行为，从而导致文化的变革上，则要好得多。新的人员、激励措施、控制方法和组织结构会推动行为的改变和引发机构文化的变革。

法则3：有效的沟通对于文化变革至关重要。必须制定沟通计划。必须通过直接的、面对面的或集体的方式，与那些受到变革直接影响的人进行沟通。对于控制和消除那些妨碍变革的谣言及其他误传来说，信息分享十分重要。在处理文化变革时，再多的沟通都不为过。

法则4：必须致力于减少变革的阻力。宣传变革的积极方面将有助于减少变革的阻力。针对变革的负面作用而开展的沟通工作能够减少这些消极因素的影响。那些旨在改善人们参与和确定变革及其后果的方法也很有帮助，例如通用电气公司的"群策群力"方法以及其他公司的做法。通过这些方法，可以找出关键的问题，以集体和公开的方式来减少对新的工作方法和文化变革的阻力。对于减少变革阻力而言，领导人的模范带头作用也非常重要。

法则5：注意变革速度。在处理文化变革问题时，一定的速度可能是机构所要求的和必需的，但是它也伴随着问题。同时和立即变革太多的事情会引起变革工作的混乱，并且使协调和沟通工作变得困难。速度过快会引发不确定性和增加变革的阻力。行动太快会损害学习过程，使人看不清变革的必要性，从而造成可怕的后果。如果确定需要实行快速的变革，就必须严格遵守第 7 章所确定的处理复杂变革的方法。

处理文化问题和对文化加以变革是困难的任务。它们是处理文化问题整个过程的组成部分。请再回忆一下，本书所调查的那些经理们把有效处理变革的能力列为成功的战略实施工作中最重要的关键条件。在战略实施过程中，处理好文化和文化变革显然也具有同样的关键性和重要性。

在归纳总结本书有关有效执行战略的内容之前，还有一个重要的问题需要论述，这就是战略实施过程中的权力和影响力的作用问题。它们的作用和重要性已经被指出了，但是现在有必要被更详细地解释。这就是下一章有关权力、影响力和战略实施工作的内容。

参考文献

[1] "More Problems for Mitsubishi as Six Are Arrested," *Philadelphia Inquirer*, June 11, 2004.

[2] "Enron's Watkins Describes 'Arrogant' Culture," *The Wall Street Journal*, February 15, 2002.

[3] William Joyce, Nitin Nohria, and Bruce Roberson, *What (Really) Works*, Harper Business, 2003.

[4] Jim Collins, *Good to Great*, Harper Business, 2001.

[5] L. G. Hrebiniak, *The We-Force in Management: How to Build and Sustain Cooperation*, Lexington Books, 1994.

[6] See *Webster's New World Dictionary* or *Webster's New Collegiate Dictionary* for these and additional definitions of culture.

[7] Kurt Eichenwald, "Microsoft's Lost Decade," *Vanity Fair*, VF Daily, July 3, 2012.

[8] "When Disparate Firms Merge, Cultures Often Collide," *The Wall Street Journal*, February 14, 1997; "The Case Against Mergers," *Business Week*, October 30, 1995.

[9] "AMD Says Intel Intimidates Clients," *The Wall Street Journal*, September 24, 2003.

[10] Tim Higgins and Jeff Green, "GM, Seen Planning Global Reorganization Against Fiefdoms," Bloomberg.com, August 17, 2012.

[11] An excellent early and still relevant discussion of avoiding and embracing error can be found in Donald Michael's *On Learning to Plan and Planning to Learn*, Jossey-Bass, 1973; see also L. G. Hrebiniak's *The We-Force in Management*, op. cit.

[12] Many of the arguments against the effectiveness of CIA operations have been summarized in L. G. Hrebiniak, *The Mismanagement of America, Inc.*, iUniverse, 2008. A good early, but still relevant, discussion can be found in Herbert Meyer's "Intelligence Tenets," *The Wall Street Journal*, June 14, 2002.

[13] Jim Collins, *Good to Great*, op. cit.

[14] See, for example, Scott Thurm, "CEO Pay Moves with Corporate Results," *The Wall Street Journal*, May 21, 2012; Joann Lublin and Dana Mattioli, "A Few Disconnects in CEO Pay," *The Wall Street Journal*, May 21, 2012.

[15] See, for example, Steve Denning, "How Do You Change an Organizational Culture?" *Forbes*, July 23, 2011; Peter Bregman, "A Good Way to Change a Corporate Culture," Harvard Business Review Blog Network, June 25, 2009.

第9章 权力、影响力和战略实施工作

成功的战略实施工作指出，你要有能力获得对特定的行动方针和战略实施计划的支持。战略的有效执行常常需要其他人按照一定的方法行事或改变其行为。领导战略实施工作和文化变革要以能够影响其他人为先决条件。

权力是对行动的社会影响力。[1]权力始终意味着一种关系，它通常指的是在这种关系中一个行动者影响另外一个行动者的可能性。同样，权力也可以定义为一个人或单位能够不管其他人或单位如何加以阻挠而贯彻自己的计划的可能性。

战略实施工作和处理变革问题就内在地隐含了使用社会影响力和权力的重要性。一个机构的影响力机制会严重地影响战略实施工作的成功与否。

那些积极参与战略实施工作的经理们的观点为这个论断提供了佐证。参与这项研究的人士注意到了权力或社会影响力的作用。这些调查提供的信息表明，企图实施那种"与现有的权力结构相冲突"的战略，其成功的机会是很渺茫的；而企图实施那种与当前的影响力结构相对立的战略工作和机构变革，将面临着艰险的战斗。

对于战略实施和机构变革来说，权力和影响力显然是十分重要的。在实施战略时，与得罪和触怒那些有影响力的人相比，在得到权威人士的支持时，工作要容易开展得多，这似乎是显而易见的。但是，与影响他人的能力同样重要和明显的是以下一些问题，与经

第9章 权力、影响力和战略实施工作

理们的座谈揭示了这些需要澄清的重要问题：

(1) 什么是权力？权力来自何处？在一个机构中，是什么造成了权力和影响力的差异，特别是在那些具有同样地位或处于等级制度中同样等级的"同等"人之间形成的差异？

(2) 如何运用有关权力结构的知识来增加战略实施工作成功的把握？

第一个问题十分重要，因为许多经理无法恰当地解释那些超出等级或个性之外的权力。一位经理在向我说明他的分管范围之内的权力时这样说道："我是副总经理，他向我请示汇报，这就是你需要知道的一切。"

然而，在等级权力之外还有许多东西。中层经理们具有的影响力常常要比他们在机构中的地位赋予他们的影响力大得多。那些在机构组织中具有完全相同等级地位的人常常具有不同程度的影响力，尽管在形式上他们是"平等"的，但是某些人比他们的同事"更胜一筹"。多年前，戴维·莫查尼克（David Mechanic）就机构内底层员工对战略实施工作成果的影响这个话题写过一篇文章，而他对权力的看法在今天仍然有效。[2] 理解权力的来源对于促进战略实施工作的成功非常关键。

第二个问题是第一个问题的逻辑延伸，它对于所有低于C级别（C-level）和高层经理级别的经理特别重要，这个范围实际上包括了机构中其他所有人。这里的问题是，特别是对那些负责发挥战略作用的高层和中层经理来说，如何有效地使用权力，即使他自己并不拥有这个权力。这个问题基本上就是如何利用他人的影响力，并且如同使用你自己的影响力来促进战略的实施。

本章的目的就是探讨战略实施过程中权力的来源和如何使用权

力,其意图在于理解明显超出了可以用等级地位和个性加以解释的权力,并且说明它与战略实施工作和取得重要战略成果之间的关系。

权力和影响力概论

等级地位肯定会对权力和影响力产生影响,不能否认地位的作用。CEO 的地位要高于那些直接向他请示汇报工作的人,副总经理和其下属之间也是如此。但是我们大家也都看到过和遇到过"无权的" CEO 或副总经理,他们有地位,但是对其他人的影响力很小,他们是一些权力很小的傀儡领袖。

个性也起作用。有一些人是"天然的"或有超凡魅力的领导人,他们肯定会对其他人施加重大的影响力,有时候,这些影响力超出了他们正式职位的范围。多年来,杰克·韦尔奇、李·艾科卡（Lee Iacocca）、珀西·巴那维克（Percy Barnevik）等人的影响力要远远大于他们正式的高级职务所赋予的影响力。

但是权力问题要复杂得多。权力差异是无法简单地用等级地位和个性来解释的。其他的因素也起作用,当前的观点是:

> 在一个机构内,权力或社会影响力都影响战略的制定和实施工作,而前者也会受到后者的影响。计划的制定过程和贯彻实施过程依赖于权力,同时也对权力产生影响,但是这些过程也产生了权力差异,从而影响到权力。

让我们进一步分析这个论断。让我们搞清楚什么是权力,它来自何方,以及它与战略实施工作有什么关系。

图 9-1 提供了一个机构内权力和影响力的概略模式。为了便

于讨论，让我们从战略的形成谈起。

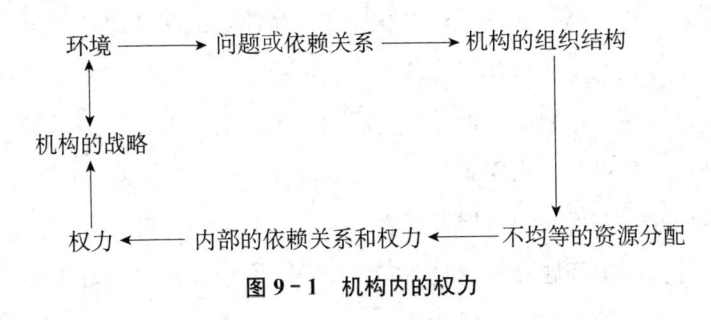

```
环境 ──────→ 问题或依赖关系 ──────→ 机构的组织结构
  ↕                                      │
机构的战略                                │
  ↑                                      ↓
 权力 ←──── 内部的依赖关系和权力 ←──── 不均等的资源分配
```

图 9-1　机构内的权力

战略和环境

机构面临的是一个极其复杂和不确定的环境，为了生存下去，它们必须应对环境或选择环境。事实上，战略就是一个机构对自己加以定位，使自己有效地应对所处环境的手段。

例如，在业务单位一级上，机构通过分析行业因素、竞争对手和自己的能力，确定如何最好地定位自己和开展竞争，而最终形成的战略也就规定了一个机构计划如何去应对其所在环境。图9-1中的双向箭头表示，某些机构在本行业内具有足够的市场力量去影响它们的环境（例如在一个由少数卖方垄断的市场里的垄断企业或大型企业），而其他机构则在环境力量面前无能为力（例如处于充分竞争市场中的企业）。事实上，有些企业，由于它们具有影响外部关键因素或条件的能力，因而具有很大的战略选择余地；反之，有些企业因为受到外部因素的有力制约，它们所面对的只能是一个无力改变的环境。[3]

问题或依赖关系

对所有的机构来说，战略的形成就确定了有效执行战略所必须处理和解决的问题及依赖关系。例如，在通用汽车公司或福特汽车公司，引进机器人是降低成本和提高产品质量战略的组成部分。在使用机器人与降低成本和提高产品质量的结果之间的关系是有目共睹的。原因、结果之间的关系是清楚和令人信服的：使用机器人会得到可以预见的正面结果。

但是，在通往"机器人天堂"的道路上布满了各种陷阱。其中有一些重要的问题和依赖关系需要处理。例如，工会会首先反对使用机器人，因为引进机器人虽然能够提高效率，但是也会导致解雇或更换工人。显然，工会就体现了通用和福特汽车公司内的一种重要的依赖关系，因为该公司要依靠工人来获得劳动力这个关键生产要素的供应。一个由美国联合汽车工会（UAW）号召开展的反对机器人的大罢工，就能妨碍生产或造成停工。为了使低成本战略产生效果，工会就成为一个必须解决的问题或依赖关系。

考察药品行业也能发现与战略有关的同样的问题或依赖关系。在这个行业中，主要关心的是创新和产品开发问题。一个公司的产品更新能力是它的经济或市场价值的决定因素。那种基于产品开发的市场差异性战略很大程度上取决于创新能力。显然，为了有效执行战略，关键依赖的就是它的研发和新产品开发工作。

由于这个巨大的依赖性问题，药品公司需要对许多发现药品的新方法进行试验，因为只有这样才能确保开发出新药。例如，药品公司将几十亿美元投资到机器设备上，生产几千种化学合成物，然后再用自动机器来加以测试。这样做的目的是得到大量的新产品，以求带来利润。对于这种为研发工作投入大量机器和技术的做法，大多数批评家把它称为"昂贵的失败"。机器生产出一种又一种的化合物，但是毫无成果可言。依靠科学家来取代依靠机器的做法也根本不起作用。

但是,这个案例确实强调指出了这样一个问题,即这些医药公司认识到问题和依赖性的存在。要想让它们的战略获得成功,就必须进行创新。战略的确定对开发关键能力提出了要求(见第3章),并且引出了使得战略发挥作用所必须面对和解决的问题或依赖关系。

机构的组织结构

机构如何来响应战略所确定的主要问题或依赖关系呢?如图9-1所示,一个典型的做法就是创建或调整它的组织结构来呼应战略的要求。这是第4章的论点——战略影响组织结构的选择——的合乎逻辑的扩展。现在,组织结构就针对战略计划所带来的问题和依赖性做出了回答。

在通用或福特汽车公司的案例中,当把机器人引入制造过程时,一个负责行业关系或集体谈判的部门会来处理工会"问题"。如果没有对劳动力的依赖关系,这样的部门绝不会存在。这个组织结构显然就是对工会的存在和长期所形成的对工会的依赖而做出的反应。

在药品行业的案例中,研发单位本身就是对需要创新和新产品开发所做出的回应。对观点、预感、经验以及多个研发单位里的科学家们超凡科研技术的依赖,始终是对开发新药战略所做出的典型反应。机构的组织结构——多个研发单位——反映了战略的要求和该战略所引发的需要。

其结果就是依赖科学家来解决企业生存所必需的创新问题。的确,那些大型的药品公司都成立了多个研发单位作为其组织结构的一部分。如强生公司就有大约240个战略业务单位或经营公司,其中一些是所谓的"基本公司",它们是创新和新产品开发的源泉。考虑到必须使创新战略获得成功,在这种组织结构中,那些众多的研发单位所耗费的巨大开支和成本显然被认为是值得的。

为了解决这些关键的依赖关系并创造更加丰富的产品种类,有些药品公司采取了另外的途径,那就是并购那些即将提供新产品的公司,这些产品已经得到批准,并马上就要上市。例如,瓦林特国际医药公司(Valeant Pharmaceuticals International)仅在2011年就发出了13宗接管邀约,而前一年是11宗,以此来扩展公司的产品线。[4]这样一来,该公司就避免了研发工作所带来的巨大风险,同时也避免了使得战略成功所必须面对的问题和依赖关系。实际上,这个方法就是通过并购来为本公司增加新的单位,而这与此刻的论断是一致的,即对于处理机构所面临的关键问题和依赖关系而言,组织结构是非常重要的。

还有大量案例存在,但是关键之处是显而易见的:不管战略造成了什么样的问题和依赖关系,组织结构总是起着重要的作用。对组织结构与时俱进地加以创建和调整,是对获得竞争优势所必须解决的那些关键问题和依赖关系的响应和回答。

不均等的资源分配

然而,在一个机构内,并不是所有的单位都是平等的。随着时间的推移,人们会认为机构中的某些部门或单位比其他部门或单位更能解决问题。一些单位被认为是为了响应重大的依赖关系而组建的,而其他一些则被认为只能解决不那么重要的问题。一些单位能够比另外一些单位为机构发挥更大的价值增值作用。

如图9-1所示，其结果是不可避免的：稀缺资源分配或配置上的不均等。那些被认为用来处理机构所面临的重大依赖关系的单位将从这种不均等的资源配置中获得好处。重要的单位及其人员得到的更多，包括更多的预算、更多的人力、更快的晋升、参加重要的战略制定会议、对决策具有更大的影响力，以及更多的IT支持，等等。实际上，这些单位在稀缺资源以及它们的分配上获得了更大的支配权。

所有这一切会导致什么结果？这种稀缺资源的不平等配置——多方照顾那些解决机构所面临的重大问题和依赖关系的单位的做法——会产生什么结果？

内部的依赖关系和权力

如图9-1所示，对这些问题的回答就是，这些受到优待的单位创造了内部的依赖关系。其他单位在许多方面——信息、新产品、销售预测、利润、声誉和品牌、设计方案，等等——都要依赖这些单位，都取决于这些部门或单位的工作和专门知识。

例如，研发单位创造了内部的依赖性。机构内的其他单位都要仰仗它来获得新产品和持续的竞争优势，这正是药品行业关注的重点。还可以回忆一下在AT&T公司全盛期间贝尔实验室的核心地位和重要性。贝尔实验室非常特殊，它在科学发现方面处于领先地位，为AT&T公司提供新产品，提高了公司的声誉；其他单位则非常需要和依赖贝尔实验室。这个研究单位享有丰富的资源，并且也很好地使用了这些资源。随着时间的推移，在AT&T公司内部，这个强大和多产的贝尔实验室事实上被分解了，这确实是一件令人痛苦的事情。

当我在福特汽车公司担任经理的时候,销售是头等大事。在一个竞争极其激烈的环境中,市场份额就等于最终的净利润,而公司要依靠营销工作来开展销售并获得市场份额。营销部门实际上获得了它所要求的所有资源,就因为它对于销售和利润来说,处于重要的核心地位。福特汽车分部基本上是一个面向营销的单位。

由于它的优势地位,其他单位非常依赖营销部门。这个部门的业绩支持着其他部门的预算,并且成为福特汽车分部内其他单位存在和开展管理工作的前提。例如,营销部门为轿车的生产编制生产进度表,并且负责各个单位生产线的协调工作,这常常引起生产部门的烦恼。虽然有抱怨,但是没有用,因为营销为公司做出了宝贵贡献而总是处于上风。在福特汽车分部里,这个营销部门为自己营造了强大的依赖关系。

权力的定义

现在,我们可以用一种常用的方式对权力或者至少是权力的可能性下定义了。根据我们的讨论,特别是根据由战略、组织结构就资源分配所产生的依赖关系的说明,下面关于权力的定义是准确无误的:

权力是依赖性的对立面。如果 B 完全依赖 A,那么 A 就对 B 具有权力和影响力。

让我们阐明什么是依赖性和权力,然后提供一些例子来加以说明。假定在机构内存在两个人或单位 A 和 B。前面的定义指出了造成 A 和 B 之间权力差异的两个条件。

(1) A 对 B 的权力大小,是与 A 所具有的 B 所需要的东西直接成比例的。如果一个人或单位拥有另外一个人、单位、部门为了开展工作或实现其目标所需要的某种东西,那么,就存在拥有权力的可能性。如果 A 拥有或控制着 B 所需要的某种东西——信息、技术知识、人力资源、钱或者其他能力或核心竞争力——那么 A 就存在拥有权力的可能性,并且会对 B 施加影响力。之所以使用"拥有权力的可能性"这个说法,是因为这是个必要条件,但是并不是充分条件,还有影响权力的其他条件。

(2) A 的权力还和它垄断 B 所需要的东西的能力有关。如果一个人或单位 A 拥有或控制了另外一个人、单位、部门 B 极为需要的东西,而 B 又无法从其他地方获得,那么,B 就会完全依赖 A,A 就对 B 拥有了权力。因为存在这种垄断性的依赖关系,A 对 B 施加影响的能力就极其强大并具有强制性。

因此,权力是依赖性的对立面。当一个人或单位能够应对不确定性,或者向其他人或单位提供稀缺资源的时候,我们就可以观察到依赖性。如果替代程度很低,也就是说你不容易从其他人或单位那里获得宝贵的资源,那么,你的依赖性就很强,而占主导的人或单位对其他人或单位的权力也就很强,并且是单方面的。

使用权力和影响力

那些具有权力的个人肯定会运用他的权力,但是还会有其他一些个人因素参与进来,影响这些具有潜在权力的人使用这些权力的方式。

野马汽车(Mustang)上市周年庆祝会的召开,以及福特公司重新修改这款始终热销的产品的做法,使我回想起一些有关权力和影响力的逸闻趣事。

20 世纪 60 年代野马汽车的巨大成功实际上得益于两个人的贡

献：李·艾科卡和唐纳德·弗雷（Donald Frey）。艾科卡负责营销，而弗雷负责设计，两个人在设计和推销汽车方面密切合作。实际上，与艾科卡相比，弗雷所做出的贡献或许更大一些。是他领导了这款汽车的设计和开发工作，他和他的团队在仅仅18个月里就成功推出了这款车。显然，他所起的作用是巨大的。但是，当你想到福特和野马汽车的时候，弗雷这个名字一点也不起眼，人们常常把这些汽车的成功与李·艾科卡的名字联系在一起。艾科卡的耀眼的和突出的个性使得他很好地运用其影响力，从而处于聚光灯之下。

相比之下，虽然弗雷也享有很大的潜在权力和影响力，但他远远地避开了前台的聚光灯，宁愿在后台工作。他非常愿意在技术圈子中施加他的影响力——他荣获了国家技术奖，在提高汽车安全性和性能方面很有影响力——但是他从来没有拥有像艾科卡那样的名声、地位和影响力。他对权力和声望的要求很低，这影响到他选择如何使用或者如何不使用他的权力地位的做法。弗雷于2010年去世，享年86岁。只有那些车迷和圈内的人才充分了解他所做出的巨大贡献，以及他对于权力、聚光灯的排斥。

如图9-1所示，像艾科卡、杰克·韦尔奇和珀西·巴那维克这样的高级经理，肯定会运用他们的影响力来影响公司的战略和发展方向。当然，他们的所作所为常常是用被选择的战略来反映和巩固机构内的权力结构。那些大权在握的人所制定的是那种能支持或强化他们权力基础的战略。

多年来，福特汽车公司的高层人物都来自营销部门，这是合乎逻辑的，这正是福特汽车分部这个面向销售的机构所具有的权力导致的结果。相比之下，在通用汽车公司里，高层经理则传统上来自金融部门。显然，这些公司的战略制定就反映和支持了这种流行的权力结构。那些大权在握的人所制定的战略将强化他们的权力地位，并且使得他们永久保持对决定战略的影响力。权力引发并维持了权力，而那些有权的人会极力设法永久保持其手中的大权。

另一位人们难以企及的 CEO 是肯尼斯·奥尔森（Kenneth Olsen），他领导数字设备公司（DEC）长达三十多年，于 2011 年 2 月去世。他与唐纳德·弗雷一样，获得过国家技术奖，并以此而广为人知。但是，与别人把他作为一个了不起的技术天才来纪念相比，我对他的回忆可能稍有不同。

在 DEC 的全盛期，有一次奥尔森曾经对我说，他的公司基本上是一家"设计公司"。奥尔森身边的高级人员都是工程师出身，因为他相信他们能够对 DEC 公司的战略问题做出正确的回答。这种依赖工程人员的做法实施多年，十分有效。然而，由于工程师的权力过大，因此没有培养出一支有效的营销队伍，使得该公司陷于窘境。公司的第一款 PC——"彩虹"——的销售成为一场灾难。营销工作根本无法开展，特别是当设计部门不同意产品开发和营销计划的某些方面时更是如此。DEC 不是一家"营销类"机构，对外界的观察家来说，营销部门缺乏必要的影响力是显而易见的。

从传统上看，摩托罗拉公司也是一家设计占主导地位的公司。我与一些主要的经理就一个副总裁所制定的计划——这是一份重要的高管培养和领导力开发计划——所进行的座谈着重说明，随着该公司设计部门传统上占据的优势增强，并对战略施加影响这种做法的消极面持续扩大，人们如何看待这个问题。

这些经理认为，作为战略关键要素的新产品开发，受到设计部门的影响太大了。产品的开发多半是一种"由内到外"的过程。新的

"玩具"、技术或新"盒子"① 都被投产，却常常没有人来调查顾客是否需要这些新产品，而原本是可以通过"由外到内"的方法来确定顾客希望解决哪些问题的。顾客们希望的是采用综合的方法，使用现有的技术来解决问题并使得他们支持的公司提高效率，他们不需要那些隔靴搔痒的、不能解决问题的，或者虽然新颖，但中看不中用的"盒子"或技术。摩托罗拉公司的一些经理感到，现在到了让顾客在制定战略方面发挥更大的影响力，而不是让设计部门主导新产品开发的时候了。

自那时候以来，摩托罗拉公司的变化一直还不错，其战略看来更加重视顾客的需要了。例如，该公司的拉兹（Razr）掀盖式手机曾经轰动一时，它表明其产品越来越紧贴市场并响应顾客的需要。但是，到2011年谷歌收购摩托罗拉移动公司的时候，该公司已经滑坡并失去了市场影响力。当谷歌—摩托罗拉力图向苹果公司挑战，并为其产品争得一席之地时，其战略改变和权力转移也发生了。公司的这种变化是否能使其有效地开展竞争，以及是否能使其恢复往日的辉煌，则仍然是一个有待进一步观察的问题。

完整的圆圈：关于权力的结论

以考虑战略的作用为起点，有关权力对战略的影响以及那些参与战略制定的领导人力图保持权力的讨论，让我们为图9-1画上了一个完整的句号。从到此为止的分析中所得出的主要结论如下：

（1）权力是依赖关系的对立面。依赖程度的大小决定了权力的大小。

（2）权力既影响到，也受到机构内部战略制定过程和实施工作

---

① 对新产品的一种蔑称。——译者注

的影响。

权力是由于依赖程度的差异而产生的社会影响力。它受到所选择的战略和组织结构，以及所选择的战略和组织结构造成的资源分配决策的影响。反之，权力也推动产生了战略的选择和因此而开展的战略实施工作的需要。大权在握的人通常都希望能把握或永久保持权力，因此战略的选择会明显地反映出那些制定战略者的权力。所以机构中的权力既会影响到，也受到战略制定过程的影响。

虽然这很有意思，但我们必须将这种分析向前再推进一步。重要的是，那些参与战略实施工作的经理们需要了解权力。但绝对必要的是，经理们还必须了解如何使用权力来推动战略实施工作取得成果。接下来让我们考虑在权力和战略实施工作之间的关系方面，图9-1和前面的讨论都告诉了我们哪些事情。

权力和战略实施工作

在权力和战略实施工作之间的关系方面，经理们必须注意下面三个重要问题，并且从中获益。

(1) 明确他们所在机构中的权力基础和关系。

(2) 为了促进战略实施工作的成功，与那些大权在握的人结成联盟或建立同舟共济的关系是十分重要的。

(3) 为了获得影响力和实现战略实施工作的成功，需要重视价值增值和能够予以测评的结果。

明确权力基础和关系

要想有效地使用权力，这是必须做的第一步。对于机构中所有级别的经理们来说,要使用一个类似于图9-1的模式或方法,第一步就是勾画出那些影响权力和社会影响力的关键依赖关系。

谁是影响我开展工作的主要人物?我这个部门、单位要与哪些部门、单位交往并依靠它们?哪些单位要依靠我这个单位提供知识、技术支持或物质产出?依赖点或必要的合作点是哪些?除了我这个单位所提供的重要东西外,还有哪些来源可以提供它所需要的知识、技术支持或物质材料?

可以用这些问题或类似的问题来评估机构内影响权力和影响力的主要因素。与这些讨论相关的有以下这些要素:

(1)依赖关系。谁依赖谁,以及为什么依赖?这种依赖关系是相互的、互惠的,还是单方面的?单方面的依赖关系代表了很强的权力关系。那些完全依靠别人提供重要知识或其他资源的人往往处于弱小的地位,这会降低你讨价还价的力量并弱化你的影响力。

(2)可替代的程度。所需要的信息或资源是否有多个来源,还是由一个特定的人或单位垄断了这些信息和资源?请回想前面的讨论,对其他人所需要的资源具有垄断能力是权力和影响力的重要因素。

(3)一个人或单位的核心性。在机构内信息和资源的流动过程中,一个人或单位与其他各方的联系程度常常是与权力联系在一起的。在日常工作中与其他许多单位交往的单位具有极大的广泛性;而因为没有完成其任务或实现其功能,会导致机构瘫痪的单位则具有极大的要害性。财务部门就是一个具有广泛性的单位,因为所有的单位都要依赖财务信息。但是,它可能不像技术服务部门那样具有要害性,因为后者具有修复重要的、以计算机为基础的技术或生产工艺的技能和知识,而没有这些技术或生产工艺,该机构就无法生存。与具有广泛性的单位相比,具有要害性的单位会具有更强大的权力和影响力。

(4)处理不确定性。许多机构通常会面临很高的不确定性。那些负责为其他单位处理或减少不确定性的单位,通常会增加别人对它们的依赖性,从而提高它们的权力。这种"不确定性吸收作用"能使其他单位开展工作所需要的"事实"或信息变得明晰和确切。它们也能减少因为模糊而产生的紧张或问题,从而提供某种心理上的好处,这也再次增加了对它们的依赖性和它们的权力。

公司内部的营销部门就是从不确定性吸收作用中获得其权力的。它向生产和其他单位提供销售预测,从而减少了不确定性,并且向这些单位提供它们工作所需要的数据。营销部门也能影响其他部门的任务或经营,如产品或服务的生产部门,尽管这些单位会抵制营销部门的要求,而这种抵制本身也说明了后者在公司内的影响力。

一家公司的CEO或一个国家的总统都有一些提供信息和情报的重要顾问或"熟悉内情者"。这些顾问能减少不确定性,并且提供这些CEO或总统进行战略决策时所需要的数据以及资料。那些大人物对这些顾问的依赖或依靠就提升了后者在机构内的地位和权力。

事实上,这四个要素是机构宝贵的资产。减少不确定性,具有比较低的可替代性,以及享有很高的核心地位,都会导致依赖关系的产生,从而造成权力上的差异。

那些从这种依赖关系中获得好处的个人或单位将对战略实施工作产生影响,他们能够让其他人全盘接受他们的安排和实施计划。而其他人和单位则需要获得有权势的个人或单位的帮助来实施他们自己的计划,这在事实上强化了权力关系,同时也使得公司能够实现它所希望的战略实施成果。

与有权势的人结盟或建立同舟共济的关系

前面的讨论指出,为了获得对实施计划或方法的支持,与大权在握的人结盟或建立同舟共济的关系是一个有效的途径。围绕一个共同的目标开展合作有助于获得积极的成果。设法让有权的人站在你这一边或你的立场上,将有助于克服实施新的工作方法或制度的阻力。

大多数基本的联盟是在一个经理和他的老板之间形成的。为了取得成功,向你的领导推销新战略或新的实施方法的好处是很必要的。说服老板相信新的实施方法的好处能够获得上级的支持,这是权力和影响力的基础。说服你的上级去向他的老板解释来取得对战略实施计划的支持,就等于将等级体制中三个层次的人锁定在战略实施过程中。得到了三个层次的支持,就为实施工作以及获得所希望的成果奠定了可靠的基础,而这也就向其他人宣传了那些使战略有效执行的行动的生命力。

其他的结盟和同舟共济的做法也能获得权力。一家费城大医院里的护士打算对清洁卫生的程序加以变革,除非她能得到一大批医生的支持,否则她的想法注定会落空。但是,在对原先由护士单方面提出的要求略加修改后,由护士和医生结盟而共同提出的要求则在一个合理的限度内得到了满足。这种同舟共济的做法形成了一种不可忽视的权力基础。

如果销售人员提出的产品修改意见能得到设计人员的支持,成功的把握就会大得多。但如果仅仅由销售人员单独提出,那么制造人员就会反对这种修改。停止现有的生产来对新产品进行试验,或者费时费力制造新产品的样品显然会降低效益,并且脱离实现低成本生产所必需的大批量、标准化和重复生产的做法。而一个受人尊敬的或势力很大的设计单位的介入,则能更快地说服制造部门的人相信销售人员所提要求的合理性和可行性。

有力的联盟能够极大地影响战略实施工作和机构的变革工作。通过将那些具有潜在权力的个人和单位结合在一起,这种联合在一起的力量能够创造出权力基础,从而能比这些个人或单位独立行动更加有效地开展战略实施工作。

重视价值增值和可以测评的结果

图9-1所示的权力模式,以及关于权力的因素或条件讨论中所含蓄指出的推动力量是很基本的,也是极其重要的:

> 那些创造价值的个人或单位能获得权力。结果说明一切。
> 一项实施计划必须表明,通过严肃认真的实施,它能给机构带来的好处是什么。

要想获得权力以促进战略实施工作的开展,实施计划和方法就必须关注能够提升价值的、可以测评的工作成果,而且必须是正面的成本—效益成果。那些大权在握的人如果看不到实施计划能够带来被机构认可的成果,是不会支持这些实施计划的。如果参加结盟的各方看不到共赢的局面并能够分享的积极成果,那么就不会形成结盟关系。只有当公司里的大人物和其他人相信那些可以测评的好处就在前面时,他们才会提供支持。

这里的关键词是"可以测评的"。如果不把那些"软性"的成果转化为硬性的指标，那么，许诺获得软性成果——更大的支持、管理层更多的承诺、更加友好的文化等——的实施计划将注定得不到多少支持，甚至会泡汤。这并不是说软指标不好，或者是我们不希望得到它们，这只不过意味着，与那些规定不明确或不那么确定的成果相比，人们更加看重那些看得见、摸得着、感觉得到的可以测评的成果，因此这类"可以测评的"计划通常能够得到更大的支持。让我们通过最近从沃顿商学院经理人员学习班的教学工作中获得的案例来加以证明。

案例：遭受挫折的副总裁

如前面提到的，在我的战略实施问题教学过程中，参加学习的经理们带来了需要解决的实际问题。这个教学强调的是实际存在的和共同的战略实施问题、它们的实际解决方法，以及如何有效地执行战略。其中有一个学员，我把她叫作"遭受挫折的副总裁"。

这位女士是她的公司中第一个达到副总裁级别的女性，她把自己的公司描述为具有一种"粗野、男性占优势、使劲抽雪茄、大口喝苏格兰酒的文化"。在听到几位男性学员善意地开玩笑说她的公司"听起来是个好单位"之后，她提出了自己的问题，我将对其中之一尽可能简洁地归纳一下。

在该公司的一次董事会上，她和几个男性同事提交了他们部门的战略计划，也包括具体的实施计划，供董事会批准。按照她的说法，情况是这样的：

> 销售/营销副总裁提出了他的计划，很快，三下两下就读完了。董事会的反应非常积极，所有的资金预算和要求都通过了。

接着是制造副总裁提出他的计划,基本上也是同样的结果。他说得很快,三下五除二,他那个部门的计划和所建议的实施计划很快就获得了一致的同意。

现在轮到我了,作为一个新任的人力资源副总裁,我提出了几项很有意思和重要的战略主张,并且谈到了这个计划的实施问题。我做了充分的准备,作为这个领导班子的新成员,我希望以自己的知识、仔细的准备和扎实的计划给各位同事留下深刻的印象。

然后发生了什么事情?在我作报告期间,看不到有多大的热情,反而遭到了不少质疑,甚至有几个人别有用心地评论,使得我对费用的要求换来了窃窃的笑声。董事会说会考虑我的计划,并且尽快让我知道他们的决议。最终的结果是我没有得到我所要求的东西。他们不喜欢我的计划,这实在是让人感到沮丧。

这就是她的故事的梗概。她的计划在通过批准的道路上屡遭坎坷,并且显然是被"低估"了。按照她的看法,这个"老家伙"关系网对自己人很关照,她却因为遇到的重大挫折而感到受了侮辱并为此十分泄气。

按照通常的做法,我和参加沃顿商学院经理人员学习班的其他学员提了问题。我们要探索,希望搞清楚她和其他经理计划的细节。这些问题和讨论是坦率的、实事求是的和切中要害的,使得我们对她的公司的计划批准过程有了完整的了解。为了方便讨论,我将给出一小部分当时的讨论,以便总结出主要的问题。

我们提出的第一个问题是,制造和销售副总裁的计划为什么被批准得那么快。在经过多方面的探究后,很明显,他们的报告根本就不是肤浅和匆忙草拟的计划,也根本不是什么不完整的计划。制造副总裁讨论了新技术的引进,关闭一个过时的老工厂,以及需要和工会一起实施战略计划等问题。把我们得到的各个片段综合起来,他的报告基本上是这样的:

> 我的主要建议是在我们五个工厂中的四个里引进新技术,同时逐步停止第五家工厂的经营。下面是一些主要的数据:在X年内摊销的购买技术的成本为n美元。所得到的好处是,在摊销期间单位产品的可变成本可以降低m美元,这相当于每年降低Y%的经营成本。按照新机器的使用年限来计算费用和成本节约的净现值(NPV),这个净现值是正的,同时,在此期间的投资回报率(ROI)可以达到很高的Z%。此外,除了节约成本的好处外,我们还会在产品质量上获得很大的改进。这将大大提高我们在顾客心目中的地位,特别是在中档市场上更是如此。在过去几年里,在中档市场上的竞争对手一直让我们感到头疼。

这个报告(营销副总裁的报告也同样)显然将重点放在了事实和可以测评的结果上。它重点讨论的是成本和好处,包括提高了边际利润;它使用了净现值模式分析,包括确定了恰当的折现率;讨论了产品质量的提高,包括生产领域内质量的改善情况;也清楚地说明了关闭第五家工厂的成本,虽然这将稍微降低净现值的数字,但是净现值仍然是正的。精心计划的关闭工厂过程所造成的额外成本,会通过获得工会方面的善意支持(无形的),以及避免罢工或怠工所带来的好处(实际的、有形的数字)所抵消。

尽管还有其他一些问题,但是该报告的实质内容显然是很有希

第9章 权力、影响力和战略实施工作 *349*

望实现的。参加沃顿商学院经理人员学习班的学员们的进一步追问表明，这个制造副总裁的计划的确是"有血有肉"的。它把重点放在了成本、质量和净现值等指标上，对于这些指标，董事会能够清楚地看见和充分地理解。现在，让我们看一下这位受到围攻的人力资源副总裁的报告，看看有哪些相同和不同之处。我将仅仅提取她报告的一部分来加以说明。

她所建议的计划中，有一部分谈的是管理人员的教育问题。（非常恰当！）鉴于对管理技能加以培训和投资具有显而易见的好处，她希望能大大增加这方面的费用。她争辩说："人是我们最重要的资产。"而增加管理人员的教育费用会提高这种资产的价值。她还建议，这种培训应当同样针对大多数中层经理，以便为将来储备更多的管理人员。她坚持认为，尽管扩大培训的成本很高，但这是值得的，因为培训的好处还包括能够得到更加称职、更快乐和更忠诚的员工。

我们从中能发现什么问题？她的基本论点是：对管理人员加以培训是好事情，是物有所值的，它的好处是能够得到更加快乐、更加忠诚的员工。但是她也提到，为了得到这些好处，要花费很高的成本。这些有益成果的评估充其量只是主观的，并没有提供实际的指标。董事会很容易看出并估量她报告中提出的费用，却很难把握有可能出现的好处。

关键在于他们看见了费用的提高，却无法证实好处的增加。他们主要看见的是成本和预算的增加，就是这么回事。他们会说，她的计划费用太高，要想得到所有的资金是完全不可能的，她需要相应地修改她的预算。

那么，我们该提出什么建议呢？在修改她的计划和对待董事会的态度,同时减少她的焦虑和挫折感方面,我们建议她做些什么呢?与其重复我们所有的建议和其后进行的讨论,不如让我告诉你这位人力资源副总裁是如何按照我们的建议行事的。

第一,她找出了董事会所有成员——实际上是所有的利益相关人——都会同意的事情。她把新计划的重点放在了员工流失问题上。她正确地指出,公司的员工流失率异常高。事实上,她用所提供的数据证明,在整个行业中,该公司的员工流失率名列第二。

第二,她提供了员工流失所造成的成本损失的数据。这些数据中,有一些是实际的和确实的,有一些是估计的,但是,即使是这些估计数据也能转化成为实际和确实的数据。例如,要替代一位跳槽到其他公司的高层经理,通常需要请职业介绍所或猎头公司提供服务。这些企业提供的服务可不便宜,其费用高达所找到的经理年工资的100%。这个费用显然就是员工流失的成本。同时,这位新经理还需要花时间来熟悉新岗位。显然,这位经理在熟悉期间的工资和其他福利也可以看作流失的成本。她建议将六个月的工资和其他福利作为流失的实际成本。(当然,六个月是估计数,但这是符合逻辑的。现在,该轮到董事会来证明她是错误的了,而这可不是一项容易完成的任务。)类似地,还可以把其他成本也归于流失带来的成本上。

第三,她进行了广泛的调研工作,从一些专业期刊和流行杂志上找到了一些文章,这些文章论述了流失率和经理人员教育和培训之间的联系。在经理们身上投入时间、金钱和关注能够提高他们对公司的忠诚,有时候可以用合同加以规定(例如,在完成由公司出钱的MBA学业后,若干年间不得离开公司),有时候则是心理上的约束(由于意识到给予—付出这种"无形合同"而对公司做出承诺)。这种流失率和经理教育之间的联系十分重要,因为这使得她的计划提升到一个新的水平。

第四,她从不同的角度和重点对原先的人力资源计划和预算进行了修改。新计划的目标是降低经理们的流失率。为什么?因为降低流失率就等于降低了流失所带来的成本。特别是,新计划包含的具体目标是:

> 在今后三年里,通过将中层和高层经理的实际流失率降低 Y%,从而使流失所造成的成本减少 X 美元。

降低流失率及其成本所采取的行动和方法之一,就是增加中层和高层经理人员参加公司内或公司外的管理培训或教育的人数。实际上,她确定了以下的因果关系:

经理教育 ──→ 减少流失 ──→ 降低成本

她对术语(包括流失成本)做了很好的定义,对经理人员的教育和流失率之间的联系做了清楚的说明和有根据的论证。因培训和成本降低而产生的未来现金流量的净现值是正的。她表明,不应当尽一切可能削减教育和培训费用,相反,这是对今后几年降低成本和提升经理人员核心竞争力的投资。

新的预算和人力资源计划得到了董事会的一致批准。(在沃顿商学院经理人员学习班结束后,她始终与我保持联系。)董事会的成员们注意到了该计划中教育和培训与降低成本之间那种合乎逻辑的和令人信服的关系。与前一个计划相比,新计划明显给人留下了不同的印象。

这个案例说明了几个问题。它首先表明,任何计划,不管是战略计划还是经营计划,其重点都必须放在可以测评的结果和清楚的价值增值成果上。计划的审批者必须能够看见和测算待批准的计划的实际成本和好处。

其次，一个单位在机构内的权力取决于这些实际的价值增值贡献。那些能够增加价值的个人和单位将提升他们的影响力。高业绩表现的个人和单位能够创造机构对他们的依赖性，同时提高他们的核心地位和重要性，从而增大他们的权力和影响力。权力取决于一个人对机构最终利润或在本行业中的竞争地位所做出的贡献。

最后，取得战略实施工作成功和积极成果的历史记录不仅能提高权力和影响力，而且使未来的计划和资金要求更加容易得到批准。权力会对未来的计划制定和实施产生正面的影响。那些以往具有良好记录的人会发现，他们在机构内的影响力将有助于未来战略或经营计划的制定和实施。权力可以通过许多方面对战略实施工作产生积极的作用，包括未来的计划能够得到所需要的支持。

表9-1总结了从这位受挫折的副总裁的案例中所获取的教训。将原先那个被拒绝的计划与被批准的计划相比较，说明了业绩、权力和成功的工作之间的一些基本要点。从根本上看，这个案例强调了以下几个问题的重要性：（1）大家都同意的、可以测评的因素（人员流失及其成本）；（2）清晰的原因和结果（如何行动来降低流失率）、有力的成本—效益分析（正的净现值）、实实在在的指标的重要性（可以加以测评的成果）。

当缺乏这些基本点时，实施计划就会失败。对于其计划具有表9-1右栏所示的特点的人来说，他们的权力和影响力就会得到提升。业绩会对影响力产生影响。那些能够提供正面的、可以测评成果的计划，既有利于对这些计划做出反应的机构，也有利于个人。

表9-1　　　　　　　受挫折的副总裁：得到的教训

被拒绝的计划	被接受的计划
被看作"花费"，因此增加了成本。	重点放在实际的、成本高昂的问题——人员流失上。
在计划和成果之间没有清楚的原因—结果关系。	原因—结果关系很清楚，采用所建议的计划会减少人员流失率。
没有价值增值的成果或好处。	用正的净现值来表明成本—效益分析的结果。
缺乏指标，没有可以测评的目标和成果。	使用实在的、大家都同意的、可以测评的成果或价值增值指标。
接受计划的结果是什么？	提供正面的、可以测评的成果能够增加权力和影响力，并且会对当前和未来的战略实施工作的成功产生积极的影响。

权力的最后要点：不利方面

权力对于工作的开展是十分重要的，它能促进战略实施工作的实现。根据图9-1的假设和讨论，权力差异是不可避免的，而这些差异取决于在机构开展有效竞争和取得优势等能力方面做出积极贡献的大小。因此，权力具有不可否认的或不可诋毁的好的方面。

然而，权力也有其不好的方面。首先，也是最明显的问题，权力会设法让自己永久化，这在前面已经强调指出过。大权在握的人多半都希望维持现状，他们制定和实施的战略都是那些能够支持他们的技能、权力基础和对机构做出贡献的战略。当然，如果这些手握大权的人做的是正确的事情，就不成问题。但是，如果这个战略是错误的，如果该战略的要旨不能恰当地反映环境的变化，对采取不同的竞争战略起不到帮助，那就会出大纰漏。如果领导人一意孤行，执着于那些主要目的是为了保持其权力地位的事情，就可能导致竞争优势的丧失。

上面提到过，最近有篇文章提出了微软公司"失去的十年"这个问题，据称是由于决策失误而使得公司遭到了挫折。[5]那个毁灭性的"员工大排名"政策——强迫对经理们分出优劣高低——使人们心生厌恶，迫使那些好经理离开了公司，加剧了公司内部可怕的竞争。过分看重Windows的做法，蒙住了经理们的双眼，使他们罔顾那些与Windows无关的产品的好处。在该公司业绩逐渐萎缩的那"失去的十年"里，是什么导致和助长了这些问题的发生？部分原因在于，公司的权力结构变得愈加官僚主义、僵化和墨守成规了。按照这篇发表于2012年的文章的看法，那些关键高层人物不思进取、故步自封，从而导致内部问题丛生，而权力结构是造成所有这些问题的核心。在写作本书期间，微软公司正在推出新产品——Windows 8和Surface Tablet，至于这是否有助于扭转外界对其权力控制结构的负面看法，则仍然需要观察。

当荣·约翰逊于2012年成为彭尼公司的CEO时，受命对1 100家零售店进行彻底改造，以求在这个竞争极其惨烈的零售行业里占有一席之地，而在该行业里，有诸多著名的大公司，例如梅西百货（Macy）、科尔（Kohl）、沃尔玛、西尔斯（Sears）和塔吉特（Target）。而到目前为止，他的工作收效甚小。正如许多行业专家连珠炮式地对该公司、它的战略和约翰逊的决策提出批评那样，其原因委实是错综复杂、不一而足的。[6]而这些批评的言外之意则是，彭尼公司的权力结构和文化与约翰逊所计划的大动作完全是格格不入的。在约翰逊来到该公司之前，这家公司反应迟钝，实行类似于那种以不变应万变的大量生产的经营模式，它的那种庸庸碌碌的官僚主义权力结构，无法适应新的、急剧变化的、竞争性的环境。人们在看过批评家的评论后会感到，墨守老一套的工作方法，加上僵化的权力结构，已无法使其在一个新的零售行业环境里生存下去了。约翰逊或许还能成功，然而他为这个日渐衰亡的公司注入新生命的计划，将面临许多挑战。（注：2013年4月初，约翰逊被解雇了，而他的前任麦克·乌尔曼被重新聘为彭尼公司的CEO，以设法使这个气息奄奄的公司起死回生。）

数字设备公司是一个值得再次提起的例子。多年来，该公司内处于支配地位的班子是由设计人员掌控的，在战略问题上，始终由他们说了算。公司对设计人员的依赖性非常强，最终，这被证明出了问题。在竞争日益严酷的PC市场中，当对营销和顾客服务的需求越来越迫切时，该公司不能做出有效的反应。设计人员仍然把持着一切，这个部门的一些人实际上认为，像营销这样的"软"部门不是十分重要的。

该公司围绕着设计部门建立起了一个十分有效和有力的高层联合体。在主要的战略问题是技术，以及对设计部门的依赖带来了巨大效益的情况下，这个班子运行得很好。当市场发生了变化，从而需要更多的像营销这样的"软"技能时，这样的权力结构就成了负担。这个由设计人员把持的组织结构成为一个头脑糊涂的机构，给公司造成了大量的问题。营销部门得不到足够的资源，也没有那种能够让公司对来自顾客的日益复杂的高要求的竞争压力做出回应的影响力。数字设备公司后来的许多问题都可以归咎于它的权力结构：

权力通常改变得很慢。那些大权在握的人往往希望保持其权力。权力能对战略实施工作予以支持，这是它好的方面。但是，权力也会带来惰性，从而对变革和机构的适应性造成消极的影响。

CEO 领导力的关键作用

当权力结构是错误的并起破坏作用的时候，对权力结构的改变很大程度上取决于高层管理团队的领导力，特别是 CEO 和董事会的领导力。CEO 和高层领导们可以通过改变战略、人员、组织结构、责任划分以及稀缺资源的分配等方式，做出决定或采取行动来影响权力结构。的确，某些具有极大影响力的决策只能由 CEO、执行委员会或董事会来做出。只有这些高层人士或领导团队能够对主要经营单位之间的依赖性施加影响，从而决定谁对谁有影响力。这显然不是一项轻而易举的任务，并且常常是一件不得人心的事情，然而它又是一件必须要做的事情。

在这种情况下，CEO 就必须通过切实的原因—结果分析，来说明业绩问题和需要变革的理由（见第 7 章）。变革的理由必须是清晰和有说服力的。对于变革的沟通，特别是牵涉资源分配的变革的沟通，必须是全面和普遍的，以消除那些起破坏作用的谣言和对信息、"事实"的偷偷摸摸的操纵利用。偶尔谨慎地使用外部的分析家和咨询师，会帮助 CEO 来编写和提供那些将引发权力结构变革的方案。同样，获得董事会或大股东的支持也能形成强大的联盟来推动必要的变革。

在缺乏高层强有力领导的情况下，如果机构的业绩表现不佳，而战略变革又十分必要，其他的权力集团肯定会插手进来，改变权力结构，有时候是夺取高层领导的权力。股东和董事会都会增加他们对这些高层领导的影响力，这部分是对业绩不良的反应，部分是由于认识到改变战略和权力结构的必要性。让我们看下面几个例子：

- 2012 年，切萨比柯能源公司（Chesapeake Energy Corp）的

董事会迫使其 CEO 奥伯雷·麦克林顿（Aubrey McClendon）下台，这是因为董事会不得不屈服于股东们的压力，这些股东对于他的个人作风、影响力和公司股票的不良表现深感不满。[7] 而在这前一年，一位股东就曾对麦克林顿的薪酬提出抗议，迫使董事会采取了与业绩挂钩的奖励制度，这说明股东和董事会同样绷紧了管制的肌肉。同时，CEO 对其所偏爱公司的贷款影响力也受到了约束。

● 巴里科黄金公司（Barrick Gold Corp）是世界上最大的金矿开采公司。由于公司的业绩不佳，其 CEO 阿龙·里根特（Aron Regent）被撤了职。[8] 这次事件是由于巴里科黄金公司于 2011 年被伊贵诺克斯矿业公司（Equinox Mineral）接管所致。它也表明，公司内部可能就合并后的公司的新方向一直存在着权力斗争。它也暴露出，由于合并后的公司坚持要巴里科黄金公司改变其主要产品和经营地区，而出现的政治和经济风险。这其中的弦外之音表明，CEO 的任免除了经济和战略考虑之外，还常常涉及与权力有关的因素。

● 2012 年，三星电子公司任命了一位新 CEO 权五铉（Kwon Oh-hyun），在此之前，他领导了该公司的芯片部门长达四年之久。与此同时，公司还宣布将新 CEO 的权力加以缩减。[9] 三星公司希望将它的消费品生产和部件业务进一步分开，以便更好地处理这两大部门之间的矛盾。这一决定还指出，消费品生产部门不再向新的 CEO 请示、汇报工作，也就是不再受 CEO 的控制和约束。今后，消费品生产部门将直接向公司董事会主席报告工作，而当消费品生产部门与部件业务发生冲突时，则由该董事会主席来加以调停和拍板。显然，这位新 CEO 的权力受到了制约，其结果是权力发生了戏剧性的转移，以及部件业务的重要性被提升了。

● 按照一篇论述 CEO 权力和控制力，读起来让人饶有兴趣的文章的看法，CEO 已经完全不再是以前的那种老板了。[10] 该文章指出，随着来自投资人的压力越来越大，与以往相比，更多的公司正在将 CEO 和董事会主席的职务加以分开，以此来缩小 CEO 的权力。数字很说明问题：在财富 500 强公司中，有 20% 以上的公司设立了单独的董事会主席一职；这比六年前提高了很多（2007 年时，仅有 12% 的公司这么做）。按照该文章的说法，这实际上就是设立了"权力的第二把交椅"。如果 CEO 同时兼任董事会主席一职，那他就会影响董事会的日常工作、决策和行动，相应地，他就拥有了支配和操纵董事会的权力。随着将 CEO 和董事会主席的职务分开，董事会主席就能独立工作，且不再由 CEO 来指派，这就使得董事会得以更有效地制衡 CEO 的权力和影响力。因此在许多公司里，CEO 再也不是以前那种大权独揽的老板了。

● 先前第 6 章关于激励与控制的讨论指出，股东和董事会是如何越来越重视将 CEO 的薪酬与公司的业绩挂钩的。显然，这种做法的意图就是强化对 CEO 的控制，以此来确保 CEO 在进行决策和行动前，能更加审慎地评估他的所作所为能给投资人带来哪些共同的好处。在许多公司里，那些表现不好的 CEO 都会从权力宝座上被赶下台。实际上，在每个星期商业类报刊的大标题上，这种情况的新例子层出不穷。

这些案例要说明的问题是：如果 CEO 和他们高层领导不对影响业绩、功能表现不良的权力结构进行改变，董事会和股东们就会采取行动。对这些高层经理——实际上是对所有负责战略制定和战略实施工作的经理们——而言，这一点是十分简单和直截了当的。

了解权力结构

这是一个显而易见而又基本的问题。图 9-1 中对决策和各种因素的分析工作,包括组织结构的作用、资源的分配以及依赖性等,是关键的第一步。了解权力是改变权力的先决条件。对于改变影响力结构,以及克服那些担心失去权力的人对变革造成的阻力来说,了解传统的权力基础是什么是绝对必要的。

放手大胆地采取必要措施

权力结构变革非常类似于文化变革。呼吁那些大权在握的人去变革和放弃他们的影响力,从而消除某些功能不良的权力结构,常常只不过是对牛弹琴,或者被当作耳旁风。与文化变革一样,唯一的办法是将重点放在那些形成权力的条件上。

要想改变权力,就必须改变战略,因为不同的战略会对机构的技能和能力有不同的要求(见第 3 章)。无论你是否改变战略,你都可能通过改变组织结构和一体化的方法来响应战略的要求(见第 4、5 章)。如果组织结构改变了,就会在机构内产生不同的资源分配和对不同的个人或单位的依赖性。而这种依赖性反过来又会导致这些个人或单位的重要性和在机构内的地位发生变化,从而影响权力结构的改变。

不是所有的权力变革都需要勇敢地采取大动作。在一个部门内,经理不必关心战略或组织结构问题,但是必须关注资源分配和人员的调整,或者关心决策的责任和权威性。此外,即使在一个部门、分部或单位内,经理们也必须意识到权力是依赖性的对立面或反面。除非你改变依赖性,否则是无法改变权力的。即使在机构的底层改变依赖性,也是一件大胆和困难的事情。那些权力在握的人不愿意失去权力,不管他们处在机构内的什么位置上都是如此。

克服变革阻力

那些实施权力变革的经理必须能够克服变革阻力。克服权力变革阻力的过程和所需要的步骤与克服文化变革阻力是类似的（见第8章）。在考虑对权力和影响力结构进行变革的时候，前面一章所证明过的原因—结果分析、有效的沟通和领导能力等也将再次发挥作用。在谋划和实施权力变革的时候，没有什么比充分的变革承诺，以及对影响权力的各种因素和条件加以全面理解更有效的了。

如果已经证实权力结构是机能不良的，而且机构正在失去它的竞争优势、利润和市场份额，那么就必须进行变革。如果高层管理团队不愿意进行变革，那么将不可避免地导致业绩表现继续不佳，并且会使得股东们和董事会来插手采取措施纠正这种情况。实行变革是痛苦的，但这要比外界迫使你成为变革的靶子好得多。

小结

从本章关于权力、影响力和战略实施工作的论述中，可以得出几个重要的结论。现在归纳如下：

● 权力会对战略实施工作产生影响。第1章的调查收集到的数据表明，企图实施那种与机构内的权力结构相对抗或相违背的战略，总会面临困难，并且常常注定会失败。

● 权力只不过是依赖性的对立面。如果满足两个关键的条件，那么，个人或单位A就对另外一个人或单位B拥有了权力。这些条件是：(1) A具有B所需要的某种东西（信息、资源）；(2) B无法从其他地方获得这些东西。如果A拥有B所需要的东西，并且垄断这种东西，那么B就会完全依赖A，而A也就对B拥有了权力。

- 在一个机构内，战略所产生的需要会影响组织结构。那些能够解决机构关键问题的单位会得到资源分配上的优待作为奖赏。这种不均等的资源分配导致了依赖性上的差异，从而产生了权力上的差异。

- 拥有权力会有助于战略的制定和实施。在缺乏权力和社会影响力的情况下，一个人或单位（部门、职能单位）可以与那些具有影响力的单位结成联盟来促进和支持战略实施方法和计划。这种同舟共济的道理在于：在实施战略方面，通过联合具有潜在权力的个人或单位所建立起来的权力基础和共同力量，要比这些个人或单位单独实施战略所能做的有效得多。

- 为了获得支持，战略实施方法和计划必须提供清楚的、能够测评的和正面的价值增值成果。如果等级体制内的领导人、可能的联盟伙伴或同舟共济的成员看不到积极的成果，或者无法对这些成果以及价值增值对机构产生的贡献加以测评，就不会支持战略实施计划。随着时间的推移，那些具有积极成果历史记录的个人或单位将获得机构的信任并拥有更大的影响力。

- 那些大权在握的人都希望能永远保持这些权力，这会给机构带来不利的影响。那些掌握权力的人可能会坚持做那些为了保持其权力地位所必须做的事情，即使这些行动对于不同的和变化了的竞争环境来说非常不恰当，他们也在所不惜。如果发生了这种情况，那么，要想改变权力结构，CEO和他的管理团队的领导作用就非常关键。工作的重点必须放在改变战略、组织结构或资源分配上，这些改变反过来会影响依赖性，从而确定新的权力关系。权力差异是不可避免的，关键在于要确保权力和社会影响力能进一步促进机构目标和战略实施工作的实现。

参考文献

[1] The notion of power as a relational social influence and an ability to act, despite resistance, can be traced back to Max Weber's *The Theory of Social and Economic Organization*, Free Press, 1947. See also Robert Dahl's *Modern Political Analysis*, Prentice-Hall, 1963.

[2] David Mechanic, "Sources of Power of Lower Participants in Complex Organizations," *Administrative Science Quarterly*, Volume 7, 1962.

[3] Lawrence G. Hrebiniak and William F. Joyce, "Organizational Adaptation Strategic Choice and Environmental Determinism," *Administrative Science Quarterly*, September 1985.

[4] Ben Dummett, "For Drug Maker, M&A Does the Work of R&D," *The Wall Street Journal*, April 18, 2012.

[5] Kurt Eichenwald, "Microsoft's Lost Decade," *Vanity Fair*, July 3, 2012.

[6] See, for example, Margaret Bogenrief, "Ron Johnson Really Is Destroying J. C. Penney," *Business Insider*, October 15, 2012; Jae Jun, "Why J. C. Penney Is Not Worth Buying," *Seeking Alpha*, October 23, 2012.

[7] Russell Gold, "Chesapeake Board Crimps CEO's Power," *The Wall Street Journal*, June 9, 2012.

[8] Alistair MacDonald and Edward Welsch, "Barrick Gold Ousts Its CEO," *The Wall Street Journal*, June 7, 2012.

[9] Evan Ramstad and Jung-Ah Lee, "New Samsung CEO to Have Less Clout," *The Wall Street Journal*, June 8, 2012.

[10] Joann Lublin, "More CEOs Sharing Control at the Top," *The Wall Street Journal*, June 7, 2012.

第 2 篇

应 用

第1～9章给出了成功地实施或执行战略的必要关键要素。从总体上看，这几章是在战略实施模式的指导下，为战略成功之路提供一个路线图，并给出了战略实施的关键工作及其存在的理由。

经过修订补充后的本版《有效执行》，则百尺竿头更进一步。下面几章将把这个基本的实施过程运用到现实世界中那些具有挑战性的具体情况中去，借以表明在这些情况下，如何有效地实施战略。其重点放在，在当今这个竞争极其激烈的世界上，经理们如何使用我们给出的这个很有用处的模式和方法来应对他们日常所遇到的难题和机会。在很大程度上，第2篇"应用"部分是应经理们的要求而编写的，因为他们感到，谈谈该模式的具体应用问题，将会对他们今后的战略实施工作有所帮助和有所启发。

第10章是"并购战略的成功之路"，论述的是如何使得并购战略得以成功。本书的第1版也有这一章，本版对此进行了更新，以确保它的内容依然有用和有效。

第11章"全球战略的成功之路"是新增加的。上一版对于全球战略关注不多，而本版则订正了这个不足之处。同样，其重点是把本书所提供的模式和方法运用到全球战略的实施中去。在当今竞争日趋激烈的世界上，这是一个极为契合时代要求和重要的课题。

第12章"服务机构的战略实施问题"也是新增加的，许多经理希望更多地了解服务机构以及非营利机构的战略实施问题，本章就是对这些要求的回应。与那些以产品为基础的伙伴们相比，在执行战略过程中，服务机构是否也可以遵循同样的原则和方法？在这新的、具有启发性的一章里，我们对此类问题做出了说明和回答。

第13章"项目管理和战略实施"是新增加的一章。但略有不同的是，它并非有关如何应用的问题。它要说明的是，项目管理

(或与本书所介绍的战略实施方法一起）可以应用到战略实施工作中去。应本书第1版读者的要求，本章意在表明，在有效执行战略过程中的某些方面，项目管理可以作为一个助手或补充手段来使用。但是本章也强调指出，在将项目管理运用于战略实施工作中时，也存在一些潜在的缺陷和不足之处。

本书的第2篇，意在为一些重要的战略实施课题或情况提供有益的真知灼见。显然，无论是对于身处战略实施工作一线的经理们，还是对于那些对此课题有兴趣的学者或学生，在阅读完本篇后都能获益匪浅。

第 10 章 并购战略的成功之路

本书论述了如何使用一种合乎逻辑的、综合性的方法来处理战略实施工作中的障碍和机会，以获得战略实施工作的成功。它为未来实施工作的决策和行动提供了宝贵的指南。本章进一步指出本书所给出的战略实施工作方法的实际用途。

本章的目的是应用本书的概念来处理一个实际的战略实施问题。它阐述了对于一个复杂的战略来说，如何实际应用本书给出的模式和见解来争取获得积极的实施成果。它详述了如何根据本书的模式来做出并购决策，并一步一步地具体说明了并购战略的实施过程。[1]

并购战略的成功之路

为什么关注并购问题

并购是一项常见的、重要的和耗费大量资源（包括管理人员时间）的工作。它们始终是新闻报道的热门话题，总是引起兴奋和激动。由于它们意在增加未来的盈利和股东们的财富，因此这些力图获得增长和多样化的举动总是会激发起人们丰富的想象力。

并购活动的内在逻辑听起来几乎是无懈可击的。[2] 并购的动机包括但并不限于：当本机构的内在增长遭遇到行业和竞争因素的影响而止步不前或屡受挫折时，设法寻找新的增长源；试图通过多样化来获得新的产品或服务线；在进行全球化扩张时寻求进入更多的国家或地区；或者仅仅是为了在本行业内发展壮大，以便赢得更大的市场份额、控制行业要素或降低经营成本，等等。下面给出几个建立在这些逻辑考虑上的并购实例：

辉瑞公司（Pfizer）于2012年宣布，它打算购买下一波药品公司（NextWave Pharmaceuticals），将其名下的"注意力缺乏多动症"药品收入囊中，以扩大自己的产品线。与此类似，在同一年，拜尔公司收购了西弗营养品公司（Shiff Nutrition Inc.），以增加维生素和其他产品品类，由此来提升自己在美国十分赚钱的非处方药市场上的地位和势力。[3]

近来，中国公司也一直在扩张自己的经济实力，它们通过积极地收购公司来使得自己在产品种类和地理区域等方面实现多样化。例如，中国食品集团公司同意收购位于英国的维塔比克斯公司（Veetabix），以便扩展自己的产品线和在全世界的影响力。中国公司还热切地利用欧洲经济不景气的机会来一展身手，例如，中国的国家电网公司和三峡公司，正在进入西班牙的收购资产热潮中。[4] 随着中国不断扩大在全球的影响力，此类活动有望继续下去。

2013年，美国空中公司（U.S. Airway）和美国航空公司（American Airline）宣布合并，意在实现上面所指出的、由并购所带来的各种好处。合并成功后，它将是世界上最大的航空运输公司，有望降低成本和实现规模经济，提升市场势力，对由供应商、飞行员和服务员组成的工会产生更大的控制力，扩大全球航线，扩大产品和服务线等。与仅仅着力公司内部扩张相比，并购将会带来更大的增长和盈利。

日本公司也不甘落后。事实上，在2012年，在对外收购方面，日本仅次于美国而名列第二，仅在这一年，就有700多次收购发生。其目的也在于：在扩大全球影响的同时增加盈利。例如，软件银行集团（Softbank）通过收购斯普林特/耐克斯太尔公司（Sprint/Nextel）而进入了美国这个大市场，并产生了世界上最大的一家电信公司（共有约9 000万名用户），从而能更好地在这个高度集中化的市场中开展竞争。显然，软件银行集团这次收购的主要动机，就是希望获得全球化扩展、规模经济，以及增强竞争实力。[5]

日本的另一家公司——日立公司，于2012年10月宣布，它将以11.2亿美元的价格购买英国的地平线核电公司（Horizon）。这次收购的目的在于：将其来自核电的收入增加一倍，同时减少其低利润的消费类电子产品。[6]这样一来，日立公司就胜过了它的竞争对手西屋电气公司（Westinghouse Electric，东芝公司的一个子公司），由此扩展了一个关键业务，同时也限制了竞争对手的增长机会，而这也正是并购的另一个目的。

在前一章曾经提到过的瓦林特国际医药公司，这里值得再说一下。2011年，该公司发出了13次收购邀约，赢得了其中的11次。它为什么如此迫不及待地开展并购活动呢？就是为了以此取代那些进展缓慢、费用昂贵而又风险极大的研发活动，以便能更快和更有效地扩大公司的产品种类和治疗方法。事实上，并购活动已被看作替代研发工作来获取新产品和发展潜力的另一个办法。[7]

一些较小的公司也参与到了并购活动中。在2008—2011年，仅仅在纽约的地铁行业里，就发生了80多次并购活动。其目的与那些大公司的目的完全一样——将公司做大、获得市场份额、实现规模经济，以及增补自己的能力和服务项目等。[8]

最近的并购事件，除了少数几个外，都表明了它们的理由和目标。更有数不尽的其他一些并购或正在打算进行的并购活动与许多著名的大公司有关。在民航领域里，除了刚才提到的美国空中公司和美国航空公司宣布合并外，其他例子还包括瑞安与爱尔兰航空（Aer Lingus），以及 LAN Airway 与 TAMSA 等。然而问题已经十分清楚，并购是一项大交易，并且对于不同的公司和行业来说，这些行为的目的都是始终如一的。在上述提到的原因的驱动下，并购活动的确变得司空见惯，也十分重要。

然而，悲惨的事实是：尽管这种做法十分流行，但大多数的并购不是失败就是流产了，它们并没有实现人们所期望的目标和管理团队的许诺。近些年来的一些文章和专门报告令人信服地指出，存在着反对并购的思潮。

美世管理咨询公司（Mercer Management Consulting）历经十年，对 340 项重大收购进行的研究具有特别的意义，因为它确认了这样一个事实：大多数企业的联姻是不成功的。该研究发现，在合并交易达成后的三年内，有高达 57% 的合并企业的业绩低于行业平均水平。许多合并使得股东们的财富遭到了损失。它们事倍功半，浪费了大量的宝贵资源，而对投资者来说，这些资源则体现了实际成本和机会成本。[9] 与此类似，由波士顿咨询公司（Boston Consulting）进行的一项研究表明，在它所分析的 277 次并购事件中，相关公司股票价值下降的占 64%。[10] 这对于那些鼓吹并购活动大有好处并建议参与其中的人来说，无疑是泼了一盆冷水。

而最近的一份分析报告，也证实了先前研究所给出的并购做法的暗淡成果。这份报告发表于 2011 年 3 月，它考察了 30 多年来全球发生的几百次并购活动，以及 70 篇有关论文，结果令人震惊，它指出早先有关并购成功的说法缺乏证据。[11]该项研究发现，大约有 70% 的并购未能实现原先期望达到的目的，有高达 50% 的并购实际上损害了企业价值，而可以算作成功的并购只有不到 30%。

以往那些问题丛生的联姻例子很多，其中著名的包括：桂格（Quaker）和思蓝宝（Snapple），美国在线和时代华纳公司，摩根斯坦利和添惠公司（Dean Witter），花旗集团和旅行者公司（Travelers），以及戴姆勒和克莱斯勒公司，等等。并购带来的问题肯定并没有结束，正如一些最近打算进行的并购活动所显示的那样，这些问题正在显现出来，甚至可以说，即使在这些并购活动还没有完成之前，就已经可以预计到它的巨大问题和不良后果了。

对于前面刚提到过软件银行集团与斯普林特公司之间的交易，已有评论家指出，这个并购缺乏通常所具有的成本节约途径，认为这类并购一个极为重要的理由很站不住脚。[12]斯普林特公司的股东们迷惑不解，搞不清这种并购究竟有什么道理，不知道这次合并是否能够如软件银行集团所愿，解决其麻烦颇多的移动运营问题，以求在这个竞争行业里占有一席之地。

2010 年卡夫公司花了 190 多亿美元对吉百利食品公司（Cadbury）进行了敌意收购，现在可算是"雄关漫道真如铁"了。吉百利食品公司的高层管理人员纷纷离开公司（170 人中走了 120 人）以表抗议。一体化的费用高得惊人（13 亿美元），而预计能够节约下来的成本至多只有其一半左右。一体化的成本过高，致使其利润下降了。批评家们指出，由于卡夫公司这一方缺乏应有的关注，过于匆忙地企图实现一体化，以及对这两家公司之间巨大的文化差异重视不够等原因，将会产生重大的问题。[13]

雷诺汽车公司与英国跑车公司——凯特汉姆汽车（Caterham Car）的结合，是一种战略联盟，而非通常意义上的并购，但是这种联盟的目的与并购类似。（的确，这种联盟常常是更为正式并购的前期行为。）而这种联盟面临的真正挑战，也与我们经常听到的并购所遇到的挑战毫无二致：需要克服这两家公司之间巨大的文化差异。[14]一句流行的话是："相反而相成"，但在并购过程中却往往并非如此，对立的文化常常意味着灾难，使公司的一体化和商量好的共同努力多半会付之东流。凯特汉姆汽车公司的企业文化是否可以平稳地与雷诺汽车公司那种更加稳重和成熟的文化融合到一起，还有待时间的检验。

2012年7月，德尔塔航空公司的一个举动震动了整个业界，它决定从康菲石油公司手中购买位于宾夕法尼亚州的Trainer炼油厂。这是纵向一体化的大胆举动，意在确保低成本航空燃油的稳定供应，而这种收购的前景则或者是一片光明，或者是一塌糊涂。显然，这种多样化经营的做法是为了进入一个全然不同的行业，其成功与否取决于多种因素，包括对燃油需求量的多少和燃油的价格，以及德尔塔航空公司是否有能力去经营一个在其核心业务范围之外的企业。在执行这种非相关多样化收购战略的过程中，管理层的智慧将更加重要。此类问题难以尽述，同样，只有时间才能告诉我们，这一举措是否靠谱；在一个竞争激烈的商品市场上，这个纵向一体化的做法是否能为德尔塔航空公司提供某些优势。[15]

最后，考虑一下沸沸扬扬传说中的欧洲宇航防务公司（European Aeronautic Defence and Space）与英国宇航系统公司（BAE System）的合并事件。由于大量的政治和国家层面原因，这一合并至今没有着手进行。对于这两家公司来说，尽管这种合并能够有机会带来战略和商业上的好处,但该合并却无法获得各方支持。[16]事实上,是强大的抗议者和政治反对派扼杀了这个在经济上看来十分合乎逻辑的事情。法国、英国和德国的政治家们需要做出妥协,而他们担心的是失业增加和权力受到侵蚀,从而在合并实施前就设法让其胎死腹中了。的确,政治会容许一个陌生人与你同床共眠,而政治也会拒绝另外一个不那么陌生的人与你分享同一张床铺。

与并购相关的问题不会消失,在今后很长的时间里它们还将继续存在。不仅在过去有过许多的失败和问题,而且在将来肯定会有更多的并购一败涂地。真正的问题,也是需要加以探究的一个关键问题,就是为什么并购会遭遇挫折或失败?为什么这些代价高昂而又十分时髦的行为有那么多惨痛的结局?最近又出现了一些挑战并购做法的案例,对于为什么并购往往功败垂成这个问题,它们,以及许多其他唾手可得的例子又给我们提供了哪些教训呢?

为什么许多并购遭受了失败或挫折

对这个问题的回答十分简单明了:它们之所以失败是因为计划不周和实施工作不佳。下面列出了计划不周和实施工作不佳的一些方面,正是这些方面导致并购工作没有取得良好结果:

计划不周+实施工作不良=合并和收购的结果不佳

- 没有令人信服的战略理由
- 缺乏应有的关注
- 对协同效应期望过高
- 付出的价格太高
- 没有清楚、合理的实施方法
- 相冲突的文化
- 一体化工作不良
- 领导不得力
- 速度过快
- 财务业绩不佳
- 股东的价值遭到侵蚀
- 顾客满意度下降
- 对变革工作处理得不好

我们对计划不周和实施工作不良的主要问题做一个简单的概括，然后再探讨如何使用本书给出的战略实施方法来处理这些问题，并且使并购战略大见成效。

计划不周

糟糕的计划会带来实施问题，它可能从一开始就注定了并购的命运。

没有令人信服的战略理由。并购体现的是重大的战略决策，其代价十分昂贵，无论是从实际成本角度，还是机会成本角度来看都是如此。相应地，必须对并购背后的理由做出十分仔细的考量。对于并购的动机，也就是期望达到的目的，如业务增长、全球扩展、多样化经营等，都必须做出翔实和符合逻辑的计划，以便使得并购工作物有所值。

可悲的是，事情并非总是如此。市场的高度资本化，以及CEO手握大把的现金迫切想要花出去，并购活动常常反映的是一种"财富"感和花钱的嗜好，而不是基于长远价值考虑的扎实的战略分析。

与前面所说相关的是CEO们的狂妄和贪婪。CEO们有时候屈服于"更大和更好"这种看法，这导致了因为错误的原因而开展并购活动。过度的自负（"我能轻易地管理好这个巨大的合并工作"）和对个人利益的考虑也是部分原因。有一次，当一位CEO被询问他为什么要搞全球多样化，在他有关增长和股东价值的老生常谈式的回答后，他补充道："此外，一个大型多样化公司的CEO的报酬要比小型非多样化公司的CEO的报酬高得多，所具有的影响力也大得多。"

显然，这才是他的最大的理由，但这并非是对于多样化和股东价值增长的可靠的战略基础。

为了证实并购战略的正确性,需要有令人信服的和合乎逻辑的战略推理。如果这个推理既不清楚,也不能令人信服,那么,那些主要的利益相关者就不会参加这个"乐队彩车大游行",而实施工作也就会更加困难,问题也会层出不穷。

缺乏应有的关注。这是在计划并购行动时十分重要的方面。要想使并购工作取得成功,应有的关注,包括文化上的关注是至关重要的。收购方必须仔细地分析目标行业和收购对象。"硬"数据——行业因素、资源和能力、行业的有利可图性、市场力量、竞争对手以及所期望的协同效应和成本节约的基础等——都必须得到仔细的研究。对那些"软"问题,例如,打算合并的企业之间的相似之处和差异之处以及文化等问题,也必须仔细考察清楚。人员、文化、价值观和看法等不是那么容易相互融合的。与有分歧的文化相比,分销渠道的合并要容易得多。

要想让并购战略大见成效,必须通过扎实的计划和应有的关注,为合并所必须处理和加以综合考虑的软、硬问题做好准备。缺乏应有的关注则将导致不良的实施结果。

所支付的价格太高。在并购过程中,为一项收购支付超出其实际价值的价格是一种惯例,而不是什么例外的情况。如果高出太多,就意味着收回资本成本的机会为零。例如,假设你多付出了50%的钱,那就意味着,那个实现了协同效应的公司在收购后的第二年就必须将资产回报率提高12个百分点,并且在九年内保持这种状况,才能达到收支平衡。[17]一般来说,这是不可能做到的。

即使从收购中能够得到所期望的协同效应和其他好处,为了让价格合理,也必须进行周密的计划。计划不周会让每一个人都增加成本，特别是那些将他们的金钱委托给经理们来处置的股东们，他们希望这些经理能够为他们带来最高的收益。

实施工作不得力

没有合理的实施方法。为了让并购战略取得成功，必须要有合理的实施方法。接受调查的经理们已经强调指出，对所有的战略来说，这一点都十分重要，而对于并购来说尤其如此。没有精心制定的计划和实施过程，实行多样化就等于自找麻烦。在本章的后面，我们将把本书给出的实施工作模式和指南应用到并购案例中去。

一体化工作做得不好。这常常扮演着一个大杀手的角色。要想使合并获得成功，就必须做好组织结构的一体化工作。要想在合并后获得高效率和高效能的业绩表现，参与合并的企业内的各个业务单位或分部的融合、责任和权力的清楚划分是非常重要的。

对于成功的并购工作来说，更加重要的是文化的一体化问题。计划制定过程中应有的关注能够让收购方为文化的冲突和相关问题做好准备，但是，即使有了良好的计划，文化的融合也是一项极为艰难的挑战，如果处理得不好，它就会伤害到并购战略的实施。要想使多样化战略获得成功，而又忽视对文化和文化变革问题的管理，那就注定要失败。

实施工作的成本。除了收购战略中明显花费的费用之外，人们常常忽视实施工作所需要的其他成本。组织结构和文化的融合需要管理人员投入时间和精力。实施工作的责任不清会增加决策时间，并且带来沮丧情绪。经理们可能会因为这种挫折感和变革方向不明而跳槽离开公司，或者产生"心理上的失落感"。请再次回顾一下，当吉百利食品公司被卡夫公司敌意收购而吞并后，大批经理甩袖而去的情景，这确实是一种巨大的损失。

实施工作还会产生机会成本，因为把时间花在了并购上，就会减少完成其他管理任务的时间。在实施工作上花费时间，可能会使注意力偏离那些关键的行业因素和竞争条件，从而损害企业的业绩。在力图让并购战略获得成功的时候，实际成本和机会成本，包括管理团队将注意力转到实施工作的瓶颈问题上，显然都会造成潜在的问题。

"速度杀手"。在并购交易以及一体化过程中，迅速行动常常被鼓吹是一件好事情，但是速度过快可能是危险的。这听起来像是奇谈怪论，一体化和变革的速度过快具有严重的不利影响。

当对收购的企业实施一体化时，变革速度太快和同时处理许多相互冲突的问题，可能会导致过于复杂的变革，并且带来灾难性的后果。过快的速度会伤害一体化工作和实施工作的成功。

变革工作处理得不好。实施并购战略通常都包含变革工作，因此如果变革处理得不好就会妨碍或严重地损害实施工作。关键的问题在于究竟是快速地进行变革，还是在一个长时期内逐步地进行变革。显然，对变革的决策必须考虑变革的速度问题，包括各种变革方案的成本和效益的比较。这里，领导工作是否得力也很关键，因为机构内所有级别的经理都必须处理好变革问题并克服对变革的阻力。

信任问题。还需要提出另外一个问题——信任问题。卷入收购事件的各方之间的信任会对计划的制定和实施这两个方面都产生影响。缺乏信任会对信息分享和收集到的数据的可靠性产生影响。相互信任显然会对文化的整合、业绩目标的确定以及新业务单位融入公司过程中的组织结构一体化等产生积极的作用。并购事件中双方的经理们必须开朗大度和真诚地相处，共同促进实施工作的开展。

以上就是对于涉及并购战略成败问题的计划和实施问题的简要概括。有关并购的文献、本书调研中经理们的看法以及我自己的经验都表明，这些问题都会严重地影响战略实施工作的成果。

关键问题是：我们将从这里走向何方？我们如何提高并购战略成功的概率？鉴于那么多的合并都失败了，任何成功机会的增加都意味着节约无数的金钱和避免数不清的烦恼。但是，我们将如何处理上面提到的一系列重大问题来提高成功的概率呢？

这些问题的答案之一就是应用本书给出的概念和方法。下面几节将应用本书的模式和概念来处理并购过程中的关键问题。在应对刚才提到的实施工作问题以及取得并购战略成功方面，我将一一阐述应有的步骤、决策和行动。等到这个任务完成后，你自己会判断出我给出的实施方法是多么有用和实际可行。

使用本书的实施模式和方法

公司战略

本书的实施方法是从公司战略开始的（见第 2 章）。正如我们刚才强调的那样，计划的制定会影响实施工作的结果，而不靠谱的公司战略计划通常会导致实施工作的结果不佳。

公司战略

如第 3 章所说，公司战略通常关心的是业务组合分析、财务问题以及多样化或精简等问题。它重点考虑的是公司各种业务的组合以及各项业务之间的资源分配，以使股东们的利益最大化。在考虑并购战略时，公司的任务或责任如下图所示：

```
公司计划           行业的吸引力和           多样化
（应有的关注）  →  收购对象的选择    →   （收购）
```

公司计划的制定包含了认真仔细地分析可能的目标行业，以及合并和收购的目标对象。行业因素和条件也必须加以分析，包括行业的集中程度、供应商和顾客的势力大小、竞争对手的优势以及有效进入的壁垒等。

在相关性多样化战略中，当被收购的对象与收购者处于同一个行业的时候，有关行业因素、行业结构和竞争态势等情况已经被掌握。在这种情况下，重点不应放在了解行业情况上，而应更多地放在分析这个收购行为将如何改变该行业的市场和竞争态势上。例如，因为收购后形成的更大的公司所具有的购买力，该收购可能会提升它对供应商的市场支配力。公司规模变大也可能会使它在行业内实现低成本。因此，在局限于本行业内的相关性多样化的情况下，收购对象的有利可图性要比一个行业的有利可图性重要得多。如果一个行业或者一个行业中的战略优势具有吸引力，那就可以列出一个合适的收购对象的目录，并且进行仔细分析。应有的关注分析要求彻底考察收购对象的财务状况、资源和能力、当前的战略、增长的潜力，以及作为本公司业务组合中新的成分的适宜性等。

惠普公司与奥特诺米公司（Autonomy）的合并是一场大灾难，它提出了许多与制定计划有关的问题，凸显出扎实工作的关键作用。2011年，惠普公司花了100亿美元收购了奥特诺米公司，但仅仅一年后，其资产价值就降低到88亿美元。惠普公司声称，是奥特诺米公司的会计和其他不规范做法导致了其收入和价值被高估。而奥特诺米公司的管理层则反击说，惠普公司的说法毫无道理，是一派胡言。然而，财务报表的最后利润一行似乎表明，是惠普公司一方缺少了应有的关注。惠普公司原先的高级管理人员,如前CEO麦克·赫德(Mike Hurd)曾经辩称,在惠普公司支付购买款时,奥特诺米公司的价格被高估了将近一半。考虑到惠普公司其他那些收购苦果,如花了140亿美元收购EDS公司,而到了2012年便产生了巨大亏空,惠普公司对收购对象缺乏应有的关注这个问题,肯定在业界广为流传,而这也表明了计划不周会如何伤害到并购工作的成功。

应有的关注还要求对收购对象的文化加以详尽分析(见第8章)。它的主导文化价值观是什么?该公司的信条和愿景是什么?它的薪酬制度是什么?以及它是如何进行重要决策的?在风格、文化、组织结构以及待人处事的方法等方面,与收购方是否存在巨大的差异?它的权力结构是怎样的?(见第9章)以及它是否会与收购方现有的权力结构产生冲突,还是很容易融合到一起?

认真仔细的分析工作的重要性是无可比拟的。在并购过程中,对"硬"问题的仔细分析,包括市场定位、财务资源、技术资产和能力、分销网络等,对于取得成功十分重要,但是对"软"问题的分析也同样重要,忽视这一点将可能踏入文化冲突的地雷阵。此外,"硬"问题也常常会滋生出"软"问题来,重视前者而忽视后者可能会带来灾难。

例如,在英国石油(BP)与阿莫科公司(Amoco)合并的案例中,这两家公司具有不同的"硬"优势:一家公司擅长探索和研发等上游工作,而另外一家公司则更擅长营销和零售分销等下游工作。然而,它们之间显而易见的差异也暗示存在着难以觉察的"软"问题。与一个由销售、营销以及下游市场问题占主导地位的企业相比,一个研发型的上游企业在人员、技能、看法和文化等方面是大不相同的。这些差异会对战略实施工作的成败产生影响。

2012年，雷诺汽车公司和凯特汉姆跑车公司宣布结盟。它们显然对文化问题进行了应有的关注和分析。由于两家公司在文化上的差异，结盟谈判难以推进。但问题在于，它们能认识到巨大的文化差异是一件好事情。如果它们忽视这些文化"软"问题，而一心关注的只是那些"硬"问题，如汽车设计、成本、产品开发、销售等问题，那就很有可能忽视这个战略结盟是否具有生命力的大问题。

当戴姆勒公司试图收购克莱斯勒公司时，它确实了解汽车行业里的种种"硬"问题。它在分析克莱斯勒公司的成本结构时可能犯了一点小错误，但是就其大部分而言，它在对"硬"问题进行应有的关注方面，做得非常好。

戴姆勒公司的失误之处在于它对"软"问题的分析欠佳。这家德国公司和美国公司之间的文化差异非常大。它们薪酬制度上的巨大差异带来了严重的文化问题和对平等的看法问题。对"硬"问题的良好分析被糟糕的"软"问题分析抵消了。这对"平等的合并"产生了消极的影响。显然，为了使并购战略取得成功，对文化"软"问题的仔细分析是必不可少的。

看来，卡夫公司在收购吉百利食品公司时，对于文化问题关注得太少。该公司将重点放在扩大产品线，从地理区域上打入印度市场，以及收购成本等问题上，却对两家公司之间的文化差异问题掉以轻心。在收购后，随即出现了大批吉百利食品公司经理离职而去的现象，这个事实就很能说明问题。这些高级管理人员明显把这次收购看作对自己公司价值观和经营自主性的明目张胆的冒犯，显然，卡夫公司的高管层并没有意识到这一点。

有了扎实的计划和对潜在的收购对象的恰当分析，公司就能对合并或收购对象、公道的收购价格等加以决策，再加上应有的关注，就能使得这种交易胜利地向前推进。

公司的组织结构

在实施公司并购战略的过程中，下一步就是根据新的收购情况选择或调整机构的组织结构。正如在第 4 章里关于组织结构和战略实施工作的关系的论述，以及第 5 章关于处理一体化和信息分享那部分内容所说的那样，战略会对组织结构的选择产生影响，而这种选择又会对合并和收购工作产生影响。

组织结构的选择取决于所要实施的收购战略的类型。典型的相关性多样化指的是同一行业中两个在许多方面具有相同性的机构的融合。它们的相似性意味着，实施工作的重点通常在于减少重复浪费和成本，以及力图获得公司合并后的协同效应等问题。

在市场和技术方面的相关性多样化通常要求组织结构具有更高程度的集权化，它会将类似的单位合并到一起来为合并后的机构服务。核心的中央部门能够产生规模和范围经济，从而降低经营成本。集权化也能培养出优异核心来为整个机构服务。因此，相关性多样化一般要求在组织结构、专门知识以及规模和范围经济等方面，实行某种程度的集权化。

非相关性多样化和混合多样化的情况要复杂一些。一方面，一个被收购的公司，尽管它处于另外一个行业，也可能具有类似的技术、制造工艺、营销能力或分销渠道。另一方面，这些要素中的一些或全部也可能十分不同。第4章中所确定的准则强调的是：对那些共同和相似的因素实行集权化，而对那些不同的因素则可以考虑选择分权化的组织结构。

例如，如果两家公司里的技术是类似的，那么新合并的公司设立一个集中的研发单位或设计部门可能是适宜的。同时，合并后的机构可以设立反映不同顾客、市场或分销渠道的独立的分部或战略业务单位。由于技术和市场的相似性和差异性都存在，因此会出现集权化单位和分权化单位并存的现象。

让我们看一下纵向一体化中后向和前向一体化的例子，这属于典型的非相关性多样化战略。这种多样化也引发了如何选择组织结构的问题：被并购的新单位是应当作为一个独立的分部或利润中心而单独存在，还是应当融合到已有的公司结构中，作为一个成本中心而存在？

对于大多数纵向一体化工作而言，其答案是简单明了的。这家被收购的纵向一体化单位，即使与收购者处在相关行业，也分属不同的行业。通常更加符合逻辑的做法，就是将这个单位或公司仍然作为一个单独运营的经营单位。例如，当德尔塔航空公司从康菲石油公司收购了一家炼油厂后，就明智地决定，让这家炼油厂作为一个独立单位，继续由那些对炼油有经验的经理和工程师们来加以管理。如果硬要把这家新单位置于航空公司的控制之下，由一些对炼油行业一无所知的人来加以监管，是没有什么意义的。

当被收购者与收购者处于相同或类似行业时，如果被收购的单位一直以来始终是一家成功的利润中心或产生利润的单位，其情况就会稍微困难一些。

例如，假定一家芯片公司收购了一家芯片制造商，而这家芯片制造商具有更加复杂的技术并可以创新产品，在这种情况下，如果把新收购的制造商继续作为一个单独的利润中心保留，就能够得到现金，并且通常它会继续将重点放在研发、技术更新和产品开发上，这样，这个制造商将继续在它自己的行业内开展有效的竞争。但是，它的劳动果实将与芯片公司分享，包括那些购买被收购的制造商的产品和技术的竞争对手们。这样一来，这家制造商在事实上就在向整个行业，包括那些竞争对手，提供创新帮助。

相反，如果把这个新单位变成一个向现有部门（如制造部门）请示汇报工作的成本中心，则能够加大对被收购芯片制造商的控制，但是，这种选择会放弃它作为一个独立的利润中心的市场份额和研发能力。作为成本中心也会有大大降低生产能力的风险，从而对规模经济产生负面影响。另外一个问题是，给予这个被收购的制造商多大的自主经营权。那些主要的科学家和工程师可能会跳槽，以抗议失去自主权和受一个成本中心经理的领导。而维持其作为利润中心的地位，则能使得这些主要的科学家、工程师和经理们继续拥有作为一个独立单位的自主权、地位和影响力，不至于受制于新的官僚主义的体制。这些骨干人员会安享原先那种文化，在这种文化里，他们的知识和能力将独立自主地致力于开展专业和以专门知识为基础的工作，而任何威胁到这种情况的事情，都会遭到排斥。

组织结构的选择也会影响收购战略所要求的组织结构一体化的程度。在相关性多样化情况下，被收购的单位必须在组织上融入收购单位的机构。而对于非相关性多样化来说，相互依赖性比较弱，因而对一体化的要求也比较低。当被收购的公司仍然作为一个分开的、独立的利润中心时,组织结构上的一体化的要求就没有那么迫切。

两个公司组织结构上的一体化不是一项容易完成的任务。过去20年间,世界银行业的许多收购通常都具有提高效率和降低成本的目的。而没有能实现降低成本的许诺,则可以部分地归咎于组织结构一体化做得不好。通过将类似机构加以合并来减少多余的开支和创造协同效应,听起来很合理,也很容易,但是银行业在这种相关性多样化过程中存在的诸多问题表明,一体化不但不容易,而且是一个吃力而棘手的任务。

有效的一体化对机构提出了一系列的要求。其中,一体化所需要花费的时间和资源常常被低估。一体化过程是需要时间的。负责一体化工作的个人和团队必须具有处理冲突的经验。对于合并后的公司应当呈现怎样的风貌,以及如何经营等问题,当各个派别或管理团队产生不同的看法时,有关领导应当善于使得大家求同存异、取得一致。一体化工作需要处理许多不同的要素——人员、组织结构、激励措施、责任分工以及文化等问题,这越发增加了一体化工作的复杂程度。在一体化的过程中,还必须关注并购后的战略和最终目标问题,并以此来指导一体化工作和各项活动。一方面,一体化工作是一项战略任务;另一方面,它也是一件细致入微的事情。

组织结构的一体化还对机构的权力和影响力产生重要的影响。在花旗集团里,花费了大量的时间来决定,在新合并的机构中,究竟是由旅行者公司中的小组,还是由来自花旗银行的班子占据关键的领导位置。请回忆一下第9章里关于组织结构与解决战略问题、稀缺资源的分配以及依赖关系的形成等相互关系的论述,这些问题会导致产生权力和影响力的差异。因此,当花旗集团在实施它的合并战略的时候，要在组织结构的选择及其一体化问题上花费那么多精力，就不奇怪了。

第 4 章和第 5 章里对组织结构问题进行了深入的讨论。现在的总结只不过是强调指出，为了让并购战略大见成效，总公司必须选择恰当的组织结构来实现其收购战略所带来的好处。为了使得新合并的公司实现业绩最大化，更重要的是实现效率和效能的最大化，需要对集权化组织结构和分权化组织结构恰当地进行组合。为了在新合并的公司里获得削减成本、避免重复浪费等方面的好处，组织结构的一体化也是十分必要的。

正如前面的例子所表明的那样，除了组织结构的选择和一体化外，对于实施多样化战略而言，合并在一起的各个伙伴之间的文化一体化也非常关键。这是那些力图使并购战略发挥作用的公司决策者所面临的另外一项重要任务，因此必须予以更多的关注。

并购工作中的文化一体化

对于并购战略的成功来说，文化的一体化也至关重要。除了纯粹的多种行业大联合式的合并外，在这种合并中，被收购的企业完全是独立的实体（属于联营型的相互依存关系，见第 5 章），文化一体化都会是一个问题。

```
    ○ ─────→ ( 公司结构/一体化 ) ┈┈┈→ 文化一体化
```

尽管文化一体化对于成功十分重要一样，但它却常常被忽视或不当处理。在使收购战略发挥作用方面，它常常带来问题。

在对并购事件的研究中发现，许多公司的业绩表现不佳（前面已经引用过相关例子），这在很大程度上可以归结为由文化冲突所造成。许多咨询公司和其他的并购专家都指出了这样一个事实：文化冲突或许成为合并和收购失败的重大原因。

索尼公司和松下电气公司（Matsushita）的硬件—软件结盟的梦想，可能从一开始就过于宏伟和狂热了，这个梦想注定成为一场可怕的噩梦。日本的经理与被挑选出来掌管这个合并后的企业的那些"好莱坞式举止优雅的人"有天壤之别。文化的冲突最终成为最大的问题之一。[18]

还可以再次提到戴姆勒公司和克莱斯勒公司的案例。前文已经指出过德国公司和美国公司之间的巨大差异，但是其他重要的文化差异也终将显露出来。合并前的克莱斯勒公司不那么正规，在解决问题和新产品开发方面，它常常采取的是"海盗式"的做法。它多采用跨部门的小组一起工作，并且在交叉型相互依赖的基础上，非常注意相互交流的工作方法（见第5章）。相反的是，戴姆勒公司具有更加传统的"筒仓"或"烟囱"式的组织结构，在这种组织结构里，工程部门处于领导地位，而销售和设计人员很少与工程人员混合在一起工作，销售和设计人员更多地起着第二位的作用。这种管理风格和方法上的差异使得文化的整合工作十分困难，从而对收购战略的生存力提出了挑战。

斯普林特-耐克斯太尔公司（Sprint-Nextel）的"平等"合并始终没能实现。在合并前这两家公司在技术上存在巨大的差异，使得其一体化很不容易。文化因素也是一个问题，而缺乏文化一体化只会使技术问题雪上加霜。因此，到了2013年中，关闭耐克斯太尔公司网站的消息在行业中几乎没有引起惊奇。计划不周和一体化工作不良，使得这次平等合并注定要失败。在日本软件银行公司收购斯普林特-耐克斯太尔公司后，在文化一体化方面会做得如何，让我们拭目以待吧。

那么，你将如何实现有效的文化一体化工作呢？表 10-1 归纳出了一些实用的步骤。

表 10-1　　　　　　在合并和收购中实现文化一体化

1. 确定专人或 SWAT 小组来负责文化一体化工作：
- 一体化的责任。
- 确定一体化的目标。
- 起到"牧羊人"的作用来推动一体化的进程。

2. 立即采取措施让员工们定岗定位，减少其不确定性：
- 需要时给予新的 ID、名片。
- 提供有关合并后的新公司电话号码、电子邮箱地址、福利计划、健康计划、认股权和沟通联系等方面的信息。

3. 确定新的、所希望的文化：
- 主要的价值观和追求卓越的推动力量。
- 所希望得到的结果或成果，以及战略的合理性。
- 宣传新的、令人兴奋的工作前景（成长的机会、责任的增加、新的提拔可能性）以及这种合并带来的其他积极因素。

4. 保持和强化旧文化中那些最好的东西：
- 积极进取的气氛、非正规性、面向顾客或客户的精神。
- 坚持所熟悉的"基石"和表现优势。

5. 制定沟通计划来减少不确定性和促进文化变革的进程：
- 提供沟通论坛和公开面对问题。
- Q&A 座谈会。
- "群策群力"计划。
- 为新的工作提供培训。

6. 制定和强化支持新文化的激励和控制措施：
- 支持新的行为和收购目标。

7. 有效处理变革问题：
- 处理变革，包括文化变革的技巧和方法。
- 克服变革的阻力。

分配一体化工作的责任

第一步是为一体化任务分配责任。指派一个人，或者最好是指派一个SWAT小组，来担当"牧羊人"的角色或推动一体化进程，以确保关键的任务得以完成，这是一个很好的起步动作。如果某个人不直接对文化的一体化负责，或者为一体化的成功操心，这个重要的任务就得不到足够的重视。

在挑选SWAT小组成员的时候，你必须考虑经营上的优势和弱势、文化上的相同性和差异性，以及两个合并机构的权力结构等问题。必须就这个小组的人员构成达成一致。通常，来自两个机构的人数相同，但是高管层必须根据战略或经营的需要，就一方或另外一方占有更大的比例达成协议。

这个分配责任的起始步骤既是基本的一步，也是很关键的一步。在让收购战略发挥作用这件事情上，设立专门的一体化小组本身，就向两个公司的员工们传达出合并后的公司所做出承诺的重要信息。为一体化指派责任的做法，强调了一体化在让合并大见成效方面的重要性和核心作用。

立即让员工适应新情况

机构或SWAT小组可以立即采取一些简单但非常重要的初步方法来帮助开展文化一体化工作。通气会或信息发布（"市政厅"大会、内部的电视广播、电子邮件和印刷小册子等）可以把重点放在那些一眼看起来很琐碎，但是对促进一体化很重要的事情上。搞清楚一些简单的事情，如在合并后的公司里"我们如何接电话"，会有助于缓解紧张情绪。同样要做的是立即分发新的ID和名片来确定新的身份和职务。有关新公司的信息——电话号码、电子邮箱地址、福利计划、健康计划、请示汇报关系等方面的信息——可以减少不确定性,确定员工在新公司里的地位,否则员工们将花费很长的时间才能消除许多琐碎的小烦恼,而这些小烦恼累积起来就会妨碍或伤害文化一体化的进程。

确定新文化

如表 10-1 所示,为合并后的公司积极地确定新的、所期望的文化是十分重要的。要想使文化一体化取得成功,设定所期望的目标是很关键的。主要的价值观、信念和追求卓越的推动力量等都应当明确地加以宣传和强化。还应当对合并后希望实现的价值增值成果以及这种合并背后的战略理由加以解释。合并所带来的新的、令人兴奋的工作特点和新机会,如成长的机会、提拔的机会和新的职务等,也应当广为宣传。

至关重要的是,要宣传合并对每个人都意味着什么,而不应当仅仅强调它对高层领导或机构投资者意味着什么。要尽一切可能来强调合并对公司所产生的广泛和积极的影响,使整个机构都对合并有切实的了解和承诺,从而平稳地进行过渡,并帮助培养出新的氛围和新的公司文化。

保留旧文化中的精华

文化的一体化并不意味着自动地拒绝旧文化中所有的价值观和待人处事的方法。以前公司文化中积极的方面应当予以保留,并且应当对所有的人宣传这种保留。那些旧文化中很好的东西,如积极进取的精神、不拘礼节或顾客第一的做法等,都不应当被自动放弃。应当大力宣传旧文化中的这些方面,并且努力使之发扬光大。

在谈到文化或机构的"基石"的重要性时,有不少经理对我表达了这种感觉:"坚持某些人们所熟悉的东西"是非常重要的。即使是那些能够很好地处理变革和不确定性的人,在经历合并所产生的剧痛时,也强调指出了伴随着这些"基石"或稳定点而产生的安全感和熟悉感的重要性。

制定沟通计划

对于文化一体化和减少变革阻力来说,良好的沟通是绝对必要的。并购活动中的现象之一就是,谣言四起和小道消息满天飞。不确定性,特别是有关工作岗位的不确定性会大量产生。这些不满意的火花很容易点燃对抗文化一体化的烈火,并且给合并后的公司造成一系列麻烦。

在并购过程中,为了让一体化工作取得成功,提供沟通论坛是十分重要的。Q&A 座谈会、"群策群力"计划和公开的讨论等方式,都能让人们了解真相、发泄情绪,从而避免谣言流传。培训和教育计划对于宣传合并所带来的新的、令人期待的机会大有帮助。它们也为沟通提供了论坛,并且能为文化的一体化发布有用的信息。

公开和直截了当地对待负面的信息也很重要。如果因为合并而确实需要裁减冗员和更换某些人,公司就应当清楚地说明它将如何处理这些人。"不解雇"政策、重新培训计划以及安排这些人到新岗位上等措施,都应当广为宣传,以减少员工们对失去工作的担心。

建立适当的激励和控制措施

如第 6 章所说,采用激励和控制措施来支持合并后的机构的新文化是极其重要的。激励措施必须与新行为和实现收购目标的要求相一致,并且支持这些新行为和目标。它们必须推动新机构的合作和一体化,而不是引起过分的竞争或其他导致机构功能失调的行为。

戴姆勒公司和克莱斯勒公司之间薪酬制度的不一致，给合并后机构的一体化进程造成了许多问题。在这个平等合并的机构中，同样职务的报酬有着很大的差异，这引起了争论，特别是在那些工作和贡献被低估了的经理们中间引起了不快。戴姆勒-克莱斯勒公司的领导们清楚，要使这次合并具有坚实的合作基础，就必须面对并且消除这些令人烦恼的差异。遗憾的是，这些不平等问题并没有得到有效处理。

像摩根斯坦利-斯密斯·巴尼（Morgan Stanley-Smith Barney，在 2013 时已经简化为"摩根斯坦利"）或花旗集团-旅行者（Citicorp-Travelers）这样的合并，其重要的目的是对那些被认为是相关的或相互依存业务的产品和服务提供一揽子交易。然而，这种期望的一揽子交易中的绝大部分从来就没有实现过。一个原因是激励措施没有跟上，它显然没能支持或鼓励一揽子交易。经理们和推销人员没有感到有多大的紧迫性来开展横向联合，也不积极帮助推销其他部门的产品和服务。另外，一站式服务的激励措施和好处也没有在顾客中很好地加以宣传，他们仍然独自在不同的公司寻找和挑选各种不同的金融服务。

如果激励措施不能在合并后的机构中鼓励和支持所希望的行为和成果，那么文化的一体化将遭受挫折。第 6 章强调指出了奖励"正确事情"的重要性，而当力图使两个机构融合到一起的时候，这个建议就特别值得注意。

对于组织结构和文化上的一体化来说，有效的控制和战略审查也同样重要。因为在并购工作中，这种工作审查包括了从公司角度来对业务单位一级的目标和业绩表现加以审查，因此，有关如何考虑对业务单位一级的控制和业绩审查等问题，将在下面予以讨论。

有效处理好变革和过渡时期

如表10-1和前面的讨论所指出的那样，这也是实现文化一体化非常关键的一步。除了刚才提到的文化一体化之外，对于成功地实施并购战略的许多方面来说，处理好变革问题都有重要的影响，因此将在本章后面专门详细讨论处理变革和文化变革问题。

为了有效地实施合并和收购战略，组织结构和文化的一体化工作至关重要。对组织结构和一体化进行仔细的计划并给予应有的关注是高层管理团队的重要责任。现在让我们进入让并购战略大见成效的下一步。

业务战略和短期目标

在公司业务组合中，新收购的业务单位必须制定或阐明它的战略。如果该业务单位的战略不清楚，或者它在公司业务组合中的作用和地位不被接受或没有得到充分理解，那么，公司战略和业务战略的有效一体化是不可能实现的。

业务战略包括了对行业要素、竞争对手以及资源和能力等方面的分析，因为每个业务单位都力图在其所在行业开展竞争并获得竞争优势（见第3章）。这里的总结只是强调了这一点：要想让并购战略获得成功，所收购的业务单位的战略就必须与公司的战略保持一致。

公司的并购战略目标应当在收购前就成为该公司战略理由的一

部分。这些目标在寻找和选择收购对象前就应当很清楚了。同时,在收购前,就应当根据公司的战略,仔细地考虑新机构在公司业务组合中的作用。

但是,对于战略实施工作的成功而言,还需要考虑更多的事情。公司的期望是很重要的,但是,就这些期望还应当与新收购的业务单位充分地沟通。无论是被收购者,还是收购者,都必须充分地理解和接受新业务单位在公司业务组合中的作用。

如果公司希望被收购的业务单位成为一个现金产生者,那么,它的业绩对于公司的业务组合战略的成功与否就起着关键的作用。这个业务单位所产生的现金可能对于分配给其他业务单位的资源十分关键,特别是那些处于刚刚出现或增长中的行业里的企业更是如此,因为这些企业往往是资金的需求大户。在这个方面,被收购业务单位的业绩不佳就会严重地伤害公司战略目标的实现。相应地,对于公司的并购战略的成功而言,对业务单位的战略有清楚的理解和承诺也是十分重要的。

对于贯彻实施被收购业务单位的战略来说,公司领导和业务单位领导之间的沟通也非常重要。新业务单位的资源分配问题必须经过仔细的考虑并取得一致意见。该业务单位能得到些什么,以及它能从自己的收入中保留多少,肯定会对该业务单位的业绩产生影响。新业务所承担的目标和业绩标准也会对该业务的业绩产生影响,公司领导和业务单位领导必须对这些问题进行充分和公开的讨论,必须处理好相互冲突的问题。

显然,在公司和业务单位的战略和目标之间有着相互作用的关系,它会对公司和业务单位的战略实施成果产生影响。这种关系可以用图10-1来表示。

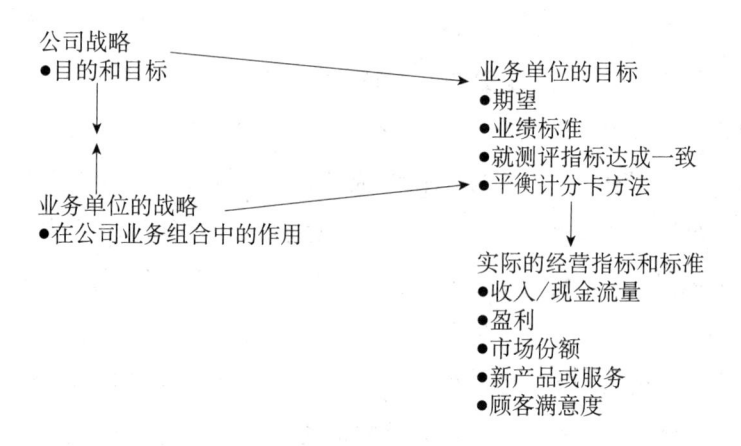

```
公司战略                          业务单位的目标
 ●目的和目标                      ●期望
                                  ●业绩标准
                                  ●就测评指标达成一致
                                  ●平衡计分卡方法
 业务单位的战略
 ●在公司业务组合中的作用          实际的经营指标和标准
                                  ●收入/现金流量
                                  ●盈利
                                  ●市场份额
                                  ●新产品或服务
                                  ●顾客满意度
```

图 10-1　公司和业务单位的计划和实施工作之间的关系

首先，图 10-1 表明，必须对公司和业务单位的战略加以一体化，它们之间必须相互一致。对于取得并购战略的成功而言，这些计划的精心制定和相互整合是十分重要的（见第 3 章）。

其次，图 10-1 还指出，必须为新收购的业务单位确定经营和业绩目标。业绩标准和测评指标必须经过公司和业务单位领导协商而达到一致。这些目标应当与该业务单位在公司的业务组合中的作用有关。它们还必须能够在日后作为测评该业务单位业绩表现的依据。

为了将公司和业务单位的计划和目标加以一体化，需要使用平衡计分卡方法或目标管理法（见第 3 章）。[19] 如图 10-1 所示，公司和业务单位的战略必须转化为业务单位的业绩指标。重点应当放在那些将会出现在"表板"中并表明合并后的公司业绩情况和发展情况的数据上。这样，公司和业务单位的计划就可以转化成为一张平衡计分卡或者一整套业务单位目标和业绩指标，然后用它们来跟踪检查实施工作的成效。不制定这样的跟踪检查指标会对合并和收购战略的贯彻实施产生负面的影响。

当然，所有这些都是建立在假设已经有了清楚和一致的公司战略，以及业务战略与公司战略相挂钩，并且受到公司战略帮助的基础上。在公司战略和它的业务组合的前提不清楚或者不存在，以至于无法指导和帮助制定业务战略和确定业务发展目标的情况下，就会出大问题，这时战略实施工作显然就会遭受挫折。现在的讨论还假定业务单位的战略是和公司的战略相一致的（见第3章）。如果公司战略和业务单位的战略不一致或相互冲突，显然，收购一方的公司战略必将占上风，而被收购方除了迎合之外，无计可施。

业务战略和短期目标

在公司战略和业务单位的战略被切实地制定出来，并且得到充分沟通和整合后，主要问题就是如何贯彻实施业务战略。在合并的情况下，就是被收购企业的战略实施问题。

平衡计分卡方法或目标管理法可以再次发挥作用。现在需要的是把战略目标转化为业务单位的短期目标（见图10-1）。如前面已经强调过的那样，被收购业务单位的战略目标已经确定，下一步要做的就是把这些战略目标转化为被收购者的短期的、可以测评的目标。

如第3章所建议的那样，像MBO或平衡计分卡这样一些正规的方法将有助于这个转化过程。例如，如果这个业务单位的并购目标包含产生现金或提高顾客满意度，那么，这些战略目标必须逐级转化成为与并购总目标相一致的经营指标。要想让战略实施工作获得成功，高一级的目标必须转化成为低一级的指标。

战略实施工作的这个方面——在一个业务单位或经营单位内部将战略目标和短期目标加以一体化——对于所有打算发挥业务战略作用的人来说,都是既关键又重要的。要使新业务单位在公司业务组合中发挥所希望的作用,业务单位领导人就需要确保这些目标内在的一致性。

业务单位的组织结构和一体化

按照本书的战略实施方法(见第 2 章),下一步关注的是战略和短期目标如何推动组织结构的选择,当然,现在是在业务单位一级上。业务单位管理团队的工作,就是创建和管理这个与业务战略相一致的组织结构(见第 4 章)。在这个新的业务单位内部,一体化和信息分享工作也必须引起注意,这与第 5 章所强调的相互依赖性和协调的观点是一致的。前面讨论的要点是公司战略会对组织结构的选择施加影响,这里所说的要点是业务战略也会对组织结构和一体化的方法产生影响。

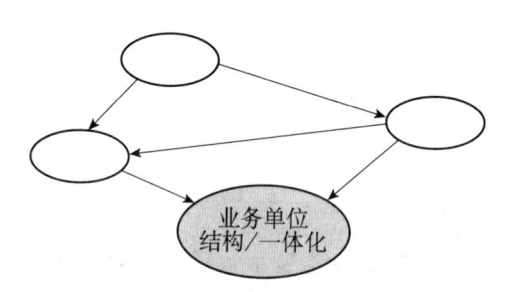

一体化的另外一个十分重要的方面,就是公司和业务单位之间可能也存在组织结构的一体化问题。总公司的一些部门或优异中心集中了一些被收购企业在实施其业务战略时需要借助或利用的专门

知识或能力。例如，总公司的研发部门和被收购企业的设计或产品开发部门之间的信息分享，对于被收购企业开发和生产新产品、新技术的能力可能至关重要。

促进这个一体化和信息分享的方法和行动分为正式的和非正式的两种（见第5章）。技术人员的轮岗、联席会议和科学专题讨论会，或者由总公司和被收购企业双方人员组成的工作小组等方式，都有助于一体化的进程。同样，双重或多重的请示汇报关系也有作用，例如，业务单位研发部门的人员既向该单位的领导请示汇报，又直接或间接地向总公司的研发部门请示汇报。通过采用诸如此类的方法，收购后的组织结构一体化问题就能够有效地得到解决。

项目管理

这里对项目管理做一简短的介绍，谈谈它在实现一体化和促进将战略目标转化为短期目标方面的用途。第13章将更为详细地讨论项目管理这个工具，但此刻应当略微提一下。

项目管理提供了实现所期望结果的一条通路。它能帮助你制定行动计划，以便实现对于成功地实施战略来说至关重要的目标或成果，包括成功地达到一体化或协作等方面的目标。这条通路通常表现为一条时间序列，其中还包含了实现有关目标的负责人，以及协调他们行动和决策所必需的步骤等。

项目管理也用来帮助制定有效的沟通计划；推动项目的进展；根据最终目标对中间阶段的工作情况加以评估，以及对行动计划做出修订等，这些都需要进行沟通和讨论，以求积极直面那些对于战略成功来说极其重要的问题和机会。对于项目进展情况的评估结果能提供必要的信息和反馈，而这些信息和反馈，对于采取控制措施、协调工作程序,以及对工作方法做出调整等方面,都是十分关键的。

本书末尾的第 13 章是新增加的一章,它将对项目管理做出分析。其重点放在项目管理将如何促进和帮助战略实施工作,以求对战略的成功做出贡献上。

激励和控制

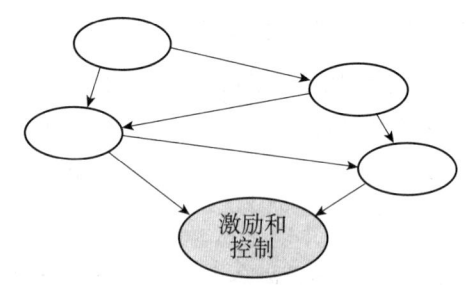

激励措施将再次发挥作用(见第 6 章)。如果总公司的研发部门必须与业务单位的研发部门共同合作来实现重要的产品开发目标,那么,就必须有相应的、发挥积极作用的激励措施。激励措施必须支持重要的合并和收购战略和目标。激励措施上的不平等肯定会对合并双方组成的团队成员产生影响。

激励措施还必须能够支持和强化新收购企业内部的短期目标。业务战略转化为短期目标的工作也必须得到强化,而激励措施对这种转化工作是十分重要的。对于短期目标的实施和实现来说,激励措施也同样十分重要,这在前面讨论目标管理法和平衡计分卡方法时,已经提到过了。

控制工作也非常重要,特别是在合并后的早期阶段更是如此。这时,战略目标和被收购的业务单位在总公司的业务组合中的作用已经确定；组织结构和文化一体化工作也已经开始，而被收购的业务单位已经开始发挥它的新作用了。下一步的重要工作就是由总公司对这个被收购的业务单位的业绩进行审查，以确保它与总公司的需要相一致，并且向这个被收购的业务单位提供反馈，看看它在总公司业务组合中是否发挥了大家所一致同意的作用。

战略审查

作为控制工作和业绩测评的一个重要方面，战略审查的重要性已经在第 3 章和第 6 章中讨论过了。对于实施合并和收购战略而言，这个审查过程和审查结果也都十分重要，在合并后的早期阶段更是如此。请回忆一下，战略审查的要旨如下图所示：

制定计划
（总公司和 → 业绩目标 → 实际业绩 → 偏差分析 → 变革和调整
业务单位）　　　　　　　　　　　　　　（学习）

并购过程中的计划制定包括两个方面：一是收购前总公司的计划，二是收购后总公司和被收购业务单位之间的计划。在讨论并购过程中的总公司战略和业务单位战略一体化时，已经指出了计划制定的重要性。

战略审查的关键阶段是对被收购业务单位的实际业绩加以测评和分析。依据大家一致同意的业绩目标来对被收购业务单位的实际业绩加以分析，是使收购战略大见成效的重要步骤。假如在某个时间点，被收购业务单位的业绩没有达到所期望的水平，这就意味着在所希望的成果或目标与它的实际业绩之间可能产生了重大的偏差。

作为一种控制手段，战略审查的目的之一就是分析什么地方出了差错。这里，战略审查所希望得到的成果就是吸取教训。敢于面对残酷的事实是非常关键的。该战略计划具有足够的重点吗？是否低估了竞争对手的能力？这个被收购业务单位具有实现收购目标所需要的人员、产品、分销渠道和其他能力吗？是否因为行业因素发生了变化，从而引发了未曾预料到的挑战，并且提升了该行业的竞争程度，结果对利润产生了负面的影响呢？是否因为总公司或业务单位的计划过于激进，结果导致对业务单位在总公司的业务组合中的作用产生了不切实际的期望？

因此，战略审查的目的是对过去的业绩加以解释和详细说明。这是很重要的，但是仅有这一点还不够。战略审查还有两个更加重要的功能或目的。第一个功能是所有类似的审查所共有的；第二个功能则主要是针对被收购的业务单位的，因此它对并购战略十分重要。

除了对过去的业绩做出解释外，战略审查的第一个功能或目的是向前看，努力了解和确定未来的业绩。

虽然"审查"这个术语明显指的是对过去事情的看法，但是它也必须包含学习、向前看，以及对未来战略和实施方法做出可能的修正。过去的事情必须加以考虑，而未来的情景和战略思考也必须加以谋划。在对未来加以谋划的审查工作中，某些典型的问题或课题包括：

● 我们的竞争对手和顾客以往对我们的产品和服务的反应如何？将来他们又会有何反应？哪些数据能够支持我们的预测？

● 为了回应我们的战略行动，竞争对手是否做出了在将来会对我们产生影响的改变？制定大型的新计划可能意在强调大批量生产和降低成本，或者积极开展价格竞争的低成本战略；而从竞争对手那里挖来关键的高层领导人则可能意味着战略的改变。

- 为了克服以前的短处，或者为了应对我们的长处，竞争对手增加了新的能力吗？增加新的销售人员或分销渠道可能希望在新的方面或细分市场类别里开展竞争。

- 顾客的需要或要求正在发生变化吗？提高竞争程度，特别是价格竞争程度，会使顾客更有力量提出要求，包括对产品的种类加以改变的要求，而这些要求常常会使公司面临成本结构方面的挑战。

- 本行业中是否有一批新的CEO正在登场？这预示着该行业正在进行重组和产生新的竞争形势来响应该行业的发展。

- 在该行业里，是否有谁就要实现技术突破了，从而使得现有的技术或制造工艺变得陈旧落伍？

这些问题以及类似的问题迫使参加战略审查的人向前看，对未来的需要、机会和问题做出预测。对任何机构来说，这一点都是非常现实和宝贵的。战略审查不能仅仅局限于对过去的分析，以及仅仅对那些对未来的竞争态势可能没有什么意义的数据加以收集整理。

新收购业务单位的战略审查还有另外的重要功能。它的目的是继续进行合并后的一体化工作，并且使得业务单位和母公司之间的战略更好地相互对应。

收购工作的计划应当把重点放在"硬"问题和"软"问题两个方面。必须对行业因素和竞争情况加以探究；被收购业务单位在总公司的业务组合中的作用必须仔细加以权衡；资源的分配必须妥当。此外，还必须考虑文化一体化，为合并后的公司的新岗位培养经理，以及让并购战略发挥作用所需要的领导和沟通技能等问题。后面这些问题也必须在战略审查过程中加以讨论和检查，或许还需要做出改变来帮助新公司实现它的一体化目标。

　　战略审查提供了一个机会，来观察能否开发出一些新的工作方法和过程以促进沟通、减少不确定性以及同化新员工。这些一体化方面的问题，大部分都已经在老的、已有的公司的业务组合中处理过了。但是，在合并后不久，总是会出现一些在制定计划阶段没有考虑到的问题。战略审查能让决策者看到，哪些方面正在引发新问题并应当引起注意，从而提高战略审查工作在使并购战略大见成效方面的作用。

　　和以往一样，重点在于设定清楚的、可以测评的业绩指标。我一直在参加合并后的战略审查活动，在这些审查过程中，经理们总在抱怨士气不高、不确定性、冲突、被收购的公司不负责任，以及这些问题如何影响了合并后的一体化工作和业绩表现，等等。除了其他问题外，我的回答始终是要求更加具体地分析以下问题：

　　● 士气不高的标准或迹象是什么？员工流失率上升了吗？离职时的谈话都暴露出了什么问题？

　　● 哪些业绩指标下降了？这意味着什么问题？除了合并后的一体化问题外，还有哪些因素对业绩产生了影响？如果因为合作不好而对决策和顾客满意度等方面产生不利影响，你能说出哪些原因？

　　● 你如何知道冲突是实际存在的，但是正在减弱？如何找出、测评和纠正它们的影响？

　　● 有哪些迹象表明不良或不充分的沟通工作似乎在影响合并后的一体化工作？应当增加哪些沟通措施或方法？为什么？

　　这些以及类似的问题意在提高合并后战略审查工作的价值。审查工作不应当照搬雷同或变为吵架会。只要这些审查将重点放在重要的业绩测评指标和影响这些指标的因素上，它们对于合并后的一体化工作就会十分有用。

战略审查过程中的数据分析会引导学习的产生。它也能帮助你找出需要加以变革的领域，帮助你对战略实施工作加以微调，促进并购战略目标的实现。

处理好变革问题

实施合并战略始终包含着变革，显然，处理好变革问题对于并购工作的成功而言十分重要。第7章讨论了公司在不同的时间段内实施变革的技巧和步骤。第8章探讨了变革和文化变革过程中的软问题。这两章都包含了使并购战略大见成效的重要建议。让我们首先考虑第7章提出的问题。

根据并购战略来进行变革是一项艰巨的任务。第一个重要的决策就是收购者确定打算花多长时间来实施其收购战略。能够用于变革的时间，也就是实施变革的期限，将决定如何处理和控制大规模的变革，以及可能会出现哪些方面的问题。这里的问题包括：

● 能够用于变革的时间有多长？这对于快速开展变革以获得合并效益很重要吗？为什么？

● 我们的时间很充裕吗？能够将合并后的主要变革合理地分配在（比方说）1～3年内来完成吗？

● 是否可能首先进行一些比较容易的变革（那些方便采摘的"低垂的果实"），然后再一步一个脚印地、以更加有计划的方式来进行比较困难的变革？

在融合新收购的企业和处理并购过程的时候，有关能够用于变革的时间的决策将决定你到底是采用按照顺序逐步变革的方法，还是采用迅速而复杂的干预的方法。前者更加合理、缓慢，它把大变革分解为一些更加容易处理的小变革，并且逐步地加以实施，按照这种方法，工作能做得更细致，也更容易取得成功。相比之下，后者企图一下子做好每一件事情，在短期内同时变革许多方面，因此需要进行复杂的干预工作。

第7章强调指出，连续型变革和复杂型变革这两种方法各有其优点和缺点。连续型变革能让你按照变革的管理过程逐步地追加投资，得到学习机会并庆祝每一次小的成功。但是，它费时较长，因此在变革过程中往往会突然出现一些新的竞争问题，从而对变革工作提出挑战。

同时进行多方面变革的复杂型变革进展得比较快，但是协调工作会很麻烦，学习即使不是不可能，也会很困难，成功的前景也比较暗淡。如果不得已必须进行复杂型变革，那么，正如第7章所指出的，唯一能让这种变革取得成效的办法，就是放松或取消许多当前所使用的业绩测评标准，而参与变革的员工通常都要对这些业绩指标负责。复杂型变革会大量消耗机构的资源，因此不应当轻易采用。

在实施并购战略的时候，某些变革通常可以迅速地展开。这些变革一般是一些小的变动（"低垂的果实"），在完成收购后的一体化过程的早期很容易实现，例如取消明显重复设置的部门、立刻分享已有的能力和竞争力等。参与合并的各个公司的领导层会很容易就这些问题达成一致，并且很快就付诸实施。

合并所引起的大变革要花费更多的时间，需要更多的计划和小心处理。在一夜之间将整个销售队伍和分销渠道融合到一起，并且改变票据处理方法，可能会对顾客产生负面的影响，从而需要更长的时间并应预先谋划妥当。取消研发单位将对创新、科学和技术能力产生重大影响,因此,不经过仔细分析,就不应当贸然行事。引进全新的IT系统来取代原先分开的系统,以实现信息和信息处理的一体化,是一项艰巨的任务,如果操之过急和处理不当,会严重地伤害经营、决策和顾客满意度。

当美洲银行（Bank of America）和波士顿舰队银行（Fleet Boston）双方的股东们同意合并时,美洲银行管理层在其后花了几天的时间"向它的员工和顾客保证,波士顿舰队银行的变革将缓步进行,而变革的目的是为了做得更好"[20]。它宣布很快就将进行一些变革,但它也强调指出,那些可能对内部经营或顾客服务产生负面影响的变革将被逐步地实施。例如,这两家银行复杂的计算机系统的一体化工作将被慎重处理,而不是匆忙行事。大幅度地削减分行和人员也将小心翼翼地进行。管理层强调,美洲银行将不慌不忙地开展变革,以避免最近合并的其他银行所出现的问题。因此,该银行所说的变革是在主要领域内实施一种缓慢和深思熟虑的变革。

警惕速度过快。在并购战略分析家中间流行着一句格言:"快速一体化比较好。"而早先关于大量并购遭受挫折和失败的数据则指出,其中必然有些什么事情出了差错。问题之一可能就是速度过快,从而导致变革变得复杂,最终出了大问题。

第7章已经指出过复杂型变革可能产生的问题,这些问题包括:使协调和学习变得困难、变革成功的前景变得暗淡等。那些主张合并后加快一体化步伐的人,实际上要的是复杂型变革及与之相伴的种种难题。这显然会影响一体化工作以及并购战略的实施。

在实施复杂的并购战略时,速度过快可能弊大于利。速度过快会增加变革的复杂性,加快变革的步伐则肯定会对并购的成功产生负面作用。

当卡夫公司收购吉百利食品公司后，它一次性地投入了13亿美元，企图使得两家公司的一体化工作一蹴而就。结果是利润下降了，大批吉百利食品公司的高层经理离开公司，而文化冲突整天不断。过大的一体化规模和过快的整合速度使得这家新公司面对的绝大部分问题得不到有效解决。我之所以说是"绝大部分"，是因为吉百利食品公司的一个主要经营地区——印度——没有受到这种一体化做法的牵连。印度被甩在一旁，由它按照自己的节奏去处理由于该并购而带来的变革问题。其一体化工作既不快，也不复杂，而变革的速度也比较有条不紊。结果如何呢？吉百利印度公司发展得相当好，在2010年，其营业收入增长了将近30%。与卡夫公司对并购后的其他部门所采取的那种快速一体化和加紧控制的做法相比，这种分权化的、逐步开展的做法所取得的成效更好。

快速一体化和迅速实施许多变革，显然使得联合大陆控股公司的合并麻烦不断。由于它把联合公司和大陆公司的订票系统、营业收入财务处理，甚至多次飞行计划等予以一次性变革，由此产生的经营问题成为一场浩劫。速度的确会增加问题的复杂性和变革中的忙乱，并使得并购工作难度增加。

在实施像并购这样的复杂战略时，强调速度还会引发其他的问题。过于强调把管理人员的时间和精力用于战略实施，可能会导致他们忽视其他的任务，如跟踪竞争对手的行动和竞争情况的变化，并且对此做出反应。

波音公司遇到了麻烦，而这正是由于它一心致力于与迈克唐纳·道格拉斯航空公司（McDonnell Douglas）合并而大大分心所致。类似地，摩根斯坦利-斯密斯·巴尼合并产生了巨大的问题，这分散了它对市场的注意力，使其没有能制定相应的计划来推动它的一揽子销售方法并设法满足顾客多种多样的需要。

注重在并购过程中实行快速的一体化，可能会掩盖在仔细制定变革计划和全面考虑问题上的无能。更糟糕的是，如果把快速看作果断和坚定有力的表现，而把比较缓慢的、有计划的变革看作软弱无力的表现，那么，实施并购战略就注定要摔跟头。快速并不一定意味着强硬或能够"咬紧子弹"，从而使得事情成功。大力推行复杂型变革并不代表一种积极进取的管理作风；而实行缓慢的、逐步推行的变革也并不等于过于谨慎和胆小怕事的管理风格。

在实施并购战略时，必须仔细地权衡变革速度和复杂型变革的影响。必须将复杂型变革的成本和效益与缓慢的、逐步推行的变革加以比较。根本之处在于：对于那些"低垂的果实"和其他相对比较容易、看得见的战略实施问题来说，加快速度是有好处的；而对于比较复杂的、影响更大的和更为困难的与战略实施工作相关的变革来说，较慢的速度和更加全面的考虑则更加可取。

处理好文化和文化变革问题

实施并购战略还需要具备有效地处理文化和文化变革的能力（见第 8 章）。西南航空公司在与莫里斯航空公司合并前，花了几个月的时间来研究它们之间的文化兼容性问题。它设法努力搞清楚莫里斯航空公司员工的工作作风是否与它自己的积极的工作态度和集体主义精神相一致，它的这种努力得到了慷慨的回报。相反，普赖斯公司（Price）和好市多公司（Costco）的联姻由于无法创造单一的和统一的文化而仅仅维持了十个月。这表明，它们在对文化进行应有的仔细分析、对变革的管理以及合并工作的一体化等方面做得不到位。

设想中的欧洲宇航防务公司与英国宇航系统公司的合并事件，在2012年依然没有动作，问题不仅在于这两家公司之间巨大的文化差异，而且还在于持有这两家公司股份的国家之间的差异，以及对合并后果的担心。贸易保护主义者的态度、对就业的关切，以及对未来投资的控制权等，都带来了问题。文化和政治壁垒增加了不利于欧洲各国为此达成协议的气氛。这些因素叠加在一起，使得欧洲无法成为一个并购交易的"快乐的狩猎场"[21]。这种忧虑担心的思潮成功地扼杀了这个从经济角度来看十分有利可图的并购行为。

在实施合并和收购战略的过程中，文化的差异大量存在。这些差异表现在许多方面，包括以下内容：

● 管理风格；
● 决策的集权化和分权化；
● 强调的是价值链的上游还是下游；
● 激励和薪酬一揽子计划；
● 控制系统（规避风险的公司和接受风险的公司，不同的业绩测评方法等）；
● 部门之间的竞争与合作；
● 自主决策与从上到下的命令和控制型决策气氛；
● 专业趋向与官僚趋向（依赖于规则、标准化工作程序）；
● 面向内部（生产）与面向外部（顾客）。

有效地处理文化问题要求注意这些差异之处，并且针对关键的差异进行变革。不能妥善解决文化差异问题将必然带来困扰，或者伤害并购战略的实施。

第8章所强调的关键之处是：在对文化进行变革的时候，直接针对文化本身加以变革是不可取的。通过呼吁经理们改变其思维和行动方式来变革文化是注定要碰壁的。它所提供的案例表明，如果把重点放在更换人员，改变组织结构和激励、控制等措施上，文化变革成功的可能性会更大。

在收购一个企业后，为了改变总公司领导层的"决策风格"，你可以呼吁他们进行变革。例如，你可以呼吁总公司的领导做出更加自主的或分权化的决策，以便让被收购的企业去应对它自己行业内的问题。鉴于这种集权化的和从上到下的组织结构已经成为一种惯例，你能指望这种呼吁产生效果吗？也许不能。这种呼吁听起来不错，但是仅仅靠呼吁本身很少会有什么结果。

在管理这个被收购的企业时，要想把变革总公司的决策风格作为希望形成的文化的一个要素，第8章强调指出，更换人员，改变组织结构和激励、控制等措施具有更大的胜算。例如，增大控制跨度就会迫使行为发生改变，因为当跨度增大后，就更加难以实行从上到下的控制。控制跨度增大将有助于"不干涉"管理风格的形成。即使一个经理仍然希望进行微观管理，但是考虑到自己分管众多的单位或下属，他也很难这么做。行为的改变将会发生，从而形成新的管理风格。变革总公司的组织结构或重新确定总公司的管理责任，也有助于消除对被收购企业工作严密控制的做法。

引进新人也同样会影响行为的改变，从而导致文化的改变。新人会带来新的思想、新的动机和新的能力，这些都会对决策风格和待人处事的方式产生影响。在收购后，经理们在内部进行轮换，也会产生文化的改变。对于那些用来促进一体化和激发与并购目标相一致的行为的激励措施来说，新人会更加强烈和积极地做出反应。在合并后的早期，让卡夫公司的人去负责通用食品公司的工作，同时让通用食品公司的人去主持卡夫公司的经营，极大地表明了一体化工作的重要性，以及新人对文化变革所具有的重要影响。

要想在合并后的机构内成功地处理文化和文化变革问题，改变权力结构也是一项很必要的措施。在收购后，必须处理好收购前两家机构之间的权力差异问题。首先必须搞清楚支持权力和依赖性的根基是什么（见第9章）。如果权力结构的变革是必要的，那么CEO或高层管理SWAT小组就可以着手变革组织结构和资源分配，从而在收购后的新机构内改变依赖性和权力分布。这种权力和影响力的改变是变革文化和使并购战略大见成效的工具。

这指出了公司合并的另外一个问题。之所以在两个"平等合并"的公司身上花费那么多的时间和精力，是因为收购方与被收购方相互关系中的真正的权力差异被忽视或置之不理。在一个合并而成的新公司里，两家公司做出同样贡献，或者具有同等权力的事情是很少发生的。为了把这两家公司有效地整合在一起，必须处理好和讨论清楚每一家公司的影响力和贡献都体现在何处。在并购工作中，忽视权力结构问题是极其不明智的。

2012年，杜克能源公司花费了260亿美元兼并进步能源公司（Progress Energy）激起轩然大波，此事表明了权力是如何影响到一体化工作，乃至并购战略成功的。[22]就在完成这个兼并后的几个小时，杜克公司的CEO比尔·约翰逊（Bill Johson）被解职了。这招致了股东们和北卡罗来纳州公用设施委员会的种种责难，责难的问题包括权力斗争、战略和经营等，而在这次兼并的评估过程中，这些问题却从未被摆到桌面上来。杜克能源公司的领导解释说，约翰逊被罢免，是因为他在此次兼并前向董事会隐瞒了有关信息，这使得公用设施委员会极为愤慨，因为它怀疑，在兼并被审核期间，是否还存在其他的幕后秘密或权力游戏。

CEO被突然更换，像一道闪电照出了人们的种种关切，使得一些人担心，由于公用设施委员会和股东们不相信杜克能源公司所提供的信息，该公司的兼并实施工作会受到负面影响。例如，实施计划中包含向变革和一体化工作提供资金的安排，这可能会受到疑心重重的公用设施委员会的阻挠，从而使得合并后的公司大感头痛。而刚刚取代约翰逊的新任CEO吉姆·罗杰斯（Jim Rogers）又宣布离职而去，这越发使得业已表露出来的种种不顺雪上加霜。所有这一切，都确定无疑地预示出，这家公司的未来之路将是崎岖坎坷的。

最后，减少来自并购工作、新公司和新文化变革方面的阻力也是必不可少的。前面对文化一体化工作的建议也适用于减少变革阻力的任务。让员工们迅速地适应新情况、确定新文化、对合并后新公司提供的巨大机会加以广泛宣传以及大量沟通等做法，都有助于减少变革的阻力。第8章和第9章分别讨论了文化变革和权力关系等问题，这些探讨都对减少并购所造成的变革阻力提供了更多的建议。

领导的关键作用

对于使并购战略发挥作用的所有步骤和行动来说，得力的领导是至关重要的。只有当经理们担当起领导责任的时候，上面指出的各项关键行动才能大见成效。在并购工作中，对领导的要求及其应发挥的作用包括以下方面：

- 具有分析、理解和"推销"实施工作的要求和决策的能力；

- 要在被收购的公司里起"牧羊人"的作用,以确保组织结构和文化一体化所需要的各项行动得到贯彻实施;
- 具有制定和使用对变革有积极作用的激励措施的能力;
- 具有将对"数字"和过去业绩的强烈偏爱与对战略思维、学习以及未来业绩的关注相结合的能力;
- 理解权力、文化和变革阻力,知道如何克服这些方面的障碍;
- 有关如何处理好变革的知识,包括什么时候使用"快速"或复杂干预,什么时候实行逐步的、按照顺序进行的干预;
- 心胸开阔,对模糊情况和不确定性有很强的承受能力。

领导不力会扼杀或严重地伤害战略实施工作。好的领导既要有分析能力和远见卓识,也要有处理好合并或收购后会出现的种种问题的能力。他还要有将那些对于战略实施工作取得成功必不可少的"硬"问题和"软"问题加以平衡和结合的能力。无可否认,这些都是成为一个好领导的先决条件,同时,它们也是力图使并购战略大见成效的前提。

小结

使并购战略卓有成效是一项困难的任务。许多问题迫切需要解决,而成功则在很大程度上取决于能否处理好一系列复杂的行动和工作。本章运用了本书为成功地实施并购战略给出的方法和步骤,强调指出了推荐的主要步骤、行动和决策。

图10-2给出了这个方法的要点。实施工作从制定扎实的计划和公司战略开始,然后通过一系列符合逻辑、相互连贯的阶段来实现。主要的步骤包括:组织结构的变革以及组织结构和文化的一体

化；业务单位的战略制定以及业务战略与公司战略的相互整合；确定业绩指标和相关的考核方法；根据业绩考核结果对战略进行审查，最后不可避免的是对各种变革，特别是文化变革问题加以妥善处理。其基本前提是：我们需要一种实用的、综合的方法，同时还需要取得成功所必不可少的领导能力，本章就提供了这样的方法。

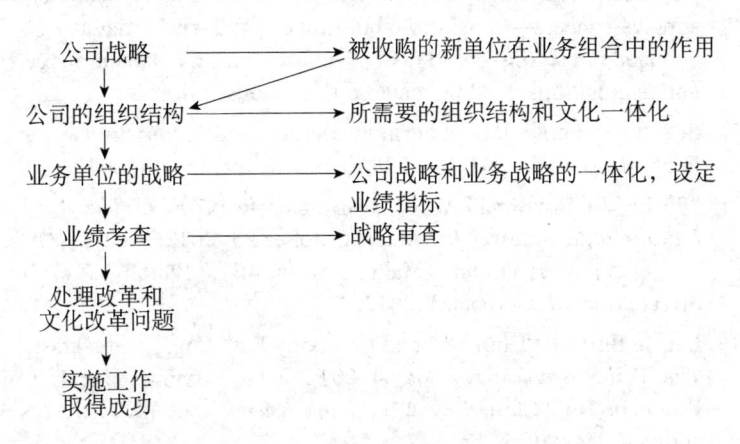

```
公司战略 ────────────→ 被收购的新单位在业务组合中的作用
    │        ╲
    ↓         ╲
公司的组织结构 ──────→ 所需要的组织结构和文化一体化
    │
    ↓
业务单位的战略 ──────→ 公司战略和业务战略的一体化，设定
    │                   业绩指标
    ↓
业绩考查 ────────────→ 战略审查
    │
    ↓
处理改革和
文化改革问题
    │
    ↓
实施工作
取得成功
```

图 10-2　使并购战略大见成效的工作过程要点

在过去几十年里，并购工作的成效一直不佳。很少有合并能够实现它们在取得协同效应和提高股东价值方面的承诺；很少有合并能够证实其最初付出的代价是值得的；也很少有合并能够把根本不同的企业和文化差异整合到一起来产生积极的成果。由于文化冲突而导致消极的结果一直是一种常态，而不是例外。

本章说明了，要想让并购战略大见成效应当如何开展工作。尽管本章的重点放在并购工作上，但是它也指出了，对于所有的行业、机构、战略和实施工作所面临的挑战而言，就如何有效地领导开展战略实施工作和处理好变革来说，本书的内容都是有用的。在为你自己的机构制定战略实施方案时，你至少可以选择和运用本书所给出的某些方法。

参考文献

[1] Pure "mergers of equals" are relatively rare in the M&A arena. The bulk of transactions are acquisitions by cash, stock, or both. Even pure mergers must go through the steps laid out in this chapter to achieve success—integration, cultural due diligence, managing change, and so on—so no further differentiation between mergers and acquisitions need be made in this discussion.

[2] See, for example, Daniel Fermon, *Mergers and Acquisitions: Recovery in 2011-2012*, Insight/Economic, January 9, 2010.

[3] "Pfizer Will Buy Small ADHD Drug Maker for $700M," *The Philadelphia Inquirer Briefcase*, October 23, 2012; Fredrick Geiger, "Bayer Acquires Vitamins Maker Schiff for $1.2 Billion," *The Wall Street Journal*, October 3, 2012.

[4] Laurie Burkitt, "Chinese Food Company Eats English Breakfast," *The Wall Street Journal*, May 4, 2012; Pablo Dominquez and Prudence Ho, "China Buys Up Spain's Assets," *The Wall Street Journal*, May 30, 2012.

[5] "Why Softbank's Sprint Deal Is a High-Wire Act," Knowledge At Wharton Today, October 16, 2012.

[6] Kana Inagaki and Konstantin Rozhnov, "Hitachi to Acquire Horizon Nuclear Venture," *The Wall Street Journal*, October 31, 2012.

[7] Ben Dummett, "For Drug Maker M&A Does the Work of R&D," *The Wall Street Journal*, April 18, 2012.

[8] *Analysis of M&A Activity in New York Metro Area for CPA Firms*, RF Resources LLC, January 2012.

[9] See the results of the study and related discussion in "The Case Against Mergers," *Business Week*, October 30, 1995; see also "When Disparate Firms Merge, Cultures Often Collide," *The Wall Street Journal*, February 14, 1997.

[10] "Investment Banks Arranged $1.2 Trillion in Mergers in '03," *The Philadelphia Inquirer*, December 30, 2003.

[11] Steve Coote, "M&A Success and Failure," *VSC Growth*, March 2011.

[12] Daisuke Wakabayashi, Anton Troianovski, and Spencer Ante, "Bravado Behind Softbank's Sprint Deal," *The Wall Street Journal*, October 16, 2012.

[13] Scott Moeller, "Case Study: Kraft's Takeover of Cadbury," *Financial Times*, January 9, 2012; Alex Webb and Amy Wilson, "Was Cadbury a Sweet Deal for Kraft Investors?" *The Telegraph*, April 24, 2011; Guy Beaudin, "Kraft-Cadbury: Making Acquisitions Work," *Bloomberg Business Week*, February 9, 2010.

[14] David Pearson, "Renault's New Partnership," *The Wall Street Journal*, November 6, 2012.

[15] Linda Loyd, "Questions Linger in Delta's Purchase of Trainer Refinery," *The Philadelphia Inquirer*, July 16, 2012.

[16] Andrew Peaple, "Europe Raises Merger-and-Acquisition Defenses," *The Wall Street Journal*, November 6, 2012.

[17] The data on gains, profitability, and time to break even on an acquisition investment are from a study by Mark Sirower, as reported in "The Case Against Mergers," *Business Week*, October 30, 1995.

[18] "How to Merge," *The Economist*, January 9, 1999.

[19] Robert Kaplan and David Norton, *The Balanced Scorecard*, Harvard Business School Press, 1996.

[20] "Bank of America Vows Slow Post-Merger Change," *The Philadelphia Inquirer*, April 2, 2004.

[21] Andrew Peaple, "Europe Raises Merger-and-Acquisition Defenses," *The Wall Street Journal*, November 6, 2012.

[22] Rebecca Smith and Valerie Bauerlein, "Duke Director Pressed on Ouster of CEO After Deal," *The Wall Street Journal*, July 21-22, 2012; Rebecca Smith, "Duke Pins CEO Swap on Closed Plant," *The Wall Street Journal*, July 19, 2012; and Valerie Bauerlein and Rebecca Smith, "Ousted CEO Says Duke Wanted to End Deal," *The Wall Street Journal*, July 20, 2012.

第11章 全球战略的成功之路

就把现有的模式和概念用于现实世界而言，这是新的一章。它是前一章关于通过并购来实现多样化经营方法的逻辑延伸。在经济日益全球化的今天，这也是许多机构深感兴趣的一个课题。

全球战略代表了追求开展多样化经营的一种形式。对于那些暂时无法实行全面并购，但不排除将来通过并购来求得发展壮大的企业来说，实施全球战略不失为一种可供考虑的方法。尽管全球战略关注的是不同的市场、顾客、文化，以及在世界不同的地区提供经过改动的产品和服务，但它通常是一种非相关的多样化。当然，由于公司力图在全球范围内使用其核心能力、技术和产品，它也一定包含某些相关的因素。

鉴于前一章关于并购战略中的绝大部分内容也适用于全球战略的实施工作，所以再重复其要点就显得多余和没有必要了。前一章所讨论过的内容，例如计划的扎实制定、应有的关注、可行的进入战略、非正式的组织结构、有效的协调、明晰的责任和职权、恰当的激励和控制措施以及其他各种要求，肯定都与实施全球战略有关，而快速地回顾一下这些内容，则能够明白，对于实施多样化战略的一种形式的全球战略来说，它们也都是很适用的。

然而，对于执行全球战略的经理来说，要想使该战略大见成效，他们必须善于处理一些额外的挑战和问题。到国外去谋求发展，尽管变得越来越常见，也的确需要做出一些不同的决策和行动。

　　让我们考查一个大有希望，但也极具挑战性的世界性市场类别——发展中市场。发达市场，如西欧，几乎没有什么令人兴奋的投资选项；而发展中市场，如中国、新加坡、韩国和巴西等国家，却提供了许多新机会。在2000年，发展中国家的GDP大约占了全球GDP的20%，而到了2012年，则提高到了38%，也就是增加了90%。像3M、卡特彼勒（Caterpillar）、宝洁等公司，在这些新兴市场中干得不错。但是在这些市场里，它们也因为瞬息万变的情况和各种险恶的突发事件而屡遭困厄。[1]例如，3M公司在中国被看作一家芯片销售商，它曾经很强盛，而在最近一个销售季里，业绩却突然暴跌了。这着实令人震惊，但在发达国家之外的市场内，这种突发事件却变得越来越常见。

　　因此，在这些发展中市场里，我们有着越来越多的机会，但风险和不确定性也在日益增加。各个公司必须适应这种情况。为了使全球战略获得成功，扎实地制定计划、谨慎地选择合作伙伴、具备良好的反馈机制以及人才管理等，都是不可或缺的。即使是在发达国家的市场里，也必须应对政治、货币和经济形势等风险。对处于全球市场中的所有机构来说，这些生存要素都是"既定"的。

　　当然，在走向全球化的过程中，并非所有的公司都面临完全一样的问题，也并不是每一个全球玩家都在那些各具风险和问题的发展中国家里进行重大投资。全球化的目的和战略千差万别，因此实施计划也必须反映这些不同和差异。本章的以下部分，将着重讨论全球竞争以及决策和行动的"一般"类型或形式，要想使不同类型的全球战略取得成功，这些决策和行动都是不可或缺的。

全球增长和实施决策的类型

在讨论如何使得全球战略卓有成效之前，首先了解一下现有的全球发展的不同阶段和类型，以及每种类型所具有的独特问题和挑战，是十分有用的。这些阶段或类型包括：初步走向全球市场、在全球开展多国经营，以及协调化的全球战略。而与初步的多国经营和发展相比，协调化的全球战略要复杂得多。公司不一定非要逐一地通过这些不同的增长阶段或类型，但完全可能的是，某些公司就是以这种循序渐进的方式来发展的。本章重点放在不同的全球战略类型及其挑战上。对于如何通过这些不同的发展类型或阶段，本章不做讨论。

初步走向全球市场

这种类型代表了一种初步进入全球市场的战略。一家公司，可以通过它的一个部门，通常是营销部门，把脚探入国际水域去试试深浅。它一般会设法争取将其产品或服务出口。它会通过简单的合资或战略联盟来进入当地的营销、制造、分销渠道，以及获得与服务有关的能力。更为复杂的合资或结盟或许是下一步的事情，本章的后面设有单独的部分来讨论这个问题。

这个全球增长的早期阶段在很大程度上受到国内的影响。高度集权化的组织结构依然是其常见特点，因此大多数全球决策都是由公司总部做出的。重要的投资和经营决策，包括营销方案，都由国内办公室拍板，而不是由各个国家或地区的分权化单位来拍板。对于这种战略的实施，也多半依赖于集权化的决策和控制。

要想使这种战略获得成功，一般涉及对文化予以应有的关注，同时要了解如何与外国伙伴进行合作。例如，如果你的公司与当地公司签订一份合同，内容是有关如何获得和销售产品的，那么，一般情况下，这类合同都是比较简单明确的，很少会引起重大的文化差异和由谁来主导等问题。当然，忽视与文化有关的问题也是不明智的，因为即使是这种简单的全球经营方式，文化差异依然会对能否成功产生影响。在实施这种初步的全球发展战略时，始终对文化问题予以应有的关注是一个好主意。

如今，许多大公司或者是跳过，或者是越过这个初步的、集权化控制的全球发展阶段，而青睐更为复杂和要求更高的全球发展类型。今天的世界是扁平的和充满竞争的，对于那些精心策划的全球发展计划，特别是对于那些大型企业来说，它们通常会绕过这个在国际竞争市场上"伸脚试试深浅"的阶段。要想使更为高级的全球战略取得成功，则需要额外的、更为精细的，也常常是更加复杂的战略实施方法。

在全球开展多国经营

开展多国经营的公司要在国际舞台上进行竞争，但是它们需要进行更多的投资和更加复杂的组织结构。随着公司在全球许多地区开展业务，这是一种典型的全球扩张做法，与此相伴的是要进行重大的投资决策。

对于这种全球扩张来说，国际竞争的风险和成本大大增加。就前一种全球战略而言，对外投资的情况很少，或基本没有。而对于这种全球战略，对外投资则显著地增加了。这些公司被迫在异国他乡复制自己，它们要建工厂，创办当地的服务和分销网络，雇用更多的当地人来担任经理。当务之急就是要贴近外国市场，在当地做出各种决策，由此才能更好地为越来越多样化的市场服务，必须有针对性，并加以差异性处理。这些要求，对于机构的组织结构，以及在不同的市场采取不同的激励方法等方面，都将产生影响。

请考虑以下公司最近在全球"竞技场"上的决策：宝洁公司、通用电气公司、哈利伯顿公司，以及罗尔斯罗伊斯公司。宝洁公司将其全球的护肤、化妆品以及个人防护用品分部的总部，从辛辛那提市搬到了新加坡。[2]这一举动明显背离了它传统上的集权式组织结构，彰显出快速增长的亚洲市场的重要性。该公司还一直对其他分部采取类似的动作，显示出它努力更加贴近重要顾客和市场的愿望。这些举动不是简单地将化妆品搬来搬去，它体现的是，为了响应全球竞争因素的变化而实施组织结构的重大改变。当然，还有其他一些考虑也在发挥作用，如税收优惠政策，但是看来，其压倒一切的因素就是实现分权化，以便更贴近重要的全球市场。

上面提到的其他公司也在照此办理。通用电气公司将其X射线业务从威斯康星州转移到了北京；哈里伯顿公司将其总部从荷兰搬到了新加坡；而罗尔斯罗伊斯公司将其海上设备公司的总部从伦敦迁到了新加坡，等等。这种转移和全球扩张还包括大多数使得其全球战略取得成功所需要的功能和能力。这体现了它们的组织结构更趋分权化，凸显出组织结构作为实施全球战略一个主要因素的重要性。

虽然这是一种常见的全球扩张形式，但是开展多国经营仍然是一种挑战，这种全球战略之所以难以实施，起码是由于三个原因：成本提高、控制问题，以及组织结构从集权化转变为相对分权化所带来的重大变化。为了理解这一点，请看这种类型的全球化扩张的常见组织结构——世界范围内的产品分部结构（见图 11-1）。

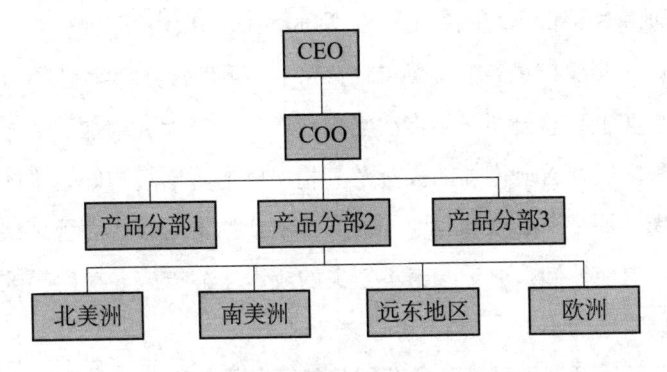

```
                    CEO
                     |
                    COO
          ┌──────────┼──────────┐
       产品分部1    产品分部2    产品分部3
          ┌────────┬────────┬────────┐
        北美洲   南美洲  远东地区   欧洲
```

图 11-1 世界范围内的产品分部结构

在这种组织结构中，每个产品分部仅对它自己的海外产品和服务负责。如图 11-1 所示，每个分部再按照地理上的国家或区域加以组织。相对而言，它们都是自我约束和自主经营的；作为独立的利润中心，在世界范围内，它们也仅仅对自己的产品负责。横向的相互依赖关系很弱，所以，这些分部的领导人很少需要与其他分部的同事进行广泛的协调活动。

激励措施则全部或大部分建立在战略业务单位或分部的业绩的基础上，这进一步强化了这些业务单位的自主独立性。这样的激励措施通常会鼓励人们关心本分部或当地的经营业绩，而不是总公司的表现。值得注意的是，这种激励不得引发各分部之间对稀缺资源的过度竞争，否则最终会使得总公司的业绩受到轻视，从而处于次要地位。维护总公司的战略，以及对这些各自为战的单位加以有效管理，是极其困难的挑战。与此类似，要使得这些分部的经理们除了效忠其分部之外，具有总公司的身份认同感，也十分棘手。如第3章所详述的那样，这时，总公司的战略和各业务分部战略之间的关系就显得十分重要了：每个战略都会影响另一个战略。这一点，无论是对于国内竞争还是国际竞争来说，都同样适用。

创建这种世界范围内的产品分部结构，其代价不菲。在许多情况下，一些关键的部门，如制造部门，所有的分部都必须分别设立。事实上，总公司必须多次复制自己，这就大大增加了成本。如果这种多国经营所增加的投资及其相关成本所带来的好处不能很快地显现，那么，股东和其他相关人士就会拍案而起，对管理层施加压力，迫使他们采取一些得不偿失的成本压缩措施，最后导致这种全球战略贯彻不下去。

显然，开展多国经营的公司仍然可以具有一些集权化的因素或部门（如共同的法律人员）。将实行完全的分权化作为一个固定法则的做法是很少见的。这里的讨论只不过是想指出，一般来说，分权化总会因为重复建设而增加实际成本。但是，这种做法还会造成其他一些难题，现在就可以指出其中的一些。

图11-1所给出的组织结构的另一个特点也会影响到多国经营全球战略的实施。如前面提到过的，世界范围内的产品分部结构表明了从集权化组织结构向相对分权化组织结构的演变。全球战略的初步阶段，其特征是集权化的控制和总部的统管。而多国经营的全球战略则要求许多部门，如制造、销售、分销，甚至研发部门，分散开去，改由一个地区或国家分部进行当地管理。越来越多的公司，如微软、通用电气，以及宝洁等公司，在多年的集中控制后，都将类似研发这样的部门散布到各个营业点去，这充分说明，对于这种类型的全球竞争来说，分权化是实施多国经营战略的一个重要举措。

这种分权化常常要求总公司进行重大变革，而这有时会招致总公司人员的抵制。集权化的总公司人员会感到失去了权力和影响力而抗拒这种变化。那些偏向于雇用当地员工、使用地区人才的人力资源政策，可能会与先前那种集权化的聘用方法和选择程序相冲突。由于重复建设一些部门而导致成本增加，可能成为一些人的"武器"，用来反对实行相对分权化和自主经营的做法，这也对实施多国经营战略提出了挑战。为了向所有的业务提供服务，一些集权化的单位或部门将会始终存在，但是，随着机构内分权化程度的提升，决策和权威性方面的冲突发生的可能性也会随之增加。

人力资源问题就是这种可能产生冲突或紧张关系的问题之一。为了经营和管理分权化的业务，所需要的技能和能力是由当地机构进行培养，还是由集权化的总公司中的人力资源部门或优异中心来对当地的决策和管理施加影响？为了能最好地服务于战略的实施，一些关键的能力应当在哪儿加以开发和培养？鉴于人才是企业发展的核心要素，因此，这个关键要素应当如何分配，在哪儿培养，以及如何用于实现战略目标等，就成为大问题。

最后，仍然需要考虑文化问题。必须小心，避免在原先那种由总公司掌管一切的做法与眼下更注重当地的分权化管理方法之间产生文化抵触。同样重要的是，必须注意价值观和当地风俗习惯的差异，它们都会对成功地实施多国经营全球战略提出挑战。如沃尔玛公司，只有当一而再地碰钉子之后才明白，把自己的那套经营模式和文化应用到外国去时，是根本不起作用的，那些与文化有关的因素会妨碍，甚至摧毁全球多样化的计划。

表11-1归纳总结了推行多国经营全球战略所涉及的一些问

题。为了确保成功地实现全球化经营，必须对这些问题给予妥善的解决。

表 11-1　　开展多国经营机构的战略实施问题

事项	说明/问题
战略	● 是否进行了适当的应有关注？ ● 利益相关人是否完全赞同所需要的投资力度？
组织结构	● 稀缺资源的所在地是个问题。 ● 必须处理好集权化和分权化问题。二者各有优缺点。 ● 决策——谁负责最后拍板——必须确定，并对于其责任做出明确规定。 ● 需要确定冲突的解决方法。
自主权与控制	● 当地的自主权与总公司的控制权之间的关系是个问题，它与机构的组织结构有关系。 ● 需要对业绩加以监督，以避免具有自主权的部门所取得的业绩是以牺牲总的、集体的利益为代价而得到的。
激励措施	● 必须能支持当地/地区的业绩。 ● 必须能强化公司的目标。 ● 需要制定激励和业绩评估方法，以支持国际业务的开展。
人才	● 应当注意培养和使用当地的技能和人才。 ● 使用总公司和当地两方面的人才，以便确保驻外单位取得良好的业绩。
文化	● 一如既往，要把对文化应有的关注放在首位，为此应当…… ● ……避免有害的文化冲突。
处理变革问题	● 当集权式的责任和控制转变为相对分权式的经营时，要注意克服变革阻力。 ● 对于实施战略的新方法以及开展全球经营的必要成本，要设法获得大家的认可。

协调化的全球战略

最后一种走向世界的方法，就是协调化的全球战略。这里的关键词是"协调化"。在这种全球战略中，其竞争优势在很大程度上来源于跨国界地分享和增强技能和能力。各个国家或地区可能具有自己的比较优势，例如劳动力成本或其他生产要素价格。其诀窍在于，将某地的这种低成本情况扩展开去，使其也变成其他地方的竞争优势。或者，一个公司可能具有代表其核心能力的技术强项，那么，就需要在不同的产品和国家之间，分享和整合该核心能力。

在这种全球竞争方式中，一个产品在进入其最终市场之前，会从一个国家运送到另一个国家，而在这个过程中，每经过一个国家都会使得该产品产生某种价值增值。例如，一个机车或发电厂部件在到达最终顾客手里之前，先由 A 国的一家电子企业运用其技术能力进行加工，然后再得益于 B 国一家公司的先进技术，或者受惠于 C 国一家公司在电力机车方面的专业知识。

在这种情况下，为了成功地实施这种全球战略，协调、分享和一体化的方法就显得极其重要了。分享和杠杆作用说明需要协调，而协调则意味着需要跨部门和跨国界地进行沟通和控制。由于需要进行跨部门或跨国界的横向分享，因此，"无缝"或"无边界"机构就成为一种工作比喻或现实的经营方式，而这就对传统的权威或"跑马场"等观念提出了挑战。

为了支持这种强调"横向"分享与合作的行为，激励、控制和组织结构也必须加以创新或调整。由于协调化全球战略对相互依赖性的要求越来越高，因此，分布在全球的各个分部或产品线，其自主性和独立性必须加以规范，使它们能更加关注这种相互依赖性。要想使得这种协调化全球战略取得成功，有效地处理好这种日益增强的相互依赖关系是十分关键的（见第 5 章关于依赖关系及其作用的说明）。

那么，要使这种全球战略取得成功，各公司应当如何创建必要的分享、沟通和控制方法呢？我认为，为了达到所需要的协调、控制和对相互依赖性的认识，可以有三种方法。而所有这三种方法都提出了额外的战略实施要求，例如与有效的激励、组织结构以及人力资源政策有关的问题。这三个方面是：

- 培养高质量的全球性经理人才；
- 采用横向或矩阵式组织结构；
- 组建战略联盟。

培养和使用全球性经理人才。协调化全球战略在很大程度上依赖于这种高质量的经理人才的技能和能力。对于协调化全球战略的成功来说，这些高质量的全球性经理人才尽管只是少数，但却具有关键的作用。

首先，也是最重要的，这种高质量的经理人才是一些综合协调人。他们从事跨国界或跨分部的工作，以确保知识得到传播，公司的核心能力得到应用，并以此来获得全球竞争优势。他们通过建立个人之间的关系，使得计划的实施更加迅速和高效。对于重视全球统一的各个产品分部，与重视所在地区需要的分公司之间的矛盾，他们充分理解并设法加以调解。他们四处出差，与各色人等接触，使他们能够收集和传达各种信息，而这些信息对于制定有效的反馈和控制制度是不可或缺的。

担当这样一个全球性的综合协调员的角色可不是一件轻松愉快的事情。ABB公司的珀西·巴那维克曾经说过，全球性经理是打造出来的，而非天生的。这类宝贵的人力资产，是通过多次轮换担任不同的职务，积累在多个国家的工作经验，并在与不同的民族和文化传统的人们交往过程中，才得以成长起来的。在这种情况下，只有熟悉才能产生理解，才有能力看清总目标和问题，而这个总目标要远远高于那些各个分部所关心的问题。这种高质量的全球性经理是一种独一无二的人才。在很大程度上，协调化全球战略的成功与否就取决于这类人才。

机构的横向组织结构。尽管矩阵或横向组织结构存在各种问题，但对于实施协调化全球战略来说，它们仍然是有用的，甚至是生死攸关的。事实上，它们能够将全球经营与当地市场和条件结合在一起。图 11-2 给出了一个经过简化的矩阵结构，其中的区域营销经理具有两个上级领导。实际上，图 11-2 与第 5 章所讨论的矩阵是一样的，其中，产品和地区是需要加以协调的两个方面，而协调人就是那个具有两个上级的经理。在这种情况下，当发生冲突并需要解决时，COO 就承担了"解结人"的角色。

图 11-2　一种简单的矩阵结构

图 11-2 可以按照"矩阵钻石"的方式，进一步简化，重新绘制成为下面的样子：

这位具有双上级的区域营销经理就是综合协调人，他是产品组经理和地区经理之间的重要联系纽带。如果他向地区经理请示汇报工作，那么，这项整合工作将包括该区域内跨国家的沟通和协调。但是，要想使得这种矩阵型组织结构卓有成效，并不总是像前面所说的那样简单和直截了当。其内在的前提条件是，在对有关战略和经营做出重大决策时，要同时满足不同产品和地区双方面的要求。然而这种双重的要求极有可能产生冲突，这是因为不同产品和地区在需要、目标和计划等方面并不总是完全一致的。

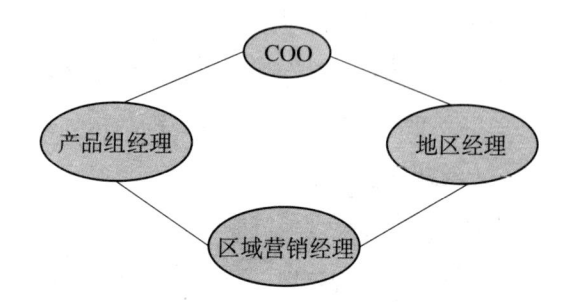

```
           COO
          /    \
   产品组经理    地区经理
          \    /
         区域营销经理
```

此外，这位双向负责的人还面临一个被双重控制的问题，例如，图11-2中的区域营销经理就有不止一个上级领导。对于促进跨业务和跨地区的沟通和协调来说，这种双向请示汇报的关系是必要的，从而使得这位双向负责的人得以发挥其综合协调的作用。然而，这种双重控制的做法却违背了命令和控制应当来自单一渠道的原则，恶化了决策和业绩评估方面的问题。这种由两位上级产生的双重领导体制，还会使得决策变慢，并且加重了那些具有相互冲突信息的不同管理层次的负担。

尽管有这些难处，这种横向组织结构却有助于协调化全球战略取得成效。但是为了确保成功的协调和取得良好的业绩，需要做出努力。要想使这种组织结构获得成功，必须确保做到以下几点：

● 承担不同任务的经理们必须充分理解这种矩阵型组织结构的合理之处。尤其是综合协调人或双向负责人，他们必须明白自己的作用是什么，以及当冲突发生时——实际上这种情况是不可避免的——应当如何迅速地加以处理。

● 矩阵型组织结构中那些承担双向请示汇报工作的人，必须得到很好的培训，以驾轻就熟地进入角色。那些对不确定性以及冲突具有低容忍度的人，将难以适应这个往往是吃力不讨好的综合协调工作。

● 为了有效地推行这种组织结构，那些有助于建立和强化那种双方兼顾意识的激励措施、岗位轮换制度、绩效评估等手段，能得到来自高管层的支持是至关重要的。还可以留意第6章，其中包含在使得战略实施大见成效方面，激励和控制所起核心作用的论述。

● 对"解结人"的作用必须加以明确规定，并使其能够很好地发挥作用。那些来自矩阵下层的冲突，往往难以断定是非曲直，但万不可置若罔闻，任其发展泛滥。必须明确谁是"解结人"，并对解决矛盾的程序加以清楚规定，以避免无休止的扯皮，甚至使得冲突升级。

显然，要想使得协调化全球战略取得成功，这种横向协调机制至关重要。这类组织结构推行起来难度很大，因此，经理们对此是否具有献身精神，就是成功与否的核心要素。

战略联盟

在全球竞争中，为了使全球战略取得成效，合资和战略联盟常常发挥关键的作用。显而易见，这种联盟有助于公司加快学习过程，充分利用技术传播和改进带来的好处，以及避免不必要地复制其他方面已具有的能力。它们之所以重要，还因为这些做法能够促进沟通和信息交流，而这对于实施所有类型的全球战略，包括此刻所考察的协调化全球战略而言，都是十分必要的。

传统的组织结构有其局限性。纵向一体化,以及因此而进行的直接投资,实际上阻碍了创新和技术改进。对外直接投资能够增加你所拥有的资产,但是,它也因此而增加了经营的规模和复杂性。散布于全世界的不同的组织单元很容易产生类似于"筒仓"的那类东西,它们之间的沟通和知识分享会严重受阻,从而对全球战略的实施产生负面影响。

再回顾一下通用汽车公司最近采取的行动,为了增加公司的控制力,减少因为公司开展全球经营所产生的"筒仓"效应的影响,它对一些关键的部门实行了集中化管理。[3]对此,该公司给出的理由是:日积月累,这些"领地"或"筒仓"风气已经滋生蔓延开来,而对于公司执行其全球战略来说,这妨碍了必要的宝贵知识或信息的流动。通用汽车公司这一举动背后的假设是,只有当关键的部门在一起办公,从而比它们在分权化的组织结构中更为紧密地共同工作时,协调和知识分享才更容易实现。这种集权化是否能如其所愿,还有待时间的检验(见第5章),但是这种组织结构变动的意图则是一目了然的。

一般来说,机构内部的膨胀和不可避免的官僚主义化,将会对机构的灵活性、对市场的反应速度,以及信息的自由流动都产生不利影响,而所有这些,对于执行全球战略所需要的协调和知识交流,又都是必不可少的。战略联盟有助于这些知识交流。当然,联盟并不总是一剂灵丹妙药,但它确实有助于实施全球战略。它建立在对最新知识和技能进行"交易"的基础上;它能提升响应市场的速度和灵活性;与那些相互孤立地用砖瓦、水泥建造的东西相比,其达成协议的速度要更快,效率也更高。它能克服大型全球机构所具有的那些由规模、复杂性和惰性等特点所带来的问题,包括由于诸多大型、独立的"筒仓"存在而对沟通和相互交往构成的限制。报表的利润一栏会反映出这些好处和资产的增加，因为结盟的每一方都有所付出，也因此而有所得。

就其实质而言，如果能对结盟加以明智地运用，它是能促进全球战略的实施的。它能克服许多传统机构所具有的局限性和不良后果，有助于快速响应，并适应变化多端的全球市场的威胁和机会。

就实施协调化全球战略所必须处理的问题，表 11-2 进行了总结归纳。自然，并非每一个机构都会同时遇到其中所有的难题或事件，但更大的可能是，随着时间的推移，那些全球化公司的经理将不得不面对和处理表 11-2 中所列出的许多问题。

表 11-2　　　　　　　　协调化全球战略的实施问题

课题	说明/问题
战略	● 十分关键的是，要将总公司的战略与业务/地区战略综合在一起。 ● 业务/地区经理必须认识到他们对公司总战略的贡献是什么。 ● 在全球范围内分享核心能力是总公司的任务。 ● 确定决策的地点和责任（总公司、地区或业务）是开展战略讨论的一部分。 ● 稀缺资源的所在地是一个十分关键的问题。 ● 对于取得成功来说，将集权化（总公司）与分权化（地区、业务）加以平衡十分重要。 ● 对于战略成功来说，在相互依赖的单位和地区之间进行协调或一体化是十分必要的。
组织结构	● 采用矩阵型组织结构常常是必要的，因此必须明了这种组织结构的内在逻辑。 ● 对于有效的决策和协调来说，确定"解结者"（在矩阵内、总公司与各个地区之间、相互依赖的各个单位之间）是十分必要的。 ● 为了加快学习、获得进入当地的分销渠道、分享技术，以及能够快速响应多样化的当地市场需要，培养和组建战略联盟会有助于实施这种全球战略。

续前表

课题	说明/问题
自主权与控制	● 对于当地的自主权和总公司的控制权，都要加以明确。 ● 要建立冲突解决制度。 ● 要建立信息和知识分享制度，以便在各个相互依赖的地区或业务之间就业绩情况和一体化的要求提供反馈。
激励措施	● 制定激励方法，以推动在需要一体化的单位和地区之间进行知识分享。 ● 在矩阵型组织结构内，要明确针对那些有两个上级领导的经理应有的激励措施。 ● 制定支持总公司的激励方法，借以避免各个地区和业务单位仅仅为自己的利益工作而轻视总公司的利益。 ● 建立绩效考评制度，培养和奖励那些全球化经理。
人才	● 必须培养一批全球化经理作为骨干。 ● 让那些骨干经理到不同的地区/业务中轮岗，以提高知识分享和解决问题的能力，并使之具有全球眼光。 ● 依据这些经理在全球的业绩表现，提供相应的教育和培训。 ● 强调具有促进沟通的"核心"语言能力，以及组建一支能够确保控制工作和绩效一致性的核心骨干队伍，或许是很重要的。
文化	● 对于战略成功而言，对于文化问题予以应有的关注是非常重要的。 ● 必须致力于国家文化和公司文化相互匹配，力求避免犯灾难性的文化错误。
处理变革问题	● 对于一个流动变化的全球机构来说，直面和处理好各个地区或业务单位之间的冲突、适当地改变其责任等，都是十分重要的。 ● 当集权化责任和控制方式变得更加分权化时，或者交给担任综合协调任务的经理们时，为了使机构在全球范围内有效运转，克服这种情况下的变革阻力是十分关键的。 ● 为了成功地实施协调化全球战略，对于一个需要不断一体化的流动性组织结构来说，获得大家对持续变革的认可是十分必要的。

图 11-3 给出的则是所有种类的全球战略在实施过程中所包含的决策和步骤。正如前面的讨论所表明的那样，全球战略的类型推动或影响着组织结构、所需要的人才、协调方式、激励方法、控制手段，以及变革管理等各方面的工作。该图突出了文化以及对文化予以应有关注的重要性，因为对于全球战略来说，这些问题需要特别引起注意。

```
对文化予以应有的关注      ┌  全球战略
●处理文化和文化改革        │  ●战略的类型
  问题                    │       ↓
                          │  组织结构
                          │  ●集权化与分权化
                          │  ●效率和效能
                          │  ●协调和沟通
                          │  ●矩阵型组织结构
                          │       ↓
                          │  人才管理
                          ┤  ●全球化经理
                          │  ●综合协调人
                          │  ●技能和能力
                          │  ●分享核心能力
                          │       ↓
                          │  激励和控制
                          │  ●鼓励合作和分享知识
                          │  ●信息的必要性
                          │  ●避免总公司利益被次优化
                          │  ●对那些地理上分散的单位加强绩效控制
                          │       ↓
                          │  反馈和改革
                          │  ●学习/改革
                          └  ●克服改革阻力
```

图 11-3　实施全球战略

图 11-3 还清楚地表明，在全球战略的执行或实施中所包含的那些因素，实际上反映了第 2 章里所介绍的，也是本书自始至终所运用的那个通用模式，并且与这个模式完全一致。诚然，全球战略

提出了许多超越该模式的问题和事项,例如各国与地区之间的文化差异问题、机构内各单位在地理上的距离和分散问题、各个地区特有的风险和不确定性问题,以及与高质量的全球化经理有关的人才问题,等等,但是,在主要方面,实施全球战略与实施所有的战略具有同样的要素。没有必要为了全球战略的执行而设计一个全新的模式,为了理解并有效地实施全球战略,对本书给出的这个通用模式加以充实和完善就足够了。

小结

本章讨论的是全球战略的实施问题。全球战略体现的是一种多样化发展方式,一个机构通过走向世界来寻找新的市场、顾客、产品或服务,以求得到综合发展并获取更多的利润。随着公司谋求全球扩张,一些风险也随之产生,如在发展中国家里存在更大的风险,但是,全球战略依然是企业实现增长的一种多样化发展方式。

要想处理好使全球战略获得成功的种种问题,首先要认识到有几种不同类型的全球战略,而每一种都有其自己独特的一些挑战或必须要做的事情。全球战略的类型包括:初步走向全球市场、在全球开展多国经营,以及协调化的全球战略。对于成功的实施工作而言,这些战略都表现出更大的复杂性,而协调化的全球战略则是其中最复杂的。本章对每个战略类型逐一进行了探讨,并分析了每种全球战略在实施过程中所特有的问题或事项。

尽管每种全球战略的实施问题各不相同,但本章仍然强调指出,在理解以及实现成功的全球战略方面,并不需要什么全新的或完全不同的模式。在这个问题上,本书所给出的,贯穿始终的那个通用模式就足以应付裕如。要想使得全球战略获得成功，需要对一系列问题做出决策，包括：组织结构、协调、所需要的人才、激励、控制，以及对变革的管理等。对于实施所有的战略而言，所有这些问题从总体上看都是相同的。对于全球战略而言，应考虑到某些因素会具有更大的影响，如文化问题、地理上的分散所带来的控制问题，以及需要培养专门的全球化经理等问题，所以对该通用模式加以补充或完善十分必要。但是，这个基本模式仍然是有效的，不需要为了成功地实施全球战略而引入一个全新的模式。例如，对于实施所有的战略来说，机构内各单位之间的协调和一体化都是十分重要的，而对于协调化的全球战略来说，这种一体化肯定需要额外的关注并使用一些新方法，但是，这种需要体现的是对基本实施模式的扩展或精细化，而不是一种全新的模式或方法。

总之，由于全球战略类型的不同，其实施方法也因事而异。但是，对于所有类型的战略来说，实施工作中的变量或要素基本上都是相同的。对于全球战略来说，某些变量或要素可能尤其值得分析，如组织结构、人才、协调和文化等问题，但是在实施所有的战略过程中，都存在这些变量或要素。其差别仅仅是程度上的，而不是性质上的。

参考文献

[1] Justin Lahart, "Emerging Risk for Multinationals," *The Wall Street Journal*, Heard on the Street, November 15, 2012.

[2] Emily Glazer, "P&G Unit Bids Goodbye to Cincinnati, Hello to Asia," *The Wall Street Journal*, May 11, 2012.

[3] Tim Higgins and Jeff Green, "GM Seen Planning Global Reorganization Against Fiefdoms," Bloomberg.com/news/2012.

第 12 章　服务机构的战略实施问题

美国经济已经成为服务型经济。2011 年时，美国 GDP 中大约 77% 来自服务行业，比较之下，制造业占 22%，而农业仅为 1%。预计，这些百分比在 2012 年也会保持不变。因此，显而易见，也是不容否认的是：在美国，以及在全世界的经济中，服务行业都占有支配性的重要地位。

服务工作的影响甚至比上述数字还要大很多。在以产品为基础的公司中，其内部的服务工作也占有很大比重，并且其所占份额还在日益增加，例如 IT、人力资源、财务、领导力培训，以及公司内部设立的"大学"等，都在很大程度上类似于服务机构，因为它们对于产品的开发和提供等工作发挥了辅助和促进等作用。服务能力是十分重要的，即使在以产品为基础的公司内也是如此，因此必须对其加以恰当运用，以便为实施公司或业务单位一级的战略提供帮助。

此外，过去一些年来，政府服务的增长可以看作服务行业的另一个例子。像社会保障局、退伍兵事务局、美国国税局等部门，都可以被看作类似于为顾客或客户服务的服务机构。这些服务部门都是非营利性的实体，这进一步突出了它们以顾客或客户的满意度为工作目标的重要性。在政府里，这类服务机构、单位和部门是很多的，这提高了中央政府的权威性，并对于政府的施政表现具有重要的意义。

就此刻的讨论而言，服务工作的广泛性和重要性提出了一个显而易见问题：在战略实施问题上，与以产品为基础的企业相比，服务机构或部门的战略实施有什么相同或不同之处？或者换一个提法，为了使得以服务为基础的战略获得成功，经理们是否需要在他们的"军械库"中，添加"新的武器"来用于战略实施呢？

在沃顿商学院组织的调查和讨论中，一些经理强烈地坚持说，"服务业是不同的"，或者认为"与服务业相比，制造业或产品企业的战略执行要容易得多"。在辩称这些差异方面，在非营利单位工作的经理们态度最为激昂。对于这些论断，有什么证据吗？服务行业真的在某些重要方面有什么"不同之处"吗？从战略实施角度，本章将对这些以及相关问题给予回答。

对这些问题的简单回答是：

> 对于战略实施来说，服务行业与以产品为基础的伙伴们一样，在大多数方面都是一样的。它们都必须关注或面对同样或类似的问题。但是，有一类服务行业的确提出了某些额外的挑战，这一点将在下面谈及。

在开始分析服务行业的战略实施时，首先让我们看看它与以产品为基础的制造企业一些明显的相似之处。

相似之处：服务行业的战略执行问题

在服务行业与产品制造行业之间，战略实施有一些明显的相似之处。事实上，一些服务机构就在销售产品。麦当劳销售的是容易腐败变质的食物类产品，尽管如此，那也是产品；保险公司销售分期保险这样的产品,它们被放在漂亮的文件夹里,你可以方便地拿着,阅读这些保单,并将它们与你重要的法律文件存放在一起;沃尔玛则在全世界销售上百万种产品,等等。这些公司大做广告,力图将自己的产品或提供的东西与别人区分开来,制定如何贴近顾客的计划,力争扩大市场份额和影响力。凡此种种,其战略实施手段都与全世界以产品为基础的企业大同小异。

除了这些基本的相似之处以外,在服务机构与以产品为基础的企业之间,还有其他一些类似的地方。只要简短地考虑一下本书前面所讨论过的与成功实施战略有关的一些要素,其相似性就一目了然了。

战略

例如,在服务机构里,战略依然处于核心和关键的位置。在制定和实施战略方面,大多数服务机构都与以产品为基础的企业非常相似。它们分析行业情况,注意行业结构和重点所在。它们需要对竞争对手进行分析,然后就自己在该行业或战略组合内的定位做出决策,以便获得竞争优势。它们还必须就战略,以及为了实施其所选定的战略所需要的技能和能力做出决策,然后希望这些决策和能力能够创造出进入壁垒,以防那些可能的模仿者会依样画葫芦来照搬它们那些成功的做法。围绕着能力、范围和规模经济等因素而建立起来的进入壁垒,会有助于排斥其他的服务公司,并能促进自己的战略实施,所有这些,都与以产品为基础的企业雷同。

在早期,沃尔玛公司依赖先下手为强的战略。它进入一些小市场,而竞争对手往往认为这些市场太小,不足以支持大型的零售商店。一开始,它就以低成本者的形象彰显出自己的差异性,而后很快地接连开设新商店,诱使顾客去看看沃尔玛商店究竟都能提供些什么产品,以此来贴近顾客。随着范围和规模的扩大,沃尔玛低成本者的口碑终于实至名归,誉满天下,从而给它带来了更多的利润和进一步的增长。

沃尔玛的低成本战略使得它占据了巨大的市场份额,而这得益于其标准化的复制方法(例如,对于开设新店具有一套完整的模式和操作程序),以及同行业公司梦寐以求的巨大规模。该公司在执行其战略的过程中,对IT系统投入了大量资金,同时注重与供应商建立良好关系。而这些举措又反过来强化了公司的影响力及其在该行业内的核心地位。最终,无论是它的规模经济还是范围经济的体量都巨大无比。

沃尔玛的战略实施建立在规模、经济要素、对供应商的影响力,以及贴近顾客和市场等基础上。这让它建立了进入壁垒,获得了对顾客的影响力,以至于多年来几乎没有哪家公司可以取代它的行业地位。这些与战略有关的能力和行动使它得以有效地实现增长,并获得令人艳羡的市场地位。而当进入壁垒、对顾客和供应商的影响力,以及其他有利的行业要素为沃尔玛提供了"保护盔甲",使其可以防止其他企业轻易地对它加以模仿和提出竞争挑战时,它在实施自己的战略时也就变得越发成功了。在这种情况下,沃尔玛取得了傲视群雄的优势。

但是举世公认,沃尔玛在推行其全球战略时,却遇到了麻烦。例如,它试图把它的经营模式和方法强行运用到法国、德国和印度尼西亚等国的顾客身上,但是其结果不是没有达到预期效果,就是完全失败。这涉及前面第11章有关全球战略成功之路的论述,特别是与文化有关的问题。但是基本的前提是一致的,沃尔玛战略实施的重点与大多数以产品为基础的公司是相同的。

　　捷蓝航空公司（JetBlue）、西南航空公司，以及其他不靠浮夸噱头来吸引乘客的航空公司，采取的是低成本战略。它们决定不去做那些票价昂贵的航空公司所做的事情（战略确定了一家公司不去做什么，以及将要去做什么）。无论是公司能力的开发还是员工的培训，都要支持这个战略。公司的投资也必须支持低成本的做法，例如，西南航空公司只用一种机型（波音737），以便减少驾驶员的培训费用和零部件的仓储成本。它既重视一级机场，也重视二级机场，这体现的是一种"散布"观，为的是更加贴近顾客，并可以降低起飞/降落所需要的成本/费用。

　　在医院方面，重点放在儿科的费城儿童医院是一个例子，它对技术和医生投入了大量资金，用以支持它的重点/差异性战略。作为执行其计划的一部分，除了注重加强对医生的培训外，该医院还加大营销和广告力度，以便吸引全世界的潜在客户以扩大其服务范围。

　　阳狮集团公司则通过开发技术资源（如以互联网为平台的服务），以及通过提高咨询能力来满足那些购买广告的客户的需要等做法，来实施它的差异性战略。它越来越注重那些有能力与客户密切合作的人才，并雇用他们作为公司的咨询师，因为这些人能带来客户所需要的那些技能和能力，从而使战略实施更有成效。从体量上看，该公司是全世界的第二大广告公司，这形成了进入壁垒，能够减少来自模仿的威胁，并产生了规模经济效益，所有这些都使它得以成功地执行自己的差异性战略。

　　在非营利性的服务机构里，都能发现许多同样的战略举动。的确，在竞争条件中没有利润目标通常会使这些机构显得有些与众不同。但是，为了实现它们所期望的结果，它们也必须确定自己的目标并实施相应的战略。它们面临着来自其他非营利机构的竞争，主要是稀缺资源和有限预算方面的竞争，例如，各个政府部门和机构之间就是如此。为了支持它们的战略，它们也需要人才和技能，并且它们也必须在价值增值方法和服务方面，形成自己的特色，以此来证明自己存在的合理性。

即使在非营利机构内，对于利润也存在某种程度上的关切。有一次，一位聪明的经理对我说道："非营利所产生的唯一东西就是额外的非营利。"他的看法是，即使对于非营利机构来说，除了关心其工作的价值增值方面之外，对盈利抱有正当的关注是非常必要的，或者如他所说是要"钱花得值"。他声称，非营利机构也有其"利润趋向"，尽管利润被掩饰而并不会那么明显地公开表露出来。这些机构与其他机构一样，需要制定战略或计划来控制成本和业绩成果。

在服务机构里，战略依然是核心，是战略实施工作的第一步。计划纲要、对竞争对手的分析以及行业分析，将决定你选择何种战略。然后，战略将会对机构的资源以及能力提出要求，以此来支持你所选定战略的执行工作。所有这些制定计划和实施战略的过程，都是与以产品为基础的机构完全一致的。在这一方面，服务机构与它们以产品为基础的表兄弟们不分伯仲。

组织结构

在实施服务战略方面，组织结构所起的作用，在极大程度上也类似于它在以产品为基础的企业内所承担的角色和作用。请看一下那些在银行业、咨询业以及财务行业内的大型公司，如花旗银行、麦肯锡公司和布泽·阿伦公司（Booz-Allen），以及它们在全球内的组织结构。为了满足当地的需要并响应不同国家和地区顾客的要求，它们都有分权化的经营单位；同时，也有一些集权化的部门或公司中心，以便就关键的职能、知识或专门技能为全世界提供统一的服务。

偶尔，为了便于对分布在全世界范围内的各个行业组加以一体化并进行知识分享，也会出现一些更为复杂的组织结构。拿布泽·阿伦公司来说，多年以来，它实行的是在集权化资源之上的多层次分权化经营方式，这形成了某种全球化的矩阵型组织结构。以行业为中心的组合，得到各个职能部门在专门知识方面提供的帮助，而这些帮助对于它们的工作成绩来说是极其重要的。这种重叠型的矩阵型组织结构适用于许多公司，下面给出了对其进行简化后的样子：

职能/专业	行业组		
	金融服务	技术	制造
战略			
经营			
IT			
营销			

针对不同行业的咨询或财务项目，来自不同职能部门或专门知识领域的专家可以随叫随到，作为一种资源来帮助不同行业组内的这些公司来提高其业绩。职能部门的专家甚至可以跨越行业组，在整个机构内部分享知识和经验。这种横向分享和沟通能促进战略的执行。

我们可以在许多公司里看到类似的矩阵型组织结构，这些公司一方面强调国家/地区因素，另一方面也强调业务类别。那些承担双重角色的经理，既要向国家或地区领导请示汇报工作，又要向总公司里那些负责全球经营相关业务的领导请示汇报工作。在一个协调化的组织结构里，这种做法能促进知识的分享，因此也有助于战略的执行。对于那种将重点放在地理区域以及产品/服务线上的全球战略，有关如何运用矩阵型或横向组织结构来对其予以支持这个问题，第 11 章已经专门讨论过了。

与以产品为基础的企业一样，服务机构的组织结构可以因不同的市场或顾客而设立。新闻集团（News Corp）正在考虑将自己一分为二，也就是将自己的娱乐业务从报纸业务中分离出去。这种组织结构上的分拆，可以使得不同的业务分别具有自己的战略意图和市场重点。对于组织结构的使用和其中的道理，服务机构与以产品为基础的那些企业，如通用电气、宝洁、卡夫、百事可乐等公司完全相同。即使在大学里，那些构成该大学的各个分院以及组织单位，也都是针对不同的"顾客"，以及相同学术领域内的竞争对手而设立的。

问题很清楚：在战略实施过程中，就如何运用组织结构及其所处的核心地位而言，服务机构是与以产品为基础的伙伴极其相似的。与宝洁、通用电气、哈里伯顿、罗尔斯罗伊斯以及其他公司一样，银行和咨询公司也关注如何将集权化和分权化组织结构组合在一起，以求增强自己的核心能力，更好地服务于、贴近于不同的地区、顾客和市场。

人才、能力，以及制定培训/技能开发计划的需要

与以产品为基础的公司一样，为了支持和实施战略，在服务机

构里，也可以看到对于人才和能力的重视。那些致力于治疗或处理复杂门诊病人的医院，会设法寻找最好的医生、辅助人员和技术，以支持其工作。保险公司努力发现最好的风险评估师和保险统计人员。大学则大力网罗高质量的科研教授，以便在学术竞争环境中标新立异。咨询企业则力图在全世界那些著名院校的 MBA 中，广招最聪明和最优秀的人才，因为要做好咨询服务，需要最新的关键知识来支持顾客第一的战略。

对于实施战略而言，有关人才和能力的决策是十分重要的，甚至它也许对经营和战略实施决策还有着其他的作用。例如，最近一份重要的研究表明，1995 年 1 月至 2011 年 1 月，美国公司对技术和设备的投资大大增加了。[1]该项研究所提供的数据还表明，在这同一时期内，随着 GDP 增加，公司的盈利也增加了。

考虑到这些投资决策——它们本身就反映了战略执行决策的一部分——以及 GDP 和利润的增长，你会按照逻辑联想到随后的一些战略实施决策。其中之一就是有关雇用员工的决策。这些数据的确很重要，但并非你所想象的那样，事实上，在该项研究所考察的那段时间内，就业率大大下降了。尽管积极地进行了投资，GDP 和公司利润都增长了，但是对人力资源的使用却实际上减少了。到底发生了什么事情？其意义何在？

随着公司对技术领域的大量投资——你可以把这里的技术理解为"计算机或机器人"以及相应的软件——这些技术在决策、沟通和一体化领域内正承担起越来越多的工作，而这些工作本身就是战略实施工作的部分内容。但是，对机器人和计算机的依赖，相应地减少了对人力资源的依赖，而同时，另外一些员工技能和能力却愈发重要。与所需要的新岗位相比，遭淘汰的旧岗位要多得多，因此导致了总就业率的下降。此外，如果无法轻易地找到适当的员工来充实这些新的和急需人员的岗位，那就不得不将工作外包出去，或者是在公司内部选出人才来加以培训了。

由此我们看到了某种合乎逻辑的趋势。对像计算机这样的技术投资，实际上就是支持战略实施的一种决策。而这些决策反过来，又通过对这些先进技术所需要的技能或能力的引进和培养，进一步影响到战略实施工作。一些旧岗位被取消了，而一些新岗位出现了。如果本单位眼下不具有这些必要的技能，那就只有寻求外包。

希望在于，这种技术趋势还会引起另一个结果，那就是制定再培训计划，使得一些员工脱胎换骨，成为能担重任的员工。考虑到这种由于技术而引发的旧岗位消失和新岗位出现情况，以及未来必定会更加依赖于技术的趋势，毋庸置疑，为了培养和留住那些重要的人力资本，战略实施决策必须包含培训或再培训计划。公司必须对员工加以再培训并设法挽留住他们，以免被过多的外包工作所压垮，因为工作外包会大大增加协调和控制的难度。公司还必须对那些宝贵的人才做出承诺以留住他们，因为他们会对公司文化，以及以积极的态度来接受公司文化产生影响。

因此，对人才和能力进行投资，其本身就是有效实施战略的关键要素。但是这些决策和投资也会进一步影响岗位的创建和取消、用工方法、培训计划以及像工作外包这类工作，也就是说又增加了许多额外的决策。因此，对能力的投资实际上产生了连锁反应，或者对额外的决策造成了一系列影响，从而导致许多意料到的或意想不到的后果。

无论是在服务机构，还是在以产品为基础的企业中，我们都可以观察到这些结果。显然，服务机构通过获得关键能力和资源来支持它们的战略实施，这包括最好的技术和人才，这一点与那些以产品为基础的公司没有任何区别。一旦无法获得它们所需要的技能，服务机构就必须像以产品为基础的公司一样，对培训计划进行投资。

激励和控制

无论机构属于哪种类型，是服务机构还是别的什么类型，激励措施都是至关重要的。在服务机构和以产品为基础的企业之间，激励的主要方式可能会有所不同，但是，其根本目的都是一样的，那就是，对于所有致力于成功实现自己计划的企业来说，激励措施都必须用来支持和促进战略的实施，以及完成相关的战略或短期目标。对于银行业的公司来说，几乎都重视拿钱作为激励和奖励的手段。而在综合性大学的卫生医疗系统内，除了金钱以外，更加看重的是头衔，是否授予终身职位，以及是否具有核心决策权。但是其根本的问题是一致的：激励必须支持战略的实施及其相关目标的实现。

在服务机构中，与一些以产品为基础的公司类似，一个常见的口头语是："我们没有激励措施。"这个说法即使不是完全不对，也会产生误导作用。一些服务机构确实有奖金和大笔的金钱作为激励措施。即使在那些"穷一些"的服务机构或政府部门里，也有奖励和激励措施。那些承担一定工作，并且工作多年的人，如教师、护士、教授、政府官员以及医生等，显然都受到那些对他们而言十分宝贵的东西的鼓励，例如一些普通的物品、自由支配的时间、对工作或项目的选择权、荣誉，甚至金钱，虽然金钱有时并不在这个"大篮子"中。那些为一个机构工作，并为其目标做出贡献的人，肯定明白这样做所带来的激励是什么。

在服务机构里，控制也要发挥其作用。无论是服务机构还是以产品为基础的企业，与目标相比较而得到的工作情况反馈，对于企业的学习和适应性提高，都是至关重要的。为了尽快地抓住问题，及时采取纠正措施，以避免产生灾难性后果，可靠的控制方法是必不可少的。

对于摩根大通公司来说，当由于其位于伦敦的交易员从事风险交易而使公司遭受几十亿美元损失的内幕被披露出来时，显然是忽略了这一方面的控制工作。在这一损失成为2012年报纸上的大标题前，该损失的苗头实际上在两年前就有所显露了，但是，该公司显然是对这些警告信号置若罔闻。[2]当时的控制系统似乎也有所警觉，因为公司高层早在2010年就对伦敦的交易员问题进行过讨论，但显然是什么地方出了差错，以致这种错误和不当的投资做法得以继续，日积月累，终于酿成一场灾难，成为摩根大通公司的一个大丑闻。控制及其反馈能提供进行变革所需要的数据，但仅靠这个显然不一定就会产生所希望的结果。这个事件总的过程和结果表明：在这家公司里，"内部的控制和风险评估系统出现了严重的故障"[3]。

对于日本最大的中介公司——野村控股公司（Nomura Holdings）——来说，薄弱的内部控制导致了信息的严重泄露；而MF全球公司（MF Global）的控制不力，则导致了该公司的CEO乔恩·科正（Jon Corzine）参与到最终使得公司垮台的事情中去。[4]同样，对这两家公司的警告信号已经响起，但是控制失灵使得它们一错再错，直到付出惨痛的代价。

显然，激励能够支持或引导产生战略实施企业希望看到的那些行为；而控制则能对偏离企业希望看到的行动发出警告信号，使机构能及时采取纠偏措施，提高机构的适应能力。这对于服务机构和以产品为基础的企业两者来说同样适用。

逻辑结论是什么

显然,即使仅仅根据上面所给出的几个服务机构的例子(银行、教育、财务、保健等)来看,在实施它们的战略时,其所关心的一些要素与以产品为基础的机构也是一样的。无论这些机构属于什么类型,在执行或实施其战略过程中,都有共同的关切和问题。

尽管有这些相似性,但是依然有人争辩说,在某些关键方面,服务机构与以产品为基础的机构之间存在着差异。因此,让我们考察一些被普遍认同的差异,并且评估一下它们的特点以及对战略实施和机构业绩的影响。

服务机构:可能影响战略实施的差异之处

服务的生产和消费

在许多服务机构内,服务的生产和消费是同时进行的,这意味着,这些企业无法像以产品为基础的企业那样把服务储存起来。一旦飞机起飞,你就无法将这些空余的座位储存起来留待下次使用。律师和客户之间的法律咨询交谈,在传达了知识或给出建议后,这次谈话就完成和结束了。苏格拉底式的对话和课堂互动是教育的主要形式,尽管这个教和学的过程是短暂的,但它代表了知识的生产和消费是同时进行的。

在这样一些情况下,战略实施或许就需要反复多次的互动过程,才能完成知识的分享和撞击。这种实施在很大程度上依赖于那些知识渊博的人，因为只有他们才能走近顾客来出售他们的建议或真知灼见。营销工作或许也需要予以强化，以求创造需求，从而在飞机的空余座位失去价值前将其卖出去，至少需要在下一次飞行前卖出去。

这些工作都很重要，但与以产品为基础的企业相比，也并非有那么大的差别。为了向顾客提供某个产品优点的信息和说明，也需要能干的人才。如果一位顾客拒绝了某个产品而青睐其他的替代品，那么，对该顾客的这次销售机会就永远失去了。对于出售某个产品，或者让顾客感受某个产品或服务的"质量"时，服务方面的工作往往是非常重要的，尽管这种服务时间很短，甚至公司与顾客之间的交流转瞬即逝，却常常是能否达成销售的关键所在。

产品可以存放，而服务则不能，这的确是一种差别。这一点可能需要大力开展营销工作，以便在服务永远失去前，着重通过实时地展示其性能特点或省钱方面的好处来吸引顾客。例如，航空公司常常与奥比兹（Orbitz）和特拉维罗西迪（Travelocity）这样的公司密切合作，实时地更改和公布机票价格，希望能吸引最后一分钟才来到机场的旅客，以便能把给定航班的空余座位卖出去。

在许多服务机构里，其"产品"是转瞬即逝的，无法予以储藏。所以它们的战略实施必须将重点放在营销、激励和针对顾客的计划上，以便在这些服务永远消失前就做成买卖。对于差异性战略来说，这些工作特别重要，因为这些机构必须在销售这些服务的机会失去之前，就证明它们的服务的确是物有所值的。

服务需要人来提供吗？

有些观点认为，与无人情味的购买产品的情况相比（如通过互联网购物），服务则强烈地要求人的亲身参与。然而，即便如此，此言亦须谨慎看待。在银行使用 ATM 机，很难看作人在提供服务；自动洗车机则无论如何不能看成是有人在为你服务，只有当这些自动化设备什么地方出现了故障时，人才会出面来加以解决。

即使是电影院这样人潮涌动的地方，也属于无人服务的地点。购票窗口前长长的队伍，会驱使观众使用电脑购票这种无人参与的方式。无论电影院里有多少银幕在播放影片，常常只是在中心位置设置一台爆米花机为排成长龙的观众队伍服务。大型机器关心的是规模经济和大批量生产，而不是提出"您想要块黄油吗？"这类问题的个性化服务。在爆米花/糖果柜台雇用几个缺乏培训的高中孩子，固然有助于实施低成本战略，但却很难说是带有强烈的人际交往色彩的服务。

乘坐飞机的经历，很少有使人感到亲切和愉快的。在过去，坐飞机是一件让人兴奋不已的事情，它意味着到一个远离现实的地方去寻找个人自由，或者至少是从一地到另一地的美好而快速的旅行。但现在情况有了不小的改变，而且往往是变糟糕了。长长的候机排队，电子机票，服务很少，一举一动都要花钱，支线飞机又小又不舒服，很少有中间不需要换乘的，机场里的种种不便等，所有这一切，都使得航空旅行变得毫无人情关怀。即使是某些航班的头等舱，其服务也绝不是一流的人性化服务。对成本的日益看重，造成了一种类似生产的心态，它与个性化的服务理念格格不入。总之，这种低成本战略常常是与非人性化待人密切相关的。

这些例子既不令人吃惊，也并不少见，但它们表明，那种认为服务具有强烈人际色彩的看法并不一定对。事实上，许多服务是与人际交往根本不相关的，这使得人们对服务机构的流行观点产生怀疑。

考核问题

对于服务业来说，另外一个常见的看法是，人们"无法考核我们做了些什么"。这种看法还认为，服务常常不能用像制造业或产品销售中使用的考核指标来方便地加以测评。我一直与律师、人力资源工作人员、IT专家等一起工作，这些人惯性地用这种看法来证明服务机构与以产品为基础的部门或企业之间的差别。例如，我曾经与华盛顿特区的一些律师一起工作过，他们一致反对政府部门从零开始的预算制定流程（zero-based budgeting process），其理由就是"无法考核我们做了些什么"或者"只有律师才能判断律师的工作成绩"。他们争辩说，由其他人来加以考核是不可能的，或者是不可取的。在许多提供服务的机构内，类似的说法极为普遍。

但是，在大多数情况下，这种看法没有什么道理，考核或测评指标都是可以制定出来的。IT专家或人力资源工作人员可以接触他们的内部"用户"，然后询问这样一些问题，在前面讨论将战略目标转化为可以加以测评的指标的那些章节里，这些问题我们已经提出过：

  作为一个用户，你如何评价我们为你提供的IT/人力资源服务？你使用哪些标准来评价我们的工作表现，或我们部门对你们部门所做出的贡献？

  假定有两个IT或人力资源部门，其中一个工作出色，而另一个工作不好，甚至是根本不称职的，那么你将如何区分这两个单位？你将使用哪些标准来把这两个单位的好或坏区别开来？

这样一些问题，起码可以就他人如何看待和评价这些服务部门的工作，向它们提供反馈意见。没有对业绩的考核，就无法对一个单位、部门或岗位对战略实施做出的贡献加以有效评估。即使是上面提到过的、在政府部门工作的律师，继续坚持抵制从零开始的预算制定流程，最后也要面对政府将他们的工作与各种外包出去的方案所可能要花费的成本和所得到的质量加以比较，从而面对失去地位、人员和钱财的可能。因此，他们最终仍然还是要找到测评他们为机构做了些什么的具体方法。一点小小的压力就能使得这些律师们自己研究出得体的测评指标，从而提高机构从专业角度对他们的容忍程度。

当然，考评工作做起来并不简单。美国内政部负责管理所有的国家公园，该部门的一些人曾经向我表露过对于这些公园业绩测评问题的关切。主要的考核指标是什么？那些造访这些公园的人数是一个重要指标，访问者的满意度是另一个，尽管针对那么多处于不同地方的公园来说，收集这个指标的数据有相当的难度。成本自然是要考虑的，并且也难以对费用支出和价值增值之间的关系做出判断。

无论如何，尽管这项任务有其固有的棘手之处，这些机关人员也会积极地找出考核其业绩的办法。在对费用极其敏感的国会面前（至少是在某些领域内），预算的分配要求他们这么做。那些被看作"软性"的部门或机构，如果想要避免它们的预算被削减，就迫切需要制定出测评方法，借以表明它们做了什么，以及为什么它们是重要的。对于内政部的考核是困难的，但也是必需的，为的是向别人证明这个部门所花的每一美元都是有价值的。

没有考核，就没有对机构有效提高适应性而言不可缺少的控制和反馈工作。没有考核、控制和评估，业绩指标就会变成"主观"的，而不是客观的。在战略实施过程中，会由于对业绩表现主观看法的不同而带来麻烦。一句话，无论是对于服务机构，还是对于以产品为基础的企业，考核都同样是至关重要的。

到此，结论很明显，那就是服务机构与以产品为基础的企业，在许多方面是相同的。它们二者都关注同样一些战略实施要求或要素。但是我也在前面说过，对于某些类型的服务机构来说，战略实施有些不同之处，而且更具挑战性。在此基础上，需要补充的一点是，可以设法对服务公司、单位或部门加以分类，以便找出它们之间的不同之处，看看某些服务机构是如何对战略实施工作提出挑战的。

服务机构的种类或类型

表 12-1 给出了不同类型的服务机构，它是依据三个变量——以机器/设备为基础、以人为基础，以及有人参与/无人参与服务的程度——来加以区分的。几年前，我曾经就此写过一篇文章，实践证明，它对于我的工作是有帮助的。[5]

请看表 12-1 最左面的那一栏。这些机构是无人参与服务的机构的好例子。银行的 ATM 机、自动洗车机，以及互联网服务等，很难看作是有人参与的、与顾客密切互动的服务。它们看重的是具有某种程度的规模/范围经济，由机器来快速地进行交易。电影院提供一定程度的真人服务，但并不多，如前面强调指出的那样，中央爆米花机推动了大规模生产和规模经济。

航空公司显然是以机器/设备为基础的。有关购买或租赁的协议、燃油效率、批量购买折扣，以及广泛地使用电子订票系统等决策，都表明它是无人参与而依靠计算机的。有些服务是由售票代办处的人员或机上服务员提供的，但是，对于大多数航空公司来说，正如前面所指出的那样，总的看来，其服务都是并没有多少人参与的。当然，在由人提供服务方面，有些航空公司的口碑要好一些，因此，在表12-1中，并没有和其他以机器或设备为基础的公司一样，把它列为无人参与服务的那一组。

表12-1　　　　　　　　　服务机构的类型

以机器/设备为基础	以人为基础	
ATM机　　　航空公司 自动洗车机 互联网服务 ↓	门卫服务公司 警卫/安保人员公司 ↓	法律事务所 咨询公司 医生自己开的诊所 大学院系 政府部门
规模/范围经济	无技能/少技能	有技能的人员 专业控制 默示知识 个人权力 沟通/知识传播

无人参与 ←――――――――――――→ 有人参与

问题在于，以机器或设备为基础的服务机构，特别是那些像航空公司那样的大公司，越来越变为无人参与服务的公司，它们对支持和有助于实施低成本战略的能力大加投资。即使是那些在提供真人服务方面做得比较"好"的公司，如新加坡航空公司（Singapore Air）、国泰航空公司（Cathy Pacific），也在担心那些低成本航空公司在经营成本和规模经济等方面带来的挑战。与它们那些以产品为基础的表兄弟们一样，它们也十分强调技术、规模、重复工作、标准化以及成本约束等问题，而它们的战略实施决策和行动也反映了这个基本事实。

在表12-1中以人为基础的那一栏里,我们看到影响其战略实施的一些重要特点。与左边的那一栏相比,表12-1中间和右边以人为基础的企业,其有人参与服务的程度要高得多。对于某些企业,如门卫服务公司、警卫/安保人员公司等,处理起来问题不大。问题是表中最右边的那些企业,它们属于最需要人亲自提供服务的机构,正是这些企业的特点或特质使得它们与以产品为基础的企业产生了不小的区别,并且对战略实施提出了挑战。

表12-1的最右边一栏列出的那些服务机构,其战略实施存在许多问题。这里给出的机构包括:法律事务所、医生自己开的诊所、医院里或其他卫生保健机构中的医生团体、咨询公司、大学院系,甚至某些政府部门,在这些机构里,专业人士提供的服务占据了统治地位。

这些以人为基础的机构,通常都雇用众多的专业人士,并且由他们来管理。但是这些机构中也不仅仅只有专业人士,例如,在法律事务所或医生诊所里,还有许多办事员、行政或管理人员,这些人并不是律师或医生,他们遵循的是不同的行政规章或做法。这些机构的确拥有大量的专业人员,但这些专业人员必须与行政或管理人员一起合作共事。咨询公司、医院以及许多政府机关都是如此,专业人员在机构内工作,同时还要应对一些行政方面的准则和程序。这种在行政环境中对于专业人士或专家的重视,会对战略的制定和实施产生影响。下面,让我们详细地考察这个问题。

目标或战略的定义

问题之一就是,在定义主要目标,以及实现这些目标的战略这些问题上，常常有所扞格。拿社会保障局来说，专业人员把为顾客服务以及他们的满意度作为主要目标，而行政人员则更加关注成本和来年的预算问题。在大型医院里，在究竟哪些是医疗问题，哪些属于管理问题，以及由谁来最后拍板等问题上，医生和行政人员之间常常发生龃龉。对于目标以及如何实现这些目标的途径，每一群体都有自己的看法。这些不同的意见往往相互冲突，这种情况并不少见。

在这些专业机构里，提到目标，就引出了另外一个问题——考核问题。在政府机关里，应当使用哪些指标来对工作成效加以考核？对于一家服务提供商内部的法律部门又该怎么办？对于教育部呢？对于大学而言，业绩的定义可能大为不同，教授的考核指标（如研究成果、论文的发表、专业地位等）可能会和管理人员关心的指标（如费用支出、研究工作和教学时间的百分比，以及每单位工资所发表的论文数量等）发生冲突。

前面已经指出，这种考核是困难的，但也是可能的。现在的问题是，在服务机构内，对不同的群体或部门——专业的与行政管理的——进行考核很困难。还会出现这种情况，一个群体或部门的目标或考核指标与另外一个群体或部门的不一样，甚至是相互矛盾的。缺乏共同的基础使得考核问题越发难办，而这些群体之间的冲突则对设法找到大家一致同意的实施方法和业绩指标的努力造成了伤害。

那些专业人士也可能会像前面提到的那样，公然宣称"你无法评估我们做的工作"。这种观点常常隐藏在"不具备考核性"的"围墙"后面，借以避免按照"外人"所设定的目标来评估他们的工作表现。正如前面已经说过的那样，这样一来，顾客和其他人用来找出评价有效工作标准和指标的问题,就可以不予理睬或避免了,除非这些标准和指标是由这些专业人士自己,而非外人拟定的。尤其是在对于这些问题——究竟什么才是真正值得追求的关键目标,以及究竟拿什么作为考核和评估业绩的指标——存在异议时,这种情况就只会更加让人扼腕了。

在某些情况下,目标并不清晰,而实现这些目标的战略不是不存在,就是含糊不清。对于那些以盈利为目标的公司来说,它们常常实行差异性战略,以此来向客户表明其价值所在。但是,大型政府机构的战略通常却并不如此清楚和明确。一个政府机构与另一个政府机构如何为预算和地位开展"竞争"?一个政府机构如何来提高或增强民众的满意度?在大多数机构里,战略的制定总是着眼于提高绩效和获得竞争优势。假如业绩不容易加以测评,而竞争优势又不是关注的重点,那么,战略的作用和影响就是一个问题了,也就更谈不上什么协调一致地去贯彻实施了。

如果战略以及它的后果或目标不清楚,或者是相互冲突的,那么显然,战略的实施就会受到危害。如果专业人士群体始终拒绝接受那些与考核业绩表现有关的指标,那么战略实施就会成为一个大问题,并且相互冲突的观点就会公开化。当目标和战略处于暧昧不清的状况时,成功的实施就无法取得成效,或者根本就谈不上什么实施了。

专业控制与行政控制

另一个关键问题,也是一个显然与前面的讨论密切相关的问题,就是对于战略的制定和实施方面的关键决策和行动,应当由谁来加以控制。

专业人士希望实行自我管理，认为有关权威的定义和使用，应当建立在专业知识团体的基础上。不允许行政的、等级体制的或"官僚主义"的当局来扼杀、对抗或否定专业权威。医生、教授和咨询师具有来自于教育和实践的知识，因此他们认为，关键决策应当基于这些知识，而不是官僚主义的当局或者是机构内的上下级地位。

这种专业至上的观点，显然会对战略的制定和实施产生影响。当对哪些问题属于专业问题，哪些问题属于行政问题，以及由谁来加以解决的看法产生分歧时，冲突就出现了。事实上，专业人士认为，在什么是关键成果和如何获得这些成果等问题上，他们的专业化和自我管理模式要优于任何行政控制模式。

大型咨询企业有时也面临孰先孰后和控制等问题。其中，在一些具有特定兴趣的小组或部门中的专业人士，或者从事某个专长领域的咨询专业人士，已经被看作类似于大学各专业的学术人员。这些专业人士看重的是知识的创造，把这看作首要目标或存在的理由，而经理和行政人员则把通过使用知识来开展业务和创造利润，看作这些专门知识部门的主要目标。自然，知识的创造和使用是相辅相成的，但是，在专业人士和管理人员之间，在应当着重强调哪一方面，以及应当由谁来控制战略和经营决策等问题上，难免有时会产生分歧。谁更重要？以及由此而决定的谁应当具有决策权，是专业人士还是管理人员？正是这些问题会在很多方面引发矛盾和冲突，其中也包括应当由谁来领导对绩效加以评估。

类似的问题也常常在研发机构和单位，或者这些研发机构所服务的部门中出现。集权化的或独立的研发部门，往往喜欢研发中的那个"研"字，因为他们本身对科学和研究更有兴趣。而公司或业务经理则面对的是竞争市场中的具体问题，所以他们更加看重的是研发中的"发"字,希望通过开发工作找到有用的办法来解决实际问题。

在目标以及由谁来领导战略实施以实现该目标等问题上的不同看法,会使得研发专业人士和他们为之服务的内部"顾客"之间产生冲突。研究人员,例如具有博士学位的科学家、医师或具有高学位的工程师等,他们往往希望对研究项目的确定和发展持有专业立场和自我管理权。他们抵制来自非专业人员或外人——包括那些寻求研发工作支持的经理们——的控制。而在企业领导人眼里,这就是所谓的精英主义,是与机构的目标背道而驰的。对于这些研发单位来说,随着专业人士与行政人员之间关于控制权的冲突而来的,就是无法以统一的步调来实施战略。

知识和权力

在所有上面举出的例子中,专业人士希望由自己来掌控知识的开发和使用,往往成为战略实施的核心问题。管理这些专业人士有点像是"看管一群猫",这是极其令人厌烦的事情。专业人士希望对知识以及战略、目标和业绩评估等具有控制权,几乎肯定会对机构计划的制定和实施带来额外的难题。

知识本身的性质也会使已有的问题雪上加霜。成文知识不同于默示知识,前者更容易传播和控制。第5章里的自行车例子已经对此做了很好的说明。编写一份如何组装自行车的说明书,要比编写一份如何骑自行车的说明书——步骤1:骑上自行车,然后蹬踏板;步骤2:如果摔了下来,回到步骤1——更加容易和清楚。默示知识更加难以描述和沟通,与成文知识相比,它具有无法言说的"软性"。

在以人为基础的专业服务机构里,正是这些专业人士希望控制、解释和运用默示知识。如第9章所指出的那样,就是因为完成任务要依靠这些专业人士，因此就提高了他们的权力。权力是依赖性的正面或反面。当A拥有B所需要的某个东西，且A能垄断或控制B需要的东西，那么A就对B拥有了权力。总之，如果A拥有了某个重要的东西，而B又完全依赖于A，那么A就具有了对B的权力。

表12-1中，在那些以人为基础的服务机构里，专业人士会极力设法把持这些默示知识。希望只有他们能够为自己和机构的工作来解释、理解和使用这些默示知识。律师能说明纷繁复杂的法律程序；医师单独地处理各种疾病，此外，他们还想控制那些影响到他们诊治患者决策的各种行政事务；在处理客户要求时，咨询师常常会抗拒别人对默示知识的控制，他们会争辩说，对于客户重要而又微妙的服务要求，他们通过经验就能独自"感觉"到。

对因为掌控了默示知识而产生的权力和影响力，专业人士志得意满，因此他们往往不愿意与人分享这些知识。一些咨询师曾经私下告诉我，他们之所以不愿意与人分享这些知识，是因为，这些默示知识越是被广泛地理解和掌握，机构对他们的依赖性就会越小，而这会伤害他们的权力基础。权力或社会影响力会带来回报，因此专业人士希望在机构里能始终保持和使用它们。

对于信息的控制以及由此而来的权力，显然会对战略的制定，特别是战略实施产生影响。工作如何开展，由谁来决定什么，如何进行协调，以及由谁来对哪些机构目标，甚至机构的变革负责等问题，都会受到专业控制的影响。那些由外人或非专业人士制定的行动计划，常常遭到抵制，最好的情况下也会被投以怀疑主义的审视。那些以人为基础的专业性服务机构、服务单位或政府部门，无论它们是营利性的，还是非营利性的，都由这些专业人士所统治着，而战略实施以及与使用这些关键知识有关的决策也常常由这些人控制，这引起了不少人的羡慕嫉妒。

结论：战略实施的困难环境

当前的分析表明，对于许多服务机构来说，其战略制定和实施方面的问题与以产品为基础的企业面对的类似。银行、保险公司、航空公司以及其他机构关注的是战略、定位、目标，以及与战略实施有关的人才、技术能力、组织结构、激励和控制等问题，因为这些问题对于良好的业绩都起着关键的作用。这些机构也重视机构变革问题，以便能根据竞争情况的变化而与时俱进。

战略实施工作需要面对的困难环境主要来自表 12-1 的最右边一栏列出的那些以人为基础的专业性服务机构。这里既包括营利性机构，也包括非营利性机构，在这些机构里，都聘用了大量的专业员工或专家。由于缺乏利润目标以及专门针对这些目标所开展的活动，这些非营利机构在实施战略行动时就显得特别困难。这些以人为基础的专业性服务机构的困难包括以下几点：

- 不明确或相互抵触的战略与目标愿景。
- 在有关目标的定义，以及与实现目标相关的管理方法等问题上，专业人员和行政人员之间的看法往往相左。
- 专业人员希望能够自我管理，他们看重的是建立在专门经验和知识基础上的权威，而不是建立在等级制度和地位基础上的权威。
- 服务领域内的考核指标不好确定，包括对价值增值活动的考核、业绩指标，以及客户满意度等。
- 那些决定战略实施决策和行动的权力和影响力在谁手里？如何被使用？

这些以及其他种种问题，对以人为基础的专业性服务机构，特别是非营利性机构的工作绩效，提出了挑战。那么，下一个关键问题就是，在这种困难的环境里，如何对战略实施工作加以管理？对于这些机构、政府部门或以服务为主的单位，经理们能够采取哪些步骤或行动来促进战略计划的制定和实施？我们现在就把讨论重点转向这个问题。

以人为基础的专业性服务机构中的战略实施问题

对于这些机构来说，为了使战略大见成效，许多方面的决策和行动都是十分关键的。首先要谈的是一般环境，因为大多数战略实施的决策和行动都发生在这个环境条件里。

行动环境：交叉型相互依赖的情况

第5章曾经指出，交叉型相互依赖关系是相互依赖关系中最复杂，也是最难处理和妥善协调的。而实际情况是，对于以人为基础的专业性服务机构来说，大多数战略制定和实施的决策以及行动就发生在这种情况下。

根据第5章的讨论，图12-1给出了这种交叉型相互依赖的简图。

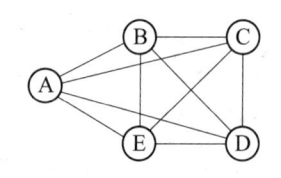

图12-1 交叉型相互依赖关系图

该图所显示出的交叉型相互依赖关系的主要特点如下：

● 所有的参与者都按照惯例彼此交往，所有的人都对最终结果发挥一定的作用。这是一种网状结构，而不是层次等级结构。

● 所有的参与者，从 A 到 E，都必须参与决策活动。为了进行决策，所有必要的技能、部门或专门知识领域都是不可或缺的。例如，可以考虑医院里对重大项目的决策情况，医师、护士以及行政管理人员都必须参与其中。或者，考虑社会保障局的行政决策，来自医师和法律人员的意见对于支持行政决策来说是至关重要的。所有的人都把必不可少的技能或能力发挥了出来。

● 对于决策而言，个别参与者的作用，或某一类参与者的作用，尽管是必要的，但也是不充分的。医师和护士做决策时，倘若没有行政人员的参加，那就有发生冲突的危险；与此类似，行政人员做决策而不考虑医师和护士的意见，那么，对于这些他们没有参与制定，或被认为是通过暗箱操作而做出的决策，这些医师和护士就会投否决票。在这种情况下，就会出现依靠权力的强制做法，而这常常导致灾难性的后果。

● 对于这种高度相互依赖的情况，做决策需要有效的沟通、面对面的交流，以及分清责任和职权；也就是每个人、每个小组或小群体都要了解自己和别人在整个网络中所应起的作用。

对于专业性服务机构来说，这种形式的相互依赖性以及它所具有的特点，对于决策具有关键性作用。在决策过程中，关键的参与者都是平等的，他们必须相互交流、沟通，然后对决策，包括那些战略制定和决策实施，达成一致意见。专业人士、部门工作人员、行政管理者以及其他利益相关人（如顾客或客户），应当共同对决策和相关行动负责。如果某个重要的小组或派别的人不参与决策，那么，在缺少这个重要的小组参与，或没有取得他们同意的情况下做出的决策，常常只会功亏一篑。

让我们进一步分析和考虑以下情况：关键的战略实施决策和行动；在专业性服务机构或政府机关这些具有交叉型相互依赖特点的单位内，应如何做出决策。

战略和目标的确定

对于战略和目标的决策必须先于对战略实施的决策，对于某些专业性服务机构来说，这不是主要问题。咨询企业把顾客满意度和盈利作为主要目标和战略，由此重点采取差异性或低成本战略等措施，并得到与这些目标相一致的业绩。在这些企业里，由专业人士（知识创造者、科学家、工程师）、专门化的职能部门（IT、HR）、项目经理，甚至客户或行业代表组成班子，一起来制定计划，并对实施工作提出要求。在考虑机构内的重大变革，对哪类顾客提供服务，或者进行重大投资决策时，也可采用这种形式。当然，决策的过程或许并不一帆风顺，但是，对于清晰的战略，以及在某种竞争环境中所需要采取的措施，则往往能达成一致，尽管有时是在激烈的争论后达成的。

在大学或医院里，这个过程并不那么简单明了。医生（关注患者的诊疗和医治）和教授（关注良好的研究条件、学习环境）的目标是显而易见的，但是，实现这些目标的战略却常常并不那么容易清晰地确定。战略常常可以从对教室或医疗技术的投资中推断出来，但是这种推断并不总是正确的，而且也并不被每个人所认可。

为了明确战略和目标，需要召开由专业人士和行政管理人员参加的会议。专业知识、技术，以及专门化的职能部门之间的交叉型相互依赖性，要求进行面对面的交流和讨论。为了就目标以及实现这些目标的方法达成协议，沟通是必不可少的。没有充分地交换意见和沟通，目标和战略就会含糊不清，从而为选择正确的实施方法和步骤增加困难。在以人为基础的专业性服务机构中，没有明晰的战略和目标，就一定会出现冲突和其他问题。

最近，位于费城地区的两家医院就为不良战略和实施工作提供了现实的好例子。2012年7月18日星期三，阿宾顿保健系统（Abington Health System）和霍利·莱迪莫保健系统（Holy Redeemer Health System）取消了仅仅在三个星期前宣布要进行的合并。这个惊天大逆转主要归因于外部以及医院内部的巨大压力，一些人反对阿宾顿保健系统禁止流产以及其他一些规定，而这原先是达成协议的一部分。为什么会出现这个问题以及那么快就来了个180度的大转弯？

这个起初被大吹大擂的合并战略，其目的与通常的并购活动所要达成的目的差不多。人们觉得，机构变大了，就能获得规模经济所带来的好处。合并后的机构还能更好地应对竞争，并且能更好地应对美国卫生保健系统即将进行的大变革。

这两家医院之所以犯下这个致命的错误，就在于它们违背了交叉型依赖关系情况下成功决策的原则。问题在于它们忽视了关键的参与者。当宣布这次合并以及有关流产的条件后，那些主要的利益相关人便发出尖锐刺耳的抗议之声。社区的百姓感到自己的权利被剥夺了，因为他们觉得，在与"他们"有关的阿宾顿保健系统问题上，他们没能插上嘴。不仅那些拥护自由选择权的人攻击这个合并，即使那些维护生命权的人也感到恼怒，因为他们觉得，在禁止那些不尽如人意的规定方面做得还不够。医生们则威胁要联合起来予以抵制，或者离开这个合并后的机构，因为他们对在签订合并意向书之前，没有征求他们的意见的做法极为反感和失望。[6]

那些本应该参与合并战略以及相关重要实施决策的个人和群体，

被晾在了一边，没能参与到决策过程中来，也从来没有就重要问题进行面对面的交流和讨论。在这种交叉型相互依赖的情况下，一些主要的决策者却没能参与到沟通和决策网络中来。

在以人为基础的专业性服务机构中，对于关键的战略和经营决策，必须考虑主要的参与者和决策者的意见，以确保他们加入图12-1所示的沟通网络。必须遵守交叉型相互依赖的情况下的决策原则或规则，否则，关键决策就会失败，并带来其他功能失效等问题，如信任感下降，以及可能对未来的战略和经营等问题产生歧见等。

事实上，在以人为基础的专业性服务机构中，集体决策是成功的第一条件。面对面的交流和积极的讨论是必不可少的，责任和职权也必须划清，关键参与者的作用必须明确地予以规定。冲突的解决方法——冲突常常是必然会出现的——是必不可少的，因此必须制定处理冲突的程序和方法，并将其用于解决重大的战略实施问题。

规定考核指标，明确因果关系

正如前面所指出的那样，某些专业性服务机构在确定业绩指标或成绩方面也存在难题。与此相关的是，它们常常缺乏明确的因果分析方法，也就是无法说清机构或单位的行动与所达成的结果之间的关系。既然因果关系不清楚，因此也就无法证明战略实施方法的确是有成效的。

请看通用汽车公司与脸书公司（Facebook）的例子。2012年5月，通用汽车公司宣布，它将停止在脸书上做广告，因为它觉得这些广告对于顾客购买它的汽车很少或根本不起作用。[7]脸书的营销专家或专业人员从其他角度予以辩解，但通用汽车公司则要求提供更多的证据，也就是更清晰的因果关系，来说明其广告对汽车销售具有直接的影响。专业服务机构常常面临这种行动与结果之间联系的问题，如果这种联系不清楚，人们就无法感觉到战略实施行动或步骤的实际功效。

阳狮公司提供了这种现象的又一个例子。几年前，阳狮公司的客户们就开始议论纷纷，认为在提供服务方面，所有的广告公司都差不多，在它们的广告和客户所期望达到的结果（如销售量增加）之间没有什么直接的关联。在这个案例中，衡量成绩的指标是明确的，但是实施工作和成绩之间的因果关系却既不具体，也不清楚。

阳狮公司随即创建了一个类似于图12-1所示的决策机构。召开了会议，与会者包括客户、来自IT和营销等职能部门的专家，以及管理人员，大家一起坐下来讨论，并达成了一致的结论。阳狮公司决定，一定要证明它的广告与客户的销售量之间存在着关联。阳狮公司甚至建议，客户一开始只要支付一部分钱，其余部分等到找出其广告与销售额之间存在联系的证据后再行支付。这是一个很了不起的决定，其意在证明因果关系的存在，目前，该公司正在积极地对广告效果和成效加以评估。

像政府机关这样一些以人为基础的专业性服务机构，在确定清晰的业绩指标以及行动与结果之间的因果关系方面，也面临着困难。在社会保障局、内政部和其他政府部门里，这是一个普遍存在的问题。对于这些机构和部门来说，它们可以使用图12-1所给出的决策方法，以确定大家都同意的考核指标和成绩的因果分析法，目前，这些机构也的确在努力这么做。

其他一些单位和政府部门的日子也不好过，它们并没有攻克如何考核业绩以及如何确定用来实现这些业绩的战略或计划等难题。对于图12-1所显示的那种情况，要想找出解决方法，肯定需要激烈和先进的思想和行动,而与仍然维持老一套做法和抱怨考核多么困难相比,采用这些思想和行动显然要更为吃力和困难。应当承认,抨击缺乏考核指标以及如何实现这些指标的方法,并不总是容易做到并在行政层面行得通的,但是,如果机构希望提高它们的管理和战略实施能力,那就必须这么做。

所有的机构都必须关注明确的因果关系,设法证明实施工作与所希望得到的结果或业绩指标之间有确定的因果关联。以人为基础的专业性服务机构,特别是那些非营利机构,必须努力表明这些因果关系,即使这是一件具有挑战性的任务,也必须努力证明所做出的实施和行动决策是有价值的。依赖网络小组,遵循图12-1所给出的模式,就能把关键的决策者召集到一块,促进实现所期望结果而必须开展的交流和沟通。

组织结构和协调工作

对于以人为基础的专业性服务机构,关注组织结构以及相关的问题(如如何处理协调和一体化等问题),将有助于对战略加以有效实施。再说一遍,这个任务或许是具有挑战性的,但是,对于有效地实施战略和经营计划却是十分重要的。

让我们稍微考虑一下这个例子:当一家法律事务所从小企业成长为年收入为几百万美元的大企业,并且在多个地区广泛开展业务时,它所面临的日益复杂的情况。计划、预算、外包、战略联盟、复杂的税收法规(特别是在全球范围内),以及相关行业的变化等问题,都要求在制定和实施战略时具有新的技能和管理方法。其中某些问题可以由律师们自己来处理,但是,也有许多问题超出了律师的能力范围,需要新的管理技能和能力。结论是:需要具有新的协调和实施方法的、看起来不一样的管理结构。

为了应对日益增长的复杂性和管理要求,法律事务所正处于改变之中。[8]在组织结构和经营管理等方面,法律事务所的模式正在发生变化。在大型法律事务所里,C级领导正在变得越来越像是大型企业的领导人,这些事务所都是由一些职业经理来担任领导的,以便处理那些对最终利润有影响的非法律性任务。这些新的经理人常常会为法律事务所带进许多新思想、人才、技术和经营方法,这有助于降低成本、抓住新机会,以及从总的方面来支持事务所的战略和目标。当然,必须遵守美国各州的法律和美国银行家协会的要求。例如,在美国某些州,禁止由非律师拥有法律事务所的全部所有权。但是,管理结构和方法上的变化正在改变着法律事务所的老面貌。

有关组织结构和有效协调等方面的概念也正在越来越频繁地出现。在法律事务所里,为了实现法律和经营事务方面的协调和一体化,正如上面所指出的那样,在交叉型相互依赖情况下,通过会议来开展交流的做法也越来越成为惯例。这些都体现了战略实施的重要方法。

为了改善管理和提高盈利水平,在组织结构和管理方法等方面,大型医院也在发生类似的变化。最近,由宾夕法尼亚卫生成本控制协会(Pennsylvania Health Care Cost Containment Council)报告的数据表明,在宾夕法尼亚地区的医院里,边际利润略有提高。[9]看来,大多数医院的盈利情况都表明,它们实现了成本效益、数量的扩大、技术的投资、一体化的患者诊治、收购,以及与其他医院的结盟或合作经营。

上面的最后三项——一体化的患者诊治、收购以及结盟——表明对组织结构,以及为达成一致目标而开展协调工作的重视。并购需要两家医院在组织结构上实现一体化,由此而产生规模或范围经济。以患者为核心,围绕诊治工作开展有效的协调,则体现了这些专业性服务机构内一种很扎实的工作方法。

有效的协调还要求在各个部门和诊治工作等方面分清责任和职权,这也体现了把组织结构和工作方法作为一种管理工具来使用。第5章曾经指出,如何通过使用责任矩阵来落实责任和职权。这里要说的是,这些工具也能有效地运用到以人为基础的专业性服务机构中去。获得成功的主要条件,依然是专业人士、行政管理者以及其他关键人士坐到一起,面对面地讨论战略和其他问题,提高集体解决问题的能力。如图12-1所表示的那样来厘清责任和职权,并解决其他与实施工作有关的问题。这是一个在高度相互依赖的情况下,通过"生活在一起来进行管理",从而解决复杂问题的例子。

有效的激励

没有有效的激励,实施工作就会乱作一团。激励措施必须能够支持协商一致的目标,并且激发所有人(包括专业人士)的积极性,从而获得所希望的成果。正如前面指出的,我们常常听到的哀叹是,在这些以人为基础的专业性服务机构里根本就没有什么激励措施,特别是那些非营利机构。据说,正是因为这些机构与他们的营利性机构表兄弟们不一样,所以才导致实施工作遭受挫折,在这种情况下,有效的实施仅仅是一个梦,而无法成为现实。

最近,我参加了一个在印度举办的高级经理培训班,在班上,有关实施工作没有成效的最常见的抱怨之一,就是缺乏激励,而且无法对这种可悲的情况施加影响力。我在许多非营利机构(包括大型政府服务机构和卫生非营利单位)的无数管理人员那里听到过类似的看法。

在所有这些案例里,我曾经追问这些机构里的员工,既然没有有效和切实的激励,请他们列出理由,说明为什么他们还要继续在这些不招人待见的单位里工作下去。毫无例外地,激励出现了,尽管与那些营利性单位里的激励方法并不完全一样。对某个人工作的认可、专业方面的自豪感、顾客或客户的良好评价、在社区里的地位、对任务或岗位的选择权、工资和提拔等,都被这些认为自己是枯坐围城中的专业人士所提及。只有在专业人士和行政管理人员公开讨论这些非营利机构的目标,以及在达到这些目标过程中每个人的作用之后,这些激励手段才会被一一找出来。在经过一番努力后,在最后的分析中,这些专业人士承认,激励的确是存在的,尽管它们并不像投资银行业所提供的激励那样一目了然。

在与这些非营利机构的专业人士的座谈中,图 12-1 所显示的那种注重交流和沟通的办法发挥了作用。这些机构和部门的专业人士和其他人员明白,为了制定出有效的激励措施,他们必须努力工作,但这是一件做得到的和必须要做的工作。专业人士不能以无法确定业绩考核指标,或者讨厌制定能够支持这些指标的激励措施等为托词而安享太平。这种逃避行为只能使得这些非营利机构无法证明它们在做什么,以及说明为什么它们的资金和预算应当继续增加。

结论:以人为基础的专业性服务机构的战略实施问题

表 12-1 所示的以人为基础的专业性服务机构的确对有效的战略实施提出了挑战。它们的员工全部或部分是由专业人士组成的,包括律师、医生、教授、科学家和工程师等,这些人在决策时依靠的是知识或专门技能。这些人喜欢在专业上实行自我管理,讨厌那种官僚主

义的或等级制度下的权威干预。专业人士常常回避确定业绩考核指标,尤其是当这些考核是由"外人"——那些并不属于专业人士的经理们——提出或要求进行时,就更为反感。事实上,你常常会听到这些人声称:"你无法评估我们做了些什么。"而唯一能够评价和判断他们对机构或大型科学团体所做贡献大小的,只有他们自己。

他们对工作的这种态度,使其在如何制定和实施战略这些问题上,常常与经理们和行政管理人员的看法相抵触。专业与官僚的冲突长期以来就存在,这使得复杂机构里的各种决策颇为困难,其中也包括战略的确定和使战略成功方面的决策。

尽管如此,在最后的分析中,对于战略实施,正如它们的营利性机构伙伴们一样,这些以人为基础的专业性服务机构是能够做出理智决策的。那些位于表12-1最右边的部门或机构,特别是那些非营利机构,可以为此提出挑战,但这不等于免除了专业人士参与战略制定和实施活动的责任。

要想使得战略获得成功,一个好办法是,从一开始就把大多数以人为基础的专业性服务机构理解为具有高度相互依赖关系的实体,因此,就需要上面所讨论过的那些决策、沟通和交流等方法。在这种背景下,专业人士、行政管理者以及其他利益相关人,包括顾客、客户,甚至政府/监管部门的人士,需要相互交流,以便了解成功实施战略的所有要素。他们需要认识到,没有这些利益相关人的全面参与,缺乏对所选定的行动计划的共识,只能导致不良的后果,包括耍弄权力、发生冲突,以及业绩滑坡等。

总而言之,在以人为基础的专业性服务机构中,无论是营利性的还是非营利性的,战略实施都是可能的,也是必需的。以上面列出的种种原因为借口,企图将这些机构列为无业绩可言的另类,只不过是在回避现实，或者拒绝在战略实施方面开展力所能及的积极工作。

小结

在本章中，经过分析得出的四个主要结论是：

1. 企业或政府里的服务机构或部门贡献了美国 GDP 中的绝大部分份额。服务机构是普遍存在和极其重要的，这一事实无法否认。本书的重点在于如何使战略获得成功，与此相关的问题就是：在服务机构中，战略实施是类似，还是不同于那些以产品为基础的企业。

2. 在大多数方面，它们的战略实施是与那些以产品为基础的企业完全一样的。本书对关键实施要素的讨论表明了这种相似性。服务机构也需要开展行业和竞争对手分析，从而得出一项在行业或战略组合中如何自我定位以及开展竞争的战略。就如同以产品为基础的企业一样，对于服务机构来说，制定战略事关重大。

服务机构还要注意那些与战略实施工作有关的决策和行动。它们需要为组织结构、相互依赖和协调要求、激励、文化以及如何处理变革等诸多问题烦神操心。在服务机构内，权力和控制问题也很重要，必须加以面对和处理。与它们那些以产品为基础的企业伙伴们非常相似，服务机构还必须重视用以支持制定计划和实施活动方面的人才和能力问题。

3. 有一类服务机构的确对战略实施提出了额外的挑战，这就是以人为基础的专业性服务机构。在战略实施问题上，以设备/机器为基础的机构反映出以产品为基础的公司那种客观和理性决策的特点，但是对于以人为基础的专业性服务机构来说，它们还表现出了其他一些方面的特点。

另一类机构配备有大量的专业人员,其中一些几乎全部都是专业人员,而其他一些即使不全是专业人员,但也拥有不少重要的专业人士。例子包括:法律事务所或者大型机构内的法律部门或单位中的专业法律人员,个人开办的诊所或医院以及其他卫生保健单位里的医生和护士群体,大型机构里研发部门的科学家或工程师,咨询企业里的专业人士、知识创造者,政府部门里的专业人员,大学里的教授,等等。这些机构可以是营利性的,但在许多情况下,它们是一些非营利性的机构或部门。

为什么这些机构对于有效的战略实施构成了特殊的挑战?要想使得战略成功,照例必须解决许多问题。

一个关键问题是,专业人员与行政管理人员争夺对于制定计划、经营以及执行决策等问题的控制权。专业人士希望依据专业知识和理念实行自我管理。律师、医生和教授们认为,对于哪些东西对顾客来说是好的,只有他们心知肚明。当这些专业人员加入一个由"非专业"的行政管理人员和经理希望对行政事务加以掌控的机构,矛盾便产生了。然而,对于如何区分专业事务与行政事务,专业人士和管理人员有不同的看法,从而产生了冲突和其他问题。由谁来拍板成为一个难题,包括那些与有效实施战略有关的问题。

另一个问题是,如何制定业绩考核指标,或如何去实现所希望达到的成果。专业人士,特别是那些非营利性机构或政府部门里的专业人员,回避甚至抗拒对明确的业绩标准加以定义。这些专业人士认为"我们知道自己是否做得很好"或者"外人无法考核或评估我们所做的工作"。这种论调屡见不鲜。在如何实现一个既不明确也不具体的业绩目标方面存在疑问,就带来了不确定性。主观地而非客观地看问题会导致冲突,以及无法对战略、目标和实施行动及步骤加以明确规定。

缺少明晰的、一致同意的目标，而是仅仅依赖"主观主义"的判断，也会给激励措施带来更多的问题。在以人为基础的专业性服务机构内，激励措施不能轻率地依据那些主观的、相互矛盾的业绩考核指标以及含糊不清的战略实施方法来决定。那些拙劣的或不存在的指标，以及不确切的因果关系是与制定和使用有效的激励措施水火不容的。还是那句话，为了支持战略实施，激励是不可或缺的，尽管这项工作包含许多困难。

这里，其内在的基本原因依然是专业人员希望自我管理，而拒绝来自外部的控制。这无益于目标的确定、战略的形成，以及清楚地规定战略实施要求。

下一个问题是，如何在以人为基础的专业性服务机构内克服这些情况。倘若这些情况得不到改变，那么，要想使战略获得成功将成为一个大问题。

4. 答案已经有了，至少是一部分答案已经被找到了，就是要肯定这样一个事实，即制定计划、协调和实施工作决策都必须反映交叉型相互依赖关系所固有的那些情况。在以人为基础的专业性服务机构里，对于有效的决策来说，这个最终的结论具有核心地位。

在这种交叉型相互依赖关系下，所有的行动者或参与者都处于一个全方位的网络结构中，如下图所示：

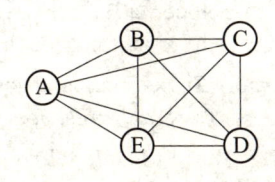

所有的参与者，从 A 到 E，都是平等的。所有的人都必须参

与决策,但是,对于决策而言,不存在仅仅由个别参与者或某一类参与者进行决策,就万事大吉的情况。所有的人都与决策的后果有干系,而对于集体协商而言,深度的交流、沟通和讨论至关重要。那些被排斥在讨论之外的人会投反对票,并抵制其他参与者做出的决策。

在以人为基础的专业性服务机构中,这种互动的环境有助于做出与制定计划和实施战略有关的决定。专业人士、行政管理者、客户或顾客、工会,以及其他利益相关人可以汇聚一堂相互交流,就计划和可行的实施方法加以磋商,并取得某种程度的共识。

这种环境及其所建议的沟通还可以进一步运用于确定业绩指标,以及实现这些指标所需要的行动和步骤上。这个方法远非完美无缺,但是,那种将关键派别或群体排斥在外而做出的决策,其失败的风险则要大得多。要想在战略以及为使之发挥其作用而采取的行动等问题上取得一致意见,以人为基础的专业性服务机构面对的是更大的挑战,而这个方法则有助于推动这些机构去应对本章指出的这些挑战。

参考文献

[1] Erik Brynjolfsson and Andrew McAfee, *Race Against the Machine*, Digital Frontier Press, October, 2011; also see Andrew McAfee, "The Rebound That Stayed Flat," Moncton Free Press, January, 2012.

[2] Dan Fitzpatrick, Gregory Zuckerman, and Joann Lublin, "J. P. Morgan Knew of Risks," *The Wall Street Journal*, June 2012.

[3] David Reilly, "Did J. P. Morgan Fiddle While Risk Burned?" *The Wall Street Journal*, May 21, 2012.

[4] Atsuko Fukase, "Nomura Finds Weaknesses in Controls," *The Wall Street Journal*, June 29, 2012; Aaron Lucchetti, Mike Spector, and Julie Steinberg, "M F Global Autopsy Flags Risks by Corzine," *The Wall Street Journal*, June 5, 2012.

[5] Many years ago, I found a reference to machine- and people-based service organizations, and it has affected my thinking ever since. Try as I might, having instituted all sorts of computer searches, I have not been able to locate the original reference. Much has been written on service organizations, but few pieces have captured their essence as well as the lost article. I, obviously, wish to give credit where it is due, but have been hampered in my ability to do so. Others, I'm sure, have seen the original article, and I would be very happy to be apprised by anyone as to the original publication.

[6] Tom Avril, "Abington-Redeemer Merger Off," *The Philadelphia Inquirer*, July 19, 2012.

[7] See, for example, Sharon Terlep, Suzanne Vranica, and Shayndi Raice, "GM Says Facebook Ads Don't Pay Off," *The Wall Street Journal*, May 16, 2012; see also Sharon Terlep and Shayndi Raice, "Facebook, GM Talk New Friendship," *The Wall Street Journal*, July 3, 2012.

[8] See, for example, Jennifer Smith and Ashby Jones, "Practicing Business," *The Wall Street Journal*, May 7, 2012; and Clifford Winston and Robert Crandall, "The Law Firm Business Model Is Dying," *The Wall Street Journal*, May 29, 2012.

[9] Harold Brubaker, "Profit Margins Up Slightly at Area Hospitals," *The Philadelphia Inquirer*, May 17, 2012.

第 13 章 项目管理和战略实施

第 2 章所给出的战略实施的基本模式,指导了其后各个章节的所有讨论。然而,第 2 章也给这个基本模式增加了一些本书第 1 版所没有提及的内容,这里指的是在使得战略发挥作用的过程中,可能有帮助的项目管理方法。项目管理的引入,绝不是改变基本模式中其他要素或决策的重要性或影响力,相反,项目管理的引入只是作为一种能够促进战略实施基本模式中某些工作的工具或方法,从而能对成功的战略实施有所助益。项目管理可以用来支持这个基本模式或方法,但它不能改变或取代这个基本模式。

本章就意在考察项目管理对于成功地实施战略可能具有的贡献。首先,我们要给出项目管理的好处,说明它作为管理领域内一件有用的武器,能够如何促进战略的成功实施。本章的重点,不是如何运用项目管理进行全面分析,而是如何使用这个方法的某些方面来帮助开展战略实施工作,以促进战略实施的成功。本章的另一个重点是,在将项目管理的某些概念运用于战略实施过程中时,可能会产生一些我们必须避免的问题。

项目管理方法一些可能存在的好处

项目管理是一种方法,一种致力于使清楚规定的目标——项目——获得成功而使用的一套标准方法,其中包括计划的制定、队伍的组建、资源的分配,以及进度控制等方面。项目可以在时间周期、重要性以及成本等方面各有不同。项目管理的部分任务,就是要仔细地关注重大项目的资源使用问题,同时避免对那些不重要的方面投资过多。

项目管理正被许多行业里的公司越来越多地使用,并由于它的显著效用而日益受到推崇。[1]尽管最初它主要只在IT部门或某些行业内得到使用,如防务、建筑、工程等,但随着通用电气、IBM、NASA、SAP、惠普等机构也运用了项目管理方法中一些切实有用的元素,项目管理的使用便进一步得到普及和推广。该方法的广泛使用和对它的倚重清楚地表明,许多机构越来越看出它的好处和积极作用,并且大力支持采用项目管理方法。让我们简略地列举出那些把它作为一种管理工具而使用的机构所提到的一些好处。

项目管理是一种标准工作方法,它指出了一条如何使得项目以及与这些项目有关的目标获得成功的道路。这里的关键词就是"标准化"和"道路"。标准化指的是,这是一种可以重复使用,或者可以一而再、再而三使用的方法,从而有利于学习和培养具有长远好处的专门知识。常规性的过程或惯例可以培训员工承担一定的重要角色,从而有利于培养出对机构有用的人才。与特定的解决问题和完成项目的方法相比,标准化和常规做法的效率要更高。

为实现期望达到的结果提供一条道路,也被看作一种好处。有了一条清楚的道路可以减少不确定性,并且可以提醒经理们注意,为了推动项目达到所希望的成果,从方法上讲下一步该做些什么。逐步推进的做法可以提高适应性,并对沿此道路前进的许多行动或决策进行微调,这样可以使得经理们进行小修小补,从而避免采取那些人们可能抵制或无法完全理解的大变动。显然,与那些不明不白的道路相比,一条通往终点的清晰大道会让人感到更为舒服,也更加靠谱。

对道路的讨论还起到一种控制作用，这一点值得多加注意。控制是一种反馈机制，它有助于评估已经取得的成绩，以便实施成功的变革并提高适应能力。控制还能帮助分析和说明业已取得的成果，这一点已经在前面的各章里重点指出过。通过对项目进展情况的评估，会产生各种不同的看法，这使得控制功能进一步发挥作用，因为它除了能让大家了解项目进展情况和问题外，还能提供反馈，从而引导今后的变革和改进工作表现。因此，项目管理不仅能够推动项目向前开展，还能随时提供学习和纠正的机会。

那些信奉沟通重要性的经理们，通常都对项目管理予以很高的评价。人们必须就项目和有关目标，以及项目推进过程中的业绩考核指标或标准进行讨论，并达成一致意见。有理由证明，正是这些讨论和达成一致的需要，能在不同的部门和群体之间，尤其是对于那些需要机构内多领域专门知识部门参与的复杂项目，引发更加有效的沟通。那些用来处理关键问题的标准化规程或做法，常常有利于沟通，使得那些互不相同却十分重要的观点得以发表出来。

对于管理和机构来说，具有一套清晰、一致同意、符合逻辑和可以加以测评的目标，也是一大优点。如果所使用的是不明确的或"主观主义"的业绩考核指标，那么，即使按照项目管理道路的顺序逐步开展各项工作和评估，也是根本不可能获得所希望的成果的。项目管理方法的全部好处，都建立在利益相关各方一致同意的可靠指标和业绩考评上。正是由于在项目管理过程中存在并使用了这样一些能够加以测评的目标，因此，反馈、控制和变革计划等工作的效能才得以提高，这对于机构来说，显然是一个很大的好处。

在将项目管理作为一种管理工具方面，经理们还指出了其他一些好处。[2] 上面简单提及的一些好处是其精华所在。一种能够促进业绩评估,搞好变革并提高适应性,以及指明获得所希望结果的道路的标准化过程和方法,显然是一件值得利用的工具。对于战略实施来说,这样一种过程和方法的用途和适用性或许很明显,但我们必须进一步探讨并提出重要的警告。让我们用另外一个例子来说明,如果满足一定的条件,项目管理是如何促进战略实施的。同时也让我们进一步找出那些会降低成功可能性的问题,以及着重指出消除或减少其负面影响的方法。

一个例子:项目管理和使得战略成功之路

第 3 章曾经指出将战略转化为具体行动项目和目标的重要性。图 13-1 就是基于这一点而绘制的,它还表明,在战略实施过程中,可以把战略转化为一些项目和关键目标,然后把它们运用到项目管理方法中去。然后,就可以此来确定一条通往所期望成果的循序渐进的道路,而前面所指出的项目管理的步骤和好处就能用来支持这个战略实施过程了。

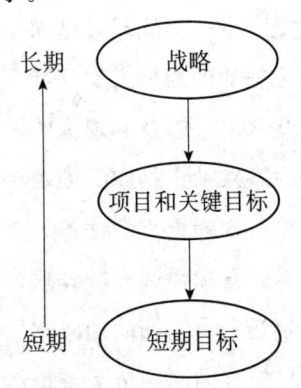

图 13-1 将战略转化为项目和关键目标

图13-1尽管简单和粗略,却表明了战略实施和取得成功的重要问题。

确定项目和关键目标

显然,对于项目管理工作来说,确定的项目和关键目标是至关重要的。经理们必须列出与成功实施战略有关的项目。高管们负责战略的制定,这里的问题是,他们也有责任找出使得所选定的战略大见成效的项目和关键目标。

例如,一项低成本战略,必须转化为一系列与此竞争方法有关的项目。在重要领域内的重大削减成本计划,如引进更有效率,但费用也更高的技术,必须由高管们与C级以下的部门领导或战略业务单位的经理一起商定。与此相对应,这些层次的经理们也必须承担起责任,负责把这些项目和关键目标转化为他们机构或战略业务单位内下一层次员工们的目标。

与此类似,一项产品差异性战略应当确定关键的参数,以便使得自己在选定的市场上能够标新立异。例如,要想提高产品的性能,就会在最高层面上产生一项战略,这项工作的责任就落在高管层以及关键部门(如研发部门)和人员(如工程师)的身上,由他们来确定所需要的性能水平,以及实现这些差异性性能参数的具体步骤。然后,再根据战略来确定相应的项目和关键目标,并把它们转化为由下一层次员工负责的更小的任务。

这里还有一点值得注意和强调。C级领导以及他们的直接下属不仅要对战略,也就是对本机构如何加以定位并且有效地开展竞争负责,而且还要对项目管理的第一批关键行动负责。搞好与战略实施有关的主要项目是这些高管们的责任。有一种看法认为,执行或实施工作仅仅应当关注底层员工所做的那些工作，因为只有那些工作才是真正的实施工作，这种看法是一种误导和不完全的，因为显然，高管层必须参与到实施工作中去。在确定早期的实施步骤或项目时，项目管理方法强调高管层的介入。

一旦确定了关键的项目，项目管理方法就能发挥其作用了。[3] 可以通过确定清楚的业绩指标和时间框架来勾画出实现项目的道路。定期的审核可以对项目中间阶段的表现情况加以考核，使得项目沿着正确的轨道前进。可以通过学习来加以纠正，不断进行的小改动、小改进可以支持项目管理工作的开展。这样做的结果，反过来又有助于实现前面例子所举出的机构的低成本或差异性战略。

到此已经十分明了，对于前面几章所分析和讨论过的、对战略实施极为重要的那些步骤、行动、需要和情况，项目管理都能给予支持和促进。可靠的战略依然是成功的关键，但需要将该战略转化为具体的工作目标（见第3章）。项目管理能够帮助协调工作的开展（见第5章）。显然，项目管理是对第7章关于连续型变革的补充，并且与第6章中有关反馈和控制的概念十分类似。同时，项目管理还必须得到激励和机构文化的支持（见第6章和第8章）。项目管理突出了前面那些讨论的重要性，也进一步说明了那些讨论与使得战略发挥作用具有很大的关联性。

但是，这里也要提出一些警告。如果满足某些条件，项目管理则是一件有用和有效的工具，但这个方法的好处并非与生俱来的，在使用项目管理方法时，必须注意用它来促进战略实施工作，而不是妨碍战略实施工作的开展。譬如，成功的关键包括确定项目或关键目标，并且要注意这些项目和关键目标在整个机构各层次间的相互联结和将任务逐级下放的关系。成功的战略实施以及扎实的项目管理从机构顶层开始，并且逐级布置下去。因此，这里的关键问题就在于，当项目和关键目标逐级下达后，如何不放松对它们的监管。换句话说，就是在这种逐级关联的情况下，机构如何确保始终保持对这些项目和关键目标的关注？

只确定少数几个重要项目。俗话说"少就是多"，这句话常常是真理。高管层必须仅仅确定两个（最多几个）重要项目。如果最高层选择的项目过多，就有失去控制的危险。最高层需要做的是，仅仅关注几个与战略成功具有重大和无可争辩关系的项目。即使是单一的高层项目，如波音公司的梦幻787客机，也会衍生出一大堆相关的项目，这类如此巨大的项目若多于一个便会导致灾难。与此类似，戴姆勒-克莱斯勒公司在实施其并购战略的过程中，一度同时推出了大约120个项目，这明显是一个带来混乱和业绩滑坡的因素。的确，"少"可能就是"多"。

确定优先顺序。即使只有少数几个重要项目，也必须就孰先孰后加以讨论。在快速变化的环境里，竞争因素在变化，有限的资源成为一项挑战，管理者的时间和注意力等也成为需要考虑的问题。当这些挑战出现时，必须用这种优先顺序来指导决策和行动。正如一位聪明的老CEO曾经对我说过的那样："当每件事都重要时，就等于什么都不重要。"成功的战略实施需要关注重点，以及几乎是铁面无私地专注于那些与成功有关的各种细节和步骤。清楚地确定好优先顺序将有助于实现这种突出重点的做法，并且把注意力引导到关键结果上去。只确定少数几个重要项目，并且确定好优先顺序，才能使项目管理发挥作用，并促进战略的实施工作。

重视参与和认可。即便仅有少数几个重要项目，也必须注意在把工作向下延伸的过程中，不要忽视或剥夺大家的参与权。必须将重要项目的道理和重要意义广为宣传。当项目需要纵向展开时，必须把战略与其实施工作之间的关系搞清楚，并且强化员工在使得战略成功方面的作用。请看一个低成本战略的例子，并考虑此战略对沟通以及人们认可等方面的需要（见图13-2）。

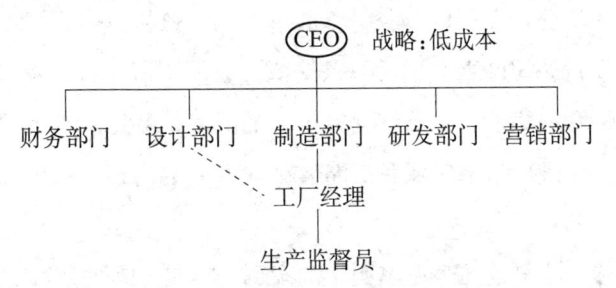

```
              CEO    战略:低成本
     ┌─────┬────┼────┬─────┐
  财务部门 设计部门 制造部门 研发部门 营销部门
              ⋮     │
              └─ 工厂经理
                    │
                 生产监督员
```

图13-2　支持低成本战略的沟通和纵向联系

选择或细化一项低成本战略会产生一个关键的项目：引进新的技术或制造方法。制造部门的负责人将领导这个项目，而这个大项目将会为工厂经理带来相应的责任和业绩指标方面的要求。依次地，工厂经理会召集各条生产线上的监督员，确定他们完成项目或分项目的责任。事实上，这个大项目已经被分解成一些相关的分项目，以此来支持大项目的需要或要求。设计部门则通过对被引进的、新的、重要的技术所涉及的关键技术问题提供咨询意见，来帮助执行这个纵向的推动过程。

要想使这个案例获得成功，都需要做些什么呢？显然，就项目与战略之间的关系，以及该项目对于战略实施的作用等问题进行沟通是绝对必要的。只有这样，机构内的各个层次才会有所承诺，并且完全认可和接受这些项目和战略。工厂经理和生产监督员必须明了大项目与分项目之间的关系和重要性。实现目标的途径必须清晰，并且具有能够加以测评的业绩指标。制造部门的上上下下必须就存在的问题、小偏差和变动进行清楚的沟通。设计部门也必须认可这个项目,并把它看作实施战略的方法。

对于服务机构来说,这些纵向联系、沟通和集体认可也同样有其作用。例如在银行里,战略计划会从公司一级,通过各地区领导人,下达给分行经理以及分行里的员工们。该银行各个层次的工作目标必须对公司的重大项目予以支持。必须认清项目以及相关行动的重要性和关联性,以此来支持银行的战略,并对战略成功做出贡献。为了促进项目的完成和战略实施,有效的沟通、认可或承诺是必不可少的。

诚然,这只是几个简单明了的案例。但是,在使用项目管理方法来支持战略实施时,必须遵守这些案例所给出的指示。沟通和知识分享、项目的确定、清楚的目标、通向所希望结果的途径,以及对变革和提高适应性的重视等,对于项目和战略的成功都是十分必要的。

领导很重要。项目管理是一种工具,它可以用来推动那些与战略实施有关的项目获得希望达到的成果。但是,如果领导不出面或不支持这个方法,那么项目管理就会失败。从C级领导一直到公司各个部门,或者从优异中心一直到主要的业务和部门经理,都必须支持机构所使用的所有方法和工具,其中包括项目管理方法。这种支持与培养"实施文化"密切相关,这是本书从头至尾都强调的一个要点。领导人可以通过关注本书前面几章所论述的问题和方法,并且将现在所讨论的项目管理的原则作为一种补充,来创造和支持这种文化。

这些仅仅是几个在战略实施过程中,与如何使用项目管理方法有关的问题。在力求成功地实施战略以及实现战略目标方面,项目管理是一件有用也有效的工具。这里对项目管理方法的讨论,不可避免地是非常简要的,它仅仅就这个方法,以及如何将其运用于成功地实施战略给出了几个要点。对于那些希望更加详尽地了解项目管理方法的人,有大量的文献可供参考。

在有关项目管理与使得战略发挥作用方面,还有一点必须注意。与所有的工具以及标准方法或做法一样,在看似明显的好处后面,往往隐藏着一些陷阱。如果能设法在这些问题或陷阱危害到战略实施之前就将其一一找出并加以消除,那肯定是大有帮助的。

项目管理可能面对的陷阱

如果使用项目管理方法来帮助开展战略实施工作,则必须考虑一些可能产生的问题,以避免由此产生不良后果。

正规程度

首先需要考虑的问题是,希望项目管理具有何种正规程度。其范围可以从极其不正规到非常正规,如图13-3所示。

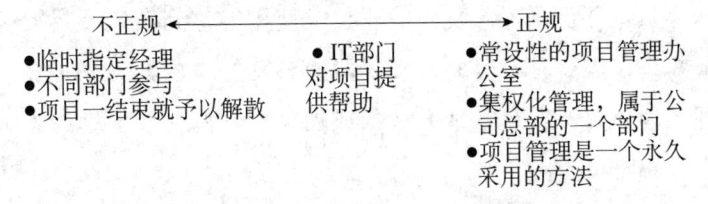

不正规		正规
●临时指定经理 ●不同部门参与 ●项目一结束就予以解散	●IT部门对项目提供帮助	●常设性的项目管理办公室 ●集权化管理,属于公司总部的一个部门 ●项目管理是一个永久采用的方法

图13-3 项目管理的正规程度

非正规的方法是就一个项目临时组建一个项目小组,但并不是对每一个项目或任务都如此。依据项目的性质，项目经理可以来自不同的部门或专门知识领域。或者，如果这些项目解决的问题通常都是由该部门负责管理的话，如新产品开发或顾客满意度等问题，那么项目经理可以来自某个特定的部门，如营销部门。任务一旦结束，项目小组就被解散，而不是作为机构内的一个单位永久存在。

另一端则是正规的项目管理方法。常设的项目管理办公室将作为机构内的一个单位而长久存在。项目管理成为一种经常使用的方法，实际上，几乎所有的任务和项目都由全职的项目经理来领导。这体现了把项目管理作为一种标准的管理方法的长久、全面的承诺。

处于两种极端情况中间的是 IT 部门，它偶尔会被叫来帮助推动项目的开展。IT 是一个永久性部门，但项目管理并非它的主要责任。如果需要，IT 人员可以在项目的执行过程中作为咨询或辅助力量来帮助推动该项目的工作。

随着项目管理正规程度的变化，可能出现一些问题。非正规的方法，可能由于仅仅被偶尔使用，因此不被认真看待。不常被使用会使其与标准化相抵触，因为后者需要学习和使用可靠的管理方法。这时，对项目经理的挑选是一个关键问题，为了获得下属的尊敬，并且确保影响力的非正式使用能达到实现项目目标的积极效果，需要具有经验、领导能力和良好声誉的人来担任项目经理。为了确保项目管理方法的成功，高管们毫不含糊的大力支持也是必不可少的。

最有可能出现的问题主要来自正规的项目管理方法。过分正规化会被看作强加给所有项目的官僚主义做法，完全没有考虑项目的需要或不同之处。

一个相关的问题来自"手段—目的颠倒"现象。高度正规化的项目管理本身反而成了目的,而不是作为达到项目目标或帮助实现目标的手段。坚持标准化的指南成为一条规则。项目报告的数量大增,"纸上工作"或所要求的报告必须按时填报,即使它们反映不了多少项目进展的实际情况。项目管理办公室成为一个权力很大的官僚主义机构,它拖累,而不是支持项目和战略的实施。一旦发生这种情况,如果实现目的的手段变成了目的本身,其负面影响就显而易见了,它会造成阻碍项目管理的其他问题和难点。

显然,对于项目管理正规程度的决策十分重要。当项目成为解决问题的一种例行做法时,就比较需要更为正规的项目管理。那么这时就需要小心了,要设法避免刚才提到的那些问题。如果只是偶尔采用项目来支持战略实施工作,那么,采用比较不那么正规的项目管理办法会更好些。

按章办事与自主权之间的矛盾

与项目管理正规程度有关的一个问题是:在决策时,按章办事与自主权之间存在矛盾。自主管理是人人渴望的东西,特别是在处理一些非常规性的问题和事情时更是如此。当按章办事被看作反对或阻碍所希望的自主权时,会导致问题无法得到很好的处理。

尤其是在专业性服务机构内,按章办事与自主权的问题显得特别突出和成问题。前一章讨论过专业人士与职业经理人之间的矛盾。专业人士认为,在解决问题时,在使用他们的专门知识和判断力方面,他们需要一定的自主权和灵活性。专业人士所受到的培训是,当出现非常规问题时如何使用他们的知识来加以处理,包括那些在战略实施过程中出现的问题。而按章办事和过于标准化的做法则常常被看作官僚主义做法，是对知识及其尊严的一种轻蔑和冒犯。

逻辑结论是：在专业性服务机构内，应当减少使用正规的项目管理方法，除非专业人士对于目标、项目实施过程，以及关键决策具有一定的影响力。如果项目管理办公室的那些职业经理人试图对那些他们认为已经失去控制的专业人士施加正规的影响，那肯定会出问题。在专业性服务机构内，出现按章办事与自主权冲突的可能性很大，这一点，在打算把项目管理方法作为战略实施工具来使用时，应当予以考虑。

处理文化和变革问题

在前面的论述中，已经隐含了处理变革过程中会遇到的文化冲突和难点等问题，但这些问题值得单独加以讨论。在将项目管理作为促进战略实施的工具时，不同地区、机构或机构内各个部门的文化都会对其产生影响。在戴姆勒-克莱斯勒合并事件中，在处理合并后的项目时，文化肯定起了作用。戴姆勒公司那种比较正规、呆板的文化与克莱斯勒公司那种更加随意的文化应该是格格不入的。由此对文化问题的处理方法也不一样，在戴姆勒公司里，问题的解决更多地受到等级不同的工程人员的影响，而在不那么等级森严、具有更加随意文化的克莱斯勒公司里，则更多地受到营销方式的影响。在两个文化差异很大的公司里，处理过多的项目，则被证明是一个巨大的难题，并会对合并战略的实施产生负面影响。

除了对业绩表现与项目目标加以比较得到的反馈信息的收集和

分析之外，项目管理还包含对变革的处理问题。在第 7 章和第 8 章对变革问题的论述中，谈到了许多要素，其中包括项目管理过程中的控制问题，以及变革的阻力。这些阻力来自专业人士、各个部门以及管理人员争相对决策施加自己的影响力。在处理变革问题时，这些要素都会发挥各自的作用。激励措施也很重要（见第 6 章），因为经理们必须亲自参与项目管理的过程和日常工作，以及相应的变革。不亲身参与其中，那么即使在最好情况下，对于使用项目管理及其标准化的方法的信念也会变得很薄弱，而这将引发其他的问题。

价值增值的证明

一旦认可并许诺使用项目管理方法，那么，这个过程的参与者就必须清楚地看到这个方法在支持战略实施上的价值增值效果。必须有可供考核的指标，如项目目标和结果，同时，针对这些目标的实际业绩表现也必须是可见的，这对于机构以及参与项目管理的人都十分重要和宝贵。项目管理方法必须能够产生可以测评的、正面的和宝贵的成果，如果做不到这一点，那么，它对于促进战略实施的作用就会减弱，人们就不会去使用它。一旦这个方法不被看作获得宝贵和重要成果的手段，它就会被看作一个负担，而不是一件有用的工具。

稀缺资源也是一个问题。即使项目管理方法能够产生某些积极的成果，仍然会有"值得这么做吗？"这类问题。与所花费的成本和费用相比，它的确物有所值吗？稀缺资源（包括经理们的时间）用到别处是否会更好些？实际成本以及机会成本是否太高，以至于根本不值得采用这个工具？凡此种种，都说明证明可以获得价值增值是绝对必要的。

图 13-4 提供了项目管理作用的概略图。该图给出了第 2 章所阐明的战略实施基本模式，以及在全书逐一讨论过的那些基本要素。在使得战略成功方面，组织结构、协作、清楚的责任、认可等要素所起的作用都是十分关键的。项目管理则可以通过本章所介绍的那些方法来帮助、支持和促进这些要素发挥作用。

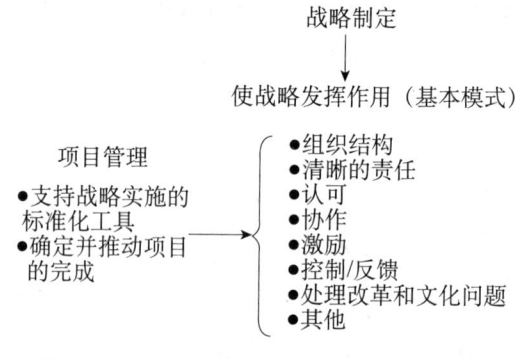

```
                              战略制定
                                 ↓
                       使战略发挥作用（基本模式）

        项目管理              ⎧ ● 组织结构
                             ⎪ ● 清晰的责任
     ● 支持战略实施的          ⎨ ● 认可
        标准化工具           ⎪ ● 协作
     ● 确定并推动项目     ←    ⎪ ● 激励
        的完成              ⎪ ● 控制/反馈
                             ⎪ ● 处理改革和文化问题
                             ⎩ ● 其他
```

图 13-4　项目管理对于战略实施的支持作用

在战略实施的整个过程中，项目管理都能成为一件有用的工具。它对于目的来说，是一个有效的手段，但它本身却一定不能成为目的。

小结

这是本书第 2 篇的最后一章。它指出了项目管理如何才能支持战略实施工作。它讨论了项目管理的好处，但也指出了应当设法避免的可能出现的陷阱或问题。

项目管理是一种标准化的工作方法，它提供了成功达到项目目标的道路。标准化方法可以被学会并且反复使用,而提供一条通往期望结果的道路,则可以减少不确定性,使得战略实施工作逐步推进,并为业绩评估提供了一种天然的机会。项目管理的其他好处包括:沟通的改进、有效的反馈,以及对业绩和学习的控制等,这些好处来自使用清楚且得到大家一致同意的业绩指标,充分发表不同的观点,以及认可把项目管理作为管理的一种方法。

这些好处能够支持本书所给出的那些战略实施方法。项目管理不能取代本书为战略成功所列出的关键步骤和决策,但是能够支持本书从第 2 章到第 9 章所列出和讨论的那些内容,并为促进战略实施的某些方面提供一个有用的工具。

成功运用项目管理方法的关键包括:只确定少数几个项目;对项目及有关目标确定优先顺序;重视选派项目参与者及其对项目的认可;制定清楚的业绩标准;持之以恒地努力改进沟通工作,以及为提高项目表现而不断地进行调整等。

另一个值得单独指出的关键问题是领导的重要作用。确定项目及其相关目标的工作常常需要从 C 级领导人以及他们的直接下属开始做起。成功的项目管理和成功的战略实施始于最高层,然后逐级推向机构的下层。那种认为项目管理和战略实施只须关注基层员工所做的具体事情的见解,完全是错误的。

使用项目管理方法可能遇到的陷阱或问题包括:在使用过程中过分正规化和官僚主义化;手段和目的相互颠倒,使得手段本身成为目的;在决策过程中,按章办事与自主权产生矛盾;在使用中缺乏价值增值的证据;过高的实际和机会成本;以及为了使得项目管理方法取得成效而在文化和变革等方面发生的冲突;

等等。

在努力使战略发挥作用方面,项目管理是管理"军械库"中一个有效的"武器"。与所有的"武器"一样,了解使用它们的好处和可能付出的代价是取得成功的第一要素。

参考文献

[1] See, for example, Jonathan Feldman, "Project Management Is Finally Getting Real Respect," *Information Week*, October 18, 2010.

[2] For example, see Eric Verzuh, *The Fast Forward MBA in Project Management*, John Wiley and Sons, 2012.

[3] Again, a full analysis of how to do project management is not possible here. There is ample literature on the topic that can provide additional details, including the Fast Forward MBA book referenced above. See, also, James Lewis, *The Project Manager's Desk Reference*, 3rd ed., McGraw-Hill, 2006; *The Project Management Institute, A Guide to the Project Management Body of Knowledge*, 4th ed., PMI, 2008.

附 录

沃顿加特纳调查

简介

欢迎您参加我们关于战略实施问题的调查。宾夕法尼亚大学沃顿商学院和加特纳研究集团是从事商业战略方面研究的服务机构，它们正在设法了解，当经理们在为贯彻实施战略来提高公司的竞争优势而进行决策和采取行动时所面临的挑战。

完成本调查大约需要花费您5分钟的时间（开放式问题的回答可能需要更长的时间）。在本调查所邀请参加的人中，您是经过仔细挑选出来的小组里的一员，我们感谢您的帮助。对于我们所进行的所有调查，您的回答都将被保密。如果您在回答过程中遇到任何困难，请反馈到我们的邮箱：websupport3@gar.com。

作为开始，请点击"问卷"。谢谢您的参与。

问卷

问题1：我们已经找出了贯彻实施战略方面的12个障碍或问题。根据您的经验，对于您的公司的战略实施工作来说，以下问题中的每一个都有多严重？采用7分制，1代表根本不是问题，7代表是大问题。

1	战略不好或模糊	1	2	3	4	5	6	7	不知道
2	没有指南或模式来指导战略实施工作	1	2	3	4	5	6	7	不知道
3	缺乏足够的资金来贯彻实施战略	1	2	3	4	5	6	7	不知道
4	企图实施一项与现有的权力结构相冲突的战略	1	2	3	4	5	6	7	不知道
5	对关键的战略实施步骤或行动无法"全盘接受"或达成一致	1	2	3	4	5	6	7	不知道
6	缺乏上层领导对战略实施工作的支持	1	2	3	4	5	6	7	不知道
7	主要员工中间缺乏对战略或战略实施计划的主人翁态度	1	2	3	4	5	6	7	不知道
8	缺乏支持战略实施目标的相关激励措施或激励措施不当	1	2	3	4	5	6	7	不知道
9	在负责战略实施的人员或单位之间信息分享不良或不当	1	2	3	4	5	6	7	不知道
10	在战略实施决策或行动方面的责任和/或职权划分得不清楚	1	2	3	4	5	6	7	不知道
11	在战略实施过程中缺乏对组织结构及其作用的理解	1	2	3	4	5	6	7	不知道
12	无法有效地处理变革或克服机构内部对变革的阻力	1	2	3	4	5	6	7	不知道

问题2：战略的贯彻实施需要信息分享和协调。请对您的公司中所采用的下述各个部门、业务单位和关键人员之间的协调方法的有效性进行打分。采用7分制，1代表根本不是问题，7代表是大问题。

1	使用团队或跨部门的小组	1	2	3	4	5	6	7	不适用	不知道
2	使用非正式的沟通方法（如人与人之间的交往）	1	2	3	4	5	6	7	不适用	不知道
3	使用正式的一体化方法（如项目管理或质量保证小组）	1	2	3	4	5	6	7	不适用	不知道
4	使用矩阵型组织结构或"网格"组织结构来分享资源和知识	1	2	3	4	5	6	7	不适用	不知道

问题3：根据您的公司在贯彻实施战略过程中知识和信息分享的情况，请指出您对以下表述的赞成程度。采用7分制，1代表非常不赞成，7代表非常赞成。

1	员工不愿意与别人分享重要的信息或知识	1	2	3	4	5	6	7	不适用	不知道
2	某些信息来源是不可靠的	1	2	3	4	5	6	7	不适用	不知道
3	经理们不愿意相信自己部门以外的单位所提供的信息	1	2	3	4	5	6	7	不适用	不知道
4	信息无法传达到需要这些信息的人手里	1	2	3	4	5	6	7	不适用	不知道
5	员工们无法了解或评价他们所能得到的信息是否有用	1	2	3	4	5	6	7	不适用	不知道

问题4：当出现以下情况时，我知道我们公司的战略实施工作出了问题：

1	做出实施决策的时间太长	1	2	3	4	5	6	7	不适用	不知道
2	员工们不了解他们的工作如何为重要的战略实施成果做出贡献	1	2	3	4	5	6	7	不适用	不知道
3	对顾客的问题或抱怨做出回应的时间太长	1	2	3	4	5	6	7	不适用	不知道
4	在实施战略的过程中，公司对竞争压力的反应太慢或不适当	1	2	3	4	5	6	7	不适用	不知道
5	由于实施过程中的低效率或官僚主义，浪费了时间和金钱	1	2	3	4	5	6	7	不适用	不知道
6	在获得个人价值的认可方面，玩弄手段要比按照战略实施目标所实现的业绩更加重要	1	2	3	4	5	6	7	不适用	不知道
7	在战略实施过程中，重要的信息是通过小道消息传播的，而且没有发挥作用	1	2	3	4	5	6	7	不适用	不知道
8	我们花费了许多时间来对组织结构进行重新组合，但是我们不知道为什么这对于战略实施工作非常重要	1	2	3	4	5	6	7	不适用	不知道
9	考虑到我们行业所面临的竞争情况，我们无法确认我们正在实施的战略是否有价值、有效或有道理	1	2	3	4	5	6	7	不适用	不知道

问题5：一些经理对我们说，实施战略要比制定战略更加具有挑战性。请问：您是否同意这个看法？请简要地说明您的理由。

问题6：最后，在本调查中，还有哪些使您公司的战略实施工作成为挑战或困难的因素没有被提到？

译后记

《孙子兵法》曰："上兵伐谋。"意思是说，用兵作战的最高境界是通过谋略来取胜。我认为这里的"谋"包括两个方面：一是战略之谋；二是具体的计谋之谋，例如大家所熟知的"三十六计"。仅有正确的战略还不够，重要的是在这个战略思想的指导下，争取每次具体战斗的胜利。

可以说，本书就是专门论述战略贯彻实施中的种种计谋的。毋庸置疑，如果不认真研究战略实施过程中出现的各种问题，没有得力的贯彻落实手段，不克服实施战略过程中的各种阻力，再好的战略也只不过是一纸空文。本书所具有的以下特点，使得它成为战略贯彻实施方面不可多得的好书：

● 它正确地指出了，在某种程度上，实施战略要比制定战略更加困难和复杂。而它所指出的战略实施难题是在扎实的调查研究的基础上概括出来的，因此非常具体和实在（见第1章和附录）。

● 它给出了贯彻实施战略的路线图，使你能够高瞻远瞩，从总体上和逻辑上把握战略实施工作的过程和主要阶段（见第2章）。

● 针对战略实施工作中的各个环节和主要问题，具体阐述了解决的思路和方法（见第3章至第9章）。

● 它采撷当前风行世界的全球战略与并购浪潮中的实例，详尽而生动地讨论了如何将本书给出的路线图运用到实际工作中去（见第10章和第11章）。

- 针对服务行业日益占据经济活动中心位置的情况，它还论述了服务企业（包括营利性机构和非营利性机构）的战略实施问题。对于如今正在实行经济转型的中国，会有越来越多的服务机构（包括目前如火如荼发展的互联网＋企业）对此课题深感兴趣（见第12章）。

"雄关漫道真如铁"，企业家都想把自己的事业做大做好，因此，很有必要读一读这本书。尽管本书指出的各种战略贯彻实施问题是普遍存在的，但依葫芦画瓢就难免会南辕北辙。孙子还说过："人皆知吾所以胜之形，而莫知吾所以制胜之形。"（意思是说，人人都知道我战胜敌人所使用的战术，但没有人真正知道我使用这些战术而克敌制胜的奥妙所在。）换句话说，就是"水无定形，法无定法；九九归一，大法无法"。这个无法之大法究竟是什么呢？那就是具体情况具体分析，具体问题具体处理。这个具体分析、具体处理的过程也就是"运用之妙，存乎一心"的过程。正是从这个角度看，管理不仅仅是一门科学，也可以说是一门艺术。

在此，我首先要感谢中国人民大学出版社的帮助和支持，使我能够顺利完成这本优秀著作的翻译工作。我也感谢我的家人，正是他们的支持和鼓励，才使我有了老僧参禅般的定力，集中精力完成了本书的翻译工作。

欢迎读者对本书翻译的不当和失误之处批评指正。

范海滨
2016年4月于北京

Authorized translation from the English language edition, entitled Making Strategy Work: Leading Effective Execution and Change, 2e, 9780133092578 by Lawrence G. Hrebiniak, published by Pearson Education, Inc, Copyright © 2013 by Pearson Education, Inc.

All rights reserved. No part of this book may be reproduced or transmitted in any form or by any means, electronic or mechanical, including photocopying, recording or by any information storage retrieval system, without permission from Pearson Education, Inc.

CHINESE SIMPLIFIED language edition published by CHINA RENMIN UNIVERSITY PRESS CO., LTD., Copyright © 2018.

本书中文简体字版由培生教育公司授权中国人民大学出版社出版，未经出版者书面许可，不得以任何形式复制或抄袭本书的任何部分。

本书封面贴有Pearson Education（培生教育出版集团）激光防伪标签。无标签者不得销售。

图书在版编目（CIP）数据

有效执行：成功领导战略实施与变革：第2版／（美）劳伦斯·赫比尼亚克（Lawrence G. Hrebiniak）著；范海滨译．—北京：中国人民大学出版社，2017.5
书名原文：Making Strategy Work：Leading Effective Execution and Change，2nd Edition
ISBN 978-7-300-23639-1

Ⅰ.①有… Ⅱ.①劳…②范… Ⅲ.①领导学 Ⅳ.①C933

中国版本图书馆CIP数据核字（2016）第279551号

有效执行：成功领导战略实施与变革（第2版）
［美］劳伦斯·赫比尼亚克　著
范海滨　译
Youxiao Zhixing

出版发行	中国人民大学出版社			
社　　址	北京中关村大街31号	邮政编码	100080	
电　　话	010-62511242（总编室）	010-62511770（质管部）		
	010-82501766（邮购部）	010-62514148（门市部）		
	010-62515195（发行公司）	010-62515275（盗版举报）		
网　　址	http://www.crup.com.cn			
	http://www.ttrnet.com（人大教研网）			
经　　销	新华书店			
印　　刷	天津中印联印务有限公司	版　次	2006年9月第1版	
			2017年5月第2版	
规　　格	145 mm×210 mm　32开本			
印　　张	16.25 插页1	印　次	2018年12月第2次印刷	
字　　数	370 000	定　价	59.00元	

版权所有　　侵权必究　　印装差错　　负责调换